国家社科基金项目"经济新常态背景下长江经济带城市群联动发展研究"（项目编号：15BJL115）

长江经济带城市群
联动发展研究

陈立泰 ◎ 著

RESEARCH ON
THE LINKAGE DEVELOPMENT OF
URBAN AGGLOMERATION
IN THE YANGTZE RIVER ECONOMIC BELT

中国社会科学出版社

图书在版编目（CIP）数据

长江经济带城市群联动发展研究 / 陈立泰著 . —北京：中国社会科学出版社，2020.12
ISBN 978 – 7 – 5203 – 7718 – 8

Ⅰ.①长…　Ⅱ.①陈…　Ⅲ.①长江经济带—城市群—区域经济发展—研究　Ⅳ.① F299.275

中国版本图书馆 CIP 数据核字（2020）第 270543 号

出 版 人	赵剑英
责任编辑	刘晓红
责任校对	周晓东
责任印制	戴　宽

出　　版	中国社会科学出版社
社　　址	北京鼓楼西大街甲 158 号
邮　　编	100720
网　　址	http://www.csspw.cn
发 行 部	010 – 84083685
门 市 部	010 – 84029450
经　　销	新华书店及其他书店
印　　刷	北京君升印刷有限公司
装　　订	廊坊市广阳区广增装订厂
版　　次	2020 年 12 月第 1 版
印　　次	2020 年 12 月第 1 次印刷
开　　本	710×1000　1/16
印　　张	24.75
字　　数	419 千字
定　　价	138.00 元

凡购买中国社会科学出版社图书，如有质量问题请与本社营销中心联系调换
电话：010 – 84083683
版权所有　侵权必究

前　言

在经历了长达近二十年的高速增长后，我国经济从2010年开始转向中高速增长，经济发展进入了新常态。长江经济带发展作为我国三大重点区域发展战略之一，是经济新常态背景下谋划我国经济新棋局的重大战略决策。随着长江经济带各大城市群的逐步成形，城市群联动发展成为经济新常态背景下推动我国区域经济协调发展的重要引擎。在当前国际环境发生深刻变化、国内发展面临诸多深层次矛盾的背景下，依托黄金水道推动长江经济带各城市群联动发展，不仅可挖掘长江中上游广阔腹地蕴含的巨大潜力，促进经济增长在空间上从沿海向沿江内陆地区拓展，而且对优化长江流域产业结构和城镇化布局，推动我国经济"腾笼换鸟"，实现我国经济提质、增效和升级具有重要意义。长江经济带城市群的联动发展不仅有利于形成上中下游优势互补、协作互动格局，缩小东中西部地区发展差距，也有利于建设陆海双向对外开放新走廊，培育国际经济合作竞争新优势。此外，长江经济带城市群联动发展的成功经验对解决现阶段我国各地区普遍存在的经济、社会、生态等诸多方面的问题具有极强的示范效应，对推动经济发展方式转变、产业结构转型升级、市场体系协同高效运转、内陆地区扩大开放等都具有十分重要的理论与现实意义。

本书立足于经济新常态背景，以城市群联动发展为研究主题，以长江经济带内的长三角、长江中游、成渝、滇中、黔中城市群为研究对象，通过对生态协同治理、港口联动、要素市场联动和产业联动四位一体的城市群联动发展进行研究，提出激发长江经济带发展的内生活力，推动经济提质、增效和升级，缩小东中西部地区发展差距的政策建议。同时，围绕生态、港口、要素和产业四大方面，探索城市群联动发展的机制与模式，旨在打破行政区划界限约束，促进各城市群之间、城市群内部分工协作、错位发展，形成生态环境协同治理、港口设施共建共享、要素市场统一开放、产业发展分工协作的区域联动发展新机制，培育具有国际竞争力的世界级城市群，进而促进长江经济带城市群主动适应经济新常态、实现区域经济协调发展。

本书的主要内容包括以下几个方面：

（1）构建长江经济带城市群联动发展"四位一体"的整体研究框架。基于经济新常态的重要特征及现实背景，从长江经济带城市群生态协同治理、港口联动、要素市场联动、产业联动四大方面进行深化和拓展。

（2）生态协同治理。一是构建城市群生态承载力指标体系，定量分析各城市群的生态状况和资源环境承载力，梳理已有的协同治理相关政策。二是从长江经济带各城市群目前的生态现实与资源环境承载状况出发，分析城市群生态协同治理的障碍因素。三是深入分析长江经济带城市群生态协同治理机制。四是基于长江经济带城市群生态协同治理的障碍因素分析，借鉴国内外跨域环境治理的先进实践经验，设计长江经济带城市群生态协同治理的路径。

（3）港口联动。主要从长江经济带城市群港口联动的理论基础、联动现状及障碍、联动机制、联动模式及路径等方面进行研究。一是对长江经济带城市群港口联动进行理论阐释，厘清港口联动与城市群联动的关系。二是从基础设施建设、资源整合、政策引导三个角度入手，全面评估长江经济带城市群的港口联动现状。三是分析长江经济带城市群港口联动的障碍因素。四是从目标动力机制、行为激励机制、风险分担机制、利益分配机制四个方面分析城市群内与城市群间实现港口联动的具体机制。五是提出适合长江经济带城市群港口联动的模式，从基础设施统筹、港口功能整合、信息平台对接、人才联合培养、生态环境共建五个方面对实现长江经济带城市群港口的联动进行路径设计。

（4）要素市场联动。分别从金融市场、劳动力市场、技术市场与产权市场四大要素市场的联动发展现状、机制、模式与路径等方面展开研究。一是梳理长江经济带城市群各要素市场联动的相关理论。二是分析长江经济带城市群各要素市场的发展现状，并总结联动存在的问题或障碍因素。三是分析长江经济带城市群要素市场的联动机制。四是基于金融市场、劳动力市场、技术市场、产权市场的特性，分别对四大要素市场进行联动模式分析与路径设计。

（5）全球价值链视角下长江经济带城市群产业联动。一是阐述经济新常态背景下产业联动的内涵，厘清其与城市群联动的关系。二是回顾长江经济带产业联动的发展历程，基于灰色关联度和投入产出分析，研究全球价值链视角下长江经济带城市群的产业联动现状。三是描述长江经济带城市群的出口贸易情况，并以出口技术复杂度为衡量指标，测度长江经济带整体和各城市群在全球价值链中的地位。四是从内部和外部两个角度梳理阻碍长江经济带城市群产业联动的因素。五是分析全球价值链视角下长江经济带城市群产业联动的机制。六是结合联动机制的四个层次及长江经济带在全球价值链中的地位，基于长江经济带各城市群的产业功能定位，借鉴全球典型的城市群联动模式，设计长江经济带城市群的产业联动路径。

本书的主要观点有以下几个方面：

（1）经济新常态背景下，由传统的城市及区域之间的合作转为城市群与城市群之间的合作及城市群内部不同城市之间的合作，这对城市群的联动发展提出了新要求，需要城市群从生态、交通基础设施、要素市场及产业四大方面考虑，构建长江经济带联动发展理论体系。

（2）长江经济带城市群生态协同治理是城市群联动发展的基础。通过对长江经济带城市群生态承载力的评估和对协同治理政策的分析，发现长江经济带城市群的污染已得到较好控制，城市群间在生态协同治理方面也有初步合作，但由于各城市、各城市群之间的生态承载力存在较大差距，加之城市群之间生态协同治理还存在法律法规不完善的问题，造成主体协同、目标协同和过程协同障碍，导致长江经济带城市群联动发展一定程度上受阻。在此背景下，从协调合作、激励补偿、应急管理、成果保障四个方面，提出长江经济带城市群的生态协同治理机制。最后，借鉴国内外的跨区域生态治理模式，从政府、市场和社会三个维度设计长江经济带城市群的生态协同治理路径。

（3）长江经济带城市群港口联动是城市群联动发展的必要保障。目前长江经济带在航道畅通、枢纽互通、江海联通、关检直通等方面都取得了积极进展，省际间、区域间协商合作和资源整合也在不断强化，但这种合作和资源整合仍较多停留在省级层面，或仅限于个别地区在个别业务领域的合作，城市群间的港口间互动依然较少，且少有的互动还停留在战略构想层面，联动一体化格局尚未实质形成。这主要是由于长江经济带城市群港口联动存在体制、信息沟通和运营方面的障碍，通过分析港口联动的目标动力、行为激励、风险分担和利益分配机制，构建"政府搭台、协会牵线、企业唱戏"的发展模式，推动各港口在基础设施建设、功能整合、信息对接、人才培养和生态共建方面高效运转，进而促进长江经济带城市群港口的联动发展。

（4）长江经济带城市群要素市场联动是城市群联动发展的维系纽带。一是金融市场方面，长江经济带无论是城市群之间还是城市群内部，金融市场发展差异均较大，区域非均衡性特征较为明显，金融市场联动水平相对较弱，城市群金融市场的联动需要从信息传导、利益协调、风险防范及政府监管等多方面进行合理的机制设计，通过政府主导、市场运作的模式提高金融市场整体联动水平，以促进长江经济带城市群的联动发展。二是劳动力市场方面，通过对劳动力市场一体化水平的分析，发现尽管长江经济带城市群劳动力市场联动状况有所改善，但因受不同地区社会保障和福利制度差异以及地方保护主义等因素的影响，长江经济带城市群劳动力市场一体化推进缓慢。通过对劳动力市场联动的供求机制、流动机制、预警机制以及保障机制的深入分析，提出可通过完善劳动力市场联动机制、制定并实施恰当的宏观调控政策，进而推动长江经济带城市群劳动力市场的联动发展，促进劳动力要素按照市场规律在区域内自由流动和优化配置。三是技术市场方面，目前长江经济带城市群技术市场的联动发展整体上还处于起步阶段，各城市群技术市场自成体系，综合性规划缺失。此外，联动发展不均衡使科技水平相对低下的上游城市群难以消化吸收中下游城市群扩散的技术。因此，急需建立长江经济带城市群技术市场联动发展体系，理顺相关机制，推动技术创新成果的跨区域流动和技术扩散，从而使长江经济带城市群技术市场联动发展更为顺畅。四是产权市场方面，长江经济带各城市群产权市场发展差距较大，长三角城市群产权交易机构的交易规模和品种数量远远超过其他城市群，经济带内城市群产权市场联动态势尚未完全形成，抱团发展、"断带"发展现象依然存在。本书基于产权交易机构的主体目标和联动发展的公共目标，在梳理长江经济带产权市场的协同和竞争机制的基础上，构建了长江经济带城市群产权市场"三核一带"的发展模式，并提出从区域内交易主体、信息网络、规则体系、监管体系等方面实现联动发展。

（5）长江经济带城市群产业联动是城市群联动发展的重要载体。从现状来看，长江经济带各城市群的产业联动主要集中在中低端产业，高端制造业间的产业联动较弱。同时，各城市群间显著的经济发展水平差异、趋同的产业结构、地方政府各自为政、地区的文化差异成为长江经济带城市群产业联动的主要障碍。研究还发现：长江经济带在全球价值链中的地位总体处于中上水平，但长江经济带各城市群在全球价值链中的地位差异较大。在此基础上，我们从城市群内部的产业集聚整合、城市群间的产业梯度转移、城市群间的利益协调和城市群抱团嵌入全球价值链四个方面梳理了全球价值链视角下城市群产业联动的机制，从政府主导型和市场自发型两个角度梳理了全球价值链视角下城市群产业联动的模式，并从地方政府间合作、产业分工、交通基础设施、经济开发区和全球价值链五个角度设计了长江经济带城市群产业联动的路径。

本书的主要贡献有以下几个方面：

（1）突破了传统的区域联动研究局限，建立了长江经济带城市群联动发展的分析框架，从生态、港口、要素和产业四个维度探索区域的联动发展机制与模式，促进了区域经济学、产业经济学和发展经济学等相关学科的交叉融合。

（2）建立了生态协同治理、港口、要素市场、产业联动四位一体的系统分析框架，提出"区域发展是生态系统、城市群、基础设施和产业集群多个子系统的复合网络结构优化"的新命题，为实现新常态背景下区域协调发展提供了新思路。

（3）研究紧扣经济新常态发展要求，以长江经济带发展战略为指导，主张通过城市群联动激发区域发展内生活力，针对各城市群的独特优势和具体条件，从四大方面探索城市群联动发展的机制与模式，并设计相应的路径，能够为促进长江经济带城市群主动适应经济新常态、推动区域经济协调发展提供新思路及有益参考。

（4）从全球价值链的视角出发，对长江经济带城市群间的产业联动进行实证分析，考察长江经济带城市群在国际产业分工中的地位，为提升长江经济带在全球价值链中的竞争力提供了努力的方向。

推动长江经济带发展，是在经济新常态背景下，党中央、国务院科学谋划的既利当前又惠及长远的重大决策部署，对于实现"两个一百年"奋斗目标和中华民族伟大复兴的中国梦，具有重大现实意义和深远历史意义。本书从长江经济带城市群联动发展的独特研究视角出发，围绕生态、港口、要素和产业四大方面，探索城市群联动发展的机制与模式，希望借此为长江经济带发展战略的落地贡献绵薄之力。

目录

第一篇 绪篇 / 1

第一章 绪论 / 2
第一节 研究背景 / 2
第二节 研究目标、对象、内容与方法 / 6
第三节 文献综述 / 8
第四节 基本观点及创新之处 / 12

第二章 理论基础与分析框架 / 19
第一节 理论基础 / 19
第二节 分析框架 / 32

第二篇 生态协同治理 / 41

第三章 长江经济带城市群生态协同治理研究 / 42
第一节 长江经济带城市群生态协同治理的理论分析 / 42
第二节 长江经济带城市群生态及其协同治理状况 / 51
第三节 长江经济带城市群生态协同治理的障碍 / 74
第四节 城市群生态协同治理的机制分析 / 89
第五节 长江经济带城市群生态协同治理的模式及路径设计 / 97
小 结 / 106

第三篇 港口联动发展 / 109

第四章 长江经济带城市群港口联动发展研究 / 110
第一节 港口联动的理论阐述 / 111
第二节 长江经济带城市群港口联动概述 / 123
第三节 长江经济带城市群港口联动的障碍因素分析 / 142

第四节　城市群港口联动的机制分析 / 146

第五节　长江经济带城市群港口联动模式与路径设计 / 153

小　结 / 162

第四篇　要素市场联动发展 / 163

第五章　长江经济带城市群金融市场联动发展研究 / 164

第一节　金融市场联动的理论基础与文献综述 / 164

第二节　长江经济带城市群金融市场发展及联动现状 / 170

第三节　金融市场联动机制分析 / 177

第四节　长江经济带城市群金融市场联动模式及路径设计 / 186

小　结 / 189

第六章　长江经济带城市群劳动力市场联动发展研究 / 190

第一节　概念界定、理论基础及文献综述 / 190

第二节　长江经济带城市群劳动力市场发展及联动现状 / 196

第三节　劳动力市场联动机制分析 / 203

第四节　长江经济带城市群劳动力市场联动模式及路径设计 / 212

小　结 / 215

第七章　长江经济带城市群技术市场联动发展研究 / 216

第一节　概念界定、理论基础与文献综述 / 217

第二节　长江经济带城市群技术市场发展及联动现状 / 226

第三节　长江经济带城市群技术市场联动发展存在的问题 / 237

第四节　技术市场联动机制分析 / 240

第五节　长江经济带城市群技术市场联动路径设计 / 248

小　结 / 252

第八章　长江经济带城市群产权市场联动发展研究 / 253

第一节　概念界定、理论基础与文献综述 / 254

第二节　长江经济带城市群产权市场发展与联动现状 / 260

第三节　长江经济带城市群产权市场联动存在的问题 / 273

第四节　产权市场联动机制分析 / 276

第五节 长江经济带城市群产权市场联动发展体系构建及
    路径设计 / 281
小 结 / 289

第五篇 产业联动发展 / 291

第九章 全球价值链视角下长江经济带城市群产业联动发展研究 / 292
第一节 城市群产业联动的文献综述 / 292
第二节 长江经济带城市群的产业联动现状 / 297
第三节 长江经济带城市群在全球价值链中的地位 / 309
第四节 长江经济带城市群产业联动的障碍因素 / 315
第五节 全球价值链视角下城市群产业联动的机制分析 / 325
第六节 长江经济带城市群产业联动的模式及路径设计 / 329
小 结 / 337

附 录 / 339

参考文献 / 352

第一篇

绪　篇

第一章
绪 论

第一节 研究背景

改革开放以来，特别是20世纪90年代以来，我国GDP保持了长达近20年的两位数增长，经济建设取得了举世瞩目的巨大成就。但从2010年开始，我国经济增速呈现出整体放缓趋势，至2012年结束了10%以上的高速增长，转而进入增速换挡时期。我国高层决策者敏锐地把握住了当前经济发展过程中出现的这一新变化，并作出了精准的概括。2013年12月10日，在中央经济工作会议上，习近平总书记在国内首次提及"新常态"概念[①]；在2014年5月考察河南的行程中，习近平总书记公开提到了"新常态"，"新常态"一词也因此首次出现在公众视野里；在2014年11月9日举行的亚太经合组织（APEC）工商领导人峰会上发表的主旨演讲中，习近平总书记系统阐述了"新常态"及其主要表现，同时，习近平总书记表示："新常态将给中国带来新的发展机遇。"至此，"新常态"作为我国经济发展新阶段的特征成为我国决策层的共识，"新常态"也成为我国经济发展新的历史坐标。

经济新常态主要表现在以下几个方面：

一是经济增速从高速增长转为中高速增长。尽管我国经济总量逐年上升，目前已成为世界第二大经济体，但近年来经济增长速度已明显回落并趋于稳定，如图1.1所示。

---

① 国际上，2010年，美国太平洋基金管理公司总裁EL-Erian在第40届世界经济论坛上正式提出"新常态"阐释世界经济的特征。随后，Pash（2011）在报纸上刊文进一步阐释了"新常态"。关于习近平总书记首次提及"新常态"的时间依据，来源于中央电视台制作的大型政论专题片《将改革进行到底》第二集《引领经济发展新常态》。

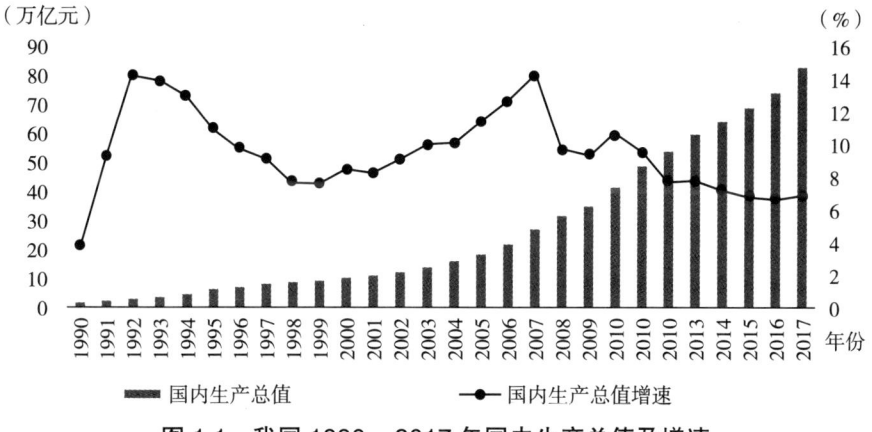

图 1.1　我国 1990—2017 年国内生产总值及增速

资料来源：根据国家统计局相关数据整理所得。

二是经济结构不断优化升级，第三产业、消费需求逐步成为主体，城乡、区域差距逐步缩小，居民收入占比上升，发展成果惠及更广大民众。经过前一阶段的高速发展，资源、环境等问题的制约日趋严重，吃资源饭、环境饭的旧发展方式已难以为继。随着我国消费对经济增长的贡献率逐渐超过投资、第三产业增加值占比逐渐超过第二产业，产业需要逐步从中低端走向价值链的中高端，经济增长亟待向"质量更好，结构更优"转化，以对冲经济下行的压力。

三是从要素驱动、投资驱动转向创新驱动。我国经济增长的动力更加多元化，需求结构中的投资率开始下降，消费率逐步上升，要素的规模驱动力减弱，经济增长更多地将依靠人力资本积累和技术进步，创新将成为驱动经济发展的新引擎。随着我国人口红利的逐步消失，劳动力供给面临着较大压力[1]，劳动力成本一路攀升[2]。我国居民收入差距仍在加大，收入分配状况仍未得到有效改善。这些新的特征说明我国经济发展开始进入了一个全新的时期，即"新常态"。

"新常态"意味着我国经济发展要适应资源环境约束不断增强的新形势，创造经济发展新动力，优化资源配置，缩小区域发展差距，实现经济

---

[1] 根据国家统计局《中国统计年鉴》数据，劳动年龄人口自 2012 年连续五年下降，五年共计净减少了 1796 万人，2016 年全国劳动年龄人口下降到 90747 万人，占总人口比重的 65.6%。

[2] 根据国家统计局《中国统计年鉴》数据，2012—2016 年在岗职工平均工资平均复合增长率达 8.7%。

结构优化升级。中共十八届四中全会明确提出："认识新常态，适应新常态，引领新常态，积极破解经济社会发展难题。"习近平总书记明确指出："我国发展仍处于重要战略机遇期，我们要增强信心，从当前我国经济发展的阶段性特征出发，适应新常态，保持战略上的平常心态。"党的十九大报告也指出："面对我国经济发展进入新常态等一系列深刻变化，我们坚持稳中求进工作总基调，迎难而上。"新常态已成为我国经济发展的重要特征，并上升到国家层面的战略认识高度，表明中央政府对当前我国经济增长阶段的变化规律有了更加深刻的认识，这对宏观政策的选择、产业转型升级产生了方向性、决定性的重大影响。

打造新常态下我国经济增长的新动力，引起了中央与地方政府的高度关注，长江经济带作为三大国家战略区域之一，其城市群的联动发展是促进区域经济协调发展的重要途径之一。为打造我国经济增长新引擎，中央明确提出重点实施"一带一路""京津冀""长江经济带"三大国家发展战略，着力培养新的经济增长点、增长极和增长带，同时也强调要跳出过去以省为单位的区域发展战略格局，应转向以城市群为重心，考虑更多"板块"之间的互动，以推动经济增长。在此背景下，2014年9月，国务院发布了《关于依托黄金水道推动长江经济带发展的指导意见》，随后国家发改委陆续出台了《长江三角洲城市群发展规划》《长江中游城市群发展规划》以及《成渝城市群发展规划》，以具体落实该指导意见，进而推动长江经济带的发展。长江经济带作为我国最大的内河经济带，其总面积、GDP、人口占全国比例均超过40%[①]，并逐步形成长三角城市群、长江中游城市群与成渝城市群三大增长极，以及黔中、滇中两个中小型城市群。长江经济带承担着新常态下增强我国经济发展动力、优化资源配置、挖掘长江流域广阔生产与消费潜力、打造世界级经济带与城市群的战略重任。城市群作为城市演化的高级空间组织形式，逐渐成为地区重要的经济增长极，能够发挥更强的协调与辐射作用，这决定了长江经济带城市群在新常态背景下的战略地位。

经济新常态背景下长江经济带城市经济的发展开始转向城市群经济的整体发展，而城市群联动发展是破解当前经济社会发展诸多问题的现实选择。首先，近十来年，长江经济带经济得到了快速增长，但随着各主要

---

① 课题组根据长江经济带各省市统计年鉴数据计算所得。

城市的经济增长放缓，传统的以单个城市作为主体、各自为政而实现增长的方式难以为继，因此，未来只有通过城市群的联动发展才能带动整个长江经济带经济的平稳增长。其次，经济新常态下需要结构优化，创造长江经济带城市群经济竞争优势离不开城市群的联动发展。未来几年，城市群将成为引领长江经济带经济增长的新引擎，要培育新的消费增长点与区域增长极，需要通过城市群的联动发展才能更好地得以实现，需要通过城市群的联动发展才能更好地推动结构性改革以促进长江经济带产业成功转型升级。再次，经济新常态背景下长江经济带城市群经济增长要实现动力机制的转化，经济增长方式要从规模速度粗放型增长向质量效率集约型增长转换，产业结构的调整升级以及提升长江经济带产业在全球价值链中的地位，靠单个的城市或城市群是难以实现的，这些也离不开城市群的联动发展。最后，推动长江经济带区域经济包容性增长，实现长江经济带区域经济社会的一体化发展，有效解决户籍制度、医疗保障制度、养老保险制度等制度层面存在的一些问题，缩小长江经济带居民收入差距、推进城乡二元结构转型等均离不开城市群的联动发展。

经济新常态背景下，城市群的联动发展离不开城市群之间及城市群内部不同城市之间的合作，这对城市群的联动发展提出了新要求，需要构建生态—交通基础设施—要素市场—产业四位一体的城市群联动体系。长江经济带城市群联动是一个全方位、整体性联动，牵一发而动全身。它包括生态联动、港口联动、要素市场联动和产业联动，四个联动子系统相互支撑、相互作用、相辅相成，构成一个联动整体。第一，生态协同治理是长江经济带城市群联动的基础。以"生态优先、绿色发展"为统领，推动长江经济带建设成为"生态文明建设的先行示范带"是国家对长江经济带的鲜明定位。因此，基于长江经济带的流域经济特征，必须依靠跨区域的长江经济带各城市、城市群的生态协同治理。为实现长江经济带城市群生态协同治理、港口、要素市场、产业四位一体的联动发展奠定环境基础。第二，港口联动是长江经济带城市群联动的必要保障。港口的联动发展对于实现长江经济带城市群联动发展具有重要意义。港口的联动发展涉及港口之间经济互联、要素流动、生态协同等诸多方面，是城市群联动的重要组成部分，其联动发展程度的高低对于整个城市群的联动发展都将产生极大的影响。要实现长江经济带城市群的联动发展，港口联动为实现城市群其他子系统联动提供了必要的保障。第三，要素市场联动是长江经济带城市群联动的维系纽带。金融市场联动是一个复杂的系统工程，金融市场联动的目的是实现金融市场一体化，促进区域经济发展。劳动力市场联动其目的是实现城市群劳动力市场一体化发展，实现区域内劳动力资源的合理、优化配置。技术作为生产要素之一，技术市场的联动会进一步带动其他领域的联动发展。产权市场联动有助于要素的合理流动和优化配置。第四，产业联动是长江经济带城市群联动的重要载体。在经济新常态背景下，长江经济带城市群承担着建设具有全球竞争力的城市群与经济带的重任。因此，要在全球价值链视角下研究长江经济带城市群的产业联动，在市场和政府的共同引导下，为了实现长江经济带整体利益，五大城市群要突破地域界限，根据自身比较优势形成合理的产业分工与合作格局，通过要素的流动和共享、产业的承接与转移、城市群间经济政策和产业政策的协调与统一等，实现长江经济带整体产业升级，进一步缩小各城市群间的经济发展差距、提升长江经济带的产业竞争力，实现长江经济带城市群产业联动并抱团嵌入全球价值链。

基于此，本书立足于经济新常态背景，以长江经济带城市群联动为研究主题，从生态、港口、要素和产业四个维度建立城市群联动的分析框架，研究城市群及城市群各子系统联动发展的现状、障碍、机制、模式与路径，并提出配套措施，为促进长江经济带城市群协调发展、主动适应并引领新常态和打造我国经济新动力提供新思路。

第二节　研究目标、对象、内容与方法

一　研究目标

建立经济新常态背景下长江经济带城市群联动发展的分析框架；从长江经济带城市群生态协同治理、港口联动、要素市场联动、产业联动四大方面研究城市群联动发展的现状、存在的障碍与联动发展机制；分析长江经济带城市群联动发展的模式，探索长江经济带城市群联动发展的路径；最终构建长江经济带城市群联动发展的理论体系。

二 研究对象

本书中的长江经济带各城市群范围划分依据《关于依托黄金水道推动长江经济带发展的指导意见》《长江三角洲城市群发展规划》《长江中游城市群发展规划》《成渝城市群发展规划》等文件确定（如表1.1所示）。

表1.1　　　　　　　　长江经济带城市群范围划分[①]

城市群	城市范围
长三角	上海、南京、无锡、常州、苏州、南通、盐城、扬州、镇江、泰州、杭州、宁波、嘉兴、湖州、绍兴、金华、舟山、台州、合肥、芜湖、马鞍山、铜陵、安庆、滁州、池州、宣城共26个市
长江中游	武汉、黄石、宜昌、襄阳、鄂州、荆门、孝感、荆州、黄冈、咸宁、仙桃、潜江、天门、长沙、株洲、湘潭、衡阳、岳阳、常德、益阳、娄底、南昌、景德镇、萍乡、九江、新余、鹰潭、吉安、宜春、抚州、上饶共31个市
成渝	重庆、成都、自贡、泸州、德阳、绵阳、遂宁、内江、乐山、南充、眉山、宜宾、广安、达州、雅安、资阳共16个市
滇中	昆明、曲靖、玉溪、楚雄共4个市
黔中	贵阳、六盘水、遵义、安顺、毕节、凯里、都匀共7个市

三 研究内容

本书主要内容由五篇构成，每一篇的安排具体如下：

第一篇，绪篇，阐述研究背景并构建"四位一体"的整体研究框架。

第二篇，生态协同治理，主要从长江经济带城市群生态协同治理研究的理论基础、联动现状及障碍、联动机制、联动模式及路径等方面进行研究。

第三篇，港口联动发展，主要从长江经济带城市群港口联动的理论基础、联动现状及障碍、联动机制、联动模式及路径等方面进行研究。

第四篇，要素市场联动发展，分别从金融市场、劳动力市场、技术市场与产权市场四大要素市场的联动发展的理论基础、联动现状、联动机制、联动模式与路径等方面进行研究。

---

① 本书研究始于2015年，滇中城市群、黔中城市群范围主要根据当时相关文献确定，与2016年《滇中城市群规划（2016—2049年）》和2017年《黔中城市群发展规划》界定的范围略有差异，但不影响本书研究的结果。

第五篇，产业联动发展，基于全球价值链视角，对长江经济带城市群产业联动的理论基础、联动现状及障碍、联动机制、联动模式及路径方面进行了研究。

四 研究方法

（1）多学科理论交叉融合法。综合运用区域经济学、产业经济学、发展经济学、环境经济学、国际贸易学等多学科知识交叉融合的方法进行研究。

（2）比较研究法。对比分析欧洲、美国等发达国家和地区的典型案例，借鉴其政策措施及实践经验。

（3）实地调研法。对长江经济带城市群各主要城市进行实地调研——访谈当地政府、企业和高校，了解各城市群环境治理、交通基础设施、要素市场、产业发展现状及存在的问题。

（4）实证研究法。本书多个部分采用了构建综合指标体系与数理模型的方法进行研究。在分析长江经济带各城市群的生态、资源环境承载力状况以及金融市场与劳动力市场联动发展水平时，构建了综合指标体系，采用了成熟度模型、一体化水平测度模型等方法进行了研究；在分析产业联动状况时，采用数量分析方法研究了产业结构关联度及产业跨区域投入产出情况，并基于出口技术复杂度分析长江经济带各区域在全球价值链中的地位等。

第三节 文献综述

一 经济新常态的相关研究

2010年，美国太平洋基金管理公司总裁EL-Erian在第40届世界经济论坛上正式提出"新常态"阐释世界经济的特征。随后，Pash（2011）在报纸上刊文进一步阐释了"新常态"。2014年，EL-Erian又对"新常态"的表现、原因等做了详细分析，认为西方经济陷入长期疲弱的现状是进入"新常态"的表现。

在我国，2013年12月10日，在中央经济工作会议上，习近平总书记在国内首次提及"新常态"概念，2014年5月在河南考察时在公众场合提出"新常态"概念，要求领导干部"从当前我国经济发展的阶段性特征出发，适应新常态，保持战略上的平常心态"。同年7月，在中南海召开的党外人士座谈会上，习近平用"新常态"一词概括我国经济发展形势。习近平总书记在同年11月召开的APEC工商领导人峰会上发表演讲，系统阐述了"新常态"，指出新常态下我国经济发展具有速度变化、结构优化和动力转化三大特点，即"一是从高速增长转为中高速增长；二是经济结构不断优化升级，第三产业、消费需求逐步成为主体，城乡区域差距逐步缩小，居民收入占比上升，发展成果惠及更广大民众；三是从要素驱动、投资驱动转向创新驱动"等。此后，习近平总书记多次明确指出，我国经济发展到新常态的状态下是不以人的意志为转移的，当前和今后一个时期我国经济发展要认识、适应和引领新常态。

对比国内外经济新常态的概念，国外经济新常态更多地刻画出了全球经济从20世纪80年代以来经济增长周期的阶段性转换，内涵较偏悲观；国内提出的经济新常态，则是明确表明了我国进入"趋势性转变"时代，所谓"新"指转折、转变；"常态"指转变是趋势性、结构性的（杨保军、陈鹏，2015），是迈向更高级发展阶段的宣示，一方面分析我国经济转型的必要性，另一方面也明确指出我国经济转型的方向，同时也指出了转型的动力结构（李扬、张晓晶，2015）。中共十八届四中全会提出："适应经济发展新常态，创新宏观调控思路和方式，积极破解经济社会发展难题……""新常态"的提出，意味着我国经济发展要适应资源环境约束不断强化的新形势，转变经济发展方式，释放市场活力，实现经济结构优化升级。基于经济新常态背景，国内一些学者立足于长江经济带这一区域已有了一些零散的研究，包括：黄德春和徐慎晖（2016）基于新常态背景研究了长江经济带金融集聚对经济增长的影响，提出了长江经济带各城市之间要加强金融合作的建议；王亮（2017）立足于新常态背景研究了长江经济带产业结构转型对经济增长的影响，提出了要重视长江经济带产业结构合理化与高级化，坚定不移地推进供给侧结构性改革的观点；文锋（2017）探讨了新常态下长江经济带的发展之路，认为长江经济带需注重差异化发展，提升自身独一无二的软实力。但总体上看，基于新常态背景研究长江经济带的文献还比较分散，并没有形成系统全面的研究成果。

二 区域联动的相关研究

"联动"依照辞典上解释:"联"指关联、联合;"动"指使其作用或者发生变化;联动,即若干个具有相关性的事物,在其中一个或者若干个事物运动或者变化时,其他事物也随之运动或变化,具有"关联互动"和"联合推动"的意思。所谓"区域联动",是指彼此相互联系、相互影响的区域,通过区域间的分工合作、相互协作推进区域协调发展,实现区域间一体化发展。

区域联动在解决区域经济失衡、实现区域协调发展中发挥着重要的作用(刘力,2009;潘文卿,2012;李敬,2014;马晓河,2017)。我国经济增长过程中,区域间存在较强的相互影响。同时,地区间的贸易壁垒逐渐消除、全国市场呈现"一体化"整合趋势(陈敏等,2008;赵奇伟等,2009),在交通体系不断完善的条件下,高铁时代的到来,有利于依托交通干线推动区域经济发展(肖金成,2017),区域联动成为可能。美国经济学家纳克斯(Nurkse,1953)强调了产业间和地区间的关联互补性,认为应在各产业、地区间谋求平衡增长,实现区域经济平衡发展。潘文卿(2012)指出,地区间的相互依赖和空间溢出效应对经济发展有重要影响。因此,要正视产业间和地区间的关联互补性,通过联动作用实现区域经济的协调发展。

关于区域联动的具体形式,学术界展开了多角度的研究。首先,Massey(1979)认为,区域发展应基于上下游产业链关系,形成"空间的分工"。区域间产业联动是促进产业链升级、应对全球竞争压力和提升区域竞争力的有效途径(Schmitz,1999)。因此,可通过全球性产业转移、构建全球生产网络及地区产业转移、区域产业联盟(叶森、曾刚,2012)等实现产业联动。其次,区域产业变动是要素流动过程中优化重组的结果(刘玥、聂锐,2007),因此,区域协作实质上是推动区域内生产要素的自由流动(义旭东,2005;刘浩,2012)。有关各市场联动的研究,学术界分别从金融市场(支大林,2008;于尚艳,2008)、劳动力市场(李晓帆,1993;蔡昉,2007;李路路等,2016)、技术市场(王核成、宁熙,2001;Asheim and Coenen,2005;杨耀武、张仁开,2010)和产权市场(包亚钧,2005;李正希,2009)等角度探讨了要素市场联动对区域要素优化配置的积极作用。最后,对于内河经济带而言,港口交通联动是要素自由流动的基础保障（刘玥、聂锐，2007）。学术界认为，协同是港口群共同发展的趋势（汪旭东、杜麒栋，1999；茅伯科，2005），港口间通过协同竞争可达到双赢（Song，2002；吴明华，2005；黄迪，2006）；通过功能组合、结构调整和资源整合（孔宪雷、许长新，2004）、发展多式联运（寿建敏，2005）、构建综合物流节点体系（王刚、牛似虎，2013）等可实现港口联动。此外，生态文明建设是经济新常态的重要组成部分（李珉婷，2017；李圆，2017），因此，生态协同治理是区域联动的重要内容。学术界从建立税收制度（薛惠锋等，2007；金慧琴，2008）、构建生态共建的区域合作机制（孙红玲，2008）和跨区域环境污染治理机制（郭永园，2017、2018）等方面探讨了区域生态协调治理的方式，并认为区域环境合作可以增加区域的整体收益（王奇等，2014）。

三 城市群联动发展的相关研究

作为区域的增长极，城市群在区域联动过程中扮演着重要角色。20世纪50年代，法国经济学家佩鲁（Perroux，1955）认为，增长会以不同强度首先出现在增长点或增长极上[①]。随后，布德维尔（Boudeville，1966）提出"区域增长极"概念，将增长极从经济空间转变到地理空间。近年来，我国以大都市带、城市群为中心的区域经济发展非常迅猛（方创琳，2011；郑继承，2013），城市群也逐渐成为地区的重要增长极（陈柳钦，2009；廖富洲，2014）。经济带发展模式是"点—轴"理论的应用核心（陆大道，2014）。"点"增长极通过线状基础设施连接在一起形成经济增长轴，点轴开发更有利于推动区域经济的协调发展。在我国，依托长江流域，已逐渐形成长三角城市群、长江中游城市群、成渝城市群等重要增长极，长江经济带建设也正式成为国家战略（秦尊文，2014）。

关于长江经济带城市群联动发展，学界展开了一些研究。如何全面认识并实现长江经济带城市群联动？学术界从生态协同治理（Nurkse，1953；杨妍、孙涛，2009；齐建国等，2010）、交通港口联动（Heaver，2001；金宇超等，2016）、要素市场联动（Asheim and Coenen，2005；Giannetti et al.，2002；严善平，2006）与产业联动（叶森，2009；叶森、曾刚，2012；

---

① ［法］弗朗索瓦·佩鲁：《略论增长极概念》，《应用经济学》1955年第1—2期，中译文见《经济学译丛》1988年第9期，转引自李仁贵《区域经济发展中的增长极理论与政策研究》，《经济研究》1988年第8期。

高伟等，2012；胡艳等，2016）等多个角度展开研究，但未对城市群联动进行系统的研究。"长江经济带"作为我国经济布局的重要发展轴，推动长江经济带建设应主要从加大投资力度、加强区域经济合作、加强城市群联动三方面着手，通过完善交通体系、破解封锁壁垒以及共同开拓内外市场，实现长江经济带城市群的共同发展（尚勇敏，2014）。胡艳等（2016）和郁鸿胜（2018）认为各大城市群联动发展应抓准自身优势落实功能定位，突出长三角城市群的首位度效应，发挥对中下游城市群的带动作用。联动发展关键应构建长江经济带城市群联动发展机制，实行区域协调体制和制定区域性措施和政策。此外，畅通长江经济带城市群的空间溢出渠道、提高城市间的关联度是缩小长江流域上中下游间区域差异的有效举措（李嬛等，2016）。

国内外学者在区域联动及城市群发展方面形成了一定的研究成果，但仍存在以下不足：

一是普适性研究较多，关于特殊经济背景与特定对象的针对性研究较少。已有文献主要聚焦于区域联动，分析城市群联动的文献相对较少，关于长江经济带城市群联动的发展现状、作用机制、典型模式及实现路径等相关研究更为缺乏，并且鲜有学者尝试研究经济新常态背景下的城市群联动发展问题。

二是片段式研究较多，关于城市群联动的系统性研究较少。已有文献多从某单一角度或者局限于某特定地区分析区域联动问题，系统研究尚未展开，尤其在城市群联动的不同角度及其相互联系的分析方面还没有建立起相应的理论分析体系。

第四节 基本观点及创新之处

一 基本观点

（一）生态协同治理是经济新常态背景下长江经济带城市群联动的基础

实现长江经济带城市群生态协同治理、港口、要素市场、产业四位一体的联动发展,生态协同治理是基础。生态协同治理是指以长江经济带城市群为主体,以保护、治理、修复生态环境为目标,采取各种途径协调政府、企业、公众等多方利益体并通过联合行动最终实现生态协同治理与"共抓大保护、不搞大开发"的目标。这就需要协调政府、市场和社会等多方主体,解决好在生态协同过程中存在的主体协同、目标协同和过程协同中的障碍,突破传统的行政区域分割,以促进长江经济带城市群生态协同治理。基于长江经济带城市群生态协同治理的协调合作机制、激励补偿机制、应急管理机制和长效保障机制等,借鉴国外跨域环境治理的先进实践经验,本书设计了3条长江经济带城市群生态协同治理的路径:一是从政府角度解决城市群间、城市群内部生态协同治理存在的障碍,即政府协同路径;二是借助市场机制协同长江经济带生态协同治理过程中各个主体的行为,即市场协同路径;三是以倡导宣传、舆论监督为手段,以协同公众、政府、企业、非政府组织等主体行为的社会协同路径。政府协同路径主要是从政府的角度出发,以跨长江经济带治理机构为主的自上而下的长江经济带城市群协同治理路径;市场协同路径主要从市场角度出发,建立和完善跨长江经济带生态资源定价与交易机制、区域一体化市场,规范和协同各个主体的行为;社会协同路径主要从舆论角度出发,以协同公众、政府、企业、非政府组织等主体为目标,对政府和市场协同路径进行补充。上述三条路径各有侧重又互为补充,在具体实施过程中应将其结合起来加以运用。

(二)港口联动是经济新常态背景下长江经济带城市群联动发展的必要保障

实现长江经济带城市群港口联动必须立足于城市群本身的自然与经济条件,在充分分析长江经济带城市群港口的基础设施建设情况、资源整合水平、相关政策的基础上,破除港口联动的体制障碍、信息沟通障碍与运营障碍。为实现长江经济带城市群港口联动,本书以目标动力机制、行为激励机制、风险分担机制和利益分配机制为依据,借鉴日本东京湾港口群、美国纽—新港口群、欧洲海港组织的港口联动模式和建设经验,提出了"政府搭台、协会牵线、企业唱戏"的发展模式,并从五个方面设计出长江经济带城市群港口联动的路径:其一是统筹交通基础设施建设,完善立体交通网络、信息共享平台、自然灾害与意外事故防护设施建设,以长江经济带港口管理委员会为决策主体，统筹规划长江经济带港口基础设施建设方案，同时适当引入社会资本，实现资本的快速筹集和高效使用。其二是港口功能整合，明确港口功能差异化定位，提高长江干线港口的集装箱化程度，利用好喂给港与干线港间的协作关系，实现港口功能整合的差异性和互补性。其三是信息平台对接，构建包括基础信息系统、电子商务系统、物流作业系统、数据交换系统、综合管理系统、决策支持系统六大子系统在内的长江经济带港口信息联动平台，提高港口群整体的运作效率。其四是人才联合培养，利用好长江经济带各省市的高校资源，设立港务教育培训中心，设计长江经济带港航人才需求预测指标体系，建立长江经济带港口人才库，进一步完善人才评价激励机制和服务保障体系，推进港口专业化人才队伍建设。其五是生态环境共建共享，落实好"生态补偿"与"河长制"制度，推进长江经济带城市群港口生态环境的联合保护和治理。

（三）要素市场联动是经济新常态背景下长江经济带城市群联动发展的维系纽带

长江经济带城市群要素市场联动主要指金融市场、劳动力市场、技术市场和产权交易市场的联动。具体表现在以下几个方面：

其一，金融市场。长江经济带无论是城市群之间还是城市群内部，金融市场发展差异均较大，区域非均衡性特征较为明显，金融市场一体化水平及联动水平相对较弱，城市群金融市场的联动需要从信息传导、利益协调、风险防范及政府监管等多方面进行合理的机制设计，通过政府主导、市场运作的模式提高金融市场整体联动水平以促进长江经济带城市群的联动发展。

其二，劳动力市场。劳动力市场一体化是衡量劳动力市场发育水平和竞争性的一个重要指标，也是实现跨地区要素流动的必要条件。尽管长江经济带城市群劳动力市场流动状况有所改善，但因受不同地区社会保障和福利制度差异以及地方保护主义等因素的阻碍，长江经济带城市群劳动力市场一体化进程仍在艰难推进中。因此，为了加快长江经济带城市群劳动力市场一体化进程，弥补部分城市在劳动力资源等方面的不足，实现劳动力市场协调发展。在劳动力市场机制调节和政府政策引导作用下，基于长江经济带城市群劳动力市场的供求机制、流动机制、预警机制以及保障机制,破除限制劳动力等生产要素自由流动和优化配置的各种体制机制障碍,推动各种要素按照市场规律在区域内自由流动和优化配置。

其三,技术市场。长江经济带城市群技术市场联动能够有力推动城市群在产业链上的合作,但目前长江经济带城市群技术市场的联动发展整体上还处于起步阶段,各城市技术市场自成体系,缺乏长江经济带范围内技术市场联动统一、全面综合的政策规划,导致了相关体制机制缺位,整体的联动部署还未展开,区域间的互动大多仍停留在文件层面。除此之外,下、中游地域城市群的联动相较于上游更为紧密,联动发展不均衡使上游本来相对贫乏的科技资源也难以共享,从而加大了与中下游技术市场发展的差距,阻碍了长江经济带城市群技术市场的联动发展。基于此,迫切需要建立技术市场联动发展体系,并配以相应机制推动其良好运行,为技术市场主体提供良好的市场环境,增强技术交易信息共享,降低技术交易成本,推动技术创新成果的流动和技术扩散,使长江经济带技术市场更好地发展。

其四,产权市场。产权交易市场目前分割、各自为政的状态不利于长江经济带城市群内产权市场发展,阻碍了产权市场整体发展进程,因此需要区域内产权交易机构树立良好的联动意识,做到优势互补、联动发展。基于产权市场发展的现实情况,从产权交易机构的个体目标和公共目标出发,提出协同机制和竞争机制两大发展主线,以期实现长江经济带城市群产权交易市场发展的动态平衡。在此基础上,本书进一步提出构建长江经济带城市群产权交易市场,以上海联合产权交易所、武汉光谷产权交易所、重庆联合产权交易所为核心的"三核一带"发展模式,并通过区域内主体、信息网络、规则体系、监管体系的联动路径达到最终的联动发展。长江经济带要素市场的联动情况有利于城市群间经济、社会的发展,从而进一步促进城市群间的联动发展。

(四)产业联动是经济新常态背景下长江经济带城市群联动发展的重要载体

城市群产业联动是指为了促进区域内产业协调发展、产业结构优化升级,在市场和政府的共同引导下,城市群之间突破地域界限,根据自身比较优势形成合理的产业分工与合作格局,通过要素的流动和共享、产业的承接与转移、城市群间经济政策和产业政策的协调与统一,进一步缩小各城市群间的经济发展差距,实现长江经济带整体产业升级。通过对全球价值链视角下长江经济带城市群产业联动的研究发现:一是从定性分析与定量分析的结果来看,长江经济带城市群同一产业与不同产业间,均具有良好的产业联动基础,但也存在联动障碍,如经济水平相差过大、产业结构趋同。二是从全球价值链视角来看,过去十来年,长江经济带在全球价值链中地位逐步攀升,长江经济带内各城市群在全球价值链中的分工地位存在显著差异,即长三角城市群和成渝城市群在全球价值链中的地位相对较高,长江中游城市群次之,而滇中城市群与黔中城市群仍然处于中低端。三是本书认为长江经济带城市群产业联动存在四大机制,即城市群内部的集聚整合机制、城市群之间的梯度转移机制、城市群间的利益协调机制、全球价值链的抱团嵌入机制。这四大机制遵循城市群内部—城市群之间—长江经济带与其他区域—全球范围内,由内而外地逐步深入。四是本书提出了长江经济带城市群产业联动的五大路径,即加强政府合作,打破行政分割;细化产业分工,优化产业布局;升级交通网络,促进要素流动;整合经济园区,优化资源配置;构建内部价值链,抱团嵌入全球价值链。

二 创新之处

第一,立足于经济新常态背景研究城市群联动发展,突破传统的区域联动研究局限,建立生态、港口、要素市场、产业联动四位一体的系统的理论分析框架,提出"城市群联动发展是生态系统、城市群、基础设施和产业集群多个子系统的复合网络结构的优化"的新命题。本书从不同角度探索城市群之间的联动,有别于已有的仅侧重于某一城市群内部的联动研究,拓展了城市群联动发展的相关理论。本书提出长江经济带联动发展的主体是城市群(三大跨区域城市群:长三角、长江中游、成渝;两个区域性城市群:黔中、滇中),城市群作为区域增长极,其联动发展能够产生协同效应并形成重要的经济增长带,共同参与国际竞争,最终形成具有国际影响力的经济带。

第二,对长江经济带城市群联动的机制与模式进行研究后提出了一系列新观点。为了实现经济新常态背景下的长江经济带城市群联动发展,一要考虑资源环境承载力,做好生态协同治理;二要发挥好长江黄金水道港口联动优势;三要推动要素市场联动;四要实现产业的内外良性联动发展。四位一体的城市群联动是长江经济带的创新发展机制与模式。

第三，在生态协同治理方面，创新性地构建了"生态承载力"综合指标体系以测度长江经济带城市群的生态发展现状，分析了长江经济带城市群生态协同治理状况并提出了促进生态协同治理的新方案。港口联动方面，在借鉴发达国家在港口联动发展经验的基础上，有针对性地设计了"政府搭台、协会牵线、企业唱戏"的发展模式，提出了长江经济带城市群港口联动可通过统筹基础设施建设、对长江沿线港口的功能进行整合、建立长江经济带港口信息联动平台、推进港航人才的联合培养以及建立港口生态环境保护联盟等一系列新措施。

第四，在要素市场联动方面，分别从金融市场、劳动力市场、技术市场和产权市场四个方面进行了研究，弥补了现有文献在这四个细分市场上研究的不足。具体表现在：对金融市场的研究分别采用了金融成熟度模型和金融市场一体化测度模型进行了定量分析，并引入博弈论模型分析了金融市场联动的机制，在研究方法运用上有一定的创新；对劳动力市场的研究首先构建综合指标体系测度了长江经济带五大城市群劳动力市场现状，其次基于劳动力工资视角研究了劳动力市场一体化水平，同时研究了五大城市群劳动力市场联动的运行机制以及设计了劳动力市场的联动体系与路径，丰富和拓展了劳动力市场联动发展的理论。技术市场联动方面，本书较为全面地对技术市场进行分析，分别从省级层次及地市级层次以因素分析法测度了长江经济带技术市场的发展状况，并从国家层面和区域层面探索了长江经济带技术市场的联动情况。提出了以区域技术动力转移机制为主，区域技术中介整合机制、区域统一信息传导机制、交易主体行为制约机制、区域市场运行环境联动机制四个其他市场机制为辅的区域技术市场联动机制。产权市场方面，一是创新性地提出了产权市场的联动发展策略，同时在考虑发展的共性目标时，也充分考虑产权交易机构的个体目标，提出"协同竞争发展机制"。二是创新性地提出了建立以"上海—武汉—重庆"三地产权交易机构为核心的长江经济带城市群产权联动体系，通过其辐射带动作用实现整个长江经济带产权市场的联动发展。

第五，在产业联动方面，一是在研究方法上有所创新：通过采用省际区域间投入产出表分析了长江经济带城市群各区域间的产业联动，并基于出口技术复杂度分析了长江经济带各区域在全球价值链中的地位。二是在研究视角上有所创新：将产业联动与经济新常态这一现实背景相结合，从城市群的角度来分析区域间的产业联动；更加注重分析长江经济带城市群的内在关联，将长江经济带城市群视作一个竞争与合作并存的有机整体，并将长江经济带城市群这一有机整体视作全球价值链中的一部分。

第二章
理论基础与分析框架

第一节 理论基础

随着长江经济带战略的实施，各城市群功能定位逐渐完善，如何促进区域间协调、推动区域联动成为当前发展阶段下亟须解决的问题。区域联动是社会经济发展到一定阶段的产物，本质上即为区域间的分工合作，分工是合作的前提，合作是分工的结果和必要保障。基于此，本书主要从区域差异、区域分工、区域合作三个方面入手，对区域联动的相关理论进行阐述，同时，对各子课题在机理部分涉及的一些理论进行补充阐述，为后文奠定坚实的理论基础。

一 区域差异理论

区域差异是指不同区域在自然、经济、文化、社会、制度等方面的差别，学术界对此问题的思考主要从经济发展角度出发（魏后凯，1995；胡乃武、韦伟，1995）。由于各区域在资源禀赋、经济基础、制度条件、科技水平等方面都存在不同，区域经济发展水平也表现出极大的差异性，那么随着社会经济发展和科技进步，区域经济到底是趋向均衡还是非均衡，众多学者对此问题展开了研究，区域经济均衡与非均衡理论也随之产生。当前，区域均衡或非均衡理论可分为区域经济结构（非）均衡理论和空间结构（非）均衡理论，前者主要从经济结构和产业结构入手，探讨产业间发展的均衡问题，后者主要从空间角度，分析不同区域间经济均衡问题。由于本书旨在研究长江经济带范围内，不同区域即城市群之间的联动，因此，本书将主要从空间差异角度出发，论述区域经济（非）均衡理论。

（一）区域经济均衡理论

区域空间结构均衡理论主要指新古典区域经济均衡发展理论。1956年，美国经济学家索洛（Solow, 1956）提出了新古典经济增长理论，在此基础上，新古典区域经济均衡发展理论逐渐形成和发展。新古典区域经济均衡发展理论的假设条件极为严格，除新古典理论通常的基本假设外，还包括两个附加假设，即区域间生产要素自由流动，空间交易成本为零；所有区域都是同质的，资本、劳动力等生产要素可以相互替代。该理论的核心思想是：在市场经济条件下，区域间要素的自由流动能促使区域经济最终趋于均衡。

区域经济增长主要受资本、劳动、技术要素的影响。由于各区域要素禀赋和经济发展水平不一，劳动力和资本的供求也存在差异性，根据边际生产力决定要素报酬率的假定，资本集约程度高的区域（发达地区）资本投入多于劳动投入，因此资本价格即利息较低，劳动力工资水平相对较高，而劳动集约程度相对较高的区域（欠发达地区）劳动投入多于资本投入，因此劳动力工资水平较低，利息相对较高。受市场竞争机制和利益机制影响，资本会从收益率较低的区域流向收益率较高的区域，同样，劳动力也会从低工资区域流向高工资区域，最后使在不同区域的各要素收益实现均等。在此过程中，发达地区的投资者收入增加，投资也随之增加，由于发达地区投资的边际收益递减，因此发达地区的投资者仍然会继续在欠发达地区进行投资；同时，欠发达地区的劳动力流入发达地区，工资除自身消费外，也会流入到欠发达地区进行消费，欠发达地区消费需求扩大，进一步拉动了区域生产和投资。随着资本要素和劳动要素的逆向流动，区域间的利息与工资差距逐步缩小，最终实现区域间均衡。

（二）区域经济非均衡理论

1. 增长极理论

增长极理论最早是由法国经济学家佩鲁（Perroux, 1955）提出[①]。在《略论增长极概念》一文中，佩鲁正式提出了"增长极"这一概念。他指出，

[①] ［法］弗朗索瓦·佩鲁：《略论增长极概念》，《应用经济学》1955年第1—2期，中译文见《经济学译丛》1988年第9期，转引自李仁贵《区域经济发展中的增长极理论与政策研究》，《经济研究》1988年第8期。

增长并不是同时出现在所有地方，而是以不同强度最先出现在一些增长点或增长极上，然后向外扩散，从而对整个经济产生影响。其中，佩鲁认为的"极"是指工场或者产业，并非地理区位，而"增长极"主要指围绕主导工业部门而发展的有活力、具有创新性、高度联合的一组工业，其本身能实现迅速增长，并在乘数效应作用下推动其他产业的发展。佩鲁所提出的增长极理论主要从产业间关联效应角度进行分析的，而忽略了该理论的空间意义。"增长极"的概念随后被引入区域经济学，并拓展增长极理论的空间范畴，实际上，经济空间不仅包括经济变量的结构关系，还涵盖了其所处的地域结构，因此，增长极既指经济结构中的主导部门，也代表地理空间上对整个区域发展起支配作用的地区。布赛尔（Boisier, 1979）提出了扩散效应和回流效应随时间推移而变化的观点[①]。

增长极理论本质上是一种区域内部发展理论，强调了"极化效应"下，区域内部增长中心的形成与发展，继而通过"扩散效应"带动区域经济整体发展。极化效应指增长极吸引了周边地区资金、技术、人才等生产要素的聚集，通过规模经济效应，不断增强自身竞争实力、提高自身发展水平。扩散效应指随着增长极逐渐发展，规模经济效应也会有所弱化，为获取更高的收益，增长极的生产要素会逐步向外围转移，对周边地区产生辐射作用，带动外围区域经济发展。两种效应相辅相成，共同促进整个区域的经济发展。

2. 循环积累因果理论

1957年，瑞典经济学家缪尔达尔（Myrdal）于《经济理论和不发达地区》一书中提出了循环积累因果理论。该理论认为，经济发展过程在区域空间上不是同时产生和均匀扩散的，而是最先发生在一些条件较好的地区，在某些契机的影响下，这些地区获得了经济增长的初期优势，相较于其他区域实现超前发展，在集聚经济与规模经济的作用下，发达地区会获得持续的、累积的经济增长，而欠发达地区发展则相对滞后，从而使区域间差距逐步扩大，加剧了区域间的不平衡。在经济循环积累过程中，发达地区与欠发达地区主要通过回流效应和扩散效应相互作用、相互影响。回流效应指资本、劳动、技术等要素由欠发达地区向发达地区流动的现象，

---

① Sergio Boisier, "Growth Poles: Are They Dead?", in Ed. B. Prantilla ed., *National Development and Regional Policy*, Singapore: Maruzen Asia for United Nations Centre for Regional Development, 1981, pp.71-83.

这会造成欠发达地区的进一步衰落，区域差距的扩大；扩散效应指资本、劳动、技术等要素由发达地区向欠发达地区转移的现象，能推动欠发达地区发展，缩小区域差距。回流效应和扩散效应能够相互抵消，进而达到一种稳态均衡，但在市场经济条件下，尤其是在经济发展的初期阶段，回流效应的作用要大于扩散效应，因此导致区域差距不断扩散，甚至出现"富者越富，穷者越穷"的情况。

3. 不平衡增长理论

美国经济学家赫希曼（Hirschman, 1958）对区域经济不平衡发展问题进行了更加深入的研究，在其出版的《经济发展战略》一书中指出，经济发展本质上就是非均衡的，在经济发展过程中，最先是某些中心区域得到发展，而后带动其他区域的经济增长。与缪尔达尔的"扩散效应""回流效应"类似，赫希曼把发达地区的经济增长对欠发达地区产生的有利影响称为"涓滴效应"，不利影响称为"极化效应"，在经济发展的初期阶段，极化效应会占主导地位，但长期来看，涓滴效应会缩小发达地区与欠发达地区的经济差异，逐步推进区域均衡发展。

同时，赫希曼也提出，在资源稀缺的前提下，地区发展应该遵循不平衡增长战略，先集中发展某个产业，再带动其他产业发展。根据"引致投资最大化"原理，投资对象可分为基础设施建设部门和生产性活动部门，前者指基础设施建设相关部门，其建设周期长、投资回报慢、收益率较低，但受益面广，对经济可持续性发展起到较为重要的作用，后者是指工业等能够迅速获取收益和产出的生产部门，建设周期相对较短、投资回报快、收益率高，因此，他指出应该优先发展生产性活动部门，特别是那些引致投资最大的部门，即通过自身发展能带动关联产业最大化发展的投资项目。对于如何选择引致投资最大部门，赫希曼也提出了"联系效应"原理，该原理指出，在一个区域的经济系统中，各个产业部门都存在相互影响、互为依存的关系，这种关系的紧密程度决定了一个产业部门对其他相关部门的影响程度，因此，在有限资源条件下，应该先选择发展联系效应最大的产业。

4. 梯度转移理论

梯度转移理论源于弗农（Vernon, 1966）的产品生命周期理论，随后被引入到区域经济学中，形成了区域经济梯度转移理论。该理论认为，区域经济的发展水平取决于其产业结构的优劣，而产业结构状况则取决于该地区经济部门,特别是主导部门在生命周期中所处的阶段。按照科技水平与经济发展水平的差异,区域可分为高梯度区域和低梯度区域,高梯度区域主要指一些发达地区,经济发展水平高,主导部门以处于创新阶段的高潜力部门为主,技术实力较为雄厚,而低梯度区域主要是一些欠发达地区,经济增长较为缓慢,甚至处于停滞状态,主导部门大多是处于成熟后期或衰退阶段的落后部门,科技水平较低。在梯度转移过程中,包括新产品、新技术、新组织管理方法、新产品部门等在内的创新活动,最初产生及应用于高梯度区域,随着时间的推移和产品生命周期阶段的变化,逐步由高梯度地区向二级梯度、三级梯度等梯度地区有序转移,进而推动各区域产业结构的更新。在这一过程中,极化效应和涓滴效应相互作用,生产要素向高梯度地区集中,同时也带动周边地区经济发展,创新活动由高梯度地区向低梯度地区蛙跳式拓展,进而产生有序的梯度转移。

5. 中心—外围理论

阿根廷经济学家普雷维什(Prebisch, 1950)在《拉丁美洲的经济发展及其主要问题》报告中系统阐述了"中心—外围"理论,而后由弗里德曼引入到区域经济学领域之中。普雷维什指出,在传统的国际分工下,世界经济可被分为两个部分:其一是经济结构具有同质性和多样化的"中心",主要表现为发达国家,先进技术能应用于国民经济的全过程,生产领域覆盖范围广,包含资本品、中间产品、消费品等;其二是经济结构具有异质性和专业化的"外围",主要表现为发展中国家,在这一区域,技术落后、劳动生产率较低的经济部门与使用现代化科技、劳动生产率较高的部门同时存在,科学技术生产资源主要投入到初级产品的生产部门。"中心"与"外围"同属于整个世界经济体系,但二者之间在经济发展水平、科技水平上具有明显差距,"中心"在国际贸易中占据了有利的发展地位,而"外围"则承担了初级产品生产与出口的任务,随着不平等国际分工的日益加剧,初级产品贸易条件长期恶化趋势也逐渐加强,"中心"与"外围"之间不平等程度日益加深,而"外围"会长期处于不利地位。

此后,弗里德曼(Friedmann, 1966)对普雷维什的"中心—外围"理论做了进一步的拓展。他将经济系统空间结构划分为中心和外围两部分,中心区是具有较强创新能力、在经济发展中起主导和支配地位的区域,一般指城市或城市集聚区,外围区是围绕中心区分布、受其影响和支配的区域。中心区与外围区共同组成一个完整的二元空间结构,二者相互作用。

一方面，中心区从外围区获取大量生产要素，提高区内科技水平，推动自身经济发展；另一方面，中心区的各要素也会向外转移，进而促进整个经济系统空间发展。根据经济增长特征与经济发展阶段，弗里德曼将区域经济发展划分为四个阶段：前工业化阶段、工业化初期阶段、工业化成熟阶段、后工业化阶段。在第一个阶段，经济发展水平相对较低，资源要素之间较少流动，但存在若干缺乏等级体系的地方性中心；在第二个阶段，原有均衡状态被打破，中心区进入极化过程，吸引了外围区资本、劳动、技术等生产要素的流入，一个单核式空间结构逐步形成；在第三个阶段，中心区要素开始回流到外围区，次级中心开始出现，单核式空间结构由多中心空间结构所代替，区域差距呈现缩小趋势；在第四个阶段，资源在整个区域范围内自由流动，大城市间的外围区逐步被各大城市所吸纳，功能上相互依赖的城市体系形成。

二 区域分工理论

区域分工是指一个大范围内的各区域基于自身优势情况下实行区域专门化生产，将本区域专门化生产的产品与其他区域所生产而本区域无法生产或者生产不利的产品相交换，由此实现利益最大化。区域分工是各区域在地理空间上产生的分异，分工有助于要素流动，促进地区专业化，实现范围经济。经济学界有众多经济学家对区域分工进行了研究，主要的区域分工理论包括绝对优势理论、比较优势理论、要素禀赋理论和产品生命周期理论等。

（一）绝对优势理论

18世纪后期，西欧资本主义工场手工业发展得到空前繁荣，资产阶级为扩大海外市场，获取廉价原材料，迫切希望打破重商主义的束缚，为满足资本主义发展需求，以绝对优势理论为代表的经济自由主义思潮逐步盛行。1776年，英国古典政治经济学家亚当·斯密（Smith）出版了《国民财富的性质和原因的研究》一书，他认为，分工可以提高劳动者生产熟练程度，减少工种转化时间，从而提高劳动效率，增加国民财富，而分工主要遵循着绝对优势原理，即每个人应该专注于生产其劳动生产率最高的产品。同样地，绝对优势理论也适用于国际间或区域间分工与贸易，就某种商品而言，如果其他国家或区域生产成本比本国或本区域低，那么本国或本区域就不应该生产该种商品，而是输出本国或本区域绝对成本比其他国家或区域低的商品，交换其他国家或区域的廉价商品。由此，各国或区域均按照各自的有利条件进行专业化生产，然后进行交换，能使资源得到最有效的利用，使所有国家或区域从中受益（Smith，1776）。

绝对优势主要用劳动生产率和劳动成本来衡量，如果某国家或区域生产某种商品的效率高于其他国家或区域生产同一商品的效率，那么该国家或区域在这一产品的生产上便具有绝对优势；反之，则不具有绝对优势或处于绝对劣势。如果某国家或区域生产某种商品的成本低于其他国家或区域生产同一商品的成本，那么该国家或区域在这一产品的生产上便具有绝对优势；反之，则不具有绝对优势或处于绝对劣势。总之，每个国家或区域都应该专注于发展其劳动生产率最高、劳动成本最低的部门，输出具有绝对优势的产品，交换具有绝对劣势的产品。

（二）比较优势理论

根据绝对优势理论，参与贸易的各国或区域必须存在具有绝对优势的产品，那么对于在所有生产部门均处于绝对劣势的国家和区域，则无法进行区域间贸易，只能自给自足，这显然与现实情况不符。对此，英国经济学家李嘉图（Ricardo）于1817年在《政治经济学及其赋税原理》一书中提出了比较优势理论。比较优势理论认为：国家或地域分工的基础并不限于产品生产的绝对成本，只要贸易双方存在生产成本的相对差别，就能使各国或各区域在不同产品的生产上具有比较优势，双方贸易才能成为可能。各国或各区域集中生产本国或本区域具有比较优势的产品，并向其他国家或区域输出这些产品，然后输入本国或本区域具有比较劣势的产品，从而各个国家或区域都能从贸易中受益。

比较优势理论强调的是产品生产的比较成本，而不是绝对成本。所谓比较成本，是指在一个国家或区域范围内，某产品的要素投入量与另一产品要素投入量的比率。一个国家或区域在生产某种产品时，即使劳动成本高于其他国家或区域，但只要两个国家或地区在劳动投入上有所不同，仍有可能进行互惠贸易，按照"两利取重，两害取轻"的比较优势原则，一个国家或区域专门生产它的绝对劣势相对较小的产品（或称比较优势产品），用以交换其绝对劣势相对较大的产品（或称比较劣势产品），从而使双方收益最大化。

（三）要素禀赋理论

比较优势理论的局限性主要包括两个方面：一是仅有劳动这一种生产要素；二是该理论将贸易的产生归因于各区域劳动生产率之间的差异，但并未解释造成这种差异的原因。由此，瑞典经济学家赫克歇尔和俄林（Heckscher and Ohlin，1991）创立了要素禀赋理论，即赫克歇尔—俄林模型，简称 H-O 模型。赫克歇尔和俄林认为，产品的生产需要多种要素，那么产品的相对成本不仅取决于本国或本区域的技术水平，还受到本国或本区域所拥有要素的稀缺程度以及产品生产中的要素比例的影响。一般而言，对于劳动力要素比较充裕的国家或区域，劳动力要素的价格相对较低，那么密集使用劳动力要素的产品的生产成本也相对较低，同理，对于资本要素比较充裕的国家或地区，资本要素的价格相对较低，那么密集使用资本要素的产品的生产成本也相对较低。因此，劳动力相对充裕的国家或区域拥有制造劳动密集型产品的相对优势，资本相对充裕的国家或区域拥有制造资本密集型产品的相对优势。

要素禀赋理论主要涉及要素禀赋、要素丰裕度、要素密集度三个中心概念。要素禀赋是一个绝对量的概念，主要用以衡量一个国家或区域所拥有的可用于生产商品和劳务的资源状况，包括土地、劳动、资本等。要素丰裕度是指一个国家或区域的要素禀赋中某一要素的供给比例大于另一国家或地区同一要素的供给比例，或相对价格低于另一国家或地区同一要素的相对价格。要素密集度则说明在产品生产过程中不同投入要素之间的比例。根据要素禀赋理论，一个区域的生产优势或竞争力是由其要素充裕度决定的，对于劳动充裕型地区，其生产优势在于制造劳动密集型产品，则应该专注于生产劳动密集型产品，用以交换其他要素密集型产品；对于资本充裕型地区，其生产优势在于制造资本密集型产品，则应该专注于生产资本密集型产品，用以交换其他要素密集型产品。

（四）产品生命周期理论

1966 年，美国哈佛大学教授弗农在其著作《产品周期中的国际投资与国际贸易》中首次提出了产品生命周期理论。弗农指出，在国际贸易中，一些产品最初是由发达国家生产并出口到其他国家，但一段时间之后，原来的产品出口国转变为产品进口国，产品进口国转变为产品出口国。对此，弗农提出了产品生命周期理论加以解释。他认为，产品的生命周期可分为引入期、成长期、成熟期三个阶段，引入期是产品设计与进入市场的最初阶段，新产品技术尚未成熟，还需要不断改进，在此阶段，产品生产中主要是知识、技术、熟练劳动力的投入，产品技术密集程度较高。成长期是产品需求量不断增加，技术逐渐成熟的阶段，在此阶段，产品技术得到扩散，规模化也得到加强，资本要素的作用逐步增强。成熟期是指产品实现标准化生产的阶段，产品技术已经定型，因此，知识和技术的作用被极大削弱，资本和劳动力成为主要的影响要素。

由于区域间技术的差异性，不同区域会在产品的不同阶段实行分工贸易。一些发达国家或是技术充裕的国家会创造新产品和新技术，并在产品的引入期和成长期逐步实现专业化生产，将其出口到其他区域，而技术水平较低、劳动力资源丰富的国家则主要生产处于成熟期的产品。产品生命周期理论解释了企业从创新到海外扩张的过程，同时从动态化角度分析了产品发展不同阶段的各国和各区域的比较优势，实现了要素禀赋理论的动态延伸。

三 区域合作理论

随着经济全球化进程的日益加快，各区域之间的联系日益紧密，同时受益于高新技术的应用，区域间的协调沟通效率不断提高，更进一步推动了区域间的合作发展。区域合作是各经济主体为取得更大的社会经济利益，推动各生产要素在区际之间相互流动、融合的过程。本书主要对区域经济相互依赖理论、空间相互作用理论、协同论三个区域合作重要理论进行论述。

（一）区域经济相互依赖理论

相互依赖概念最早出现在19世纪中期，马克思、恩格斯在《共产党宣言》（1848）这一著作中指出，资产阶级开拓了世界市场，国家的生产和消费成为世界性行为，以往各区域内部自给自足、封闭自守的状态被打破，各民族、各区域之间的相互往来和相互依赖行为日趋普遍。此后，列宁进一步丰富了相互依赖思想，从商品流通角度，反映了资本主义生产关系本质上就是超脱于国家，在更广泛的商品流通情况下产生的，因此资本主义生产方式必须依托于更大的市场，随着扩大再生产不断进行，其对国际市场的依赖性逐渐增强。此外，斯大林指出，社会主义经济体系与资本主义经济体系之间虽然存在矛盾，但仍然具有相互依赖的关系。马克思主义相互依赖理论认为，资本主义打破了区域与民族的封闭状态，将所有国家的生产和消费行为纳入全球范围，建立了统一的世界市场，促进了各区域间的往来和相互依赖，且这种依赖是多方面的、相互的，任何国家要生存发展，必须将本国纳入到世界经济体系中，并与其他国家产生联系，由此，世界经济必然走向相互依赖。

众多西方经济学家同样对国际经济相互依赖理论进行了研究。1968年，美国经济学家库珀（Cooper）出版了《相互依赖经济学》，首次系统阐述了国际经济相互依赖理论。他认为，区域经济相互依赖是指不同国家或区域之间由于经济活动而产生的相互的作用与影响，世界上各个国家或区域之间都存在相互依赖、相互关联的关系，但彼此间依赖的程度具有差异性。因此，各国或各区域在经济发展中，可以采用多层次的经济合作，建立友好、信任的合作关系，促使各国或各区域在经济技术发展不平衡背景下，能够依赖于其他国家或区域的经济技术力量实现经济发展和技术进步。其后，国际货币基金组织和世界银行将相互依赖定义为，一国的经济发展会受到别国内部事务的影响，一国能够做出与将要做出的行动一定程度上依赖于别国的行动和政策。基欧汉（Keohane）和奈（Nye）在《权力与相互依赖》（1977）一书中指出，各国之间相互依赖具有程度上的差异性，相互依赖的渠道具有多样化的特征，同时，这种依赖关系并不会必然导致合作，在一定国际条件下，也可能导致冲突。区域经济相互依赖理论在一定程度上推动了区域经济一体化的进程与发展，在当前开放的世界市场经济条件下，各个国家或区域难以作为孤立个体而存在和发展，因此各国或各区域之间应积极进行合作，实现共同发展。

（二）空间相互作用理论

城市作为当前经济、政治、文化、社会等活动的空间载体，具有辐射范围广、带动能力强等特点，但由于受到资源区域性与稀缺性的影响，城市无法孤立存在。为维持正常的生产和生活，城市内部之间、不同城市之间、城市与区域之间、不同区域之间相互作用，不断进行商品、人口、资本、技术、信息等要素的传输与联系，这种空间上的传输与联系即为空间相互作用。

空间相互作用理论最早是由美国地理学家乌尔曼（Ullman）于 1956 年提出，在《运输的作用和交互影响的基础》一文中，他指出，从供需关系角度来分析，空间相互作用的基本前提条件包括互补性、干扰机会和可运输性[1]。互补性是空间相互作用的基础。由于不同区域的资源禀赋具有差异，存在某地拥有某种要素，而另一区域恰好对该类要素存在需求，在此基础上，为满足供需关系而导致不同区域之间发生经济联系、实现相互作用的现象被称为互补性。地区之间由于具有互补性而产生商品、人口、文化、科技等的联系与流通，但在这一过程中，可能由于其他地区的干扰或介入而使要素流向产生变动，这种影响相关区域之间相互作用的机会即为干扰机会。两地之间相互作用，其基本前提是具有可运输性。可运输性主要包含三个层面：一是距离上通过运输可以达到，二是具备相应的运输工具和途径，三是作用对象可以交流、运输。总体来看，互补性是对供求关系的总结，干扰机会强调其他地区的介入对两地相互作用的影响，可运输性指出了距离是阻碍空间相互作用的重要因素，由此可见，区域之间具有强互补性、良好可运输性及较少的干扰机会，空间相互作用才会表现得更为显著。

（三）协同论

20 世纪 70 年代后期，西德理论物理学家哈肯（Haken, 1977）提出了协同论。该理论主要研究非平衡态的复杂开放系统在与外界存在能量、物质、信息交换的情况下，如何通过系统内部的相互协同作用，形成时空、功能上的有序结构的过程。协同论认为，现代区域经济系统具有非平衡性和开放性，非平衡性在于不同地区、部门的区域经济发展水平存在极大差异，开放性则指区域系统内部与外部之间不断进行人员、资金、信息等的交流，在此条件下，各地区、各部门为进行要素的流动，不断密切相互间的联系，有助于各子系统间的协同，也进一步缩小了区域经济差异。

协同论的核心在于自组织理论。自组织理论主要描述了在一定的外部能量流、物质流、信息流等资源输入下，系统内部如何通过内部机制发挥协同作用，形成一定有序结构及功能的过程。自组织主要是相对于他组织

---

[1] Edward L. Ullman, "The Role of Transportation and the Bases for Interaction", in William Leroy Thomas ed., *Man's Role in Changing the Face of the Earth*, Chicago: The University of Chicago Press, 1956, pp.862-880.

而言的。他组织指系统外部环境作用于系统而产生的相关指令和组织能力，而自组织更加显示了复杂系统的主动性、自发性，强调通过系统内部自生或自行演化，使复杂系统内部结构从无序变为有序。协同效应是在协同作用影响下产生的结果，指复杂开放系统内部各子系统或其组成部分相互作用，产生的系统原有子系统或单一组成部分无法形成的整体效应和集体效应。协同作用是推动系统结构有序发展的驱动力，对于任意动态、复杂的开放系统，随着外来能量、信息的不断作用，系统内部物质聚集达到某个临界值，子系统或各组成部分间会产生协同作用，在协同作用影响下，系统会在临界点质变进而产生整体效应，使系统变为有序，形成新的稳定结构。

四 其他相关理论

本书主要立足于经济新常态背景，对长江经济带城市群的联动发展进行研究，为深入这一主题，各子课题分别从生态、港口、要素、产业等多个角度入手展开了分析，并逐步建立起完整的城市群联动机制。为给后文奠定良好的理论基础，除区域联动理论外，本书将对其他相关理论进行详细阐述。

（一）产业集聚理论

产业集聚是指在某一特定区域，同一产业内的不同企业、组织和机构高度密集地聚集在一起，直接表现为区域内某产业的高度集中。产业集聚理论包括外部性理论、工业区位理论、增长极理论和中心—外围理论等，由于部分理论在前文已有介绍，此处不做过多赘述。

最早从经济学角度分析产业集聚现象的是马歇尔（Marshall, 1890），通过对生产企业的地域趋同现象进行深入研究，他提出了"产业区"的概念，即由自然条件和历史条件所限定的区域内，大量性质相同并且相互间具有紧密分工联系的中小企业相互关联产生聚集的区域。此外，马歇尔也对规模经济进行了论述，规模经济形成有两种途径：一是依赖于企业对于内部资源的充分利用，由此提升组织水平和管理效率的内部规模经济，二是依赖于企业间有效的分工与合作、合理的地区布局、较高的相关产业发展水平等外在要素而形成的外部规模经济。产业集聚主要是为追求外部规模经济，具体包括三个方面：其一是劳动力池效应，同一产业大量企业的集中会吸引大量劳动力的集聚,最终产生一个巨大的劳动力池,一方面厂商能够在此搜寻足够的劳动力和人才,另一方面也能为劳动者提供工作机会,从而减少双方的市场搜寻成本,提高匹配效率。其二是中间投入品关联效应,一定区域范围内集聚了同一产业大量企业,能以低成本共享大量中间投入品,降低集聚企业生产成本,提高企业生产效率。其三是知识溢出效应,企业空间上的集中缩短了信息传播的距离,有利于技术与知识在企业间的溢出,在更大范围内产生技术外部性,进而提高了区域科技研发水平。

马歇尔主要是对企业生产要素的配置进行研究,而德国经济学家韦伯(Weber, 1909)进一步从微观角度对企业集聚的区位选择进行了分析,并认为企业集聚主要是集聚收益大于迁徙成本的结果。韦伯认为产业集聚的影响因素包括:技术创新、劳动力市场专业化、市场体系健全、交易成本降低。此外,他还将产业集聚分为两个阶段:第一阶段是初级阶段,企业自身规模的扩张导致产业集中;第二阶段属于高级阶段,即大型企业的存在与发展会吸引更多同一产业企业的进驻,继而产生更为显著的规模优势。

(二)合作博弈理论

博弈论是研究多个个体、团队或组织在特定条件制约下利用各自的资源和相关方的决策而实行应对决策和行为的理论。博弈论主要强调个体之间的相互作用,在博弈过程中,每个个体所选择的策略都是考虑到其他个体所选策略后做出的最优选择,博弈者之间紧密联系、相互制约又相互依存。博弈论的分析隐含了理性人假设和共同知识假设,在假设基础上,一个博弈主要由几个基本要素构成:一是参与者,即博弈过程中的决策主体;二是信息,参与者在博弈过程中掌握的相关信息,包括其他参与者的决策等;三是策略,指参与者面对其他参与者行为时所采取的行动和反应;四是收益,参与者对于博弈产生的期望效用;五是均衡,指所有参与者的最佳策略组合(Weible, 2007)。

博弈一般分为合作博弈和非合作博弈,前者强调群体理性,参与人之间通过某种合作和协商能够达成有约束力的协议,后者则强调竞争中的个体理性,参与人无法协调相互的战略选择,难以达成一致协议。合作博弈也可称为正和博弈,即博弈参与各方均能获得更大利益,或至少一方利益增长,其余各方利益不受损害,因此整个联盟组合利益都会增长。合作博弈是建立在合作主体订立联盟的基础上,通过制定合理的联盟契约、确定公正的利益分配方式等形成稳定合作的互利共赢机制，最终实现联盟的帕累托最优状态。

第二节　分析框架

经济新常态意味着我国经济迈上了新的台阶之后面临着新的挑战，传统的经济发展模式及城市化发展道路都将发生深刻变化。随着城市逐步向城市群方向发展，传统的由城市及区域之间的合作将转为城市群与城市群之间的合作，以及城市群内部不同城市之间的合作，这对城市群的联动发展提出了新的要求。经济新常态下的城市群联动发展为促进区域协调发展、适应经济新环境提供了新的可能。

城市群的联动发展有利于长江经济带区域协调发展，更好地与我国"一带一路"、京津冀协同发展战略配合互动，共同推动我国经济发展。基于上述分析，本书从生态建设、交通基础设施、要素市场及产业发展四大方面构建了长江经济带城市群联动发展的理论体系。

一　城市群生态、交通基础设施、要素市场及产业四位一体联动

城市群联动包括城市群之间的生态协同治理、交通基础设施联动、要素市场联动以及产业联动。城市群的联动存在以下几个主要特征：一是联动的整体性，城市群的联动是以多个城市群或城市群内部多个城市经济体为基础，是区域各主体之间、各组成要素之间以及各领域的多元联系，并且在各个方面整体和内在的发展聚合，从而形成相互交织的区域网络；二是联动的多样性，由于各要素与各主体之间功能各不相同，每个城市群发展的重点与核心不同，因此不同主体之间的联动是多样化的，存在多样性的特征；三是联动发展具有不均衡性，城市群联动的条件是城市群之间和城市群内部各地区在资源禀赋、经济基础和发展水平上存在差异性，由于不同区域之间、不同系统之间的发展不均衡，因此会产生一种互补，通过双方或多方的联动，使区域之间各优势协调并进、优化结合形成新的动态的、稳定有序的结构，最终实现优势互补、互利共进；四是联动的融合性，城市群的联动是打破行政区域约束的合作模式，通过区域的分工合作，着力实现区域一体化布局、产业集聚化发展。

(一)城市群联动是区域联动发展的高级阶段

首先,城市群联动是区域经济联动发展到一定阶段的必然选择,区域联动中的区域差异理论、区域分工理论、区域合作理论为城市群联动发展理论奠定了基础。不同区域之间的差异是客观存在的,不同区域之间通过发挥各自的比较优势进行分工与合作、联动与发展,以达到区域协调发展的目的。其次,区域协调发展分为城市总量结构协调与经济关系协调两个方面,城市总量结构协调即各地区发展水平协调和发展速度协调,而不同区域经济关系的协调主要包含产业结构协调和要素区际流动协调,城市群协调发展的目的是实现城市群之间经济发展的正向促进与良性互动,当然,城市群在联动发展的过程中,除了优势互补的分工与合作,必然存在一定程度的相互竞争。尤其我国的地方政府在面临政治集权和政绩考核的机制下,具有基于上级政府评价的"自上而下的标尺竞争"。而区域城市竞合是一种区域内城市在创造价值与共享收益上竞争与合作共存的现象。因此在城市群联动发展中,城市之间的竞争只有以各个城市的子系统为基础,以提高城市群之间及城市群内部各城市合作为目的,才能实现城市群有效、可持续联动发展。

(二)城市群联动是各子系统联动发展的综合结果

"生态—交通基础设施—要素市场—产业"联动发展是指在一定区域内生态环境、交通基础设施、要素市场及产业发展之间相互作用、相互影响的发展,四大系统互动最终推动整个区域经济的一体化发展。对长江经济带而言,生态联动是指长江经济带不同区域之间形成对生态保护和生态治理的共同建设。交通基础设施联动主要指若干个功能可以相互替代的个体港口系统组成的港口群体的联动发展。从长江经济带沿江城市发展的规律可以看出,城市的扩张最初以港口作为基点,再沿江不断延伸推动港口城市的繁荣与发展,并对周边经济产生巨大辐射作用;要素市场联动是指区域各要素市场之间能突破障碍、实现自由流动、最终形成区域要素市场的一体化发展,要素联动重在资源整合,通过城市群要素市场联动发展进行要素资源的空间整合,并发挥市场对资源配置的决定性作用,形成一体化的要素交易市场。产业联动是落脚点,包括城市群产业规模、产值、技术水平、基础设施及配套设施的变化,产业联动将形成要素注入效应、技术溢出效应、关联带动效应及产业升级效应。产业联动涉及各省、市及地方政府、各企业、相关产业和市场机构等主体。在政府层面表现为区域联动发展而采取的共同制定产业规划、产业政策，以及制定共同的产业标准、行业规范等产业合作行为；在企业层面表现为企业跨区域投资并购等经营活动，以及企业间基于产业链的垂直关联或基于联合技术开发、市场开拓等跨区域合作活动。城市群联动发展是在整个区域空间内组织资源多维度叠加，对整个长江经济带而言，各城市群的联动发展是长期复杂的动态过程，城市群"生态—港口—要素—产业"联动发展要求各城市群在生态环境保护和治理上的协调、港口连接形成的交通网络、不同区域要素资源的合理配置与分布，以及产业分工布局和区域产业发展的互补。

  城市群联动发展的内生动力是由城市群之间及城市群内部各个城市之间相互作用而产生的，通过城市群或城市之间分工的深化推动它们之间的相互合作，以达到城市群内部结构和功能逐渐生成、发展；城市群联动发展的外生动力则是由国家层面对城市群发展进行政策引导和干预而产生的。城市群的发展竞争是由市场机制主导的，因此，不可避免地会伴生无效竞争行为和损害城市群整体发展利益的事件，这就要求对城市群的发展进行宏观调控。因此，城市群联动发展的基本机制就是对城市群的自然发展过程施以政策干预，引导其向联合协作和协调发展的方向演进，逐步趋向区域整体利益最大化。

  综上所述，城市群的联动发展主要体现在生态环境、综合交通、要素市场及产业经济四大子系统的联动发展。四大子系统的综合作用促进了城市群的联动发展。城市群内各个子系统相互影响，产生了正向或反向的联动效应，即在城市群的联动发展中产生一定的外部经济与外部不经济。在城市群联动发展过程中，应充分发挥其正向联动效应，避免反向联动效应。当然，城市群的联动发展是一个基于发展多因子的复杂的综合协同作用，主要体现在各个发展因子的合理调配和相互补充等方面，因此其联动发展产生的联动效应也必然是复杂的综合效应，溢出效应、回波效应及替代性强化效应三种效应的综合作用形成了城市群联动发展所产生的外部经济与外部不经济的联动发展结果。

  如图 2.1 所示，城市群 A、B、C 构成了城市群联动发展的主体。生态环境、综合交通、要素市场和产业经济四个维度构成了城市群联动发展系统。城市群联动发展的目的是绿色发展、资源共享、要素流动以及产业分工协调，进而实现区域协调发展。实现区域协调发展的基本途径除了采取市场机制外，政府对区域的协调组织与推动也至关重要。因此，城市群联动发展的工作机制从政府角度来分析主要为政府的统筹协调和相应的规划引领，而从市场角度来看则主要是企业发挥相应的运行作用。除此之外，非政府第三部门如民间志愿者组织、公益机构等发挥一定程度的补充工作机制。

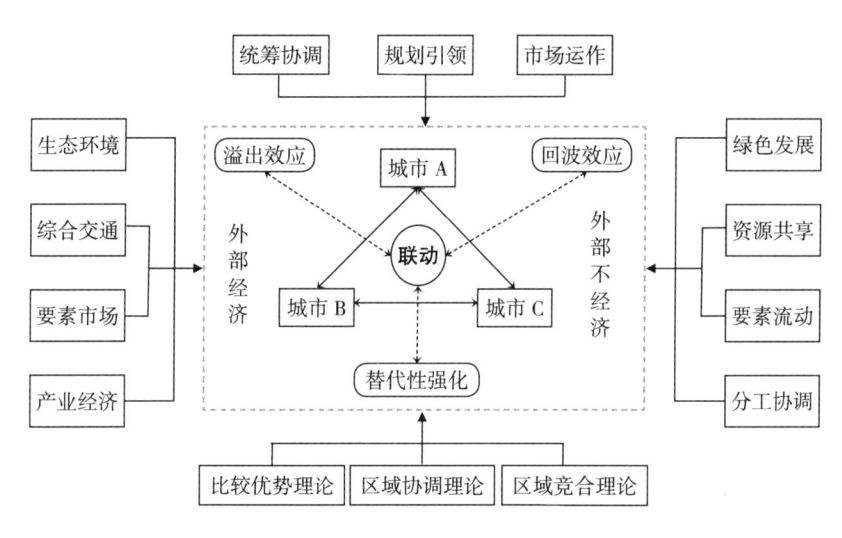

图 2.1 城市群联动发展机理

二 经济新常态背景下长江经济带城市群联动发展的分析框架

当前，长江经济带已发展成为我国综合实力最强、战略支撑作用最大的区域之一。在国际环境发生深刻变化、国内发展面临诸多矛盾的背景下，依托黄金水道推动长江经济带各城市群联动发展，有利于挖掘长江中上游广阔腹地蕴含的巨大潜力，促进经济增长空间从沿海向沿江内陆拓展；有利于优化沿江产业结构和城镇化布局，推动我国经济提质增效升级；有利于形成上中下游优势互补、协作互动格局，缩小东中西部地区发展差距；有利于建设陆海双向对外开放新走廊，培育国际经济合作竞争新优势；有利于保护长江生态环境，引领全国生态文明建设，对于全面建成小康社会，实现中华民族伟大复兴的中国梦具有重要现实意义和深远战略意义。

鉴于长江通道在区域发展总体格局中的重要战略地位，长江经济带的联动发展要依托长江黄金水道，打破行政区划界限和壁垒，加强规划统筹协调，形成市场体系统一开放、基础设施共建共享、生态环境联防联治、流域管理统筹协调的区域协调发展新机制。城市群的联动发展包括两个层面：第一个层面是建立长江经济带五大城市群之间的联动机制，这是国家战略层面需要重点考虑的，以长江流域五大城市群为主要平台，推动跨区域城市群间生态环境、港口交通、要素市场以及产业分工等联动发展，重点探索建立城市群管理协调模式，创新城市群要素市场管理机制，破除行政壁垒和垄断，促进生产要素自由流动和优化配置。第二个层面是城市群内部的联动发展机制，长三角城市群作为率先发展成熟的城市群有一些成功的联动发展经验，其他城市群可以借鉴长三角城市群现有合作协调机制经验，在城市群内部形成以决策层为核心，由决策层、协调层和执行层共同组成的多层次联动发展机制体系。

本书基于经济新常态的重要特征及现实背景，根据国家关于长江经济带发展的战略部署，从生态协同治理、港口联动、要素市场联动和全球价值链下的产业联动构建了四位一体的长江经济带城市群联动发展的框架，如图 2.2 所示。

本书的内容包括五大模块，第一部分为经济新常态背景下长江经济带城市群联动发展的理论框架。主要基于经济新常态的重要特征及现实背景，根据国家关于长江经济带发展战略总体部署，构建了生态协同治理、港口联动、要素市场联动、全球价值链视角下的产业联动四位一体的长江经济带城市群联动发展理论框架，为后面每一部分深入分析奠定了基础。

第二部分为长江经济带城市群生态协同治理研究，具体包括：①构建城市群生态承载力指标体系，定量分析各城市群的生态状况和资源环境承载力，梳理城市群内已有协同治理发展政策。②从长江经济带各城市群目前的生态现实与资源环境承载状况出发，分析了城市群生态协同治理的障碍因素。③对长江经济带城市群生态协同治理机制进行了分析，认为生态协同治理机制包括协调合作、激励补偿、应急管理及长效保障等机制。协调合作机制侧重于处理城市群间的利益关系，其作用是为生态协同治理奠定基础；激励补偿机制包括建立生态补偿标准、探索生态补偿渠道、方式和保障体系；应急管理机制包括构建联合监测预警、统筹物资储备、协作决策援助和联合评估恢复等方面的突发生态危机应对机制；长效保障机制指在治理工作完成后，采用目标管理、行政监察、舆论监督等措施维护治理成果的一系列方式。④对长江经济带城市群生态协同治理的模式与路径

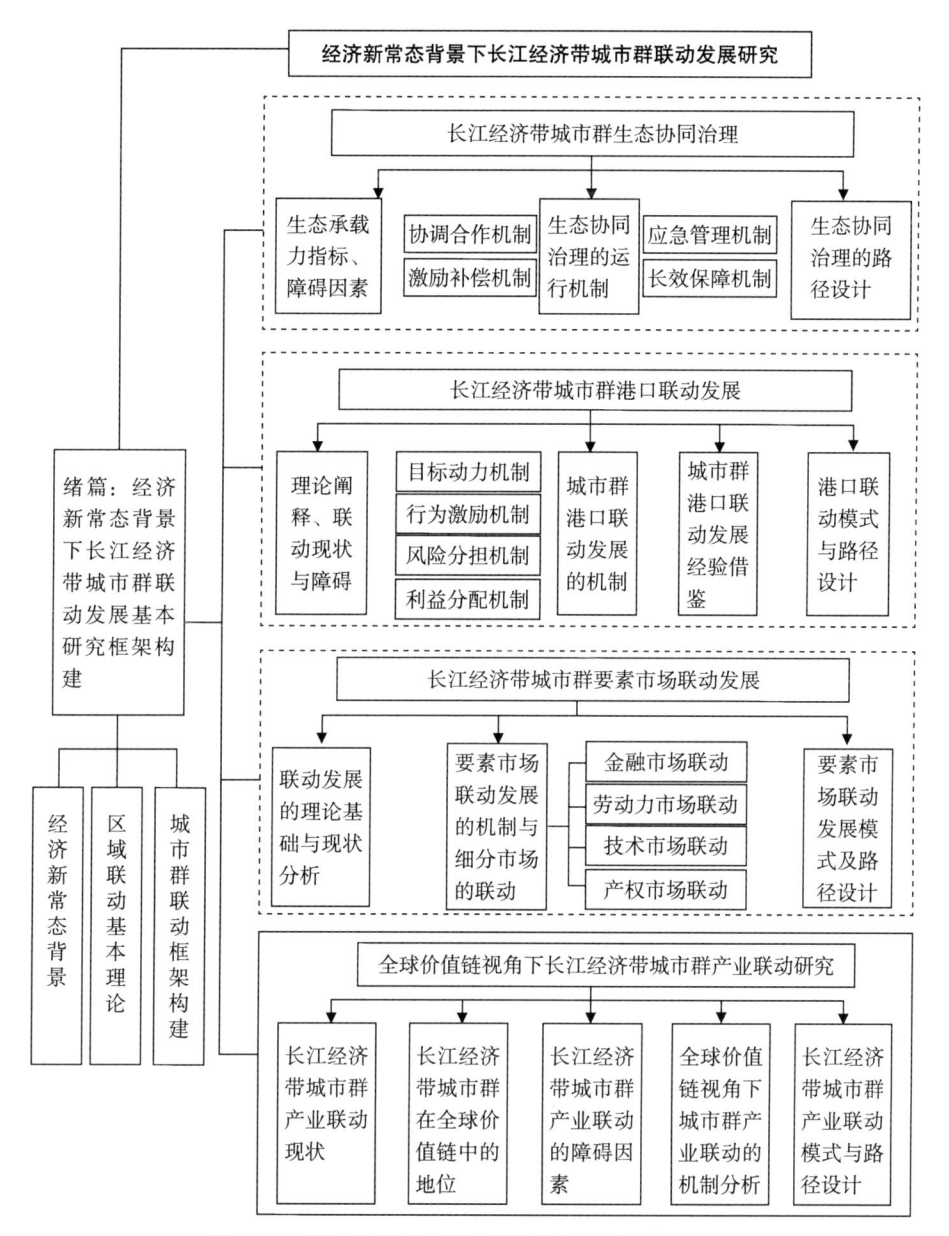

图 2.2　长江经济带城市群联动发展的分析框架

研究，即基于长江经济带城市群生态协同治理的障碍因素分析，借鉴国外跨域环境治理的先进实践经验，设计长江经济带城市群生态协同治理的模式与路径。

第三部分为长江经济带城市群港口联动研究，包括：①对长江经济带城市群港口联动进行了理论阐释，厘清港口联动与城市群联动的关系；深化和拓展交通区位理论、交通一体化理论、交通基础设施空间溢出理论、多式联运理论等基础理论。②全面概述长江经济带城市群港口联动情况，在对长江经济带城市群自然条件与经济条件进行分析的基础上，从基础设施建设、资源整合、政策三个角度入手，论述长江经济带城市群港口联动现状。③对长江经济带城市群港口联动障碍因素进行了分析，主要包括体制障碍、信息沟通障碍、运营障碍。④对长江经济带城市群港口联动的机制进行分析。为实现城市群内港口间高效联动，激励和推动各城市群主体之间的联动行为，合理分配联动产生的利益等问题，从动力机制、激励机制、风险分担机制、利益分配机制四个方面分析了城市群内与城市群间实现港口联动的具体机制。⑤总结日本东京湾港口群、美国纽—新港口群、欧洲海港组织的港口联动模式和建设经验，提出适合长江经济带城市群港口联动的模式，从统筹基础设施、港口功能整合、信息平台对接、人才联合培养、生态环境共建五个方面对实现长江经济带城市群港口的联动进行路径设计。

　　第四部分为长江经济带城市群要素市场联动研究，具体包括：①长江经济带城市群要素市场联动发展的相关理论阐释。②长江经济带城市群要素市场联动发展的现实状况。分析各城市群金融市场、劳动力市场、技术市场、产权市场等生产要素市场发展现状；分别总结长江经济带城市群各要素市场联动发展的障碍因素。③长江经济带城市群要素市场联动发展机制分析。要素市场联动发展机制由传导、调节、整合和预警四个环节组成，各细分要素市场的联动发展具有自身的特殊性。首先，金融市场联动发展。主要研究金融市场间的传导机制、利益协调机制、风险防范机制以及联动监管机制。其次，劳动力市场联动发展。主要包括劳动力价格供求决定机制、劳动力资源自由流动以及劳动力市场联动的预警和保障机制。再次，技术市场联动发展。主要包括区域技术转移动力机制、区域技术中介整合机制、区域统一信息传导机制、交易主体行为制约机制及区域市场运行环境联动机制。最后，产权市场联动发展。从产权机构的主体目标与个体目标出发，考虑产权市场的协同竞争动态联动机制。④长江经济带城市群要素市场联动模式及路径设计。依据要素市场联动机制的四个环节，提出长江经济带城市群要素市场联动发展的基本原则；针对金融市场、劳动力市场、技术市场、产权市场自身的特殊性分别进行联动发展模式与路径的设计。

第五部分为全球价值链视角下长江经济带城市群产业联动发展研究，具体包括：①城市群产业联动发展的文献综述。阐述产业联动发展的含义，梳理经济新常态背景下和全球价值链视角下城市群产业联动发展的内涵，从产业分工、产业链、区域经济一体化、价值链四个方面整理了产业联动发展的相关理论。②长江经济带城市群产业联动发展现状。梳理长江经济带城市群产业联动的发展历程，基于灰色关联度和投入产出分析，研究长江经济带城市群的产业联动情况。③长江经济带城市群在全球价值中的地位。以出口技术复杂度为衡量指标，测度长江经济带整体和长江经济带各城市群在全球价值链中的地位。④长江经济带城市群产业联动发展的障碍因素。从内部障碍因素和外部障碍因素两个角度梳理了阻碍长江经济带城市群产业联动发展的因素；内部障碍因素包括：经济发展水平、产业关联度与互补性、交通通达度三个方面，外部障碍因素包括：制度安排和社会文化环境两个方面。⑤全球价值链视角下城市群产业联动发展的机制分析。具体包括城市群内的集聚整合机制、城市群间的梯度转移机制、城市群间的利益协调机制、全球价值链抱团嵌入机制。集聚整合机制是以各城市群内的产业为主体，通过产业集聚带动城市群产业创新发展，实现产业转型升级。梯度转移机制是以各城市群的产业部门为主体，基于区域产业极差，通过产业专业化分工和非核心产业外移，实现城市群间的产业梯度转移。利益协调机制是以城市群之间的产业部门为主体，通过结成产业联盟，协调各城市群产业发展。抱团嵌入全球价值链是在经济带内协调合作的基础上，在开放竞争的全球环境中实现产业联动。⑥长江经济带城市群产业联动发展模式及路径设计。从政府主导型和市场自发型两个角度，结合美国东北部大西洋沿岸城市群的发展经验，梳理城市群产业联动的模式；在此基础上，设计长江经济带城市群的产业联动路径。路径具体包括：加强政府合作，打破行政分割；细化产业分工，优化产业布局；升级交通网络，促进要素流动；整合经济园区，优化资源配置；构建内部价值链，抱团嵌入全球价值链。

总之，现阶段长江经济带城市群的联动发展需适应经济新常态，遵循新时期经济发展规律，抓住新常态下的新机会，促使长江经济带成为我国经济新的增长驱动区域。本书主张以城市群联动激发区域发展内生活力，实现长江经济带区域经济协调发展，提出"城市群联动发展是生态系统、城市群、基础设施和产业集群多个子系统的复合网络结构的优化"的新命题，并提出了长江经济带联动发展的主体是三大跨区域城市群即长三角、长江中游、成渝城市群，以及两个区域性中小城市群即黔中、滇中城市群。城市群作为区域增长极，其联动发展能够产生协同效应并形成重要的经济增长带，有利于共同参与国际竞争，最终形成具有国际影响力的经济带。本书认为经济新常态背景下长江经济带城市群的联动发展一要考虑资源环境承载力，做好生态协同治理；二要发挥好长江黄金水道港口联动优势；三要推动要素市场联动；四要实现产业的内外良性联动发展；四位一体的城市群联动是长江经济带的创新发展机制与模式。只有这样才能促进整个长江经济带实现区域协调发展，实现经济一体化发展。

第二篇

生态协同治理

第三章
长江经济带城市群生态协同治理研究

长江经济带的发展要以"生态优先、绿色发展"为统领,"生态文明建设的先行示范带"是国家对长江经济带的鲜明定位。习近平总书记在长江经济带发展座谈会中多次强调,推动长江经济带发展必须从中华民族长远利益考虑,"共抓大保护、不搞大开发"。长江经济带走"生态优先、绿色发展"之路,对实现其经济转型及产业升级具有重要意义,生态协同治理更是实现长江经济带城市群生态、港口、要素市场、产业四位一体联动发展的基础。目前,我国的生态环境治理主要是以省、市级治理为主,处于明显的行政区域分割状态,而基于长江经济带的流域经济特征,必须依靠不同区域的共同参与,进而实现长江经济带城市群的生态协同治理。

本章所研究的主题是"长江经济带城市群生态协同治理",其内涵是指以长江经济带城市群为主体,以保护、治理、修复生态环境为目标,采取多种途径,协调政府、企业、公众等多方利益,通过联合行动最终实现生态保护与治理。本章分为五部分:第一部分为生态协同治理的理论阐述;第二部分评估生态状况及协同治理的基本情况;第三部分找出生态协同治理的障碍因素;第四部分分析生态协同治理的机制;第五部分对长江经济带城市群生态协同治理进行路径设计。

第一节 长江经济带城市群生态协同治理的理论分析

一 生态协同治理的理论基础

生态属于公共物品范畴,具备消费的非竞争性、非排他性以及外部性特征(薛世妹,2010),因此,生态治理需要政府主导。此外,生态治理中要避免"公地悲剧"的产生,因市场或者个人能力有限,必须充分发挥政府、市场和公民等主体的共同作用(李礼、汤跃军,2015)。既有理论从不同角度对生态协同治理提供了有益的借鉴。协同理论主要研究在由众多子系统构成的、反映其相互作用的开放系统中各系统如何协调使系统间的无序运动变为有序运动;多中心理论以权利主体为研究对象,强调多元主体的协同合作;政策网络理论则研究在政策制定过程中,为使政策能够倾向于符合自身利益,不同主体间不断相互交换信息和资源、协商以及讨价还价等现象(周鹏,2015);而资源依赖理论则揭示了组织与生态环境的互动依赖关系,关注组织的能动性,即组织为了管理与环境中其他组织的相互依赖程度而采取的策略行动(马迎贤,2005)。基于生态环境的特征,协同学理论、多中心理论、政策网络理论和资源依赖理论在生态协同治理过程中,对如何避免"搭便车"行为、如何协同各主体的行为及如何处理各行为主体与生态环境的关系都具有十分重要的借鉴价值。

(一)协同理论

协同理论(Synergetics)也称"协同学"。协同学,即"协同合作之学",是德国物理学家哈肯在研究激光的过程中发现的,旨在研究促使自组织结构形成的普遍性规律,同时关注结构最终形成的总体模式(Haken, 1977)。该理论可运用于由众多子系统构成的、反映其相互作用的开放系统中,进而使系统形成自组织的时间、空间、功能、结构(Haken, 2012)[①]。

协同理论主要包括三方面内容:其一,协同效应。社会系统由众多复杂子系统构成,这种形式有利于有效利用社会资源,通过管理使社会的整体效应大于部分效应之和,协同效应由此形成。其二,序参量。序参量是指处于主导地位,随着控制参量的加入并在其发挥一定程度作用时发生的参量。各子系统在协同效应发生前就已相互联系并相互作用,而序参量是宏观有序结构形成的最重要的标志,它支配着各个子系统,促使系统由无序向有序状态转变。其三,自组织。在一定环境条件下,系统通过自发控制和反馈对组织形成有序结构的结果进行强化,这一过程就是自组织。自

---

① Herman Haken, "Complexity and Complexity Theories: Do These Concepts Make Sense?", in Juval Portugali, Han Meyer, Egbert Stolk and Ekim Tan eds., *Complexity Theories of Cities have Come of Age: An Overview with Implications to Urban Planning and Design*, Springer Science & Business Media, 2012, pp.7-20.

组织具有自主性和组织内生性的特征，是协同理论的核心。在公共治理中，协同理论所倡导的核心理念对如何正确理解政府部门、社会公众、企业和社会团体之间的关系具有重要的借鉴意义（周鹏，2015）。

（二）多中心理论

"多中心"一词最早由盖尔纳和伯兰尼（Gellner and Polanyi, 1951）在《自由的逻辑》中提出，他指出"多中心"是指多个权力中心共同参与公共事务治理，提供公共服务。此外，盖尔纳和伯兰尼在文中还区分了社会的两种秩序，即指挥秩序和多中心秩序。指挥秩序基于终极权威，通过上级指挥与下级服从层层相连的长链条维系着自我协调并保持正常运转，从而促使自身的分化和整合。基于这一理论，指挥秩序是一元化的单中心秩序，与此相对应的是多元化的多中心秩序。在多中心秩序中，行为单位基于自身利益，既相互独立，又相互协调，共同被特定规则所制约。为实现关系的整合，各行为单位在社会的一般规则体系中不断寻找各自的定位。由此可见，自发性是多中心秩序的实质性特征。

美国印第安纳大学政治理论与政策分析研究所的奥斯特罗姆提出了多中心理论，认为在市场与国家之外有另一只"看不见的手"，并发现了在市场秩序与国家主权秩序之外的社会运转的多中心秩序（Ostrom, 1965）。该理论认为新制度供给、可信承诺与相互监督这些手段都可通过社群自身组织得以实现。其中心思想是自主治理，即将一群相互依存的人们组织起来并自主地进行治理，同时通过努力，克服"搭便车"、回避责任或机会主义诱惑等问题，实现持久性的共同利益。

实际上，就实质的制度结构而言，集权与分权安排都是单中心的，这体现了市场与政府二极思维的思路。但与此相区别，多中心制度安排在公共事务持续性发展的制度选择中，既保留了集权制度安排中的一些优势，又增加了集权制度所不具有的优势，促进着公共事务的持续发展。

（三）政策网络理论

基于美国的"铁三角"模型，政策网络（Policy Network）概念得以形成。在美国，行政管理机构、立法机关组成的专门委员会和利益集团构成了"铁三角"。在现代国家机关推行公共政策实施的过程中，伴随着公共政策环境的日益紧张、公共政策制定过程的复杂化以及公民意识的逐渐觉醒,依靠相关部门的动员活动来获得一切必要的政策资源变得越来越难,早期的"铁三角"模型已无法适应急剧变化的社会情况。在这种背景下,政策利益相关者通过合作的方式整合分散的社会资源就显得更为重要,进而可以在集体行动过程中解决政策问题,政策网络理论应运而生。

对于政策网络概念,中外学者并没有达成统一认识,但其内容大体上涉及政策主体、政策资源、国家治理和网络治理四个方面。从政策主体层面来说,政策网络是由政府各分支机构和部门之间的相互关系,加上政府与其他社会组织间的互动关系构成的(Howlett and Ramesh, 1995)。从政策资源层面来说,政策资源的配置运作对公共政策的规划和制定产生了重要影响。从国家自主性角度考虑时,政策网络产生于利益集团为获得其在政策领域中的利益而与政府交换信息的过程中(Smith, 1993)。由此,政策网络变成一种协商机制,在这种机制下,政府允许利益集团参与公共政策制定,同时政府也可以借助这一机制扩张自身社会控制基础。从网络治理的视角考虑,部分学者认为政策网络是一种相互依赖关系,这种关系存在于不同行动者之间,是相对稳定、非科层的。总之,政策网络是政府参与者与政府机关、利益集团、社会组织、行政官员、学者、记者等其他政策制定参与者进行互动博弈以实现公共政策制定朝向自己预期利益方向的关系模式。在政策网络中,政府处于中心地位。但随着社会发展,公共政策制定参与者的范围日益扩大,社会参与的作用力得以加强。

常见的政策网络模型是 Rhodes 模型,由英国学者马什和罗茨(Marsh and Rhodes, 1992)提出,他尝试摆脱多元主义与结合主义二分法的限制,构建起系统的政策网络理论框架。根据利益的相关性,罗茨提出了政策网络的五种类型,包括政策共同体、职业化网络、府际关系网络、生产者网络和议题网络。上述五种政策网络模型的具体特征见表3.1。

表 3.1　　　　　　　　　罗茨五种政策网络模型

类型	特征
政策共同体	数量有限,严格限制成员,只由与某一政策有关的政府部门官员和相关的参与者构成;参与者之间的关系相对稳定;相互之间呈现有限横向依赖关系
职业化网络	数量有限,严格限制成员,由相同职业者基于维护共同的职业利益而组成;成员关系稳定;垂直依赖关系
府际网络	数量有限,形成于某一政策制定过程有关联的政府部门间的相互关系;成员关系相对稳定;相互之间呈现有限的垂直依赖关系;广泛的水平联系

续表

类型	特征
生产者网络	数量不一定固定，由为同一项目供给产品的集团或者个人组成；为生产者利益服务；有限垂直依赖；相互之间又呈现有限横向依赖关系
议题网络	参与者人数众多，由对某一问题感兴趣或有专业知识见解的人组合而成；组合较为松散，成员关系不稳定，随时都有进出

组织互动分析方法是常见的政策网络分析方法之一，它认为政策制定是由政策共同体相互作用决定的，其核心概念是政策共同体。政策共同体利用资源优势积极参与政策解决方法的制定，是一个比较特殊的稳定网络，是政府机关和利益集团为应对现代治理的复杂性而共同创造的稳定的和可预测的环境，是驱动政策制定的一种方式。组织互动分析方法通过对复杂的政策议题进行分化，形成易于管理的次级议题，使具有专业性并与该次级议题有利益关系的有限数量集团可以参与政策制定过程。伴随着专业化的形成，许多政策共同体出现，并把政策制定控制在相对狭窄的议题领域内，从而加快了政策制定进程。

（四）资源依赖理论

资源依赖理论是组织理论中的重要理论，由菲佛和萨兰基克在《组织的外部控制》中提出，并在《组织的外部控制：对组织资源依赖的分析》中进一步完善（Pfeffer and Salancik，1978，2003）。资源依赖理论的主要观点是：①组织需要与包含了其他组织的环境进行交换，获得关键性资源从而得以生存；②组织对外部资源的需求使其对环境产生依赖，依赖的程度取决于资源的重要性；③组织间存在相互依赖的关系，其中起着说服和协商作用以稳定这种相互依赖关系的就是组织之间的非正式联结。对于彼此间的联结，组织能够采取策略管理它们之间的关系。资源依赖理论还指出一个组织对另一个组织的依赖程度取决于三个决定性因素，即资源的重要程度；组织内部或外部获得、处理资源的程度；替代性资源的可获得程度。此外，组织间的相互依赖并不总是均衡的，有可能是不对称的。在这种不对称的依赖关系中，掌握较多稀缺资源的组织会利用这种关系对那些依赖性较强的组织进行限制或控制。而依赖性较强的组织则会想办法减少这种依赖，以减少被其他组织控制的可能。

综上所述，资源依赖理论首要关注的是环境问题，环境是组织从外界获取资源的基础。组织间的竞争性依赖或者共生性依赖关系是资源依赖理论的重要特征，需要采取一定策略对组织间的关系进行协调。资源则是组织发展过程中最关键的影响因素，资源的稀缺性要求组织从外界获取各种资源（魏振兴，2015），而资源交换就是联系组织与环境的核心纽带（毕誉馨，2009）。

二 生态协同治理的文献综述

本部分主要从生态协同治理、区域生态协同治理及长江经济带城市群生态协同治理三个方面层层递进式展开。生态协同治理的内容涉及协同治理的参与主体、协同治理的障碍、协同治理的机制等方面；区域生态协同治理主要是对有关流域生态协同治理和城市群生态协同治理的文献进行梳理；由于长江经济带城市群生态协同治理的相关研究较少，因此本部分主要对有关长江经济带生态文明建设、可持续发展等方面的文献进行梳理。

（一）生态协同治理的相关研究

生态协同治理涉及协同治理的参与主体、协同治理的障碍、协同治理的机制等方面，已有研究也主要从这几个方面展开。

生态协同治理参与主体的多元化。生态治理过程的复杂性、系统性，以及人类行为的多样性和嵌套性，要求生态治理除了依靠政府和市场外，还需寻求多元主体的协同治理（朱喜群，2017）。赵博（2017）提出，生态文明建设过程中首要问题就是对生态文明建设中的各个主体进行合理组织，加强合作和监督，实现人与自然的和谐发展。肖建华和邓集文（2007）、李雪梅（2010）、范俊玉（2011）提出环境问题的解决需要政治力量、市场力量和社会力量的协同合作。杨新春和姚东（2008）等认为，目前政府受制于行政体系刚性分割模式和全能型政府理念，单个地方政府不可能有效治理跨行政区域的生态环境。黄德林等（2012）认为行政体系"条块分割"的现状导致了地方政府治理失效和"政府失败"，所以提出了构建由政府、企业、非政府组织和社会公众等多元主体全面参与的治理模式。

生态协同治理障碍的复杂性。生态环境治理的跨区域性和生态治理参与主体的多样性导致了生态治理过程存在诸多问题。涂晓芳和黄莉培（2011）、王家庭和曹清峰（2014）、王喆和周凌一（2015）、柴茂（2016）、卢智增和梁桥丽（2016）、陶儒林（2016）、鲁晏辰（2016）研究了不同区域的生态环境治理问题，均发现生态协同治理过程中存在较多障碍，具体包括以下几个方面：生态协同治理的协同治理主体模糊，目标分散，各主体缺乏合作意识，合作水平低；生态治理的系统性与地方利益分割化之间存在冲突；生态协同治理机构设置不合理，缺乏跨地域的治理机构；协同治理制度缺乏，环境保护相关法律体系不健全；合作的长效机制未形成，治理机制不科学、府际协调机制不通畅、资源保障机制不健全、绩效评价机制不合理以及责任追究机制不完善等；生态环境的公共物品属性与地方参与生态治理机制不兼容，生态治理公共物品性和负外部性导致治理主体缺乏激励。上述障碍使地方在生态治理过程中无法得到与成本相匹配的收益，打击了其治理的积极性，在生态协同治理过程中必须予以重视。

生态协同治理机制、路径的多样性。除了分析各区域生态现状及存在的障碍因素外，相关研究也对生态协同治理的机制与路径进行了探讨。机制分析方面，柴茂（2016）在研究洞庭湖生态治理问题时，重点研究了洞庭湖区生态协同治理的实施推进机制、府际协同机制和绩效评价机制、政府支持机制及责任追究机制；张彦波等（2015）在研究京津冀生态治理时提出了生态协作治理机制和区域生态协作治理保障机制，其中生态协作治理机制主要包括区域生态治理的顶层设计、利益调节和处理机制，区域生态协作治理保障机制主要包括区域生态补偿、生态风险防范及生态法治保障机制。路径分析方面，王喆（2016）、王喆和周凌（2015）分别针对海峡西岸城市群和京津冀城市群存在的各种环境问题，提出要打破行政区划限制，从而弥补城市群各个城市单靠自身力量应对环境问题时的不足。同时提出要从区域多元主体协同治理与府际协同治理两种方式出发，创新体制机制，加快推进区域生态环境保护与治理一体化进程。

（二）区域生态协同治理的相关研究

有关区域生态环境协同治理的文献众多，基于不同背景、不同区域的研究结论有所不同。本部分主要对流域生态协同治理和城市群生态协同治理的相关文献进行梳理。

流域生态协同治理的相关研究。孙琳（2016）认为，水源地上下游地区间的水资源争夺及环境保护问题是地区间稳定关系的制约因素，基于水资源公共产品属性及外部性特征，在上游地区人口、经济增长等社会问题的压力下，各地区并不会主动选择保护水源地资源及其生态环境，所以应合理界定水源地生态补偿的主客体，科学判定水源地生态补偿标准，搭建水源地生态补偿模式。李礼和汤跃军（2015）针对洞庭湖水位变迁、水质恶化、湿地萎缩、生物资源衰退等环境问题，认为要加快推进协同治理，需要引导和促进企业、民间组织和社会公众等治理主体积极参与环境保护工作，发展民间环保组织，发挥公众参与环境保护的重要作用，形成协同机制和共建生态文明的合力。同时，需要引导企业走环境友好发展之路，形成环境保护与协同治理的市场化约束机制和激励机制。此外，为防止政府失灵，还需要对政府职责进行强化。柴茂（2016）在借鉴了日本琵琶湖、北美五大湖、欧洲莱茵河、鄱阳湖流域、云南滇池、珠江流域等区域的管理经验后，提出洞庭湖区生态协同治理应在生态理念树立、生态责任明确、生态治理评价等方面加以完善，生态协同治理机制建设的重点在于生态理念建设、制度体系建设、政府府际合作和生态责任建设等多个方面。陶儒林（2016）以广西北部湾近海生态环境为研究对象，从区域共同体发展理念、区域生态环境保护法律体系、组织治理体系和配套机制等层面剖析了生态治理效果不佳的原因，并提出需通过加强广西北部湾区域一体化和整体化发展理念转变、培育区域共同体、健全和完善区域生态环境法律体系以及加强相关配套保障机制建设等方式来推进广西北部湾近海生态环境的协同治理。卢智增和梁桥丽（2016）提出，海洋资源作为北部湾公共海域战略性资源，关系着生态的平衡和经济的发展。为了使北部湾沿海地区生态问题得到有效治理，必须协同社会、市场和政府，增强合作意识，提高区域生态协同治理的积极性，促进北部湾经济共同发展。朱喜群（2017）以太湖流域生态治理案例中的多元主体协同治理为分析对象，提出需建立强有力的生态治理专门机构以协同政府内部的治理行为，建立环境市场以协调政府和企业的治理行为，促进公众与政府、公众与企业之间治理行为的协同。

城市群生态协同治理的相关研究。有关城市群生态协同治理的研究较多以京津冀城市群为研究对象。肖金成（2014）以京津冀地区的生态现状及协同治理为基础，提出了为实现环境共治和生态共保的四点建议：一要优化空间开发格局；二要构建污染协同治理机制和环保基础设施共建机制；三要建立京津冀地区资源能源环境产权交易体系；四要建立健全横向生态补偿机制。王家庭和曹清峰（2014）也提出，京津冀生态协同治理可通过建立跨区域的生态治理机构来协同地方政府行为，利用市场机制，在区域一体化基础上对生态资源和要素进行有效配置，同时为实现区域内生活方式转变与落实生态治理政策，要引导公众积极参与，加强社会监督，最终形成京津冀区域生态治理中不同地区政府、市场和社会的有效协同。王喆和周凌一（2015）认为可从区域多元主体协同治理与府际协同治理两种方式出发，进一步促进京津冀生态环保一体化发展。从多元主体协同治理层面来说，要建立包括政府、市场和社会等多个治理主体的协同治理综合网络体系。从府际协同治理层面来说，需加强政府间协同治理的横向协调。

（三）长江经济带城市群生态协同治理的相关研究

有关长江经济带城市群生态协同治理的研究相对较少，已有研究主要从长江经济带生态文明建设、可持续发展等方面展开。

方创琳等（2015）对长江经济带城市群可持续发展情况进行总体判断后，提出城市群在发育过程中存在发育程度低，资源、生态环境与经济发展矛盾日益凸显，环境保护形势严峻，城市群内部城市诉求各异，缺乏统筹协调机制等问题，最后提出要成立长江经济带城市群一体化发展委员会、建立流域一体化的统筹协调机制、加强生态环境联防联治、提高生态协同治理程度、建成生态型城市群等促进长江经济带城市群健康发展的措施。长江流域是我国人口最多、经济活动最活跃的区域之一，生态环境问题较为严重，其中最为突出的就是水环境问题。地区之间缺乏有效的区域协调机制是长江经济带环境治理中的最大障碍。为此，王树华（2014）、王尔德（2016）、卢文峰（2016）、许颖（2016）等提出长江经济带城市群生态协同应建立科学、合理的生态补偿机制，包括构建跨省域生态补偿的沟通与合作机制及长效投入机制等。

总体上，学术界针对生态协同治理展开了较全面的研究，深入分析了协同治理主体、障碍及机制等方面内容，有关流域和城市群生态协同治理的模式、机制及路径也有了一些研究成果。但是，有关长江经济带城市群这一特定区域的生态协同治理问题的研究较少，如何解决现有生态问题、推动长江经济带城市群的生态协同治理尚不明确。因此，本章将在已有研究的基础上，立足长江经济带城市群，梳理其生态协同治理的发展现状，并对生态协同治理的机制进行分析，最后提出生态协同治理的路径。

第二节　长江经济带城市群生态及其协同治理状况

长江经济带城市群内各城市的经济发展水平、环境污染程度及环境治理措施存在较大差异，导致其生态质量也呈现出不同的水平。然而，由于生态问题存在密切的空间关联性，个别城市的生态问题很容易由河流扩散形成跨区域的生态环境问题。为此，要解决长江经济带城市群的生态环境问题，首先要了解长江经济带城市群整体的生态状况，并加强对长江流域的生态协同治理，推动长江经济带城市群的生态文明建设和可持续发展。

本节将对长江经济带城市群的生态状况进行诊断。首先，分析流域相关的生态指标，采用气体污染物、液体污染物以及固体废物三方面的详细指标对长江经济带城市群的生态环境状况进行描述，以摸清长江经济带城市群生态环境的基本情况，为之后生态协同治理的路径设计提供现实依据。其次，生态承载力是衡量人类社会经济活动对自然资源利用程度和对生态环境干扰力度的重要指标，是判断区域可持续发展的重要依据（高吉喜，2001；熊建新等，2013；纪学朋等，2017）。本节将采用生态承载力对长江经济带城市群生态承载状况进行测度，以判断长江经济带城市群社会经济发展与生态系统的协调性。最后，通过梳理长江经济带生态协同治理的有关政策，以了解长江经济带在生态协同治理的成果，为进一步改进城市群生态协同治理提供参考。需要说明的是，根据《长江经济带发展规划纲要》，长江经济带五大城市群包括84个地级市。由于部分地级市相关数据缺失，本节在样本选取方面覆盖77个地级市，虽有一定误差，但对整体结果的准确性影响较小。

一　生态状况诊断

生态状况可以用各种污染物的排放及其治理状况来表征。污染物按其形态可分为气体污染物、液体污染物和固体废物。本部分将根据以上分类，选取具体指标分析长江经济带城市群生态环境污染状况。基于数据的可得性，以工业二氧化硫、工业烟粉尘两个指标衡量气体污染物；以工业废水衡量液体污染物；以工业固体废物、生活垃圾衡量固体废物。各指标数据来自历年《中国城市统计年鉴》《中国环境统计年鉴》及各省市统计年鉴。

（一）气体污染物

1. 工业二氧化硫

结合表3.2和图3.1显示的长江经济带城市群工业二氧化硫排放量情况，就长江经济带城市群整体而言，工业二氧化硫排放量在2006年到2015年处于下降趋势，除2011年有小幅度上升以外，总体实现了逐年下降，但下降幅度较小，说明这几年长江经济带城市群虽然在工业二氧化硫防治方面取得了一定效果，但仍需进行进一步治理以实现更低的排放量。就长江经济带五大城市群而言，长三角、长江中游、成渝城市群工业二氧化硫排放量显著高于黔中、滇中城市群，城市群间的差距较大，说明长三角、长江中游及成渝城市群还需加强对工业二氧化硫排放的控制力度。

表3.2　　长江经济带城市群工业二氧化硫排放量情况　　（单位：万吨）

城市群	2006年	2007年	2008年	2009年	2010年	2011年	2012年	2013年	2014年	2015年
长三角	233.50	227.96	213.22	188.19	172.90	193.23	170.56	156.74	150.11	132.87
长江中游	163.51	168.71	163.97	152.92	143.70	137.29	134.36	140.87	126.09	126.11
成渝	164.57	146.69	151.54	131.70	129.92	128.75	114.20	105.55	100.50	89.53
黔中	47.87	36.22	34.41	38.14	32.12	38.76	43.57	42.39	41.21	30.23
滇中	15.92	19.73	19.41	18.66	20.49	27.71	31.84	32.08	26.96	27.78
长江经济带	625.37	599.30	582.55	529.61	499.13	525.73	494.53	477.62	444.88	406.52

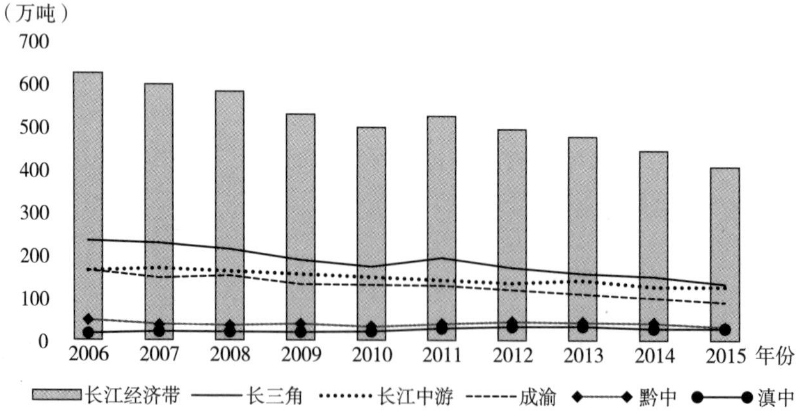

图3.1　长江经济带城市群工业二氧化硫排放量情况

工业二氧化硫的排放对长江经济带城市群大气环境产生了负面影响。《长江经济带生态环境保护规划》明确将大气污染防治作为长江经济带生态环境保护的重点之一，对工业二氧化硫排放的控制与治理将直接影响大气污染防治的整体效果。目前，长江经济带城市群已针对生态环境治理建立了负面清单管理制度，通过限制"环境准入"，划定环境污染物排放上限，设立大气污染防治资金，对工业二氧化硫等气体污染物开展了更具针对性的管控活动。

2. 工业烟粉尘

结合表3.3和图3.2显示的长江经济带城市群工业烟粉尘排放量情况，就长江经济带城市群整体而言，工业烟粉尘排放量表现出先下降后上升趋势：从2006年至2011年工业烟粉尘排放量明显下降，之后出现上升，且在2015年工业烟粉尘排放量达到最大值。就五大城市群而言，长三角、长江中游、成渝、黔中、滇中城市群工业烟粉尘排放量在2011年前有一定的减少，2011年后五大城市群均出现了工业烟粉尘排放量的增加，特别是长江中游城市群，在2014年后出现了较大幅度的上升，说明长江经济带城市群在工业烟粉尘排放方面的治理力度有待加强。

表3.3　　　长江经济带城市群工业烟粉尘排放量情况　　　（单位：万吨）

城市群	2006年	2007年	2008年	2009年	2010年	2011年	2012年	2013年	2014年	2015年
长三角	66.15	64.04	58.93	54.87	54.52	50.83	79.94	80.95	135.86	112.71
长江中游	75.63	70.73	58.91	54.82	45.97	41.76	64.31	69.39	89.18	222.87
成渝	69.58	53.10	38.56	35.23	27.95	28.93	35.90	35.49	46.53	44.82
黔中	12.43	9.43	8.10	6.20	7.11	6.60	8.75	10.76	13.33	10.54
滇中	9.39	7.27	8.23	7.56	7.41	3.71	11.27	9.43	12.22	10.38
长江经济带	233.19	204.56	172.73	158.68	142.96	131.83	200.17	206.01	297.12	401.31

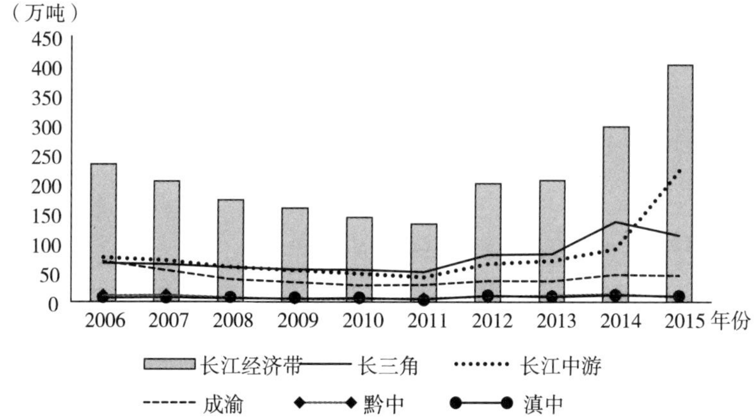

图3.2　长江经济带城市群工业烟粉尘排放量情况

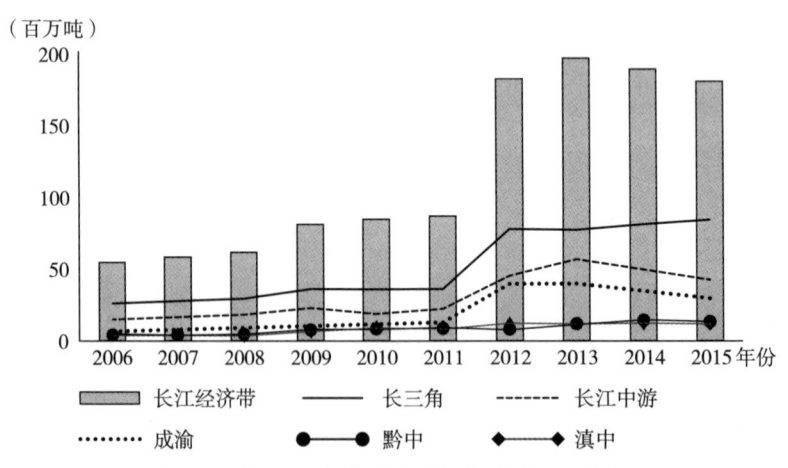

结合表 3.4 和图 3.3 显示的长江经济带城市群烟粉尘去除量情况，就长江经济带城市群整体而言，工业烟粉尘去除量逐年上升，在 2006 年到 2011 年工业烟粉尘去除量缓慢上升，之后至 2015 年出现烟粉尘去除量的明显上升趋势。结合工业烟粉尘排放量现状可以发现，烟粉尘去除量的变化趋势与工业烟粉尘排放量较为同步，说明近几年来工业烟粉尘排放量虽然有所上升，但是烟粉尘治理力度也得到加强。就长江经济带五大城市群而言，长三角、长江中游、成渝城市群烟粉尘去除量逐年增加，其变动趋势与长江经济带城市群整体情况相似，在 2011 年后出现了较大幅度的上升，而黔中、滇中城市群烟粉尘去除量变化不明显。

表 3.4　　　　长江经济带城市群烟粉尘去除量情况　　　　（单位：百万吨）

城市群	2006年	2007年	2008年	2009年	2010年	2011年	2012年	2013年	2014年	2015年
长三角	26.88	28.63	30.21	37.19	37.03	37.18	80.59	80.12	84.06	87.39
长江中游	15.26	16.57	18.65	23.60	19.36	22.93	46.96	58.81	50.11	44.05
成渝	6.58	6.39	7.38	9.86	13.06	13.16	41.20	41.27	35.91	30.71
黔中	4.03	4.32	4.64	7.64	8.47	8.80	8.23	12.16	14.69	13.63
滇中	3.71	4.47	3.09	6.14	10.00	8.22	12.52	12.16	11.95	11.90
长江经济带	56.45	60.37	63.96	84.42	87.92	90.30	189.50	204.51	196.73	187.68

图 3.3　长江经济带城市群烟粉尘去除量情况

（二）液体污染物

结合表 3.5 和图 3.4 显示的长江经济带城市群工业废水排放量情况，

就长江经济带城市群整体而言，工业废水排放呈现出不规则的波动起伏状，近3年来的排放量相较前几年有所下降。就五大城市群而言，长三角、长江中游、成渝城市群工业废水排放量变化不稳定，总体上处在较高水平；滇中、黔中城市群工业废水排放量变化较小，均在2011年后明显下降。工业废水易通过长江扩散污染，因此污水防治尤其重要，各城市群在工业废水排放控制及治理方面都需进一步加强。

表3.5　　　　　　长江经济带城市群工业废水排放情况　　　（单位：亿立方米）

城市群	2006年	2007年	2008年	2009年	2010年	2011年	2012年	2013年	2014年	2015年
长三角	47.54	26.50	15.89	12.36	12.73	44.41	46.95	25.97	16.82	38.35
长江中游	12.23	13.86	46.01	25.85	20.40	13.84	25.15	22.38	12.92	18.88
成渝	30.37	16.56	9.02	11.25	8.91	16.06	13.29	9.86	51.50	11.00
黔中	4.47	1.02	1.66	4.74	12.76	7.17	4.14	4.11	2.35	1.07
滇中	2.24	1.23	3.03	0.94	10.42	7.57	5.94	1.12	1.34	1.31
长江经济带	96.85	59.18	75.62	55.13	65.22	89.06	95.46	63.44	84.92	70.61

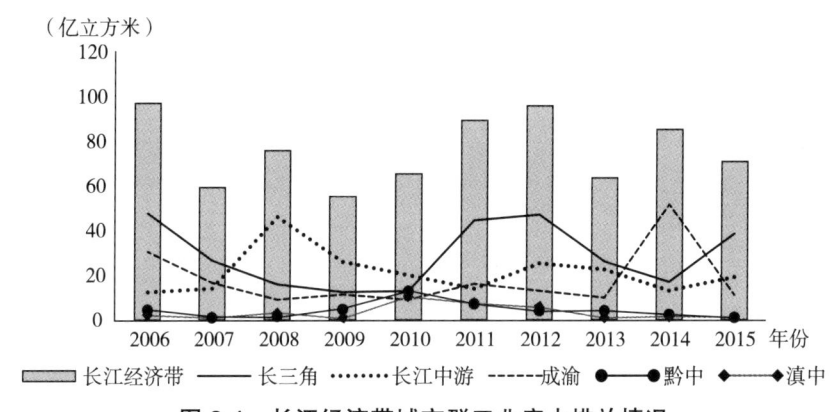

图3.4　长江经济带城市群工业废水排放情况

长江经济带城市群聚集了众多重化工企业，伴随而来的是大量工业废水未经合规处理就直接排入长江，对长江水质及沿岸生态环境造成了严重的污染。同时，由于长江沿岸有多个取水口，工业废水的排放会影响城市日常饮水。工业废水的排放对长江流域水质情况产生了直接影响，对此，国家出台了多项治理政策。其中，2018年7月出台的《关于创新和完善促进绿色发展价格机制的意见》要求建立企业污水排放差别化收费机制，可对污水处理排放标准达到一级A或更高标准的城镇和工业园区提高其污水处理费标准，长江经济带相关省份要率先实施这一规定，以对污水排放实现有力控制。

（三）固体废物

1. 工业固体废物

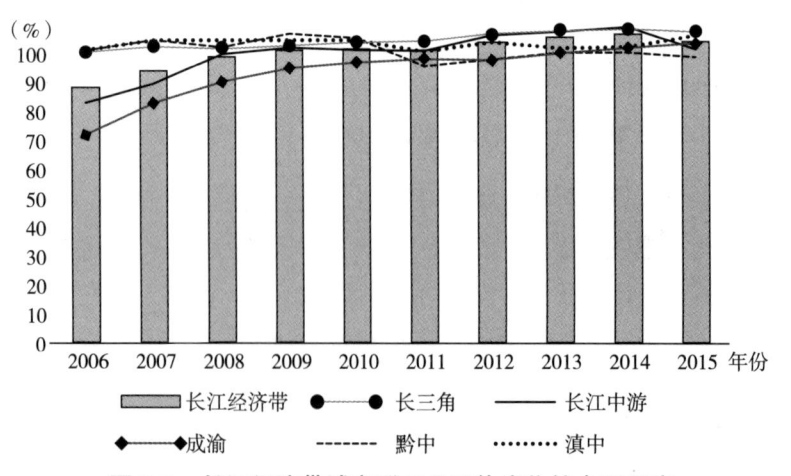

结合表 3.6 和图 3.5 显示的长江经济带城市群工业固体废物综合利用率情况，就长江经济带城市群整体而言，工业固体废物综合利用率整体处于上升趋势，表明工业固体废物循环利用得到较好执行，可以减少对环境的污染。就五大城市群而言，长三角城市群工业固体废物综合利用率达到了较高水平，其次分别为成渝、长江中游、滇中和黔中城市群。五大城市群在工业固体废物循环利用方面存在较大差异，但在 2011 年后差距缩小。总体上，五大城市群在 2006 年至 2015 年的工业固体废物综合利用率逐年上升，说明循环利用意识已经逐渐形成。

表 3.6　　　　长江经济带城市群工业固体废物综合利用率　　　　（单位：%）

城市群	2006年	2007年	2008年	2009年	2010年	2011年	2012年	2013年	2014年	2015年
长三角	92	93	93	94	95	95	97	99	99	98
长江中游	75	81	91	93	92	92	97	98	100	93
成渝	65	76	82	87	88	90	89	91	93	94
黔中	92	95	93	98	96	87	89	91	92	90
滇中	92	95	95	95	95	92	95	93	93	97
长江经济带	80	86	90	92	93	92	95	96	97	95

图 3.5　长江经济带城市群工业固体废物综合利用率

2. 生活垃圾

结合表 3.7 和图 3.6 显示的长江经济带城市群生活垃圾无害化处理率情况，就长江经济带城市群整体而言，生活垃圾无害化处理率较高，垃圾处理效果较好。就五大城市群而言，长三角、长江中游及成渝城市群垃圾无害化处理率差别不大，均达到较高水平，而黔中、滇中城市群变动幅度较大，总体处于较低水平，与其他城市群存在一定的差距。

表 3.7　　　　　长江经济带城市群生活垃圾无害化处理率　　　（单位：%）

城市群	2006年	2007年	2008年	2009年	2010年	2011年	2012年	2013年	2014年	2015年
长三角	92	92	92	93	93	94	90	93	94	95
长江中游	76	80	81	83	82	88	86	85	83	79
成渝	71	80	83	86	89	91	92	96	90	94
黔中	49	47	54	51	58	61	74	73	70	66
滇中	45	44	40	45	81	67	53	47	43	56
长江经济带	78	81	82	84	86	88	87	88	86	78

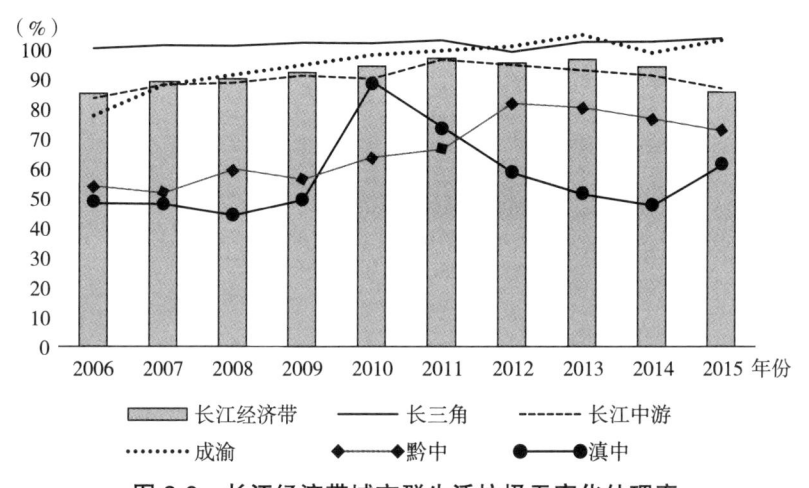

图 3.6　长江经济带城市群生活垃圾无害化处理率

（四）流域水质状况

结合表 3.8 和图 3.7 显示的长江流域水质情况，可以看出 2006 年至 2017 年长江水质显著改善。根据《地表水环境质量标准》（GB3838—2002）划分的水质类别，长江流域 I 类、II 类水河长比例总体呈上升趋势，

2010年后增长幅度较大。2008年至2013年，Ⅲ类水河长比例有所下降，2013年后开始增加，符合或优于Ⅲ类水河长比例逐年增长。Ⅳ类、Ⅴ类水河长占比呈下降趋势，劣于Ⅴ类水河长比例明显减少。总体上，长江流域水质有所好转。

表3.8　　　　　　　　　长江流域水质情况

年份		评价总计	Ⅰ、Ⅱ类	Ⅲ类	Ⅳ类	Ⅴ类	劣于Ⅴ类
2006年	河长（km）	38679.9	16335.0	9459.8	4905.2	2062.2	5917.7
	占比（%）		42.2	24.5	12.7	5.3	15.3
2007年	河长（km）	39553.7	15552.5	10815.4	4993.3	2342.3	5850.2
	占比（%）		39.4	27.3	12.6	5.9	14.8
2008年	河长（km）	41176.6	16411.1	12035.6	3694.7	3122.4	5912.8
	占比（%）		39.9	29.2	9.0	7.6	14.3
2009年	河长（km）	46580.2	17858.0	11795.6	6885.8	3088.2	6952.6
	占比（%）		38.3	25.4	14.8	6.6	14.9
2010年	河长（km）	53489.1	21208.5	14826.6	6086.8	4312.3	7054.9
	占比（%）		39.7	27.7	11.4	8.0	13.2
2011年	河长（km）	56701.6	25080.3	14785.9	6720.6	3050.9	7063.9
	占比（%）		44.2	26.1	11.8	5.4	12.5
2012年	河长（km）	57562.2	29164.9	13747.3	5004.6	2675.2	6970.2
	占比（%）		50.7	23.9	8.7	4.6	12.1
2013年	河长（km）	59648.0	32141.2	12251.4	5026.9	3321.9	6906.6
	占比（%）		53.9	20.5	8.4	5.6	11.6
2014年	河长（km）	64253.1	33674.5	16029.3	5795.4	2535.5	6218.4
	占比（%）		52.4	25.0	9.0	3.9	9.7
2015年	河长（km）	67686.7	36945.6	16400.3	5854.0	3352.6	5134.2
	占比（%）		54.6	24.2	8.6	5.0	7.6
2016年	河长（km）	70456.2	39972.0	18226.7	6211.9	2621.3	3424.3
	占比（%）		56.7	25.9	8.8	3.7	4.9
2017年	河长（km）	70908.7	44598.0	14895.6	6226.3	2192.0	2996.9
	占比（%）		62.9	21.0	8.8	3.1	4.2

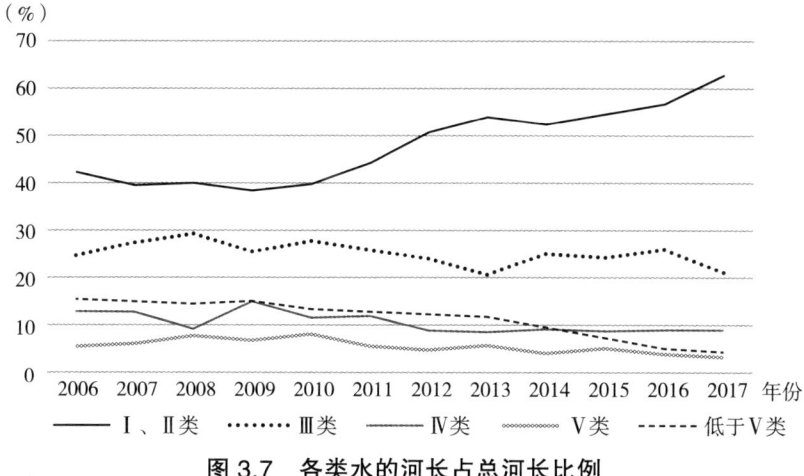

图 3.7　各类水的河长占总河长比例

基于数据的可得性，本部分选取 2016 年 10 月长江流域省界断面水质类别情况以分析长江经济带各省界水质。由表 3.9 可知，长江流域各省界断面水质整体达到较高水平，以 Ⅱ 类、Ⅲ 类水为主。就长江上游而言，各省界断面水质不稳定，变化幅度较大，其中川渝交界断面水质情况最为突出。长江中下游整体情况较好，水质均符合或优于 Ⅲ 类水，但 Ⅰ 类水资源很少，说明长江经济带城市群特别是长江上游城市群需加强对水质的关注。

表 3.9　2016 年 10 月长江流域省界断面水质类别

流域	断面名称	上下游省份	所在地区	水质类别
长江上游	贺龙桥	川—滇	迪庆州	Ⅰ
	龙洞	滇—川	攀枝花市	Ⅱ
	大湾子	川—滇	楚雄州	Ⅱ
	蒙姑	川—滇	昆明市	Ⅱ
	三块石	滇—川	昭通市	Ⅱ
	横江桥	滇—川	昭通市	Ⅱ
	朱沱	川—渝	永川区	Ⅲ
	金子	川—渝	合川区	Ⅱ
	幺滩	川—渝	广安市	Ⅲ
	黎家乡崔家岩村	川—渝	长寿区	Ⅲ
	玉溪	川—渝	潼南县	Ⅲ
	码头	川—渝	合川区	Ⅲ
	水寨子	渝—川	城口县	Ⅱ

续表

流域	断面名称	上下游省份	所在地区	水质类别
长江上游	光辉	川—渝	潼南县	Ⅳ
	土堡寨	渝—川	城口县	Ⅰ
	联盟桥	渝—川	达州市	Ⅳ
	里耶镇	渝—湘	湘西州	Ⅱ
	巫峡口	渝—鄂	恩施州	Ⅱ
	周家坝	鄂—渝	恩施州	Ⅱ
	百福司镇	鄂—渝	恩施州	Ⅱ
	长顺乡	鄂—渝	恩施州	Ⅱ
长江中游	荆江口	鄂—湘	岳阳市	Ⅲ
	马坡湖	鄂—湘	常德市	Ⅲ
	江口村	鄂—湘	恩施州	Ⅰ
	中官铺	鄂—赣	黄冈市	Ⅲ
	姚港	赣—鄂	九江市	Ⅱ
	金鱼石	赣—湘	萍乡市	Ⅱ
	香口	赣—皖	池州市	Ⅱ
	镇	皖—赣	景德镇市	Ⅱ
长江下游	三兴村	皖—苏	马鞍山市	Ⅱ
	陈浅	皖—苏	南京市	Ⅲ
	浏河	苏—沪	上海市	Ⅲ
	汾湖大桥	苏—沪	青浦区	Ⅲ

二 生态承载力

（一）生态承载力指标体系构建

"承载力"一词出自物理学，指物体在不受到破坏的情况下所能承受的极限（吕光明、何强，2009；石忆邵等，2013）。之后，承载力运用到生物学、人口学等领域，用以研究生物与自然环境、人口与自然因素之间的关系。发展至今，承载力这一概念在人口、自然资源管理及环境规划和管理等领域都得到了广泛的应用。引申到生态环境领域，生态承载力的含义包括生态系统的自我维持与调节能力、环境与资源的供容能力及这种供容能力可支撑的社会经济活动强度、可容纳的具有一定生活水平的人口数量（高吉喜，1999；王坤岩、臧学英，2014）。生态承载力是生态系统对人类社会经济活动的支撑能力，既反映了生态系统的供给能力与人类社会经济系统需求状况，也反映了供需间的相互关系（王坤岩、臧学英，2014）。自然资源或环境对人口的承载力与资源禀赋、技术手段、社会选择和价值观念等都存在密切的关联（石忆邵等，2013）。

因此，长江经济带城市群生态承载力主要测度生态因素即资源和环境因素对社会因素的支持能力。借鉴王彦彭（2012）测度我国生态承载力的指标体系，基于数据可得性和合理性，本部分从资源供给能力、环境纳污能力和人类影响能力三个维度分析长江经济带城市群的生态承载力，具体指标见表3.10。

表3.10　　　　　　　　　　生态承载力的指标体系

目标层	分目标层	准则层	指标层
生态承载力	资源供给水平	土地资源	人均行政区域面积（+）
			人均城市建设用地面积（+）
		水资源	人均供水总量（+）
生态承载力	资源供给水平	植被资源	建成区绿化覆盖率（+）
			人均绿地面积（+）
	环境污染程度	大气环境	工业二氧化硫排放量（-）
			工业烟粉尘排放量（-）
		水环境	工业废水排放量（-）
	人类影响能力	环境治理水平	工业固体废物综合利用率（+）
			工业烟粉尘去除量（+）
			污水处理率（+）
			生活垃圾无害化处理率（+）
		技术进步水平	单位GDP废水排放量（-）
			单位GDP二氧化硫排放量（-）
			单位GDP烟粉尘排放量（-）
		社会发展水平	人均GDP（+）

注：+表示正指标，-表示负指标。

（二）生态承载力评价方法

建立长江经济带城市群生态承载力的评价指标体系后，需要确立适当的方法对其进行定量分析。现有评价承载能力方法包括系统动力学方法、生态足迹分析法、主成分分析法等。主成分分析法是一种数据压缩和特征提取的多元统计分析方法，核心在于将一些彼此相关的多维指标，组合成一组新的不存在相关性的综合指标，根据需要可从中选取几个较少的综合指标，尽可能全面地反映原来指标的信息，具有综合性、客观性、全面性的特点。本节主要研究目的在于详细了解长江经济带城市群的生态承载力状况，适合采用主成分分析法。但是，主成分分析法只能对特定年份的变量进行静态综合评价，而生态承载力是由动态多维的指标体系构建而成，将伴随着资源供给、消耗、环境污染、环境治理的变化而变化，由此，本部分借鉴刘惠敏（2011）研究长江三角洲城市群综合承载能力的方法，采用时序全局因子分析模型对长江经济带城市群的生态承载力进行评价。

时序全局因子分析法将多维动态的时间性立体数据通过全局主成分公因子变换到统一的全局主超平面，使各年份的主成分公因子具有相同的构成，再将主超平面上的数据进行变换、组合，根据不同时序排序，从而反映出分析系统的动态特征。长江经济带各地区生态承载力中的土地承载力、水资源承载力和环境承载力将随着时间的变化表现出不同特征，利用时序全局因子分析法，对这些承载力按时间顺序形成的平面数据表序列即时序立体数据表进行主成分分析，可以得到统一的简化子空间，以便提取立体数据表中的重要信息，以掌握城市群生态承载力随时间变化的综合信息。

长江经济带城市群时序全局因子分析定权法分为以下七大步骤：

①构建时序全局立体数据表。

本部分有77个城市作为城市群资源环境承载力的样本，每个样本有16个指标，形成 77×16 阶的矩阵 $R_{77 \times 16}$，时间跨度为10年，构造时序全局立体数据表为K，

$$K = \{X_t R_{77 \times 16}, t = 1, 2, \cdots, 10\}$$

以 $x_1, x_2, \cdots, x_p$ 为变量的指标在 t 时刻数据表中的 X_t 表示为：

$$\begin{bmatrix} x_{11}^t & x_{12}^t & \cdots & x_{1p}^t \\ x_{21}^t & x_{22}^t & \cdots & x_{2p}^t \\ \vdots & \vdots & & \vdots \\ x_{n1}^t & x_{n2}^t & \cdots & x_{np}^t \end{bmatrix} = \begin{bmatrix} e_1^t \\ e_2^t \\ \vdots \\ e_n^t \end{bmatrix} (t = 1, 2, \cdots, T)$$

运用上式则可以对长江经济带城市群生态承载力进行测度。

②对数据进行标准化处理

该步骤需要对各个城市不同指标的原始数据进行标准化处理以消除量纲影响。同时，生态承载力的指标体系中，不同指标对承载能力的影响有正有负，因此需要分别对正、负指标进行标准化处理。

对于正效应指标，有：

$x_{ij}^{*} = [x_{ij} - \min(x_j)] / [\max(x_j) - \min(x_j)] (i=1,2,\cdots,t; j=1,2,\cdots,p)$

对于负效应指标，有：

$x_{ij}^{*} = [\max(x_j) - x_{ij}] / [\max(x_j) - \min(x_j)] (i=1,2,\cdots,t; j=1,2,\cdots,p)$

③计算经标准化处理后的变量间的相关系数矩阵，并判断是否适用于主成分分析法。

④计算 X^* 矩阵的协方差矩阵 V。

⑤计算 V 的 m 个特征值 λ_1、λ_2、$\cdots$、λ_m（m<p）和对应的特征向量 u_1、u_2、$\cdots$、u_m，并计算相应的贡献率和累积贡献率。

⑥采用方差极大法进行因子旋转，求得全局公因子。

⑦根据全局公因子贡献率构造综合评价函数，最终计算各城市生态承载力得分。

（三）生态承载力测度结果

该部分按照上述步骤利用 SPSS20 软件对长江经济带城市群生态承载力进行测度。首先对两类正负指标进行标准化处理，并对变量的相关性进行检验。如表 3.11 所示，Bartlett 的检验结论拒绝原假设，说明变量间存在较大相关性；KMO 检验超过 0.7，说明可以进行主成分分析。

表 3.11　　　　　　　　　　KMO 和 Bartlett 的检验

取样足够度的 Kaiser-Meyer-Olkin 度量		0.717
Bartlett 的球形度检验	近似卡方	5195.651
	df	120
	Sig.	0.00

根据时序全局分析中对全局公因子的提取原则，选择累积方差贡献率大于 80% 的因子作为全局公因子，如表 3.12 所示，提取 8 个全局公因子，

累积方差贡献率达到 81.21%。

表 3.12　　　　　　　　　　解释的总方差

成分	初始特征值 合计	方差的百分比（%）	累积百分比（%）	提取平方和载入 合计	方差的百分比（%）	累积百分比（%）	旋转平方和载入 合计	方差的百分比（%）	累积百分比（%）
1	3.86	24.10	24.10	3.86	24.10	24.10	2.84	17.74	17.74
2	2.16	13.51	37.61	2.16	13.51	37.61	2.35	14.71	32.45
3	1.84	11.48	49.09	1.84	11.48	49.09	1.79	11.21	43.66
4	1.43	8.95	58.04	1.43	8.95	58.04	1.66	10.40	54.05
5	1.07	6.66	64.70	1.07	6.66	64.70	1.13	7.06	61.11
6	0.99	6.18	70.88	0.99	6.18	70.88	1.12	6.98	68.09
7	0.89	5.56	76.44	0.89	5.56	76.44	1.05	6.58	74.67
8	0.76	4.76	81.21	0.76	4.76	81.21	1.05	6.53	81.21
9	0.68	4.26	85.46						
10	0.59	3.67	89.14						
11	0.46	2.90	92.04						
12	0.37	2.29	94.33						
13	0.35	2.18	96.51						
14	0.30	1.85	98.36						
15	0.22	1.35	99.71						
16	0.05	0.29	100						

注：提取方法采用主成分分析法。

旋转成分矩阵中，F1 代表了人均城市建设用地面积、人均供水总量指标的信息，F2 代表了人均行政区域面积、单位 GDP 废水排放量、单位 GDP 二氧化硫排放量、单位 GDP 烟粉尘排放量指标的信息；F3 代表了建成区绿化率、人均绿地面积指标的信息，以此类推。

表 3.13　　　　　　　　　　旋转成分矩阵

成分	1	2	3	4	5	6	7	8
人均行政区域面积	0.05	−0.80	−0.09	0.00	0.14	0.33	0.20	−0.04
人均城市建设用地面积	0.91	−0.29	0.00	0.02	0.02	0.08	0.05	−0.03
人均供水总量	0.93	−0.24	0.01	0.01	0.02	0.02	0.04	−0.02
建成区绿化覆盖率	0.02	0.01	0.86	−0.03	−0.04	0.09	−0.02	−0.05

续表

成分	1	2	3	4	5	6	7	8
人均绿地面积	-0.04	-0.15	0.74	-0.16	0.15	-0.31	-0.02	0.15
工业二氧化硫排放量	0.03	0.06	-0.11	0.08	-0.02	0.08	0.00	0.94
工业烟粉尘排放量	0.01	0.19	-0.03	-0.83	-0.14	0.17	0.05	-0.03
工业废水排放量	0.14	-0.01	0.66	0.17	-0.10	0.00	-0.09	-0.32
工业固体废物综合利用率	0.01	0.09	-0.08	-0.08	-0.02	0.05	0.97	0.01
工业烟粉尘去除量	0.02	0.08	-0.04	0.89	0.02	-0.07	-0.04	0.04
污水处理率	0.04	-0.01	-0.01	0.16	0.95	-0.06	-0.03	-0.02
生活垃圾无害化处理率	-0.91	-0.02	-0.08	0.02	0.03	0.01	0.06	-0.06
单位GDP废水排放量	-0.46	0.69	-0.15	-0.07	-0.05	0.16	0.12	0.00
单位GDP二氧化硫排放量	-0.10	0.70	-0.09	0.00	-0.03	0.23	0.20	0.00
单位GDP烟粉尘排放量	-0.28	0.73	-0.04	-0.13	0.38	0.18	0.05	0.10
人均GDP	-0.06	-0.13	0.07	0.26	0.06	-0.86	-0.04	-0.10

注：提取方法采用主成分；旋转法采用Kaiser标准化的正交旋转法；旋转在6次迭代后收敛。

最终根据输出的8个主成分，结合各个主成分的贡献率及累积贡献率，可以计算各个城市的综合得分：

$$F=F1\times\frac{24\%}{81\%}+F2\times\frac{14\%}{81\%}+F3\times\frac{11\%}{81\%}+F4\times\frac{9\%}{81\%}+F5\times\frac{7\%}{81\%}+$$

$$F6\times\frac{6\%}{81\%}+F7\times\frac{6\%}{81\%}+F8\times\frac{6\%}{81\%}$$

为了分析长江经济带五大城市群各城市的生态承载力及其在2006年至2015年的发展变化情况，本部分结合时序全局因子分析法的结果，将各城市历年的生态承载力排名情况罗列出来，具体结果见表3.14。

表3.14　　　　　长江经济带城市群各城市生态承载力排名

排序	2006年	2007年	2008年	2009年	2010年	2011年	2012年	2013年	2014年	2015年
1	上海	上海	上海	上海	上海	上海	上海	上海	上海	上海
2	武汉	南京	武汉	南京	成都	南京	南京	武汉	南京	南京
3	马鞍山	武汉	南京	杭州	南京	武汉	武汉	九江	成都	武汉
4	南京	杭州	杭州	合肥	武汉	成都	苏州	新余	武汉	成都
5	杭州	成都	苏州	苏州	昆明	新余	无锡	抚州	重庆	杭州
6	成都	合肥	马鞍山	扬州	苏州	九江	成都	扬州	湖州	南昌

续表

排序	2006年	2007年	2008年	2009年	2010年	2011年	2012年	2013年	2014年	2015年
7	绍兴	扬州	合肥	南昌	长沙	长沙	长沙	南昌	杭州	长沙
8	合肥	昆明	无锡	景德镇	常州	抚州	昆明	上饶	昆明	绍兴
9	湘潭	苏州	常州	长沙	无锡	南昌	马鞍山	襄阳	扬州	苏州
10	扬州	宁波	宁波	马鞍山	杭州	上饶	杭州	吉安	合肥	合肥
11	苏州	马鞍山	成都	镇江	马鞍山	贵阳	常州	合肥	嘉兴	无锡
12	九江	镇江	扬州	武汉	景德镇	镇江	湖州	贵阳	宁波	铜陵
13	新余	常州	镇江	无锡	南通	昆明	宜昌	孝感	贵阳	常州
14	昆明	无锡	湖州	常州	合肥	合肥	南通	泰州	镇江	扬州
15	景德镇	绍兴	南昌	宁波	九江	玉溪	合肥	镇江	自贡	南通
16	鄂州	贵阳	鹰潭	南通	广安	宜春	襄阳	景德镇	南昌	宁波
17	荆门	泰州	嘉兴	台州	贵阳	广安	上饶	常州	泰州	湖州
18	宁波	湖州	芜湖	泰州	自贡	芜湖	广安	南通	长沙	镇江
19	长沙	南通	绍兴	芜湖	常德	杭州	扬州	宜春	抚州	嘉兴
20	黄石	荆门	新余	舟山	池州	马鞍山	抚州	常德	苏州	景德镇
21	铜陵	黄石	泰州	湖州	新余	黄石	芜湖	荆州	襄阳	舟山
22	鹰潭	盐城	鄂州	盐城	湘潭	鹰潭	荆门	岳阳	吉安	台州
23	岳阳	湘潭	台州	昆明	株洲	重庆	鄂州	绍兴	上饶	贵阳
24	株洲	遂宁	南通	抚州	抚州	吉安	黄石	长沙	芜湖	常德
25	绵阳	舟山	昆明	九江	岳阳	常德	绍兴	鄂州	资阳	昆明
26	泰州	重庆	铜陵	新余	上饶	铜陵	湘潭	资阳	舟山	新余
27	常州	芜湖	安庆	绍兴	泰州	株洲	岳阳	成都	株洲	鹰潭
28	自贡	鹰潭	盐城	萍乡	盐城	岳阳	株洲	遂宁	常州	南充
29	南昌	广安	常德	成都	咸宁	池州	贵阳	绵阳	南通	德阳
30	无锡	长沙	玉溪	遂宁	铜陵	泰州	南充	黄冈	安庆	湘潭
31	贵阳	嘉兴	景德镇	鹰潭	玉溪	湘潭	自贡	无锡	宜春	遂宁
32	宜春	金华	遂宁	上饶	荆州	景德镇	眉山	咸宁	益阳	泰州
33	泸州	南昌	泸州	资阳	南昌	咸宁	德阳	株洲	马鞍山	盐城
34	镇江	宜昌	贵阳	安庆	扬州	孝感	嘉兴	遵义	绍兴	抚州
35	萍乡	宜春	德阳	达州	滁州	扬州	雅安	舟山	台州	池州
36	襄阳	绵阳	自贡	池州	德阳	资阳	咸宁	池州	无锡	金华
37	德阳	襄阳	九江	黄石	镇江	遂宁	滁州	马鞍山	遵义	自贡

续表

排序	2006年	2007年	2008年	2009年	2010年	2011年	2012年	2013年	2014年	2015年
38	广安	岳阳	岳阳	德阳	萍乡	益阳	宜宾	湖州	常德	吉安
39	玉溪	景德镇	黄石	宜春	安庆	萍乡	镇江	南充	泸州	资阳
40	湖州	上饶	萍乡	南充	黄石	德阳	泰州	盐城	宜昌	岳阳
41	南通	铜陵	绵阳	株洲	南充	雅安	九江	安庆	景德镇	绵阳
42	常德	株洲	舟山	绵阳	黄冈	襄阳	泸州	重庆	鄂州	马鞍山
43	安庆	池州	南充	眉山	湖州	湖州	安庆	苏州	娄底	滁州
44	益阳	德阳	池州	贵阳	宜昌	荆州	台州	台州	岳阳	安庆
45	嘉兴	安庆	宜春	金华	遂宁	宣城	衡阳	德阳	雅安	广安
46	上饶	常德	益阳	乐山	衡阳	荆门	宜春	广安	池州	芜湖
47	衡阳	泸州	襄阳	荆门	鹰潭	绵阳	玉溪	内江	遂宁	宣城
48	芜湖	玉溪	宜昌	滁州	芜湖	安庆	绵阳	雅安	德阳	萍乡
49	南充	孝感	达州	铜陵	宁波	鄂州	遵义	湘潭	金华	宜宾
50	金华	黄冈	资阳	黄冈	襄阳	内江	盐城	滁州	南充	益阳
51	资阳	自贡	长沙	宜昌	内江	宜昌	资阳	金华	盐城	泸州
52	遵义	鄂州	曲靖	嘉兴	曲靖	滁州	曲靖	荆门	铜陵	眉山
53	盐城	南充	湘潭	吉安	鄂州	宜宾	宁波	自贡	黄石	鄂州
54	遂宁	娄底	娄底	宜宾	嘉兴	衡阳	常德	眉山	绵阳	襄阳
55	宜昌	衡阳	吉安	孝感	台州	曲靖	达州	益阳	咸宁	安顺
56	娄底	益阳	株洲	荆州	宜宾	台州	景德镇	衡阳	新余	内江
57	乐山	乐山	遵义	广安	雅安	泸州	乐山	泸州	眉山	黄石
58	池州	宣城	宣城	常德	绍兴	娄底	南昌	乐山	内江	九江
59	眉山	眉山	衡阳	遵义	绵阳	宁波	孝感	宣城	宣城	雅安
60	雅安	资阳	眉山	六盘水	眉山	绍兴	益阳	宜昌	滁州	荆门
61	吉安	荆州	抚州	益阳	资阳	自贡	黄冈	芜湖	安顺	宜昌
62	咸宁	新余	黄冈	岳阳	宣城	黄冈	娄底	娄底	萍乡	重庆
63	孝感	台州	安顺	内江	娄底	南充	萍乡	萍乡	广安	达州
64	滁州	抚州	滁州	玉溪	遵义	嘉兴	遂宁	达州	黄冈	衡阳
65	宜宾	滁州	雅安	宣城	泸州	眉山	荆州	杭州	九江	上饶
66	六盘水	吉安	内江	雅安	达州	舟山	安顺	鹰潭	荆州	娄底
67	宣城	宜宾	咸宁	咸宁	乐山	金华	舟山	宜宾	乐山	乐山
68	抚州	九江	广安	鄂州	荆门	乐山	内江	嘉兴	玉溪	遵义

续表

排序	2006年	2007年	2008年	2009年	2010年	2011年	2012年	2013年	2014年	2015年
69	重庆	曲靖	上饶	娄底	金华	无锡	铜陵	玉溪	衡阳	孝感
70	曲靖	咸宁	重庆	泸州	宜春	常州	宣城	六盘水	湘潭	宜春
71	黄冈	遵义	六盘水	衡阳	益阳	南通	金华	铜陵	六盘水	曲靖
72	荆州	内江	孝感	安顺	舟山	达州	六盘水	昆明	曲靖	玉溪
73	安顺	雅安	宜宾	自贡	安顺	遵义	池州	南京	孝感	咸宁
74	达州	安顺	荆门	襄阳	六盘水	盐城	重庆	黄石	宜宾	黄冈
75	内江	萍乡	乐山	曲靖	吉安	苏州	新余	安顺	达州	荆州
76	台州	六盘水	金华	湘潭	孝感	六盘水	吉安	宁波	鹰潭	六盘水
77	舟山	达州	荆州	重庆	重庆	安顺	鹰潭	曲靖	荆门	株洲

  城市由地理空间和经济空间构成。生态环境构成了城市的地理空间，经过社会劳动改造后就形成了经济空间。地理空间是有限的，经济空间会随着地理空间内投入的劳动等要素的变化而变化，这反映了要素投入以及科技水平等具有社会属性的因素对城市社会经济发展的影响。因此，合理有序的城市群生态空间结构以及经济空间结构可以提高城市的生态承载能力。从表3.14可以看出，长江经济带城市群内城市的生态承载力存在较大差距，其中上海市在2006年至2015年的生态承载力均位于城市群前列。从历年位于前10名的城市来看，生态承载力较好的城市主要分布在长江下游地区，从历年位于后10名的城市来看，生态承载力较差的城市主要位于长江中上游地区。上海市的经济发展水平、劳动力素质及技术水平均高于长江经济带城市群内的其他城市，因此其生态承载力远远高于其他城市。总体而言，长江经济带下游地区在经济、技术等方面的水平相对高于长江中上游地区，因此长江下游地区的生态承载力总体高于长江中上游地区。

  为进一步分析长江经济带各城市群的生态承载状况，本部分对五大城市群在2006年至2015年的生态承载力进行排序，具体结果见表3.15。结合数据表，长三角城市群的生态承载力在9年间均位于五大城市群前列。生态效率由所在区域的地理空间及经济空间共同决定，而长三角城市群相较于其他四个城市群，经济总量更大、技术水平更高，即使长三角在发展经济过程中使用更多的资源并产生更多的废气、废水等环境污染因子，但是相应的该区域的技术水平、环境治理强度也会更高。成渝城市群生态承载力的排序靠后，说明其在促进经济发展的同时，还要加强对环境污染的控制和对生态的治理。而长江中游、滇中、黔中城市群的生态承载力处于中间水平，且变化较大，排序情况不稳定，表明这些城市群仍需关注经济与生态环境的协调发展，以提高生态承载力。在资源利用效率、环境治理技术等方面，长三角可以通过技术扩散、产业合作等方式，促进其他城市群资源利用效率的提高，减少环境影响，以提升生态承载力。

表 3.15　　　　　　　　长江经济带五大城市群生态承载力状况

排序	2006年	2007年	2008年	2009年	2010年	2011年	2012年	2013年	2014年	2015年
1	长三角	长三角	长三角	长三角	长三角	黔中	长三角	黔中	长三角	长三角
2	黔中	滇中	滇中	黔中	滇中	滇中	滇中	长三角	长江中游	长江中游
3	滇中	黔中	黔中	长江中游	黔中	长三角	长江中游	成渝	黔中
4	长江中游	长江中游	长江中游	滇中	长江中游	长江中游	黔中	成渝	黔中	滇中
5	成渝	成渝	成渝	成渝	成渝	成渝	成渝	滇中	滇中	成渝

三　生态协同治理的状况

生态环境是社会经济可持续发展的基础。长江经济带各城市间的生态联系紧密，生态污染较易扩散，大大增加了长江经济带生态治理的难度。在长江经济带生态治理过程中，除了各城市需要加强对自身生态治理的重视外，各城市间也需要加强合作，打破行政区划界限和壁垒，发挥沿江各省市协同互动作用。当前，长江经济带多层次协商合作机制和规划体系已初步形成，长江上、中、下游地区省际协商合作机制全面建立，各省份也逐步探索合作协调计划，协同保护长江生态环境。基于此，本部分从国家和地区层面对生态治理及省际协调的相关政策进行梳理以分析长江经济带生态协同治理的基本情况。尽管长江经济带与长江经济带城市群的涵盖范围不同，前者包括的区域更广，但分析长江经济带生态协同治理的基本情况，能间接了解长江经济带城市群生态协同治理的现状。此外，这些政策也会对长江经济带城市群的生态协同治理产生重要影响。因此，就反映结果来看，通过梳理长江经济带相关政策间接了解长江经济带城市群的生态协同治理情况是可行的。

基于国家发展战略，为改善生态环境治理，实现生态优先、绿色发展，国家出台了一系列有关长江经济带生态建设的政策规划与指导意见，如表3.16所示。

表3.16　　　　　国家出台的长江经济带生态相关政策汇总

政策名称	出台时间	主要内容和要求
国务院关于进一步推进长江三角洲地区改革开放和经济社会发展的指导意见（国发〔2008〕30号）	2008年9月	强化长江流域环境保护和生态建设，加强区域生态环境的共同建设、共同保护和共同治理
长江流域综合规划（2012—2030年）	2012年12月	完善流域防洪减灾措施，合理配置和高效利用水资源，加强水资源与水生态环境保护，强化流域综合管理
关于依托黄金水道推动长江经济带发展的指导意见（国发〔2014〕39号）	2014年9月	建设绿色生态廊道。严格控制和治理长江水污染，加强流域环境综合治理，切实保护和利用好长江水资源，强化沿江生态保护和修复，促进长江岸线有序开发
长江中游城市群发展规划（国函〔2015〕62号）	2015年4月	建立健全跨区域生态文明建设联动机制，推进生态一体化建设，加强生态环境综合治理，推动城市群绿色发展，形成人与自然和谐发展格局
关于加强长江经济带造林绿化的指导意见（发改农经〔2016〕379号）	2016年3月	加快造林绿化步伐，强化森林经营和保护，将造林绿化作为长江经济带绿色生态廊道建设的优先领域积极实施
长江经济带发展规划纲要	2016年3月	坚持生态优先、绿色发展之路，处理好经济发展与生态环境保护的关系，确保"一江清水"绵延后世
成渝城市群发展规划（国函〔2016〕68号）	2016年5月	将绿色城镇化理念全面融入城市群建设，构建绿色化生产生活方式和城市建设运营模式，推进生态共保环境共治，共守长江上游生态安全
长江三角洲城市群发展规划（国函〔2016〕87号）	2016年6月	要以生态保护提供发展新支撑。实施生态建设与修复工程，深化大气、土壤和水污染跨区域联防联治，建立地区间生态保护补偿机制
长江经济带生态环境保护规划（环规财〔2017〕88号）	2017年7月	坚持生态优先、绿色发展的基本原则，以改善生态环境质量为核心，构建区域一体化的生态环境保护格局，系统推进大保护
关于加强长江经济带工业绿色发展的指导意见	2017年7月	加快传统制造业绿色化转型升级，提高能源资源利用效率，提高清洁生产水平，引领长江经济带工业绿色发展

续表

政策名称	出台时间	主要内容和要求
关于全面加强长江流域生态文明建设与绿色发展司法保障的意见（法发〔2017〕30号）	2017年12月	通过环境资源审判职能作用的发挥，为长江流域生态文明建设与绿色发展提供有力司法服务和保障
关于建立健全长江经济带生态补偿与保护长效机制的指导意见（财预〔2018〕19号）	2018年2月	加强长江流域生态保护及治理，促进长江经济带生态补偿与保护长效机制的建立与健全，为长江经济带生态文明建设、区域协调发展提供有力的财力支撑和制度保障
长江经济带生态保护科技创新行动方案	2018年2月	以森林保护、湿地修复和生物多样性保育为重点，促进长江经济带协调发展
长江经济带生态环境保护审计结果	2018年6月	公告生态环境保护相关政策措施落实情况、资金管理使用情况、取得的成效及存在的问题，出具审计处理和初步整改情况

资料来源：根据中国政府网（www.gov.cn）、生态环境部官网（www.mee.gov.cn）等公开资料整理所得。

为落实国家生态建设相关规划，长江经济带各省市也相继出台本地区生态环境发展规划与政策。长江上游作为长江流域的生态屏障，会对整体的生态环境产生重要影响，其生态保护战略意义重大。对此，长江上游各城市制定了生态环境保护相关战略，针对改善水质、森林保护和发展绿色经济产业等方面进行了规划。此外，长江上游省份关于建立省际协商合作机制已达成协议，重庆市与四川省也已创建合作计划，这些举措有利于促进上游地区实现生态协同治理。长江上游生态相关政策如表3.17所示。

表3.17　　　　　　　　　长江上游生态相关政策汇总

政策名称	发布时间	主要内容和要求
贵州省生态文明体制改革实施方案	2015年11月	解决生态环境领域突出问题，改善环境质量，提高资源利用效率，推动形成人与自然和谐发展的现代化建设新格局
贵阳市生态文明体制改革实施方案（2016—2020年）	2016年4月	贯彻中央和省的方案，提出建设生态文明改革的"八大制度"，提出了构建贵阳市生态文明制度建设的"六大制度体系板块"
大规模绿化全川筑牢长江上游生态屏障总体规划（2016—2020年）	2016年7月	以提升自然生态系统功能、推进扩绿增绿为重点，大幅提升森林、草原、湿地、荒漠生态系统功能，构建完备的国土生态安全体系
重庆市生态保护红线划定方案（渝府办发〔2016〕230号）	2016年11月	明确生态保护红线的划定范围、面积和空间分布以及方案的实施要求

续表

政策名称	发布时间	主要内容和要求
关于建立长江上游地区省际协商合作机制的协议	2016年12月	建立上游地区省际协商合作联席会议机制，加强长江上游地区统筹协调，协同破解发展难题，推进生态联防联控、基础设施互联互通等发展
关于创新管理优化服务 培育壮大经济发展新动能 加快新旧动能接续转换的意见（国办发〔2017〕4号）	2017年1月	发展以生态利用型、循环高效型、低碳清洁型、环境治理型为核心的大生态产业，推进新经济体制机制创新
泸州市长江沱江沿岸生态优先绿色发展规划	2018年6月	提出了"以发展反哺生态、以生态促进转型"的生态优先绿色发展思路，为推动长江经济带高质量发展探索新模式、新路径
深化川渝合作深入推动长江经济带发展行动计划（2018—2022年）	2018年6月	加强跨界河流联防联控联治，加强跨省市水体监测网络建设，开展跨界河流联合巡查，开展流域污染治理省际合作试点

资料来源：根据中国政府网(www.gov.cn)、贵州省人民政府官网(www.gzgov.gov.cn)、重庆市人民政府官网(www.cq.gov.cn)等公开资料整理所得。

长江中游持续落实绿色生态廊道建设，各城市也纷纷出台生态治理相关措施及政策。长江中游湿地、湖泊等生态系统较多，流域水质治理及生态恢复任务较重，生态保护的战略意义重大。在协同治理方面，中游省份在建立省际协商合作机制后，针对湖泊湿地保护与生态恢复提出了联合宣言。长江中游生态相关政策如表3.18所示。

表3.18　　　　　　长江中游生态相关政策汇总

政策名称	发布时间	主要内容和要求
长江经济带湿地保护规划	2016年5月	启动江汉湖泊群湿地保护与修复工程——洲滩生态保护与修复工程、汉江中下游湿地生态保护与修复工程等工程
关于建立长江中游地区省际协商合作机制的协议	2016年12月	湖北、江西、湖南三省将坚持协同推动、协同发展、协同创新，在推进生态环境联防联控方面深入开展区域合作
长江中游湖泊湿地保护与生态修复联合宣言	2016年12月	率先、务实、持久地实施湖泊保护与生态修复，呵护湖泊湿地之绿，留住长江生态之美，将长江中游建成长江经济带生态文明先行区
湖北省人民代表大会关于大力推进长江经济带生态保护和绿色发展的决定	2017年1月	以改善生态环境、推进绿色发展为目标，严格预防和治理水污染，强化生态保护和修复，促进岸线资源有效保护有序利用，促进绿色低碳生态环保产业发展

续表

政策名称	发布时间	主要内容和要求
湖北长江经济带生态保护和绿色发展融资规划	2017年8月	核准规模超1000亿元长江产业基金，用于支持战略性新兴产业发展，成立长江大保护投融资平台，支持湖北长江经济带绿色发展
湖北长江经济带生态保护和绿色发展总体规划	2017年11月	围绕水污染治理、水生态保护、水资源利用，初步建立总投资1.14万亿元的项目库，助力长江大保护
湖北长江经济带绿色产业发展专项规划	2017年11月	把湖北长江经济带建成创新驱动引领区、绿色产业集聚区、智能制造先行区，到2030年，绿色发展产业体系全面建成
江西省流域生态补偿办法	2018年2月	探索多渠道的流域生态补偿方式，通过整合国家重点生态功能区转移支付资金和省级专项资金设立全省范围的流域生态补偿专项资金
2018年江西省推动长江经济带发展工作要点	2018年6月	深入开展长江经济带生态环境保护专项行动，实现水污染治理、水生态修复、水资源保护"三水共治"
湖北省沿江化工企业关改搬转工作方案（鄂政发〔2018〕24号）	2018年6月	确定关改搬转化工企业名单和关改搬转方式，制定相关工作方案和"一企一策"任务清单，针对不同情况，提出了不同类型的化工企业整改要求

资料来源：根据湖北省人民政府官网（www.hubei.gov.cn）、江西省人民政府官网（www.jiangxi.gov.cn）等公开资料整理所得。

长江下游作为经济发达地区，其生态治理核心在于协调经济发展与生态环境保护的关系，实现可持续发展。长江下游地区普遍面临着工业污染重的问题，如何减轻污染、解决水生态问题成为各城市生态治理的关键。对此，各地区纷纷出台推动产业结构升级以实现绿色发展的方案。同时，还在司法方面达成合作协议，并针对大气污染和水污染问题建立了协作工作小组，推动了协作机制的完善，提升了整体协作水平。长江下游生态相关政策如表3.19所示。

表3.19　　　　　　　　长江下游生态相关政策汇总

政策名称	发布时间	主要内容和要求
安徽省水污染防治工作方案（皖政〔2015〕131号）	2016年1月	全力保障水生态环境安全，全面控制污染物排放，推动经济结构转型升级，着力保护水资源
江苏省关于加强长江流域生态环境保护工作的通知（苏政发〔2016〕96号）	2016年8月	加快沿江产业布局调整优化，强化污染防治，构建长江流域生态环境保护工作保障体系

续表

政策名称	发布时间	主要内容和要求
安徽省饮用水水源环境保护条例	2016年10月	将水源保护区域从城乡扩展到农村地区，并加大违法行为处罚力度，开展长江经济带饮用水水源地专项执法检查，加强备用水源建设
浙江省长江经济带发展实施规划	2017年9月	加强长江入海口海域环境保护和综合治理，加强长江支线水环境治理和水资源保护，加强长三角空气污染联防联控，建好生态文明建设试点示范
关于推进长江经济带生态优先绿色发展的实施意见（皖办发〔2017〕45号）	2017年10月	统筹水资源保护，科学和合理利用水资源，深化重点行业污染防治，强化生态保护和修复，促进长江岸线资源有序开发和保护，推动绿色循环低碳产业发展
长三角环境资源司法保护协作备忘录	2018年6月	准确把握服务和保障生态文明建设与绿色发展的司法需求，大力支持环境公益诉讼，加强环境资源审判交流协作
长三角区域大气污染防治协作小组工作章程（修改方案）	2018年10月	部署秋冬季大气污染综合治理攻坚行动和重污染天气应急联动工作等
长三角区域水污染防治协作小组工作章程（修改方案）	2018年10月	部署跨界河流污染治理和船舶排放控制区建设工作等

资料来源：根据中国政府网（www.gov.cn）、安徽省人民政府官网（www.ah.gov.cn）、江苏省人民政府官网（www.jiangsu.gov.cn）等公开资料整理所得。

第三节　长江经济带城市群生态协同治理的障碍

　　长江经济带城市群的生态协同治理涉及不同区域利益主体，不同区域利益主体进行生态治理的动机存在一定差异甚至是冲突。因此，在对不同区域进行生态治理时，不能盲目对待，更不能搞"一刀切"，否则容易损害区域经济主体的利益，造成区域不公平，不能形成激励机制。换句话说，长江经济带城市群生态协同治理是一个系统性工程，涉及每一个区域的切身利益，只有探索协同治理、合作共赢之路，才能取得良好的治理效果。具体到现实层面，深入分析当前长江经济带城市群生态治理面临何种障碍具有重要意义。

　　本节结合已有研究成果，将长江经济带城市群生态协同治理的障碍归纳为以下四点：法律法规不完善，主体协同障碍，目标协同障碍和过程协同障碍。其中，法律法规不完善主要体现在法律法规体系不完善和法律责任界定不明晰两个方面；主体协同障碍则涉及协同治理过程中中央政府、地方政府、市场主体与非营利组织等不同主体面临的不同障碍；目标协同障碍表现为地方政府间目标不统一、多元主体间目标不一致以及生态治理过程中收益与成本不对等；过程障碍方面，主要包括理念、流程和互动三个方面存在的问题，表现为治理理念陈旧、治理过程非系统化、多元主体互动不足等（如图 3.8 所示）。

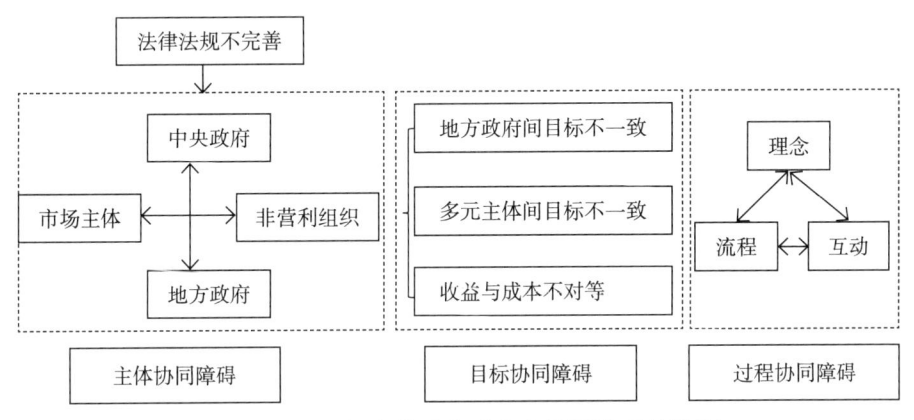

图 3.8　长江经济带城市群生态协同治理的障碍

一　生态协同治理的法律法规不完善

当前，长江经济带城市群生态协同治理方面的法律法规仍需要完善，主要体现为以下两个方面：一是长江经济带城市群生态协同治理的法律法规体系尚不完善，二是政府在生态协同治理方面的法律责任有待进一步明晰。因此，有必要从这些协同治理的现实困境入手，通过完善相应的法律法规体系，保障生态协同治理的有序进行。

（一）法律法规体系不完善

本书对长江经济带城市群协同治理现状进行了调查分析，发现影响这一地区协同治理的一个因素是缺乏对协同治理进行监督制约的法律法规。

我国对环境治理的重视程度日益提高，法制建设的速度逐渐加快。2015 年 1 月 1 日起开始实施的《中华人民共和国环境保护法》在分则中有一些条文上的安排和创新，其中第 20 条明确规定，要建立起完善的联合防治协调机制，对于重点区域、重点流域的环境污染、生态破坏，要采取统一的制度、规划、措施、标准进行跨行政区域的联合防治。生态保护补偿制度、环境经济政策等虽然有所涉及生态利益补偿，但是并没有规定具体的标准和原则，致使各地方政府无法在生态补偿的认识上达成一致。综观我国当前环境污染治理方面的法律法规体系，现有的法律法规主要集中在《中华人民共和国环境保护法》《中华人民共和国水污染防治法》等。现有的这些法律法规内容已经无法满足当前区域环境治理的需求，在很多方面存在空白，不利于区域生态环境的治理。这些法律法规中，虽然有多个条款涉及生态协同治理，但是这些条款在严密性和系统性方面存在明显不足，很少有条款涉及跨区域协作治理。同时，对于各治理主体之间如何协调、如何配合，现有的法规中都没有进行明确的规定。与环境保护相关的法律法规更多强调的是政府的管制作用，内容较为宽泛，缺少可操作性，再加上法律法规实施的滞后性，影响了流域生态环境协同保护工作的进程。

生态协同治理涉及众多方面，除了政府部门参与之外，还需要众多的社会力量参与。由于我国法律法规体系不完善，限制了非营利性组织等社会力量的发展，导致政府部门和非营利组织无法依法进行合作，更无法实现协同治理。综观当前生态治理相关法律法规，涉及非营利组织的条文非常有限，针对非营利组织在生态治理中的地位、职责、类型以及和政府的合作问题，均没有进行详细的规定，不利于非营利组织参与生态治理。虽然，近年来，党和国家为了解决协同治理的难题，加快了相关立法工作，出台了很多应对方案，但是生态协同治理的法律法规体系仍然不完备。生态协同治理方面的立法缺失，造成我国在治理生态问题时缺乏有效依据，很难形成有效的协同治理体系，这进一步增加了跨区域生态协同治理的难度。因此，只有制定出完善的法律法规，设置专门性的治理机构，明确跨区域生态协同治理主体，才能推动跨区域协同治理工作顺利进行。离开了法律法规，治理主体无法可依，各地政府在合作治理中的责任观念日趋弱化，地方保护主义得不到有效解决，利益协调机制难以得到实施，治理过程寸步难行。此外，生态补偿机制等利益协调方式缺乏强制性和规范性，一定程度上削弱了利益协调机制的实施。

在协议法治化方面，由于区域协同治理涉及多个利益主体，加之缺少相应的纠纷解决机制，极大地影响了区域协同治理的有效性。具体体现在两个方面：首先，在立法依据方面，政府只有在获得法律授权之后，才能进行协同治理。综观我国当前的法律法规，均没有此方面的规定。虽然部分地方政府之间签订了协同治理协议，但是这些协同治理协议的有效性有待观察。其次，针对政府间签订的合作协议试行范围，现有的法律法规并没有给予明确的规定。

（二）法律责任界定不明晰

责任界定不明晰体现在政府环境保护部门的日常监管活动和对生态协同法律法规的执行过程中。现阶段的法律法规只是原则性规定，并没有明确究竟由什么机构来承担跨区域管理职责，进而导致环保统管和分管部门职责不明确，存在职能交叉、管理错位等现象，这对生态环境的统一监管造成了极大阻碍。具体问题体现在以下方面：

首先，管理机构缺位导致责任不明。针对环境管理机构设置，相关的法律法规并没有明确规定。一些地区虽然依据环境保护的需求或上级政府的要求，设置了环境管理机构，但该机构经常处于变动之中，并且不同区域机构的功能和职责也不同，部分区域甚至没有设置类似机构。通常情况下，在县级以上人民政府之下设置环境保护局，但是较偏远的地市级行政区域没有设置此类机构，环境管理的职责通常是由其他行政部门代行。

其次，统管部门与分管部门之间职能交叉、多头管理、错位管理现象比较严重，生态协同相关法律法规对政府职责规定缺乏科学性和合理性，导致环境管理比较混乱。现有法律法规对环境保护职责的划分不够明确，导致上级的政策与命令得不到有效落实、中央和地方配合度不高，进而在环境保护政策执行过程中容易出现偏差，最终导致环境保护措施的效果在地方层面大打折扣。以生态协同治理中的水污染防治为例，一个经典案例就是排污权交易。20世纪80年代，上海闵行区就提出了排污权交易的相关问题，经过多年的运作，水污染排污权交易已经扩大到全国范围，成为各地治理水污染的重要手段。但是，排污权交易只能在固定的行政区域内实施，未能实现跨区域交易。由于环境污染自身的特殊性，一旦产生，很容易出现行政区域相互推卸责任的现象。由于缺乏协同机制，各区域在排污权的有偿使用、交易条件、边界问题方面存在巨大差异，很难对此进行有效界定，致使排污治理的工作难度增加，使排污权的分配成本提高。责任界定不清晰、缺乏协调管理，影响了排污权交易的顺利进行，甚至削弱了市场的活跃度，限制了跨区域排污权交易的实施，无法通过排污权交易制度加强对生态环境的保护。

二　生态协同治理的主体协同障碍

长江经济带城市群生态协同治理的主体主要包括中央政府、地方政府、市场主体及非营利组织，呈现多元化的特点。治理主体的多元化强调治理主体除了政府和国有企业之外，还需要各种社会力量的参与，包括非政府组织、公民个人等。只有多方参与，才能形成多元生态治理体系。在该体系中，政府部门起着决定性作用，它是生态协同治理的组织者、领导者和监督者。另一个重要的治理主体是市场，很多市场中的企业既是生态环境的污染者又是治理者。虽然政府和市场在生态治理方面拥有一致的大目标，但是在利益方面又存在冲突。而非营利组织则是重要的参与者。

中央政府是全国性政府，地方政府隶属于中央政府，行使部分国家权力，对特定的区域进行管理。随着市场经济体制的进一步完善，市场主体在社会经济生活中发挥着愈加重要的作用。在市场经济活动中，市场主体是主要的参与者，又是生产流通的承担者。政府作为有限型政府，无法完全满足社会多样化需求，所以在公共项目执行、生产和运输公共服务等方面，市场主体开始了广泛参与。在协同治理过程中，市场主体是不可缺少的一部分，特别是在公共产品和服务供给、经济调节等方面，扮演着至关重要的角色。因此，在政府组织和企业无法满足社会个性化需求的背景之下，出现了大量的非营利组织，此类组织和市场、政府之间具有千丝万缕的联系，既参与竞争，又不同于竞争性企业和政府（如图3.9所示）。

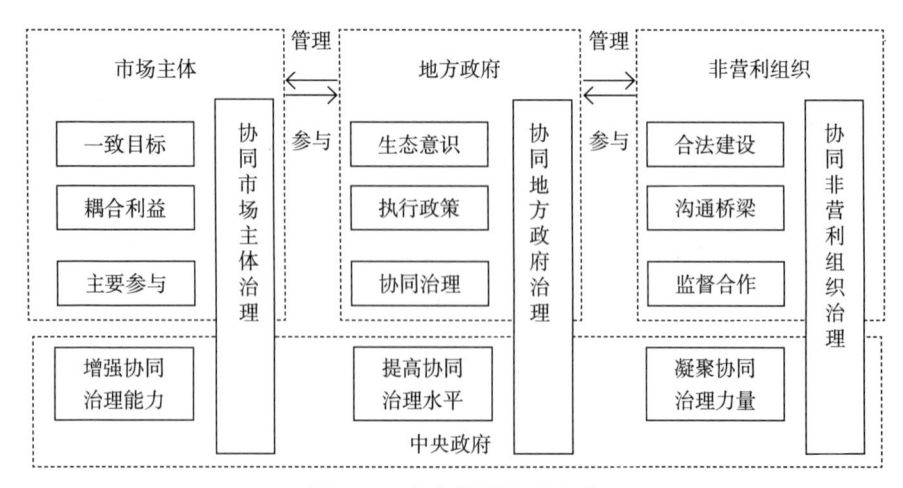

图 3.9　生态协同治理主体

上述主体在生态协同治理的过程中，也面临一些现实问题，包括中央与地方府际的关系障碍、市场主体障碍和非营利组织参与生态治理障碍等。

（一）府际关系障碍

政府是社会治理的主体。根据系统论，政府是由若干个子系统共同组成的，涉及中央政府、地方政府、公务员等多个主体。各子系统之间的协调程度，决定着政府内部的协同管理能力。中央和地方、地方之间、公务员和政府之间只有达到高度协同，才能够提高政府治理能力。

在生态文明建设的过程中，由于中央和地方政府之间的配合程度有限，导致了协同管理无法达到预期效果。具体体现在：中央政府虽然从顶层视角制定了具体的生态文明建设政策，但是该政策在落实过程中屡屡受阻，在地方政府那里无法落实到位，甚至在部分地方政府中完全被搁置。中央政府虽然加大了生态文明建设力度，制定了一系列的措施和政策，但是在落实过程中受到各种原因的限制，并没有取得理想效果。

中央和地方政府在生态环境协同方面存在不协调之处，没有实现协同治理，原因之一在于地方政府的执行力不足。长江经济带城市群的地方环保部门虽然拥有环境治理权力，但是执行权在运作过程中受到多方限制，比如地方政府设置了"绿卡""进厂审签""预约执法""企业安静日"等措施，环保部门必须遵循地方政府的政策规定，因此阻碍了自身职权的行使。有的地方政府为了引进项目，为项目一路开绿灯，甚至要求环保部门在不进行环保检查的情况下，带公章现场办公，无论项目是否符合环保要求，都必须硬着头皮去批示，环保部门的行政权力被严重削弱。环保部门虽然拥有一定行政权，但是没有执法权，在执法过程中通常要依靠地方警察和法院等部门。当发现企业环境污染问题，首先向地方主管领导报告，获得审批之后，执法工作才能够得到其他部门的配合。而主管领导倾向于维护企业利益，维护地方税收，往往不支持环境部门的请求。由于环保部门缺乏权威性，缺少强制力，导致其对污染企业所执行的处理行为常常很难得到污染企业的认同，很多污染企业不配合行政处罚，不采取防污措施，甚至还会出现拒交排污费的现象。环保部门在此种状况下，只能通过法院申请来处置，而法院具有严格的流程，再加上此类案件执行过程成本高，导致很多环境违法案件最终不了了之，环保部门的执法威信被严重削弱，暴力抗法、拒绝检查事件时有发生。

中央和地方政府没有实现协同治理的另一个原因在于地方政府的自律性较差。地方政府为了追求自身利益最大化，逐渐形成了各种官僚部门，在执行中央政策过程中，存在以下现象：第一，为了实现自己特定的利益和目的，下级政府部门采取拖延、欺骗和联合抵制等方法，抵抗或者不执行上级部门所颁布的方针政策。第二，下级政府逐渐增加自身的自由裁量权。第三，随着财政体制的变化、分税制的实施，中央和地方政府的利益变得相对独立，预算外资金规模越来越大，这部分资金上级政府不参与分成、使用过程不干预，完全由下级政府部门自行分配，其目的是保障地方政府利益的相对独立性。而地方政府虽然拥有这部分资金的自由使用权，但是地方政府会把资金投入那些见效快、收益高的项目，而生态文明建设项目见效慢、收益低，往往被地方政府所忽视。

（二）市场主体障碍

1. 市场主体产权界定不明晰

长江经济带城市群的生态协同治理涉及多个环节、多方面，比如使用权让渡、收益权分配、补偿和赔偿认定、权责认定等。只有产权明晰，才能顺利地实施生态协同治理。目前，长江经济带城市群的生态协同治理中的各主体很难平等地参与到区域生态环境协同治理利益分配中来，导致各方利益分配不平衡，无法使治理的成果在利益相关者之间共享。

市场主体产权界定不明晰的表现之一是现有产权未被明确界定。从产权性质上看，长江经济带城市群的自然资源资产一部分属于全民所有，另一部分属于集体所有，但是，针对各类自然资源的所有者，现有的法律法规并没有明确规定。同时，针对国家、地方和集体所有权、个人承包权等产权边界也没有明确划分。因此，在对长江经济带城市群生态资源产权认证的实践过程中，存在所有权主体不明、权益不落实等现象，从而制约了生态资源的充分利用，同时也削弱了各方参与生态治理的积极性。只有明确地界定市场主体产权，明晰权利和义务，才能明确生态资源的各方主体，增强生态保护意识，构建完善的市场补偿机制，调动各方在生态保护、生态资源有效利用方面的积极性。

长江经济带城市群的生态协同治理过程中，市场主体产权界定不明晰的表现之二是主体功能区划分与生态协同治理之间的矛盾。依据2010年

12月底国务院发布的《关于印发全国主体功能区规划的通知》[①]，长江经济带城市群范围内的湖北、湖南等省市分别制定了本省市的主体功能区规划[②]，并详细划分了主体功能区，两湖平原承担了重要的生态功能。其中湖南省东北部的君山区、平江县、湘阴县、岳阳县等区域被划分为国家级重点生态功能区或省级重点生态功能区，这些地区具有良好的生态质量和丰富的自然资源。湖北省东南部与湖南省东北部同属两湖平原，该地区内也存在多个生态保护区，需要加强生态保护。但是，湖北省东南部的部分区域又被列为国家重点开发区。与生态功能区的任务不同，重点开发区的发展任务主要体现为两点：一是促进产业经济的发展，二是促进资源人口的聚集，重点在于"开发"而不是生态治理。由此可以看出，长江流域不同功能区的生态建设和环境保护的任务不同，这会对生态协同治理所要求的多地政府的联合协调机制造成不利影响。

2. 交易成本超出市场主体承受范围

对于生态文明建设型企业而言，只有把交易成本降低到可承受范围之内，实现稳定盈利，企业才能够积极主动地承担生态文明建设责任。

在市场主体参与生态治理的责任方面，由于生态治理成本较高，市场主体盈利空间有限，受到边际收益小于边际成本等因素的影响，市场主体参与生态产品和环境治理的积极性和主动性大大降低。对于市场主体来说，作为理性经济人，基于自身利益，在生产经营过程中会过度消费自然资源，对环境造成污染。基于"搭便车"的心态，此类主体在污染防治投入方面主动性不强，在设备改造方面缺乏积极性。所以，针对生态环境保护问题，大多市场主体往往会采取最底线策略。

3. 市场化治污机制有待完善

市场主体的"经济人"属性决定其往往基于成本—收益考虑，即便是参与到生态治理中，也想方设法实现成本最小化和自身利益最大化。市场化治污机制不完善具体表现为以下几个方面：

一是以罚代管、以罚养污的粗暴管理现象突出。针对环境污染处罚，我国法规规定了六种处罚方式，包括罚款、警告、吊销营业执照、限期治理、停产歇业、行政处分。在具体实践中，很多地区只采用罚款这一处罚

[①] 国务院：《国务院关于印发全国主体功能区规划的通知》（国发〔2010〕46号），2010年。
[②] 湖北省人民政府：《湖北省主体功能区规划》（鄂政发〔2012〕106号），2012年。

方式。长江经济带城市群的部分环保部门甚至用罚款这种手段，作为单位创收的渠道，以权谋私，社会上甚至出现了污染越严重、环保部门越富有的现象，充分体现了在环境治理过程中乱治乱罚的不良风气。

二是涉及排污和补偿的两大机制建设不到位。上述两大机制尚处于发展的初级阶段，缺乏有效的经验可以借鉴，导致长江经济带城市群的排污收费标准变低，缺乏有效的补偿标准。政府部门对水污染治理重视程度不足，在此方面的资金投入更加有限，甚至没有明确长江流域各行政部门治理污染的权利和义务，因此就出现了上游地区向下游地区转移污染物，下游地区污染严重，追究上游责任的现象，上下游地区因为利益出现各种冲突，跨区域水污染治理难度日益增加，很难形成协同效应。

（三）非营利组织参与障碍

1. 相关法律体系不健全

非营利性组织不仅在长江经济带城市群的生态协同治理中扮演着重要的角色，还在全国范围内起到了重要作用。但是，非营利组织相关法律法规不完善是全国存在的共性问题，导致了此类组织参与生态协同治理缺少法律依据，合法地位受到质疑。综观当前生态协同治理的法律法规，并没有详细规定非营利性组织如何参与、如何和政府合作、具体的权利义务等方面的问题，导致实际操作中缺乏制度性保障和法律性指导。虽然在生态协同治理的法律框架中，政府部门已经把非营利性组织纳入生态协同治理，确定了共同治理的理念，但是该理念目前还只停留在制度框架层面，缺乏具体的实施细则，可操作性不强。此外，此类组织在我国起步比较晚，相关的法律法规相对零散，很多方面存在法律空白。一直以来我国对此类组织的管理都带有浓厚的政府管制色彩，并且已经滞后于当前社会发展的需求。针对非营利组织的相关条例，大多数属于行政性条例，法律效力低下。这些条例主要集中在对此类组织的管理方面，针对此类组织如何发展、如何成长并没有进行详细的规定，阻碍了其在生态协同治理中作用的发挥。

2. 部分管理体制不合理

长江经济带城市群的非营利组织的管理体制有两种：一是由登记管理机关进行管理，二是由业务主管单位进行管理，不同的机关分别行使不同管理职权。我国非营利性组织面临的是双重管理，此种管理模式沿袭的是计划经济时代的户籍管理思路，管理的目的就是通过两个单位的双重管理，对非营利性组织严格把关，其初衷就是防止和分散有可能出现的政治风险。但是在当前时代背景下，这种双重管理体制已经严重地限制了非营利性组织的独立自主性。非营利组织面临着高登记门槛、多重监管、轻日常管理等问题，日常运作中受到各方限制，甚至无法开展正常的活动，更无法和其他部门实现深度合作，导致部分非营利组织宁愿不去登记，开展地下活动，成为非法组织。另外，两个监管部门受到利益和权责等因素的影响，各自为政，缺乏整体协调，进一步制约了此类组织的发展。虽然法律法规明确指出，要加强政府部门和非营利组织之间的合作，但是合作的程度非常低，可操作性不强。

3. 参与能力不足

非营利性组织是自发形成的、不以营利为目标，大多数规模有限、能力不足，因此很难有效参与生态协同治理；即使参与其中，依然很难提升整体实力，甚至会影响到协同治理效果，其不足主要体现在以下几个方面：

第一，组织的资金和物质储备有限。非营利性组织在协同治理方面虽然具有高度热情，但是巧妇难为无米之炊，缺乏资金和物质储备就无法实现有效参与。实践中，非营利性组织资金来源于三个渠道：一是政府资助，二是会费收入，三是基金会资助。其中政府资助所占比重比较高。政府资助属于有限性资助，存在各种不确定风险，很难保证资金的有效供给。此类组织自筹资金的能力有限，很多都不具备自筹资金的资格，因此此类组织时常面临着资金匮乏问题。缺乏充足的资金和物质储备，即使自身非常积极地参与生态协同治理，也会心有余而力不足。

第二，非营利组织专业性人才匮乏。在长江经济带城市群的生态协同治理的过程中，资金和人才是影响治理效果的重要因素。非营利性组织除了资金匮乏之外，人才资源也同样匮乏。我国非营利组织在人才方面的问题主要有三点：一是专业性人才匮乏，二是人才知识结构不合理，三是人才老龄化严重。提倡志愿精神、不以营利为目的是非营利性组织存在的根本，但也导致了无法为专业人才提供物质方面的保障，很难留住高素质的专业型人才。大多数志愿者为兼职，参与非营利性活动时间有限，人员流动性非常大，加之优秀的专职人员数量非常有限，导致非营利组织的专业能力、专业实力不强。

三　生态协同治理的目标协同障碍

（一）地方政府间目标不统一

长江经济带城市群各省市发展阶段不同，参与生态治理的动机也不同。如果没有合理的补偿机制，就易导致经济欠发达地区参与生态治理热情不高，缺乏生态治理的动力。从性质上看，生态环境是典型的公共产品，所以在协同治理过程中，很容易出现"搭便车"行为，影响了治理效果的提升。

对于地方政府来说，多年来一直参与到地方经济建设中，和地方经济管理体制实现了深度结合，形成了一种成熟的政府管理模式。随着信息化、现代化、全球化程度不断加深，各种公共性的问题逐渐呈现在地方政府面前，原有的政府管理模式作为封闭性的管理模式，针对公共问题的治理，很容易出现治理失灵现象。地方政府基于自身利益，会采取各种手段来保护地方利益，实现地方经济利益的最大化。生态协同治理问题涉及诸多方面，具有公共性、长期性和艰巨性的特点，地方政府作为理性经济人，在此方面显然不愿意投入，甚至不积极主动参与到协同治理之中，出现集体非理性行为，所以在环境协同治理中，很容易陷入"集体行动的困境"。例如，苏州市、无锡市和扬州市均为长江沿线城市，其2016年的人均GDP分别为14.56万元、14.13万元和9.92万元[①]，扬州市经济发展水平明显低于其他两个城市，但是从经济发展动机来看，扬州市要远远高于其他两个城市。从产业结构来看，苏州市第二产业和第三产业分别占比47.00%和51.50%，无锡市第二产业和第三产业分别占比47.20%和51.30%，扬州市的第二产业所占比重为49.40%[②]，正处于工业化发展阶段，工业化发展不可避免地会出现大量的污染排放，会严重影响到生态环境，所以扬州市的工业受到生态治理政策等因素的影响更大。

假如在同一区域内，某一生态资源属于两个地方政府共同拥有，两个政府对于生态资源会采取两种形式：一是选择适度开发使用，二是选择过度使用，此时就会出现不同利益博弈，具体的博弈模型如表3.20所示：

---

① 根据《江苏统计年鉴（2017）》得出。
② 根据《江苏统计年鉴（2017）》得出。

表 3.20　　　　　　　　　　　地方政府间的博弈

	B 适度开发使用	B 过度使用
A 适度开发使用	（6，6）	（-4，8）
A 过度使用	（8，-4）	（-6，-6）

根据表 3.20 可以看出，如果两个地方政府共同选择了适度开发使用生态资源，那么就会出现 6 + 6 = 12 的结果，双方利益总和为最大值，达到最优的博弈效果。但是如果双方均选择了过度使用，或者一方选择过度使用，另一方选择保护，就很难达到理想的效果，这一地区的生态环境只会持续恶化，而两个地方政府将会为治理环境污染付出巨大的代价，甚至产业结构也会因此而调整，影响了两个地方政府地方经济的可持续发展。所以对于两个地方政府来说，最佳的选择就是共同参与治理，实现自身利益的最大化，实现博弈效果的最优化。

（二）多元主体间目标不一致

多元主体间目标不一致主要体现在政府、企业、公众等多元主体间利益的冲突。地方政府作为理性经济人，在生态资源开发方面，会加大投入力度；在生态环境治理成本承担方面，各主体往往不会主动承担，甚至千方百计进行转嫁。政府和企业之间存在利益分化，企业的首要目标是获取经济利润，容易忽视生态治理的重要性，导致在生态环境建设方面易出现违规违纪现象，政府必须对此进行处理。站在企业的角度，企业如果不违规违纪，就必须为生态治理付出更多的成本。这可能会导致两种结果：第一，企业无视政府监管，暗地里仍然违规生产，以求获得自身利益最大化；第二，企业会想方设法获得政府支持，甚至通过钱权交易等不正当手段来达到目的。在生态治理方面，政府与公众之间也存在利益分化，具体体现在两个方面：第一，政府与公众发生直接冲突。比如某一区域被划为生态保护区，区域内的群众被强行搬迁，这会严重干扰到群众的正常生活，从而引发双方的矛盾。第二，政府与公众发生间接冲突。比如受到生态保护等政策的影响，区域内的产业转型、升级改造会影响到区域里成员的就业、收入，群众对地方政府的不满情绪会进一步激化，从而造成社会矛盾日益突出。

（三）生态治理成本与收益不对等

遵循成本和效益原则是地方生态治理的基本原则，只有实现效益大于成本，才能调动各省市参与生态治理的积极性和主动性。生态治理作为一种公共产品，具有明显的正外溢性特征。如果某一地区地方政府积极主动地参与到生态治理中，并为此付出了大量成本，而其他地区在没有投入、没有参与的情况下却能获得这一地区的正效益，就会导致地方参与环境保护的积极性被削弱。环保投入和环保收益如果无法实现平衡，就需要生态补偿机制进行补偿。比如针对长江生态环境保护区域，国家制定了很多政策要求上游省市要承担起更多的环保责任，并要求下游省市通过多种途径对上游省市进行补偿和援助，保证环保者不吃亏，从而推动生态协同治理的深入开展。

成本和收益对等是进行生态治理的关键，也是各参与主体积极参与的动力源泉。长江经济带城市群生态协同治理由于缺乏合理的补偿机制，普遍存在成本与收益不对等的现象。例如，长江上游大面积的水源保护区属于贫困地区，基础设施、经济发展都相对落后。为了保护水源与当地环境，当地政府部门放弃了开发矿产、关停了有污染的企业，禁止了所有影响水土保持的产业。因此，该地区的经济发展蒙受了巨大损失。国家和地方对此进行了一定的补偿，但是补偿的力度非常有限，导致这一地区经济发展远远落后于其他地区，经济差距越来越大。长江上游地区是生态环境保护的主力军，对生态环境的贡献巨大，但是获得的补偿非常有限，很多补偿属于临时性补偿。成本和收益的不对等会严重挫伤这一区域参与生态治理的积极性，进而影响到整个区域生态治理的强度，必须引起高度重视。

四　生态协同治理的过程协同障碍

本部分从理念、流程、互动三个角度入手，对长江经济带城市群生态协同治理的过程协同障碍进行了分析。生态协同治理的过程协同障碍主要表现为治理理念陈旧、治理过程非系统化、多元主体互动不足（如图3.10所示）。

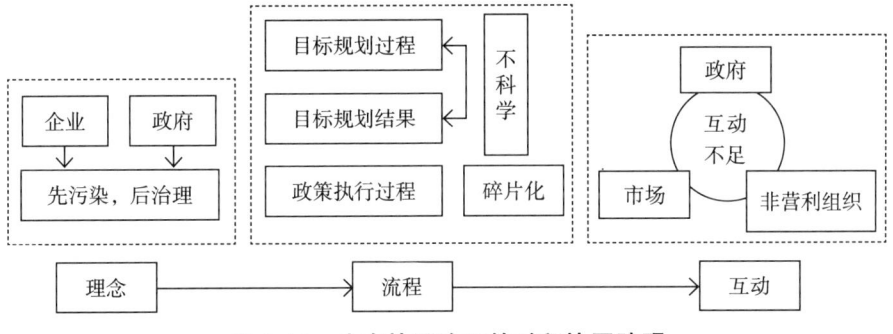

图 3.10 生态协同治理的过程协同障碍

（一）治理理念陈旧

治理理念陈旧不仅存在于长江经济带城市群，还存在于全国各地，这是我国的一个共性问题。在经济发展初期，"先污染，后治理"的观念在各地普遍存在。地方政府片面追求经济效益，忽视了生态环境保护问题，导致经济和生态发展之间的矛盾日益突出，出现严重失衡。这种陈旧的治理理念在现实中的主要表现为：第一，企业为了自身的利益，在生产经营过程中疏于对污染物进行处理，导致生态环境遭受严重污染，只有在受到政府警告处罚或社会各界的指责后，才不得不对生态问题进行补救；第二，企业通过内部处理，化解生产过程中的污染物，不排放到外部。此种方式在本质上仍然属于"先污染，后治理"，只是此种方式产生的污染相对隐蔽，公众对其进行监督的难度较大，难以进行监管。很多地方政府为了追求市场经济效益，也奉行上述理念，具体表现在：第一，在现任官员主政期间，忽略生态环境，片面发展经济，而由环境污染所带来的生态问题则抛给下一任；第二，先不对环境问题进行处理，等到环境问题已经引起社会或上级政府的广泛关注，造成不可挽回的后果之后，才出面治理。

在生态治理过程中，治理理念陈旧是由多方面原因造成的。从企业来看，企业生产是为了盈利，治污成本过高会压缩企业的利润空间，所以企业会对污染采取放任不顾的态度，只有等到社会和政府对企业施压，才会被迫进行污染治理。从政府来看，地方官员较多关注的是政绩需求、任期压力和地方自主权等问题，多数官员在任职期间，对生态环境污染的重视程度不足，未对企业的污染治理问题给予足够重视，仅将注意力集中于地方经济增长的短期目标，因而导致了"先污染，后治理"现象的出现。

（二）治理过程非系统化

长江经济带城市群的生态协同治理过程非系统化主要体现在两个方面：一是规划过程和结果不科学，二是行动沟通不畅。前者主要体现在资料收集、问题明确、目标确定、后期规划四个部分没有实现协同。也就是说，治理主体在没有充分调查研究、收集资料的基础上，就去确定生态协同治理问题；没有对问题进行深刻认识，就确定相关的建设目标；没有明确目标的最终要求，就开展规划。比如在长江源头三江源保护区的治理中，就存在上述现象，相关领导人罔顾事实、不进行调查、没有深入认识，只叫停了保护区内所有的矿点，相关部门没有进行基于现实的规划，规划的内容不是治理污染，而是"头痛治脚"，直接关闭矿点。开矿造成了大量采坑，山体沟谷大面积裸露，没有后续的修复措施，形成新的污染，继续威胁着长江源头的生态。此种规划严重和目标脱节，整个过程充满了主观臆断，缺乏科学性和合理性。

生态协同治理过程中行动沟通不畅表现为长江经济带城市群各地方政府"各自为政"。地方政府的管辖权有限，只对本区域内的事务进行管理，无心管理超过行政区域的其他事务。此种状况很难实现实际上的协同。不同的行政部门之间缺乏横向互动、横向联系，条块分割现状严重，阻碍了协同治理。在治理过程中，地方政府追求的是区域效益最大化、治理成本最小化。一旦环境污染事件涉及其他区域，地方政府往往会一步一步向上级部门申请，获得上级部门批示之后，才能够开展协同治理。这一过程需要耗费更长时间和更高的治理成本，往往会错失最佳的治理机会。

（三）多元主体互动不足

长江经济带城市群的生态协同治理涉及多地区、多方面，其实施需要多元主体的共同参与。在协同过程中，政府应自觉将集权、等级制、命令限定在必要的范围内，主动将公共权力分配给社会，注重各社会群体的互补性功能、协助性的作用以及他们之间的沟通与协调，加强政府、市场、非营利组织、公民等多元主体的互动，并且通过合作与相互竞争来实现多元主体的治理。例如非营利组织与政府之间，虽然它们在组织上具有互补性，但是很明显，二者的组织性质有极大的不同。非营利组织是一种以志愿性、公益性和社会性为特征的组织，代表的是一种民间的力量，它们更多是一种具有参与意识的群众集合组织，自发起来解决身边出现的社会问题。与此相区别，政府是国家行政机构，代表着国家意志的执行者，带有很强的国家意志的色彩。现阶段，无论是政府、市场、非营利组织还是公民，对作为生态协同治理主体的不可或缺性的认识有限，各个主体间尚未形成良好的协同、监督机制，还不能尽其所能地服务于生态协同治理。

第四节 城市群生态协同治理的机制分析

结合生态协同治理内涵，本节的生态协同治理机制主要包括协调合作机制、激励补偿机制、应急管理机制、长效保障机制等。协调合作机制侧重于处理城市群间的利益关系，其作用是为生态协同治理奠定基础；激励补偿机制包括建立生态补偿标准和探索生态补偿渠道、方式，其作用是为生态协同治理提供动力；应急管理机制包括信息联动、资源共享、救援互助等应对突发生态危机机制，其作用是为生态协同治理提供支持；长效保障机制指在治理工作完成后，采用目标管理、行政监察、舆论监督等措施维护治理成果的一系列方式，其作用是为生态协同治理提供保障。本节长江经济带城市群生态协同治理机制的框架如图 3.11 所示。

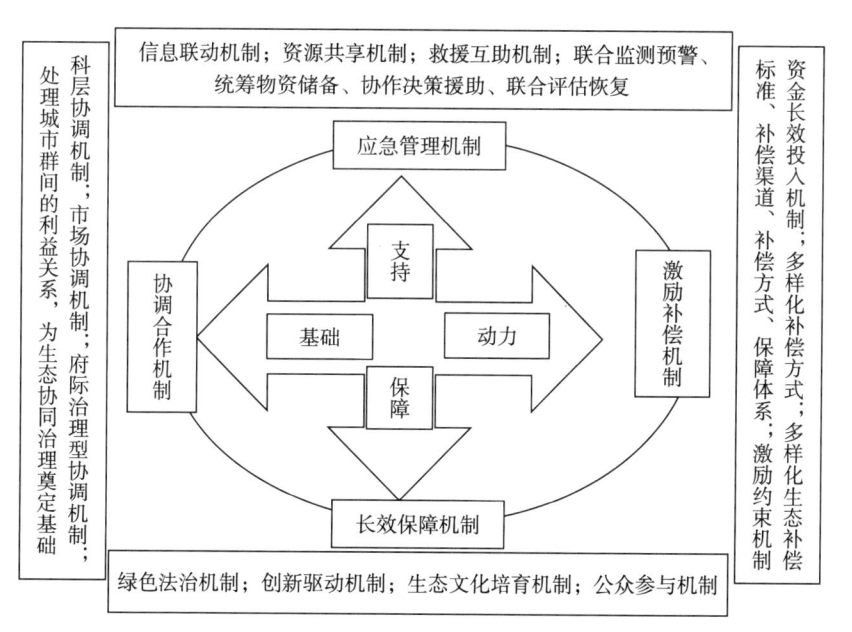

图 3.11 城市群生态协同治理机制框架

一 生态协同治理协调合作机制

基于生态环境的公共物品属性，在生态协同治理过程中，一方面，政府部门间明确的分工体系有利于专业化分工的实现，但是随着分工的深化，政府部门之间会存在权责配置冲突，导致地方政府重"地方利益"轻"整体利益"。另一方面，各利益相关体倾向于选择"搭便车"，难以形成一致的集体行动。地方政府对辖区内微观主体负外部性行为实施了地方保护主义策略，导致了公共资源配置负外部性现象大量涌现。

在环境污染协同治理中，由于各区域间存在一定的行政壁垒，在治理经费分配问题上各参与主体极易产生争执，无法实现合作，进而造成治理措施难以实施的局面。出于对自身利益的考虑，又加上行政区划分割性，地方政府在没有上级领导机构协调时，很难自发地与其他行政单位进行协调，进一步加大了跨区域协同治理以及社会监督的实施难度。

我国的基本国情决定了行政区行政的刚性切割。所谓行政区行政，是指每一个行政单元在一种切割、闭合以及有界的状态下，在有限的行政区界限内行使相应的权利，且始终受到刚性的约束。由此可见，在处理外溢化的区域环境污染问题上，由于行政区行政刚性切割的存在，治理效果略显不足，容易出现治理的盲区。行政区行政具有治理机制的单一性以及治理主体的单中心特征，从行政辖区内部来看，行政区行政还具有权利运行的单向性和封闭性等特征。因此，地方政府往往只在内部区域行使其拥有的管辖权力，不再关心也难以插手超出自己行政辖区范围的事务。同时，在我国政府垂直管理的模式下形成了"下级服从上级，地方服从中央"的原则，地方政府大多注重纵向间的互动，忽视了横向间的交流，从而造成孤立、分块的分割治理局面。对自身利益的追求使地方政府在治理中追求的多是区域边界内的利益最大化和治理成本最小化，忽视了治理的外部性。当跨区域环境污染发生时，开展协同治理往往需要得到上一级领导部门的批示，期间的行政程序既耽误了最佳治理时机，也大大增加了治理成本。生态协同治理受到了各自为政的行政管理理念的影响，比如在水资源污染治理上，由于水污染扩散速度较快，影响范围较广，往往需要更多地方政府的参与才能实现协同治理，打破行政区划壁垒就显得更加迫切（陈阳，2017）。

由于长江经济带五大城市群分别位于我国东中西三大地区，各省市发展的经济基础和水平各异，导致发展任务、目标和战略产生较大差异，从而增加了跨省合作的难度。为实现更好的发展，各省市要用全局的、长远的眼光看待长江经济带城市群的未来前景，打破以往各自为政的陈旧观念。为此，长江经济带城市群生态协同治理协调合作机制主要是协调各个政府部门及利益主体之间的关系，促进生态协同治理目标的实现，具体包括科层协调机制、市场协调机制和府际治理型协调机制（王勇，2008）。

科层协调机制依靠中央政府自上而下的层级控制手段得以实现，中央政府在协调长江经济带生态协同治理过程中，主要通过建立长江经济带城市群生态管理机构、生态法治机构、一体化长江经济带行政区划、绿色GDP政府绩效考核制度等方式，对经济发展的负外部性治理发挥着主导作用。其中，长江经济带城市群生态管理机构是科层协调机制发挥作用的前提，生态法治是根本，绿色GDP政府绩效考核是关键。

市场协调机制通过市场力量引入并发挥其对资源配置的基础性作用，规范长江经济带城市群各级政府职能的行使，减少地方政府保护主义。因此，该机制一方面能够矫正长江经济带城市群经济发展过程中的资源配置、排污权交易、政府生态补偿等方面的问题；另一方面通过市场配置长江经济带城市群各类资源，有利于解决地方政府忽视市场竞争规则而产生地方保护主义的问题。市场协调机制主要包括企业间排污权交易和政府间生态补偿等形式。

府际治理型协调机制强调基于长江经济带城市群各政府间的信任、声誉及彼此的尊重等文化心理，运用协商、参与和交流的手段进行政府间平等的协商。通过构建长江经济带城市群"公共能量场"[①]、推进政府间电子治理、缔结城市群政府间联盟以及制定和实施流域整体规划，明晰政府间各自权利，抑制经济活动外部性，有利于实现政府间相互长期合作。

科层协调机制强调自上而下的层级控制手段，市场协调机制主要采取产权自由化以及竞争机制的手段，而府际治理型协调机制更多的是在信任、声誉基础上进行自由协商。三种协调机制各有利弊，因此可以交替使用。

生态协同治理协调合作机制由层次不同的各类生态行为规范构成，是一种多元主体的协作治理模式，在制度层面上包括了源头防范、过程监管、责任追究等多种措施。生态协同治理过程中，必须依赖完善的法规、

---

① "公共能量场"（Public Energy Field）指为"一些人"提供了真诚、合乎情境且具有实质性贡献的话语谈判场所。

健全的制度来破解流域生态治理机制的分割性问题（底志欣，2017）。

二 生态协同治理激励补偿机制

生态补偿的概念最早来源于自然生态补偿，根据《环境科学大辞典》的解释是指"生物有机体、种群、群落或生态系统受到干扰时，所表现出来的缓和干扰、调节自身状态使生存得以维持的能力；或者可以看作生态负荷的还原能力"（赖力等，2008）。20世纪90年代生态补偿概念被引入社会经济学领域。生态协同治理激励补偿机制主要包括两个方面：一是对保护生态系统和自然资源的奖励，即保护补偿；二是对破坏生态环境所造成的损失进行赔偿，即污染赔偿（曲富国，2014）。

长江经济带城市群生态协同治理的激励补偿机制是指长江经济带城市群作为生态保护和治理的受益主体，对流域生态系统和水资源的使用和破坏情况进行系统衡量后，承担生态修复和污染治理责任并支付生态成本的一种生态补偿制度。具体包括建立多元化、多渠道的激励补偿长效投入机制；实行以"造血型"补偿为主的多样化补偿方式；完善激励补偿标准体系和构建生态补偿激励约束机制（王树华，2014）。

长江经济带城市群生态协同治理激励补偿机制的基础在于建立多元化、多渠道的激励补偿长效投入机制。目前我国的生态补偿基金来源主要包括财政转移和专项基金，并且财政转移中存在"纵多横少"的问题，即中央对地方的转移占较大比重，同级政府间的横向转移支付则较为少见。结合长江经济带城市群背景，有必要构建"横向转移支付为主，纵向转移支付为辅"的生态补偿资金体系。横向转移支付以"谁受益，谁付费"的原则，通过明确长江经济带城市群政府间的权利义务，最大限度调动生态补偿直接利益相关方的积极性。纵向转移支付则主要用于重大项目的专项补助，在长江经济带城市群生态协同治理过程中的一些重大项目和横向转移难以实现的部分，就必须依靠中央政府的纵向转移支付实现。

以中央和省级财政转移支付为主的"输血型"生态补偿方式存在补偿标准低、补偿方式单一、补偿标准偏窄的问题，而以"造血型"补偿为主的多样化补偿方式则有利于解决上述问题。通过项目合作、投资诱导、技术援助、提供就业等方式，鼓励经济和科技发展水平较高的长江下游城市群将节能环保技术和生态型产业向上游转移和扩散。在产业和技术转移的过程中可以综合运用园区共建、项目合作、技术培训等方式，实现从"输血型"生态补偿向"造血型"生态补偿方式转变。

目前，长江经济带基本上形成了长三角城市群、长江中游城市群、成渝城市群、黔中城市群和滇中城市群五大城市群。整体上，长江经济带城市群城镇化发展水平存在较大差异，其中，长三角城市群城镇化水平较高，黔中、滇中城市群的城镇化水平较低。此外，长江经济带城市群地域面积广阔，县域数量众多，但县域经济差异颇大，长江下游县域经济远远超过中上游县域。特别地，四川、云南、贵州的广大少数民族地区虽然具有十分重要的生态地位，但由于县域经济落后，生态保护和治理存在不足。因此，促进县域经济发展，通过转移支付和对口援助方式加大对四川、云南、贵州等省的县域经济扶持力度，完善激励补偿机制就显得十分必要。

完善激励补偿标准体系需要制定科学的、可测算的激励补偿标准。激励补偿标准涉及生态治理中下游的收益和上游的成本，因此必须综合考虑长江经济带上游生态系统建设和保护成本以及下游因发展经济造成生态破坏的经济损失，确立科学明确的长江经济带城市群生态补偿标准，并使之制度化、规范化、常态化。如图3.12所示：首先要建立长江经济带城市群生态协同治理的在线监测制度，加强对在线监测设备的监管，并合理划分跨城市群、跨城市间的断面监测点；其次是引入第三方权威监测机构，检验各个断面监测点的水质，对达到补偿标准的予以奖励，否则予以处罚，保证断面监测点观测数据的客观公正；最后是保证长江经济带城市群生态协同治理监测信息的公开透明。

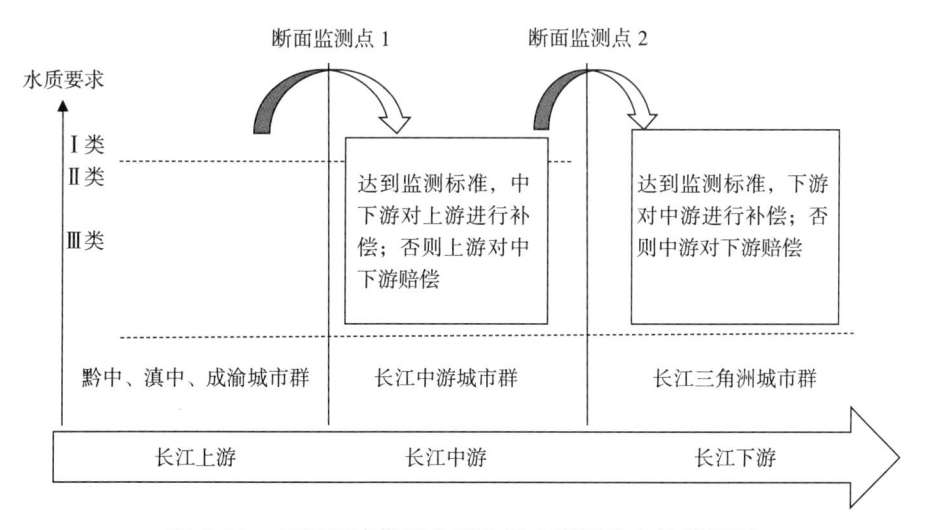

图 3.12 长江经济带城市群跨界水资源生态补偿机理

此外，还需构建生态补偿的激励约束机制。为确保长江经济带城市群生态协同治理的规范性、可持续性，需增强地方政府的主动性和自觉性。"先污染，后治理"这种事后治理模式在生态协同治理过程中屡见不鲜，造成了不必要的生态环境损失，也加大了后期治理的难度。这种治理模式显然是"被动"的，虽然在短期内能够起到一定作用，但是其成效很难持续。推进生态协同治理，要强化生态治理制度建设，建立起从预防到维护再到惩处的全过程治理模式，推动治理模式从"先污染后治理"的事后治理模式向全程治理模式转变。生态协同治理涉及多元治理主体，其价值体现在治理主体之间的平等合作，各主体在每一环节都能合理参与、良性互动、积极回应，从而实现公共利益最大化（底志欣，2017）。生态协同治理补偿机制涵盖了源头防范、过程监管、责任追究等各种制度，因此必须依赖更加完善和健全的制度进行规范和限制。加强流域生态治理制度体系建设，有助于从制度上保障和促进生态共治的顺利实施。

三 生态协同治理应急管理机制

长江经济带城市群生态协同治理应急管理机制是在长江经济带城市群生态协同治理过程中，开展一系列有计划、有组织的管理活动以应对突发事件，以实现有效预防和处置各种突发事件、最大限度地减少突发事件负面影响的目标（马汶青，2012）。其中包括了长江经济带城市群应急信息联动机制和应急资源共享机制。

建立长江经济带城市群应急信息联动机制的关键在于两点：第一，保证信息的共享与交换及应急信息的联动，通过汇集应急信息、整合应急信息并且提供统一、规范的数据交换方式，使信息传输更灵活、更安全和更可靠；第二，保证应急信息渠道的畅通，包括长江经济带城市群间和城市群内政府之间的应急信息送达与通报。长江经济带城市群应急信息联动能够增强信息透明度，进而加强政府之间的信任与监督，避免单个政府的机会主义行为，促进城市群间各个政府生态协同治理的合作力度。

健全长江经济带城市群应急资源共享机制，包括应急物资、应急人力、应急技术、应急资金等方面的共享，并制定长江经济带城市群应急救援互助流程。应急管理能否妥善解决突发问题，更多的是体现在城市群应急救援互助流程上。如图 3.13 所示，长江经济带城市群应急救援互助流程包括准备、启动、请求、援助和补偿。长江经济带城市群应急管理遵循"分级响应原则",在生态协同治理过程中出现的突发公共事件,当城市依靠自身的应对能力能够解决时,单个城市应该充分利用各种资源及时解决危机。只有当面对大范围、高强度、极复杂的突发公共事件和需要长江经济带城市群其他城市共同应对时,长江经济带城市群应急救援互助才有现实意义。

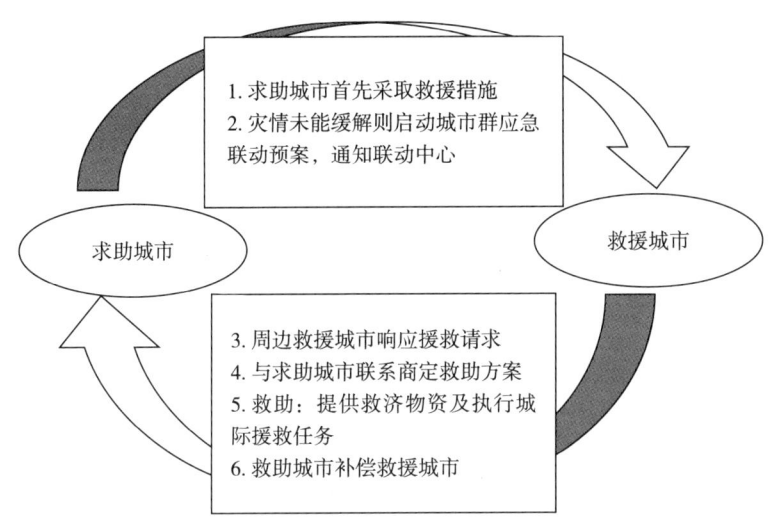

图 3.13 长江经济带城市群应急援助流程

四 生态协同治理长效保障机制

生态环境的治理有多种方法,其中为了大力发展经济,末端治理(end-of-pipe treatment)[①] 这种方法曾被广泛运用。但末端治理存在诸多弊端,不能对生态问题进行根治,有时甚至会因错过治理生态环境的最佳时机而造成更严重的环境污染。真正解决生态问题需要实施长期的过程控制,因此必须建立生态协同治理的长效保障机制。

生态协同治理是一个长期、循环的过程,需要大量资金和技术支持。生态资源的稀缺性决定了必须对其加强保护和管理,建立起有效防范制度和完整产权制度,从而激励长江经济带城市群各地区约束生态的负外部化。生态环境治理的复杂性和长期性决定了区域生态环境协同治理不会一蹴而就,需要对其治理成果进行长效保障。从实际情况出发,可将生态协同治理的长效保障机制大致分为规划设计、实施控制和效果维持三个部

---

① "末端治理"是指等生产项目结束了,对环境已经造成了污染、生态已经造成了破坏之后,才开始实施对环境的治理。

分。这三个部分的机制以及运行方式有所区别也相互关联，如图3.14所示。

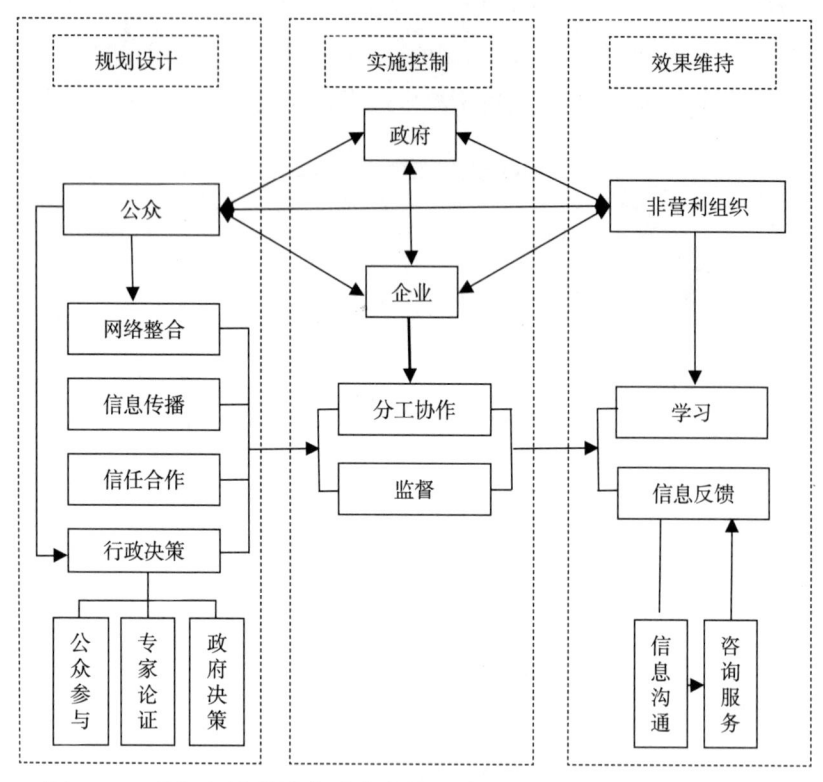

图 3.14 长江经济带城市群生态协同治理长效保障机制的运行模式

首先，在规划与设计阶段，协同治理众多主体分享自身所获得的信息，建立信任关系，发挥各自优势，加强共同合作。同时鼓励公众参与，并将其与专家论证、地方政府决策相结合，为协同治理的实施打下基础。

其次，在实施与控制阶段，进行合理分工，明确各主体任务，并设立工作质量标准和事件进度要求。各主体进一步细化任务分工并制定相关工作方案，以确保任务能顺利完成，同时也要建立有力的监督机制。

最后，在治理效果维持阶段，为及时接收到有关生态环境方面的数据，明确并解决生态环境尚存在的问题，需建立信息反馈渠道、信息沟通渠道和咨询服务体系。此外，总结生态协同治理留下的宝贵实践经验，为下一个长效生态协同治理决策的制定与执行提供参考。

第五节 长江经济带城市群生态协同治理的模式及路径设计

由于生态环境具有复杂性和多样性且其治理涉及较多利益主体，因此单一治理模式已无法实现理想的效果。如何协调各主体从单一治理模式向协同治理模式转变成为生态治理的重点。针对各种复杂的生态环境，众多国家已尝试并成功建立了一些颇具借鉴意义的协同治理模式。本节将对各种生态协同治理模式进行分析，并从中总结出长江经济带城市群生态协同治理可借鉴的部分，结合当前的生态现状，设计出合理可行的生态协同治理路径。

一 生态协同治理模式

随着生态环境问题的复杂性和不确定性的日益提升，跨域治理模式正在从管制、单一治理、碎片化治理向互动、多元治理、协同治理转变。在多中心治理、协同治理等基础上建立起来的协同治理模式越来越成为生态治理的主流。协同治理的实质是打破垂直集权的治理形态，按照平行分权的思维，形成多元主体之间相互协调、相互制约的局面，以避免传统单一治理模式造成的环境治理困境。因此，协同治理就是由国家、市场、社会等组成的网络型治理架构，基于利益协调、目标一致、主动自觉原则来实现跨界、跨部门的无缝隙衔接治理（司林波等，2018）。关于流域生态协同治理模式，目前国内外主要有三类管理模式：管理局式跨区域生态治理模式、委员会式跨区域生态治理模式、协会式跨区域生态治理模式（王家庭、曹清峰，2014）。

（一）管理局式跨区域生态治理模式

管理局式跨区域生态治理模式下的治理主体在生态治理过程中拥有较大的权力。采用管理局式跨区域生态治理模式的地区主要有：美国田纳西河流域、英国泰晤士河流域、美国加州南海岸。

田纳西河是美国第八大河，全长1043千米，流经七个州，流域面积10.4万平方千米。1933年，在罗斯福总统"有计划地发展地区经济"思想指导下，田纳西河设立了田纳西河流域管理局开发该河流。因美国实行联邦制，相较于以严格的等级式结构构建不同级别政府单位间的上下级关系，同一级别政府单位的横向联系更为紧密：无论是州、自治市或是县，同级别政府单位之间都存在相互作用和相互影响。因此，美国设立了一个跨州的综合部门——美国田纳西河流域管理局（TVA）来协调，该管理局的权限由美国联邦政府通过立法来规定，并采取多元的决策机构。TVA的决策机构是由总统任命的主席、总经理和总顾问三人组成的理事会。TVA根据田纳西河流域梯级开发和综合利用原则，制订规划，负责整个流域的生态治理以及流域水资源的集中开发和综合利用，对田纳西河流域水资源分时段、分地域地确定各地区开发重点。同时，TVA在对其官员和雇员进行任命、挑选和提升时，仅以效率和个人的长处作为标准，不得进行政治上的考察或考虑其政治资格。TVA下设水利、电力、航运和工业发展、财务、环境保护、工程建设、农业和化学发展、森林和野生植物、渔业、旅游等处，在经济上完全自主，具有官方权力与法律效力，同时也按照民间企业的模式进行管理（马静、邓宏兵，2016）。政府针对田纳西流域开发和保护制定了相关法案，明确了田纳西流域管理局的主要职责和各部门的目标。政府与各部门的权力和职能范围各异，不同部门之间相互独立，权力受到限制。这种治理模式有效保障了田纳西流域自然资源的有效开发和管理（尤鑫，2011）。

20世纪50年代，英国泰晤士河的水污染严重，通过逐步探索治理，英国政府制定了流域综合管理办法：首先，由环境部为主的政府部门负责制定流域治理的统一政策；其次，由国家环境署（国家流域管理局，并入环境署）负责流域的综合治理和水污染防治；再次，成立泰晤士水务局，对流域内水服务、供水、污水处理等问题进行管理；最后，保证立法，严格执法，严控污染物排放（李霞，2014）。泰晤士水务局对全流域治理具有管辖权，整体上，该类型机构在决策上具有较高的独立性和权威性，当涉及地方或部门利益时，能较大限度减轻其对生态治理的掣肘。经过多年治理，泰晤士河的污染程度显著降低，可见该模式的实践效果较好。

加州是美国人口众多，经济发达的地区。20世纪20年代美国南加州遭受了严重的雾霾，任何城市都不能仅仅依靠自身的能力单独解决雾霾问题，1997年加州南海岸大气质量管理区（SCAQMD）由此成立。SCAQMD由四个主要职能部门组成，即管理委员会、立法部门、执法部门和监督部门。管理委员会有 13 个成员，由该质量管理区所涉及区域的各个市或者县的官员组成，主要职责是采用政策和规则来推动空气治理，以达到清洁空气标准，保护大众健康。在管理委员会作出相关决定之前，必须听取民众意见，并由此设立了公民研讨会，公民有权利以作证或者提交意见书的形式发表对大气质量管理的看法。管理委员会还需建立一份精确的公众记录，记录他们是如何组织实施公共事务的，用以保证公众参与。立法部门每三年编制一次大气质量管理计划，明确大气质量的改善目标及可行措施，并制定有针对性的具体管理法则以落实污染治理。经过管理委员会审议通过后，这些法则方可执行。执法部门的主要职责是对各企事业单位的许可证进行审查，并监督各企事业单位的环保计划和措施执行情况，对违规者进行处罚。此外，各企事业单位领取许可证时需要交费，每年需要交年费，污染企业还需向管理区交排污费（汪小勇等，2012）。监测部门则负责对大气质量的监测分析。加州南海岸大气质量管理区设立了管理委员会，负责整体统筹协调加州南海岸大气质量管理，并设有相应的立法、执法、监管机构保证各项法规能够得到贯彻执行，同时还设立公民听证会鼓励民众参与，提高民众积极性。一系列措施的实施使加州南海岸大气质量得到了很大提升。

（二）委员会式跨区域生态治理模式

委员会式跨区域生态治理模式以规划和管理为主，其代表主要有两个，分别是为治理欧洲莱茵河流域生态环境问题而成立的莱茵河国际保护委员会和法国治理水域的多层次管理模式。

莱茵河发源于瑞士，干流流经瑞士、列支敦士登、奥地利、法国、德国及荷兰 6 国，全长 1320 千米，在欧洲占有重要地位（周刚炎，2007）。20 世纪后期，随着人口的增长和工业大规模发展，莱茵河污染越发严重。为治理莱茵河污染问题，由荷兰提议，瑞士、法国、卢森堡和德国等国于 1950 年 7 月 11 日在瑞士巴赛尔（Basel）成立了旨在全面处理莱茵河流域环境保护问题并寻求解决方案的国际合作公约，"保护莱茵河国际委员会"（IKSR）也由此诞生（韩佳希，2007）。流域各国部长组成了 IKSR 委员会，即最高决策机构，在每年召开一次的会议上决定重大问题。计划决定后，各国进行分工实施，所需费用由各国各部门承担。各成员国轮流担任委员会主席，每届任期 3 年。委员会下设一个常设机构——秘书处，位于德国科布伦茨市，负责日常工作。秘书处设有由政府间组织（如河流委员会、航运委员会等）和非政府间组织（如自然保护和环境保护组织、饮用水公司、化学企业、食品企业等）组成的观察员小组，监督各国工作计划的实施。委员会还下设水质工作组、生态工作组、排放标准工作组、防洪工作组、可持续发展规划工作组等许多技术和专业协调工作组（王思凯等，2018）。该委员会成立后，实施了多项莱茵河环境保护计划。但莱茵河国际保护委员会没有权力制定法律和实施惩罚，因而其决策方面缺少强制力，流域内的生态治理主要通过成员国制定共同行动计划、依赖成员国政治互信来监督政策实施等方式来进行（王家庭、曹清峰，2014）。

20世纪60年代中后期，法国水源匮乏、水质污染、环境破坏等问题逐渐凸显，水环境管理、水污染治理成为法国流域管理的重点。1961年，法国颁布了新的《水法》改革水资源管理体制，按水系划分为六大流域，在各流域建立了以流域为基础的多层次管理机制，旨在解决水问题和环境问题（Clark and Mondello，2003）。在国家级层面，设立国家国土规划部与环境部，负责制定全国性的水管理政策、环境保护政策及法规和与流域相关的国家标准，审核流域机构水政策，并对相关法律法规的执行情况进行监督；还设立了由国会议员、各个重要机构以及各大区代表组成的国家水委员会，由国会议员任主席，负责起草法规及规章、引导国家水政策发展走向等事务。在国家层级之下，设置了流域委员会和流域水管理局。流域委员会相当于流域范围的"水议会"，是协商与制定方针的机构，也是流域水利问题的立法和咨询机构。流域水管理局是具有管理职能、法人资格和财务独立的事业单位，主要职能为制定流域水资源开发利用总体规划，收集与发布水信息，征收用水及排污费，对流域内水资源的开发利用及保护治理单位给予财政支持，并资助水利研究项目。法国特别强调运用法律手段管理流域水资源、保护流域环境，相关管理机构的职责范围、管理的程序和管理的手段都在法律框架内进行。同时为了增强管理的民主化、科学性与透明度，除了中央及地方代表外，各级流域机构中还吸纳了相关专家、用水者等作为其组成成员，加强多方参与（范红霞，2005）。

（三）协会式跨区域生态治理模式

协会式跨区域生态治理模式主要以协调为主，在我国区域生态治理中已有实践，如太湖流域水环境综合治理中的部际联席会议。

20世纪80年代，太湖流域经济快速发展的同时也对太湖的环境造成了破坏，为解决太湖流域的环境问题，国家发展和改革委员会等部委和江苏、浙江、上海两省一市共同建立了部际联席会议制度，并成立了专门的领导机构和工作机构，每年召开会议布置太湖治理工作任务。此外，为有效落实治理责任，省（市）政府与相关地市政府及省有关部门还签订了目标责任书。针对流域污染现状和存在的主要问题，国务院批复的《太湖流域水环境综合治理总体方案》中提出了"总量控制、浓度考核"污染控制管理体系，明确了分阶段治理目标，提出了控源、截污、引流、清淤、生态修复等治理手段及调整产业结构、工业布局、城乡布局等综合性措施，对需要实施的项目和工程进行了全面规划。在此基础上，江苏、浙江、上海分别制订了具体的实施方案，同时为了使流域综合治理工作更加科学化，加强了工程项目的科学论证和前期工作（朱威等，2016）。

太湖流域水环境综合治理的手段主要包括：一是成立了作为水利部派出机构的太湖流域管理局，主要职责是对太湖水生态安全进行统一治理和协调；二是实行了联席会议制度，建立政府间协调工作机制和信息披露、行政监察制度，加强政府间的合作；三是建立了参与共治机制，提高政府、市场和公众的参与度；四是健全了法律保障。

总之，管理局式跨区域生态治理模式、委员会式生态治理模式和协会式生态治理模式各有侧重。管理局式生态治理模式主要以开发和管理为主，相比委员会式和协会式拥有更大的行政权力，在多方利益发生冲突时，管理局式生态治理模式的权威性和独立性更易使一系列决策得到执行，有利于流域整体的治理。委员会式和协会式主要通过协商、管理为主，在处理复杂的利益关系时可能存在局限，但是它们具有灵活性和适用性，也能使参与人员更加了解流域具体情况，进而通过协商讨论得出更有效的解决办法。总体上，三种模式存在以下几点共同之处：第一，强调法律、法规、规则的作用。三种模式都是通过制定法律、法规或者成员之间协商制定规则，确定流域治理目标、准则，保证流域治理得到贯彻执行。第二，强调跨区域合作。河流流经区域涉及多个城市、州甚至国家，因此只有流域所在区域的多方主体共同合作，共同治理，流域生态治理才能完全发挥效应。第三，强调组织的作用。三种模式中，都设立了相应的组织结构——管理局、委员会、联席会议，用以协调各方的利益，统筹流域整体的综合治理。第四，强调多方参与。除政府在流域治理中发挥着重要作用外，非政府组织（NGO）、公民在流域生态治理中也起着越来越重要的作用，多方参与治理流域生态环境已成为现阶段必须考虑的重要内容。

二 生态协同治理路径设计

长江经济带城市群生态协同治理的路径设计就是在协同治理生态环境的过程中，立足现实状况，基于相关理论机制，借鉴国内外跨域环境治理的先进实践经验，设计出长江经济带城市群生态协同治理的路径，以解决长江经济带城市群生态协同治理中存在的障碍，促进长江经济带城市群的绿色发展。因此，本部分将从长江经济带城市群生态协同治理的政府协同、市场协同和社会协同三个维度进行路径设计，以期推动长江经济带城市群的生态协同治理。

（一）生态协同治理政府协同路径

目前长江经济带城市群已经实行"河长制"，由各地区党政主要负责人担任"河长"，负责辖区内河流的污染治理。作为第一责任人，"河长"对所负责河道（含所分工包片地区）的生态环境负主要责任，包括实现水生态、水环境的持续改善和断面水质达标，并牵头组织所管河道综合整治方案的制定、论证和实施。此外，"河长"要强化横向协调、落实长效管理，对断面水质达标负首要责任。同时借鉴国内外跨境治理的经验，结合现实情况，发现管理局式生态跨境治理模式较适合协调不同政府的集体行动。综合以上因素，长江经济带城市群生态协同治理的政府协同路径主要包括以下几个主要内容（如图3.15所示）。

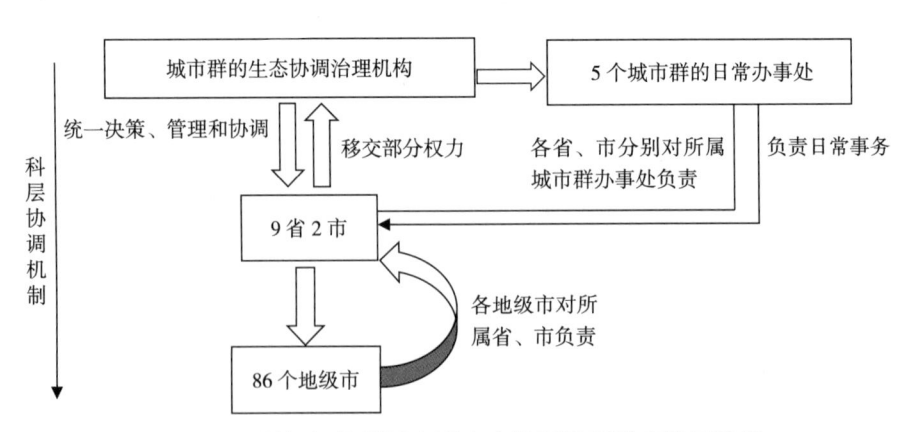

图3.15 长江经济带城市群生态协同治理政府协同路径

在机构设置上，由中央政府牵头成立一个跨城市群治理机构，该机构只对中央政府负责，保证其独立性和权威性，确保该治理机构对长江经济带城市群的生态治理具有管辖权，以协调各级政府的利益冲突，实现集体行动。

在生态协同治理机制上，跨城市群的治理机构主要采用生态协同治理机制中的科层协调机制，自上而下管理长江经济带城市群的生态治理情况。城市群内各省（市）的省级"河长"主要对跨城市群治理机构负责。政府之间的利益冲突在跨城市群治理机构的领导下，定期召开会议，协商解决，共同行动。除了定期召开会议外，还需要另设机构协调各级政府间的利益关系。因此，在跨城市群治理机构下设5个日常办事处，分别设在五大城市群内部，主要负责该城市群内的日常事务。地级市的"河长"主要是对其上一级别的"河长"负责。由此形成跨城市群治理机构领导下的科层协调机制，以协调长江经济带城市群的生态治理。

在具体职责上，通过国家立法的形式确定跨城市群治理机构的具体职责和权限，长江经济带城市群的省（市）级政府需要移交部分权力给跨城市群治理机构。具体而言，通过定期召开省级河长会议，由跨城市群治理机构进行统一决策、管理、检测和协调，并始终坚持兼顾效率和公平的原则。其中，统一决策主要指跨城市群治理机构通过会议讨论，明确统一的目标并制定相应行动规划，并且为避免各省、直辖市变相放宽生态保护标准来谋求地方利益，通过法律法规的形式制定统一标准。统一管理是指在跨城市群生态治理机构的指导下，保持生态治理强度一致，避免"搭便车"行为的出现。统一检测主要指通过信息公开，形成政府间的监督机制。统一协调主要是实现信息和基础设施的共享，避免长江经济带城市群内生态治理工程的重复建设，提高投入效率（王家庭、曹清峰，2014）。

在具体执行中，长江经济带城市群生态治理都是由各地级市政府结合各自情况来执行的，最终的生态考核要以跨城市群治理机构制定的统一标准来考核，并将考核结果纳入政绩考核内。此外，针对长江经济带频发的生态环境问题，要建立应急救援互助体系以实现长江经济带城市群的应急管理。具体而言，由跨城市群治理机构负责统一协调，通过建立信息共享交换平台汇集、整合应急信息并且提供统一的数据交换方式，并创新应急信息报送制度。同时，健全长江经济带城市群应急资源共享机制，实现应急物资、应急人力、应急技术、应急资金的共享。考虑到长江经济带城市群内的区域间发展差异，各省市应将经济发展较为落后的县域列为主要扶持对象。特别是四川、云南、贵州等长江上游省市的县域，中央和长江下游省市可通过转移支付和对口援助等方式促进其经济发展。对处于禁止开发区和限制开发区的县域，应重点发展生态产业，各省市可通过提供资金、人才、技术等方式对其进行援助，从而带动整个长江经济带城市群的经济高质量发展。

长江经济带城市群生态协同治理的政府协同路径能够解决城市群间、城市群内部生态协同治理存在的障碍，这主要是从政府的角度进行协调。但是，单纯依靠政府进行生态协同治理还远远不够，因此需要从市场协同和社会协同的角度进行路径设计。

（二）生态协同治理市场协同路径

长江经济带城市群生态协同治理的市场协同路径主要借助市场机制协同长江经济带城市群生态协同治理过程中各个主体的行为，具体如图3.16所示。

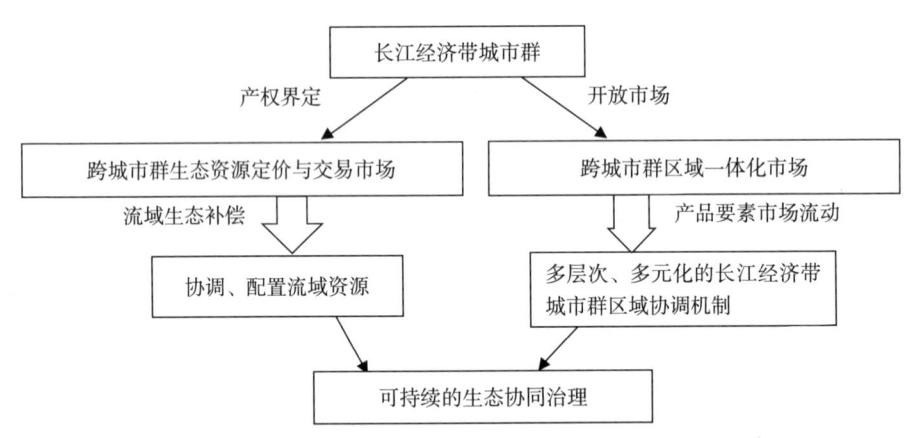

图 3.16　长江经济带城市群生态协同治理市场协同路径

第一，建立跨城市群生态资源定价与交易市场，以整体协调、配置长江经济带城市群的生态资源。长江经济带城市群的生态资源分配不均，成渝城市群、滇中城市群、黔中城市群处于长江上游，长江中游城市群和长江三角洲城市群分别位于长江的中游和下游，因此生态污染的跨界补偿尤为重要。具体而言，建立跨界水污染生态补偿、临界水域补偿和源头水土涵养补偿模式，以Ⅲ类水质标准作为跨界污染经济补偿的目标，根据"谁保护，谁受益"和"谁污染，谁赔偿"的原则，确定跨界水污染生态补偿的运作机制。

第二，通过建立区域一体化市场推动要素市场流动，促进产业结构升级从而实现长江经济带城市群生态协同治理。除了建立跨城市群的生态资源定价与交易市场解决长江经济带城市群的生态资源配置问题外，还应该构建多层次、多元化的区域协调机制，包括：投资资金的区域分配、投资项目和专项转移支付的区域调整、产业的区域转移、生态污染的跨区域补偿等。在实施方面，建立专门的区域协调机构负责落实上述措施，并通过制定共同目标和出台各项政策制度或法规等方式构建良好的政策环境，促进协调机制的有效运作。此外，建立区域一体化市场，促进要素流动，加强各省市间经济和生态的一体化联系，最终实现长江经济带城市群协同发展。

（三）生态协同治理社会协同路径

生态治理过程中由于生态环境的公共属性会出现政府和市场失灵的情况，此时社会协同路径作为一种补充，在长江经济带城市群生态协同治理中能发挥其独特优势，减少政府和市场失灵所造成的损失。长江经济带城市群生态协同治理的社会协同路径是以倡导宣传、舆论监督为手段，以协同公众、政府、企业、非政府组织等主体为目标，如图 3.17 所示。

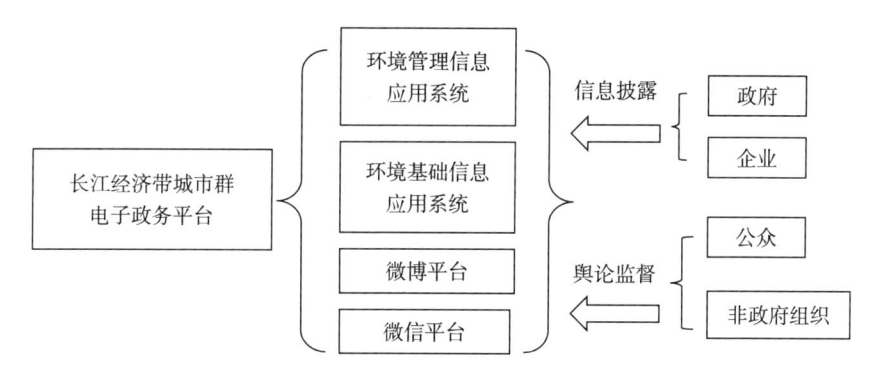

图 3.17 长江经济带城市群生态协同治理社会协同路径

环境信息在加强环境管理、促进环境保护和提升环境风险防范能力、探索环境保护新道路、推进生态文明建设等方面具有重要的支撑作用。信息无法实现共享的一大障碍在于政府部门各自管理信息导致的部门信息沟通渠道受阻。因此，借助网络资源，依托电子政务网络平台，建立环境管理信息应用系统和环境基础信息数据库，共享环境治理信息资源；建立长江经济带城市群生态治理微信公众号或者微博，以网络平台为基础进行相关的信息披露。公众、非政府组织的主要职责是监督政府和企业生态保护的执行情况，对违反环境保护的相关行为进行披露，而政府除了接受监督外，也可借助平台对公众进行生态环境保护的宣传教育，引导大众保护环境；企业也可以借助平台定期发布公司的环保情况，披露信息，既有利于接受监督也有利于提升该公司形象。具体而言有以下两个方面：

一方面，通过建立公众参与机制，引导公众向环保的生活方式转变，形成大众参与长江经济带城市群的生态协同治理。构建公众参与机制，通过全面拓宽公众参与渠道、引导企业承担生态责任、扶持民间环保组织发展等形式，提高公众参与的积极性，使人人担负起生态治理、环境保护的责任，充分发挥公众在生态治理中的主人翁作用。

另一方面，通过社会舆论监督机制来促进长江经济带城市群生态治理政策的落实。建立社会监督机制，鼓励公众检举违反环保法规的行为，形成长江经济带城市群自下而上的生态协同治理路径。通过政府定期的信息披露，加强公众对政府政策制定、政策执行、政策监督情况的理解，以增强政府生态治理决策的科学性、透明性。通过企业主动定期披露信息，不仅能够方便民众了解企业生态治理的执行情况，而且也能进一步提升企业形象。至此，政府、市场、社会共同参与的长江经济带城市群生态协同治理的路径形成。

小　结

生态协同治理是区域联动的重要内容。要实现长江经济带城市群生态协同治理、港口、要素市场、产业四位一体的联动发展，生态协同治理是根本和基础。本章首先评估长江经济带城市群生态及其协同治理状况：构建城市群生态承载力指标体系，定量分析各城市群的生态状况和资源环境承载力，梳理已有协同治理发展政策。然后从长江经济带各城市群目前的生态现实与资源环境承载状况出发，总结出城市群生态协同治理的障碍因素，包括法律法规不完善、主体协同障碍、目标协同障碍、过程协同障碍等。与此同时，基于协调合作、激励补偿、应急管理及长效保障等长江经济带城市群生态协同治理机制，并借鉴国内外跨域环境治理的先进实践经验，设计出长江经济带城市群生态协同治理的路径：一是从政府角度解决城市群间、城市群内生态协同治理存在的障碍，即政府协同路径；二是借助市场机制协同生态治理过程中各个主体的行为，即市场协同路径；三是以倡导宣传、舆论监督为手段，协同公众、政府、企业、非政府组织等主体行为的社会协同路径。

第三篇

港口联动发展

第四章
长江经济带城市群港口联动发展研究

　　发达的交通网络是实现城市群联动发展的基础和前提。要分析长江经济带城市群如何联动，必然要从交通的角度对长江经济带城市群的联动状况进行研究。由于交通包含的范围甚广，包含所有运输和邮政事业等，若全部对其进行分析，不仅占用较多篇幅，也难以深入。因此，考虑到水运在长江经济带这一区域的特殊作用和地位，本篇选取水路交通作为研究交通联动的重点，以港口联动发展为切入点，分析如何实现港口间的联动进而推动城市群之间的联动。港口的联动发展涉及经济互联、要素流动、生态协同等诸多方面，港口的联动发展对于实现长江经济带城市群联动发展具有重要意义，是实现长江经济带城市群生态协同治理、要素市场联动、产业联动发展的必要保障。港口联动与城市群联动的关系主要体现在三个方面：一是港口的协同促进了要素的集聚；二是位于中心城市的港口因得到中小型港口的喂给支持而壮大，客观上促进了该中心城市的发展；三是城市群的联动发展深化了港口间分工合作。城市群港口联动作为城市群联动的重要组成部分，其联动发展程度的高低对于整个城市群的联动发展都将产生极大的影响。

　　本章分为五个部分：第一部分阐述港口联动的相关理论；第二部分阐述长江经济带城市群港口联动的基础，并从港口的基础设施建设、资源整合以及相关政策三个方面分析港口联动现状；第三部分找出影响城市群港口联动的障碍因素；第四部分对长江经济带城市群港口联动的机制进行分析；第五部分提出长江经济带城市群港口联动的模式与路径。

第一节　港口联动的理论阐述

随着港口经济重要性的日益凸显，学术界不少学者将研究目光聚焦于港口联动。本节在梳理国内外已有研究的基础上，主要从三个方面进行分析：一是港口联动的相关理论，首先对港口、港口群和港口联动的概念进行界定，继而论述了交通区位理论、交通一体化理论、交通基础设施空间溢出理论和多式联运理论等重要理论；二是港口联动的文献综述，通过梳理港口联动的相关文献，厘清国内外学者对此问题的研究进展；三是构建了港口联动的理论框架，并介绍本章的脉络和内容安排。

一　港口联动的相关理论

本节首先对港口、港口群和港口联动三个重要概念进行了界定，然后以交通与经济发展的关系为切入点，梳理了交通区位理论、交通一体化理论、交通基础设施空间溢出理论和多式联运理论，为研究长江经济带城市群港口联动提供了理论支撑。

（一）相关概念界定

1. 港口

根据中国交通部的界定，港口指"位于江、河、湖、海沿岸，具有一定的码头泊位、仓库堆场等基础设施条件，能提供船舶进出、停泊、靠泊、旅客上下、货物装卸、驳运、储存等功能，由港内水域及紧接水域的陆地区域组成的区域"。这里的港口主要指的是港口的实体资源，包括港内水域、相关陆地区域、港区基础设施等。依据地理分布的差异，可以进一步将港口划分为河港、海港和河口港。河港指的是沿着江、河、湖泊、水库分布的港口，如无锡港、徐州港等；海港指的是沿着海岸线（包括岛屿海岸线）分布的港口，如苏州港、南京港等；河口港指的是位于江、河入海口处受到潮汐作用影响的港口，如上海港等。在我国，一般把河口港划入海港的范畴，因此本书将所涉及的港口简要分为河港和海港。

2. 港口群

港口群是港口功能和规模发展到一定阶段的产物，也是港口发展规划制定与内部合作竞争中经常使用的一个重要概念。目前国内外相关研究主要从港口群的地理范围、下辖港口和港口间关系等角度出发，将港口群定义为：位于临近的地理区域内，存在共同腹地或共有部分腹地、在发展规模与性质上相互制约相互补充、在部分功能上可相互替代的个体港口所组成的港口群。港口群内部存在许多地理位置相近、腹地有所交叉的港口，这些港口之间主要是分工合作和相互竞争的关系。

2006年9月，交通部作为中央港口的主管部门，制定并发布了《全国沿海港口布局规划》。《全国沿海港口布局规划》立足于港口群角度，将我国沿海各类港口从北到南依次定位为：环渤海港口群、长江三角洲港口群、东南沿海港口群、西南沿海港口群、珠江三角洲港口群五大港口群体。现阶段，我国学术界关于国内港口群的相关研究主要以上述五大港口群为研究主体，鲜有文献对长江经济带港口群进行分析。考虑到本部分着眼于长江经济带各城市港口的联动状况，而且港口的发展水平与其腹地发展水平具有较强的相关性，因此，本书将依据地理区位的差异性，对长江经济带港口群进行划分。《国务院关于依托黄金水道推动长江经济带发展的指导意见》提出，要以长江三角洲、长江中游和成渝三大跨区域城市群为主体，以黔中和滇中两大区域性城市群为补充，打造综合立体交通。同时《长江经济带综合立体交通走廊规划》也指出，要加快无锡港、徐州港、嘉兴内河港等主要港口集约化港区建设。结合相关政策文件对长江经济带城市群的划分及对重点港口的梳理，本书将长江经济带港口群[①]划分为川渝港口群（泸州港、重庆港等）、长江中游港口群（武汉港、长沙港、芜湖港、安庆港等）、长三角港口群（上海港、宁波—舟山港、苏州港、南京港等）[②]。

3. 港口联动

港口联动从本质上来看，是港口之间的相互联合、共同协作与持续发展。根据涉及区域范围的不同，本书将港口联动分为三个层次。一是同一港口不同港区形成的港口联动。随着港口的不断发展，资源整合逐渐加速，原本独立的港口成为隶属于某一大型港口的港区，并受到大型港口的管辖

[①] 由于黔中、滇中城市群港口相对于《长江经济带综合立体交通走廊规划》中其他港口在运输功能方面的作用较弱，因此未将其列入课题的研究范围。

[②] 港口群划分未严格按照长江上、中、下游分段标准进行，而是根据港口之间的协作可能性及接近程度来进行划分。

与协调，以此优化港口功能和服务，整合货物资源，提高运行效率。如宁波港整合舟山港重组成为宁波—舟山港，下辖 19 个港区，由浙江省海港投资运营集团有限公司统一管理。二是同一省市区所辖不同港口形成的港口联动。由于地理位置相邻，整合相对便利，但同时，腹地区域有所重叠，港口间容易出现利益冲突，竞争关系更为明显。如江苏省政府于 2016 年 12 月提出，要组建江苏省港口集团，深化沿江、沿海港口一体化改革，江苏省拥有苏州港、连云港港、南京港等多个亿吨大港，但由于股权结构复杂，实现港口联动的难度相对较大。三是同一经济带（圈）内的不同港口形成的港口联动。这类港口处于同一经济带（圈），但分属不同的省市区，数量较大，规模不一，利益冲突更为明显，实现港口联动具有相当大的阻力。

本书的研究主体是长江经济带城市群的港口联动，主要包括两个部分，即长江经济带各城市群内部的港口联动和各城市群之间的港口联动，主要归属于上述分类的第三个类别。由此，本书将港口联动定义为：各港口在保持自身独立性的前提下，通过战略联盟、契约协议、市场共享等手段打破行政区划界限和港口企业管理局限，建立长期而稳定的合作发展伙伴关系，并在相互关联的业务领域采取协作行动，整合港口群内外部优势资源，增强港口群整体的吸引力和竞争力，实现更大空间范围内的可持续发展。

（二）城市群港口联动的理论基础

随着交通在经济发展、区域协调等方面的作用越来越重要，有关交通领域的研究也在不断深化。港口作为水上交通运输的枢纽，是各式交通工具转换的中心，更是对外贸易的重要通道。由于涉及港城互动、港产一体化的相关理论涵盖丰富，涉及面广，为避免与其他章节重复，本节将重点从交通与经济发展的关系出发，通过梳理交通区位理论、交通一体化理论、交通基础设施空间溢出理论和多式联运理论，为分析长江经济带城市群港口联动提供理论上的指导。

1. 交通区位理论

交通在区位理论的发展过程中始终扮演着重要角色。在农业区位论中，杜能（Thünen，1826）以核心城市为中心，构造了同心圆农业圈图，在对农业耕种方式和与城市距离的关系的研究过程中，他从把运输费用减到最低的角度分析如何实现利润最大化，以此强调交通在农业土地利用中的重要地位。在工业区位论中，韦伯（Weber，1909）提出，影响生产费用的三大主要区位因素分别为运费、工资和集聚，其中，运费的作用最为重要。由于工资的变动会使运费的定位产生第一次"偏离"，而在集聚作用下，工资和运费的定位还会出现第二次"偏离"。于是，综合考虑了运费、工资和集聚三者的综合作用后的最低的生产费用区位，就是最佳的工业区位。在市场区位论中，克里斯泰勒（Christaller）于1933年在《德国南部的中心地》、勒施（Lösch）于1940年在《经济空间秩序》分别提出了中心地理论，认为在不同条件、原则的支配作用下会产生不同的中心地和市场区，这些中心地和市场区会依照所谓的K值排列成为具有一定等级的、严密的中心地网络。同样地，他们在研究市场相关要素之间的关系时也强调了交通系统在市场区和中心地形成过程中发挥的重要作用。交通系统通过建立与居住、服务、商业中心、工作岗位等因素之间的密切联系，深刻影响着市场区和中心地的选址。阿朗索（Alonso，1954）率先提出了城市土地价值理论，他从租金和土地区位出发，阐明了城市交通系统对土地价格的重要影响。他认为，土地可达性决定了土地区位，土地区位决定了租金，租金决定了城市土地的价格，换句话说，土地可达性是决定城市地价的根本因素。城市交通系统的发达程度在很大程度上影响着土地的可达性，于是，城市土地价格会伴随该地块到城市中心的交通费用的增加而降低，城市中心可达性最高的地块也会成为土地价格最高的地块（姚影，2009）。

2. 交通一体化理论

交通一体化是指在一定范围内，彼此相邻且没有行政隶属关系的若干行政个体为推动社会进步而实现的交通协调发展的过程，主要包括交通基础设施建设一体化和区域交通管理服务一体化。具体来说，交通一体化指的是依靠对区域内交通的规划、建设、运行、组织、管理等工作的规划和协调，使区域内的交通资源得到优化配置，进而实现交通基础设施无缝对接，交通建设步调一致，交通运输协同合作，交通管理政策统一，最终实现整个区域内交通资源配置和管理服务水平的最优化（姜策，2016）。要实现交通一体化，需要公路、铁路、水路、航空、管道等多种运输方式协调配合，充分发挥不同运输方式的比较优势和技术特点，共同形成技术先进、分工合理、布局完善、衔接顺畅、服务高效、资源节约、环境友好的有机整体，从而更好地服务于现代经济社会的发展。

交通运输走廊是交通一体化发展到一定程度的产物，它是由巨大的综合交通枢纽和多条基本平行的交通干线相互作用形成的地域空间系统。大都市的形成过程，往往都是先形成一条交通运输走廊，运输走廊的周围分布着两个或两个以上的中心城市，随着中心城市间的联系愈加频繁，交通运输走廊的经济空间不断增大，进而形成了多个交通运输走廊，多个交通运输走廊的形成也就构成了大都市的雏形。例如，港口群的形成和发展大致可分为如下几个阶段：起初，由于自然条件和经济活动的影响，逐渐形成了规模不一的港口，大大小小的港口之间相互独立，各自发展；随着运输规模的扩大，部分港口逐渐与内陆交通枢纽建立了联系，形成了交通干线；紧接着，交通干线的规模不断扩大，衍生出许多交通支线，将附近的交通节点相互连接；接下来，密布的交通网线逐渐将临近的港口相互连通，使港口之间得以相互联系；伴随着港口之间的联系日益密切，以港口群为中心的交通运输走廊最终形成。依靠通达性的优势，交通运输走廊可以吸引资金、人流、物流、资源和基础设施等要素向自身集聚，从而为区域内经济社会发展注入活力。在交通运输走廊形成以后，由交通运输走廊连接的城市之间的空间距离相对减小，这为加强城市之间的联系与合作提供了更多契机，进而也推动了区域一体化的发展。

3. 交通基础设施空间溢出理论

交通基础设施对经济发展的推动作用可以分为直接作用和间接作用两部分。对经济增长的直接作用表现为，作为建设投资项目的一部分，交通基础设施投资能够提升对建设材料和相关服务的需求，刺激经济增长；间接作用表现为，交通基础设施是国民经济发展的基础，完善的交通基础设施可以有效地降低企业和居民的生产、生活成本，为人们提供出行便利，从而使各个行业的运行效率和运营质量得以提升。伴随着交通基础设施的改善，区域对外交流的机会日益频繁，与外界交流次数的增加使与外部世界的交易成本降低，本地的区位优势显著增强，某些情况下甚至可能打破某些产业在各地区的原有空间布局，最终对经济和产业的空间分布产生影响，这就是交通基础设施的溢出效应（邓丹萱，2014）。

交通基础设施的溢出效应与交通基础设施网络相辅相成。交通基础设施网络的形成能够加强地区间的地理和经济联系，促进经济活动的空间集聚和扩散，进一步改善要素在地区间流动与区际贸易，从而加速分工、专业化与聚集经济，最终形成空间溢出效应。交通基础设施网络的完善和发展扩大了各区域市场的规模,有利于促进各种生产要素,如劳动、资本、商品等在区域间的流通,带动新知识和新技术的传播,提高技术效率,促进经济增长。从这个方面来说,交通基础设施的空间溢出效应是正向的。然而,对于不同时期、不同区域来说,交通基础设施也可能会导致负的空间溢出效应。完善的交通基础设施可以降低运输成本,运输成本的降低有助于提升区域间的贸易自由度,进而使原本均衡的产业分布格局被打破,出现两极化发展的趋势。因此,要辨别交通基础设施溢出效应对于具体地区经济增长的影响是正向的还是负向的,还应将该区域在集中或扩散中的地位纳入考量范围,即属于产业流入还是产业流出。克鲁格曼(Krugman,1993)的观点是,运输成本的降低不仅会减弱促使集聚的向心力,也会削弱促使分散的离心力,但两种作用对两种力的影响大小是不同的,相较于对于向心力的削弱作用,运输成本对离心力的削弱作用更加明显。两种影响共同作用的结果是促使产业向一个地区集中,形成了"中心—外围"的结构。维纳伯尔斯(Venables,1996)则更加强调产业之间的垂直关联性。在他的理论中,运输成本下降对向心力和离心力的削弱作用被分成了两个阶段:在第一阶段中,运输成本不断减小,促使集聚的力量大于促使分散的力量,此时的产业逐渐向某一个地区集中,导致不同地区之间的发展差距逐渐拉大;在第二阶段,由于运输成本的进一步减小,产业集聚水平相对较高的地区的工资水平不断上升,这时,促使分散的力量就会超过促使集聚的力量,使产业向其他地区转移和扩散。

4. 多式联运理论

现阶段,国内外对于"多式联运"的定义并没有统一的定论。《联合国国际货物多式联运公约》对国际多式联运的定义是:根据多式联运的合同,多式联运经营人采取至少两种不同的运输方式把货物从一个国家运输到另外一个国家。中国海商法则规定,多式联运中必须有海运的运输方式。我国《物流术语》也对多式联运做了简要的定义,即按照多式联运合同,以至少两种不同的运输方式,由多式联运经营人将货物从接管地点运至指定交付地点的货物运输。综上所述,本书中关于"多式联运"的定义将直接参考《物流术语》中对此的定义。

当前,世界货物运输主要采用公路运输、铁路运输、水路运输以及航空运输,这四种运输方式各有优劣,其优缺点如表4.1所示。

表 4.1　　　　　　　　　　四大运输方式对比分析

运输方式	优势	劣势
公路运输	能实现点对点货物运输 机动性强 可控性强 适宜短途运输 适合零担货运	运输量有限 不适宜长途运输 运输安全系数较低 运输费用较水路运输和铁路运输高 运量受运输工具的限制较大
铁路运输	可大批量运输 货物到达时间准确 货物运输的安全系数高 很少受天气影响 中长距离运货运费低廉 运输批量大	运输时间不能控制，不适合紧急运输 不适合短途运输 铁路运输属国家垄断行业，运费没有伸缩性 不能实现"门到门"运输
水路运输	适宜大批量运输 适宜长距离运输 在各种运输方式中最有运费优势 节省能源	易受气候影响 货物到达时间难以保证 装船、卸货的费用较高
航空运输	速度快 机动性大 适宜中、长途运输	容积和载重量都比较小 运载成本和运价比地面运输高 运输重量受限制 运输地点不宜离机场太远

随着货物贸易的不断发展与运输方式的不断优化，单一的运输方式不能满足贸易的发展，因此采用多式联用模式，在对各运输方式的成本、距离、服务性能等影响因素进行综合考量后，扬长避短，最终选择出最合适的组合来满足合作各方的要求。

二　港口联动的文献综述

随着社会经济的不断发展，大区域范围内港口资源的整合与协调成为未来港口发展的必然趋势。近年来，国内外较多学者都对港口进行了深入研究。

（一）港口间的协同与竞争

实现港口联动是提高港口竞争力的重要手段，众多学者通过博弈论的方法，论证了无序的港口竞争会导致岸线资源的浪费（范洋等，2015）、运力过剩和恶性竞争（董岗，2010）等问题，只有通过港口间的合作才能实现总体收益最优化（孙雪娟等，2016）。同时，合作收益也会受到港口间距离、运输类别、合作程度（汪传旭、蒋良奎，2009）、价格敏感度差异性、合作港口数量（王腾飞、马仁锋，2017）等因素的影响。封学军（2002）将港口协同分为纵向协同和横向协作，前者主要指供应链的一体化，将港口作为物流供应链的关键节点，发展第三方物流服务，融入上下游企业的物流链；后者是指港口与港口之间的协同，以共同利益和共同业务将其联系起来，打破港口间无序竞争、资源配置效率低的局面。基于此，卢珂（2015）从多个角度入手对港口物流的协同机制展开了具体分析，一是港口物流协同动力机制，可分为整体动力机制和单个主体的动力机制；其二是协同过程效应机制，通过港口间的合作竞争形成物流资源整合效应、学习效应、创新效应；三是协同外部机制，指港口物流系统与其外部环境之间的相互关系，包括港口物流协同外部性和宏观调控机制；四是动态协同机制，包括外部环境与内部各要素的动态变化。在动力机制部分，茅伯科（2005）以长三角港口为例，提出了政府、企业、行业协会和房地产价格四要素对港口合作的影响，潘永刚（2014）则从内外部动力入手，认为港口群联动的内部动力在于腹地经济发展水平带动了物流需求、港口区位条件有助于找准目标市场和自身定位，而外部动力主要是地方行政力量、口岸监管、港口信息化等。与此类似，兰根和维瑟尔（Langen and Visser, 2005）对鹿特丹港口群和密西西比河下游港口群进行对比分析，指出政府管理、市场拓展、腹地经济、教育和创新是港口群发展的重要动因。此外，罗芳（2012）根据赫维茨提出的激励相容原理，构建了治理不良竞争机制的模型，以此来治理区域内港口间的无序竞争问题，从而促进港口群体效应的发挥。

（二）港口联动的障碍因素

目前来看，我国港口间的联动水平仍然较低，阻碍了港口经济的进一步发展。从现行的港口经营管理体制上来看，随着2004年《港口法》的正式实施，我国明确了"政企分开、一城一港"的现代港口管理模式，在此背景下，地方政府容易视港口为招商引资的重要支撑条件，对岸线资源把控不严，或者一味重视港口的吞吐能力，忽视实际需求，导致供需间出现不匹配，降低了港口经营效率（潘永刚，2014）。实际上，港口作为重要的基础设施，主要是由国家投资建设，也容易引发投资主体的含混和所有权归属不公平等问题的出现（江鹏，2005）。尤其是对于长江经济带，区域内港口众多，各港口隶属于不同行政区域，自主经营独立性强，加之作为组织管理和协调机构的长江沿岸中心城市经济协调会和长江水运发展协调领导小组缺乏政策的有效性，难以形成法律约束，进一步影响了港口自由公平竞争的实现（吴进立，2012）。从港口建设上来看，长三角地区存在港口重复建设、干支衔接不畅、软环境服务水平不高、整合程度低等问题（真虹，2010）。从港口间的协同发展上来看，长江经济带沿线各港口发展水平差异较大，经济腹地相对重叠、港口定位并不明确，容易出现资源利用率低、恶性竞争等问题，特别是在长江上游地区，该区域港口资源丰富，但基础设施建设水平不高，资金、管理经验也存在不足（丁国蕾等，2016），腹地经济与政治效率相对长江下游地区较低，难以发挥长江经济带沿线的口岸优势，实现港口间的高效联动（邹毅，2010）。

（三）港口联动的模式与实现途径

关于如何实现港口联动，学者们提出了市场服务协议、非股份合作协议（孔宪雷、许长新，2004）、组建港口联盟、股份并购（赵旭等，2016；卢长利、汪传旭，2007）等。同时以典型港口为例，对港口联动的模式进行了具体分析，除提供相互替代服务的港口联动外，还存在提供互补服务的港口间联动。前者以国内港口宁波—舟山港为例，通过设立宁波—舟山港管理委员会，用以负责宁波、舟山港口的规划管理，同时协调两港口之间重大项目的建设和生产经营秩序（刘洋，2016）。后者则以上海港为代表，上海港对同属于长江经济带的宜宾、重庆、武汉等港口进行了投资，并进行了不同层次的合作（张传龙，2014）。国外港口模式研究则集中于德国汉堡港与不莱梅港、美国纽约港与新泽西港、欧洲海港以及日本东京湾港口群等，它们大多都是通过合作的方式整合资源，由完全竞争转变为合作竞争，以此提升整体竞争力（陈淼，2007；王建红，2008；黄洁婷，2010）。

综观已有研究不难发现，就港口联动的研究而言，国内外的相关文献主要是从港口间的竞争协作机制、影响港口间联动实现的障碍因素以及港口联动的实现模式和路径三个方面展开的。尽管一些学者也对长江经济带中部分港口之间的联动展开了研究，但对于长江经济带港口整体联动系统的研究还比较缺乏，特别是缺少符合长江经济带城市群现实情况的港口联动模式和路径设计用以指导长江经济带的港口联动。因此，本章立足于长江经济带这一国家级区域，通过对已有的港口联动方面文献的梳理，厘清港口联动的相关思路，通过对长江经济带城市群港口联动的基础和现状进行分析，找到阻碍长江经济带城市群港口联动的障碍因素，并借鉴发达国家和地区的先进经验，设计出符合长江经济带城市群现实情况的港口联动模式和路径，丰富了现有研究成果。

三 港口联动的研究框架

本部分将对交通联动与城市群联动、港口联动与城市群联动的关系进行分析，在此基础上构建城市群港口联动的研究框架，以论证城市群的港口联动对于推进长江经济带城市群联动的重要意义，为从港口联动角度出发分析城市群联动提供理论支撑。

（一）交通联动与城市群联动的关系

交通是生产过程在流通领域的继续和进行社会再生产的必要条件，是保证人们在政治、经济、文化、社会生活等方面联系交往的手段，是城市群对外沟通的桥梁。根据《交通大辞典》的定义，交通指人、物和信息在两地之间的往来、传递和输送，包括运输和通信两个方面。狭义的交通专指运输，依据运输途径的差异，可以划分为公路运输、铁路运输、水路运输、航空运输和管道运输五种。

交通与城市群的发展水平、功能布局、资源环境等各个方面息息相关。首先，交通联动与城市群联动之间具有极强的相互作用，表现为交通系统的高效联动能够为城市群联动的实现提供基础条件，而城市群联动进程的加快也可以促进城市群内交通系统的建设和完善。其次，不同形态和发展阶段的城市群具有差异化的运输需求，因而会对交通系统的联动程度提出不同要求，另外，交通系统的效率直接影响到城市集聚、扩散效应的发挥程度，从而间接影响到城市群的形成与发展。最后，对于产业、人口和城镇高度集聚的城市群来说，其土地能源等资源较为紧张，环境承载力存在极限，只有依靠发展高速度、大运量、环保型的交通运输方式，才能提高城市群发展的可持续性。因此，必须规划布置好城市群交通系统，打破城市局部地区和主要城际走廊的瓶颈，增强城市扩散效应，促使区域间产业分工的进一步深化，形成规模经济和专业化经济，使城市群产业分布更加合理，保障城市群联动发展的顺利实现（如图4.1所示）。

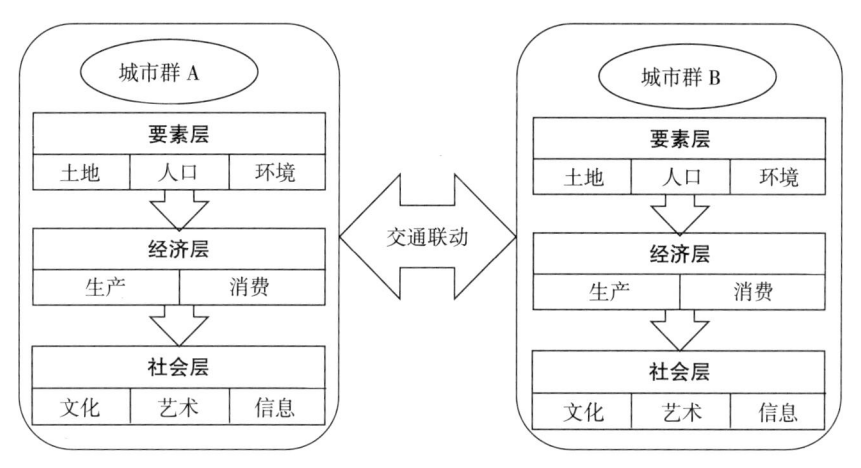

图 4.1　交通联动与城市群联动关系

（二）港口联动与城市群联动的关系

要分析港口联动与城市群联动的关系，首先要厘清港口与城市之间的关系。港口是联通水路运输的重要枢纽，同时也是对外交往的门户，港口的建立与完善能发挥该地区的水运优势，便利国内、国际间的贸易往来，城市的发展也得益于港口的发展。本书借鉴王缉宪（2010）对于港城关系的分类，将港口与城市的关系划分为经济与功能关系、地理形态互动关系、港口为城市带来的外部网络关系以及协调管制关系四个方面。其中，经济与功能关系是港口与所在城市相关性的核心，包括城市对港口的需求、港口对产业发展的影响、城市对港口的投入、港口提供的就业机会、港口对城市整体经济的贡献等，港口在运输系统中的功能和城市的经济结构很大程度影响着港口与所在城市的经济关联度；城市空间格局影响着港口的运作，而港口的选址则影响着城市未来的变化和发展方向；港口作为运输节点，一旦吸引到大量航线，其庞大的运输网络可以为城市带来难以想象的发展机会和空间；港口与城市之间的协调管制关系包括港口的所有权、管理权以及各层面的行政管理关系，随着国家港口管理体制的转变，这个关系逐渐趋于复杂化和多样化。

随着港口城市的兴起，港口间的竞争不断加剧，集装箱化、船舶大型化及港口专业化的发展趋势日益加强，在港口竞合关系越发复杂的情况下，港口应主动在港口群中形成联动以取得竞争优势。对于内河经济带而言，港口是主要的交通基础设施，也是连接长江经济带城市群的核心节点，实现港口联动能推动城市群的信息、劳动力、技术等要素的自由化流动，从而实现城市群的联动，促进城市群双赢局面的形成。港口联动与城市群联动的关系如图 4.2 所示。

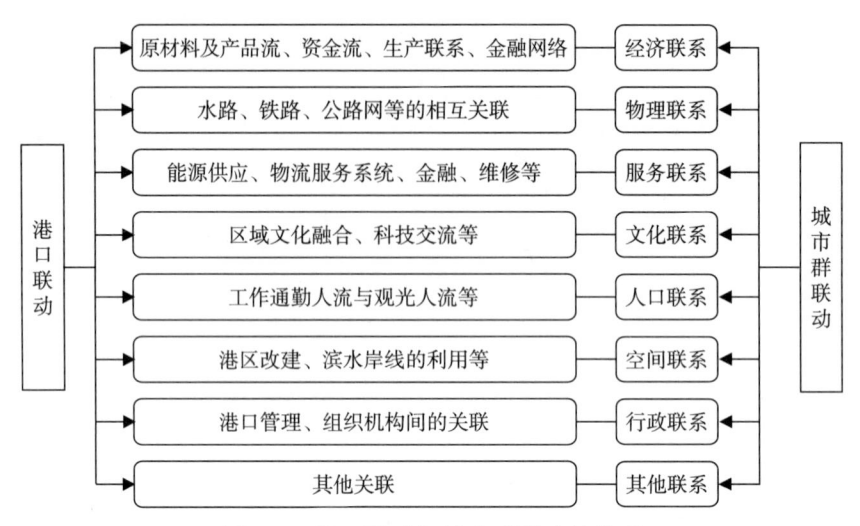

图 4.2　港口联动与城市群联动的关系

（三）城市群港口联动的框架构建

基于前文有关港口联动的相关理论以及港口联动与城市群联动的关系介绍，本节将通过对长江经济带城市群港口基础情况和联动情况的归纳整理，准确把握长江经济带城市群港口联动的现状，找出影响城市群港口联动的障碍因素，进而对城市群港口联动的机制进行分析，并依据实际情况，提出适合长江经济带城市群港口联动的模式和路径。结构安排如图 4.3 所示。

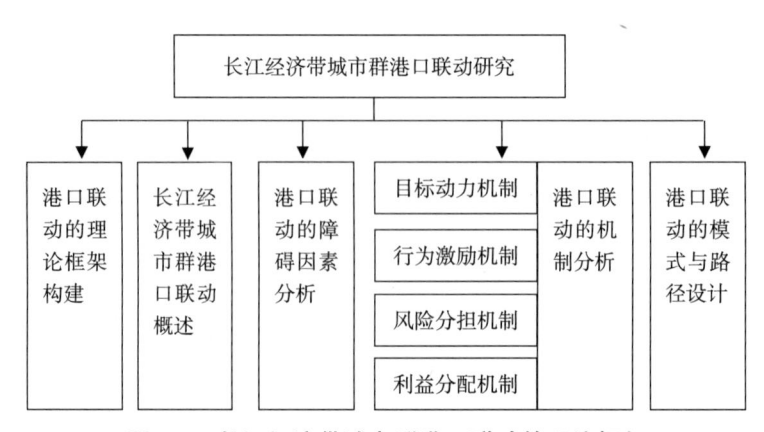

图 4.3　长江经济带城市群港口联动的理论框架

首先，本章将以交通与经济发展的相互作用为切入点，通过对交通区位理论、交通一体化理论、交通基础设施空间溢出理论和多式联运理论的介绍，为从港口联动的角度出发分析长江经济带城市群联动提供理论支撑，并从港口的协同与竞争机制、港口经营管理体制现状、港口联动的方法和途径等方面对相关研究进行梳理。其次，从自然条件和社会经济条件两个方面分析长江经济带城市群港口联动的基础，通过对长江经济带城市群港口的基础设施、资源整合以及联动政策的分析总结，了解长江经济带城市群港口联动的基础和发展现状。接着，一方面，基于上文关于长江经济带城市群港口联动发展现状的分析，找到阻碍城市群港口联动的障碍因素；另一方面，从港口联动的目标动力机制、行为激励机制、风险分担机制和利益分配机制四个方面分析长江经济带城市群港口联动的机制。最后，通过借鉴美国、日本和欧洲港口联动建设的经验，提出推进长江经济带城市群港口联动的模式和路径。

第二节 长江经济带城市群港口联动概述

作为连接区域间物流、商流、资金流和信息流的门户枢纽，港口在经济全球化和区域一体化的进程中发挥着日益重要的作用，港口群之间良好的联动运作对区域间的协调发展具有重大意义。但由于港口自身条件及腹地区位要素的差异，经济带沿线各港口的发展水平不平衡，这在一定程度上制约了港口群整体水平的提升和港口群间的联动发展。基于此，本节首先论述了长江经济带城市群港口联动的自然基础和经济基础，继而从基础设施、资源整合、政府政策三方面展开对长江经济带城市群港口联动的分析。

一 港口联动的自然条件及经济基础

（一）港口联动的自然条件

1. 城市群自然条件

长三角城市群位于我国东部沿海地区，包括上海、浙江、江苏、安徽四大省（市），辖区土地面积21.17平方千米，约占全国土地总面积的

2.1%。该城市群地形以平原和丘陵为主,土地利用条件优越,同时,水域面积广阔,河网密布,除淮河、长江、京杭大运河外,还有秦淮河、灵江、皖江等主要水系,水资源极为丰富,为区域港口发展奠定了良好的自然基础。但同时,长三角城市群矿产资源较为贫乏,江苏、安徽的矿产资源主要有煤炭、石油、天然气等能源矿产,也有一定的非金属矿产储量,如硫、磷、钠盐等;浙江省矿产资源以石煤、明矾等非金属矿产为主;上海矿产资源最为匮乏,目前仅探明天然气、铜、银等少量矿产,但区域内具有一定数量的二次能源和清洁能源,如沼气、风能、潮汐能等。

长江中游城市群位于我国中部地区,是以武汉、长沙、南昌三大城市为中心,由湖北、湖南、江西三大省所组成的特大型城市群,区域总面积达到31.7万平方千米,占我国国土总面积的3.3%,该区域地形以平原和丘陵为主,大部分地区位于长江中下游平原,气候适宜,土地肥沃,是全国重要粮食生产基地。同时,该城市群水资源极为丰富,河川径流量占全国总量比重约达三成,群域内不仅有洞庭湖、鄱阳湖、太湖三大淡水湖泊,还有洞庭湖水系、汉江、鄱阳湖水系、清江等重要河流,由于平原地区地势平坦、河流流速不大,水流流向不定,部分河流含沙量大,容易导致流域水质恶化、港口淤积,当面临极端气候时,容易遭受洪涝、干旱等灾害。此外,长江中游城市群区域内拥有丰富的矿产资源,蕴藏大量的铜、铁、铅、磷等金属矿产和石灰石、大理石等非金属矿产,是我国重要的能源原材料基地。

成渝城市群位于我国西南地区,区域面积达17.56万平方千米,占全国国土总面积的1.8%。成渝城市群位于四川盆地腹地和长江黄金水道沿岸,区域内多山地丘陵,森林资源和水资源都极为丰富,重庆主要河流有长江与嘉陵江,四川省内主要河流有白河、黑河、金沙江、雅砻江、岷江、沱江、嘉陵江、赤水河等,河网极为稠密。由于自然条件优越,川渝地区的农业、畜牧业都较为发达,四川省素有"天府之国"的美称,是我国重要的粮食生产基地。此外,区域内的矿产资源、清洁能源也位于全国前列,其中,川渝地区的铁、锰、铜等金属资源储量较大,尤其是钒、钛、银、天然气等储量居全国首位,区域内水资源向能源转化量和利用量也极大。

2. 港口自然条件

长江经济带涵盖了成渝、长江中游、长三角三大城市群,水运体系庞大,港口众多,但在区域的水运发展中,主要是部分重点港口发挥领头地位，因此，本书主要根据《长江经济带综合立体交通走廊规划（2014—2020年）》中关于长江港口系统重点规划项目的内容，按照地理位置差异对各主要港口做了一个简要的梳理，并在后文中对这些主要港口进行自然条件分析（如表4.2所示）。

表4.2　　　　　　　　　长江港口系统重点规划项目

性质	港口群	所在省市	港口名称	数量（个）
海港	长江三角洲港口群	上海	上海港	1
		浙江	宁波—舟山港	1
		江苏	连云港、苏州港、南京港、镇江港	4
河港	长江三角洲港口群	浙江	嘉兴内河港、杭州港、湖州港	3
		江苏	无锡港、徐州港	2
	长江中游港口群	安徽	马鞍山港、芜湖港、安庆港、合肥港、蚌埠港	5
		江西	九江港、南昌港	2
		湖北	武汉港、荆州港、宜昌港、黄石港	4
		湖南	岳阳港、长沙港	2
	成渝港口群	重庆	重庆港	1
		四川	泸州港	1

资料来源：根据《长江经济带综合立体交通走廊规划（2014—2020年）》整理所得。

长江三角洲港口群主要依托于上海国际航运中心，以上海港、宁波—舟山港、连云港为重点，充分发挥苏州港、南京港等群域内其他港口的功能，共同推动长三角城市群及整个长江流域周边地区的经济发展。上海港位于长江三角洲前缘，扼长江入海口，临近黄海，海域宽广，海岸线曲折，包括长江口南岸、黄浦江两岸、杭州湾北岸、崇明岛、长兴岛、横沙岛沿岸、洋山深水港区以及上海内河港区，自然条件极为优越，是国家综合大通道和国内、国际物流的重要节点。浙江省同时拥有海港和河港，海港为宁波—舟山港，河港包括嘉兴内河港、杭州港和湖州港。宁波—舟山港地处我国大陆海岸线中部、南北和长江的"T"形结构的交汇点上，是中国大陆著名的深水良港。宁波港由北仑、镇海、宁波、大榭、穿山港区组成，进港航道水深18.2米以上，25万吨和30万吨船舶可候潮进出港，是一个集内河港、河口港和海港于一体的综合性现代化深水大港；舟山港由定海、沈家门、老塘山、高亭、衢山、泗礁、绿华山、洋山八个港区组成，可建码头岸线 1538 千米，其中水深大于 20 米的深水岸线 82.8 千米，是一个以水水中转为主要功能的深水良港。嘉兴内河港地处浙北杭嘉湖水网地区，下设城郊、平湖、海盐内河、海宁、桐乡和嘉善 6 个港区，主要通过京杭运河、杭申线、湖嘉申线等高等级航道开展对外运输，港口集疏运条件优越，是浙江省融入长三角的门户。杭州港位于浙江省西北部，东临杭州湾，受益于京杭大运河和钱塘江，水运优势明显，港口运输潜力大，至 2015 年末，已建成码头泊位 805 个，主要分布于京杭运河杭州段、杭申线、富春江等高等级航道两沿。湖州港是浙北地区最大的内河枢纽，港口资源丰富，境内有京杭运河、杭湖锡线、东宗线等主要航道，港区优势明显。江苏省位于我国东部沿海地区，辖江临海，海港、河港数量较多。江苏最大海港为连云港，该港口位于我国沿海中部的海州湾西南岸，由马腰、庙岭、墟沟、旗台等港区组成，是一个集运输组织管理、中转换装、装卸储存、多式联运、通信信息及生产、生活服务等功能于一体的大型综合性港口。苏州港地处我国南北海运大通道和长江黄金水道的交汇处，对外交通便利，港口岸线顺直、河床稳定、水域开阔、水深流急，地理位置和港口条件优势显著。南京港依托于南京市，是长江下游水陆联运和江海中转的枢纽港，该港口航道水深、港区宽阔，港域条件和地理位置得天独厚，是我国最大的内河港口。镇江港地处京杭大运河与长江交汇处，具有江海直达和海江河转运的区位优势，深水岸线资源丰富，开发潜力优势明显。无锡港与徐州港都是江苏省主要的内河港口，地理位置优越，港口设施齐全，主要承担周边地区所需物资的中转、储存功能。

　　长江中游港口群位于我国地理区位的中心位置，主要依托于长江水道，承接群域内及成渝—中游—长三角之间的经济往来。江西省有两大主要内河港口，即九江港和南昌港。九江港地处黄金水道长江与南北大动脉京九铁路的交汇处，是群域内水陆联运的主枢纽港口，但受制于自然条件，九江港港口水深较浅，通航能力较弱。南昌港位于江西省赣江下游，濒临鄱阳湖，内河水路与赣江、信江、长江等干线相连，水运条件极为优越，是群域内重要水路枢纽。湖北省位于长江中游地区，全省共有港口 38 个，主要港口有 4 个，均为内河港口，群域内主导港口为武汉港，武汉港位于长江和汉水汇合处，江阔水深，是我国华中地区和长江流域的货运中心及内河航运中心，该港交通极为便利，港区铁路与京广、汉凡等铁路要道相连，铁路、水运网络庞大。荆州港、宜昌港、黄石港均位于长江航线中端,并已形成水运、公路、铁路、航空、管道运输方式相交叉的立体交通格局,得益于三者腹地经济的发展,港口作为区域内能源和外贸物资集散地的作用日趋显著。湖南省水运发展主要以岳阳港、长沙港为中心,兼顾湘潭、株洲等重要港口,岳阳港是长江流域八大深水良港之一,也是湖南省唯一直航中国香港、中国台湾、韩国的内河港,自然条件优越,交通优势显著;长沙港位于湘江沿岸,国际集装箱运输极为发达。

成渝港口群以重庆港和泸州港为主,重庆港位于长江和嘉陵江交汇处,地理位置优越,现为成渝地区最大的内河主枢纽港和西南区水路交通枢纽,经济腹地广阔,随着三峡工程的进行,库区蓄水使水位抬高,拓宽了辖区内河航道,并更好地发挥了运能大、运距长的优势,但与此同时,三峡蓄水也带来了泥沙淤积等问题,极大地影响了码头作业。泸州港位于川、滇、黔、渝四省市的接合部,是我国内河主要港口之一,港口交通极为便利,经隆泸地方铁路与成渝铁路相接,还有成自泸、泸赤等公路在该港交汇,从而实现"铁水公路联运"(如表4.3所示)。

表4.3　　　　　　　　　2016年长江主要港口基础信息

港口群	港口名称	岸线长度（千米）	主要港区	主航道水深
长江三角洲港口群	上海港	280	宝山、张华浜、军工路、外高桥、共青、高阳、朱家门、民生、新华、复兴、开平、东昌	12.5米
	宁波港	120以上	北仑、镇海、宁波、大榭、穿山、梅山	22.5米以上
	舟山港	1538	定梅、沈家门、老塘山、高亭、衢山、泗礁、绿华山、洋山	18—23米
	连云港	219	马腰、庙岭、墟沟、旗台	11.5米
	南京港	98	龙潭、七坝、西坝、老港区	10.5—12.5米
	苏州港	137	太仓、常熟、张家港	30—40米
	镇江港	139	高资、镇江老港、谏壁、大港	4.5米
长江中游港口群	武汉港	236.7	汉阳、汉口、阳逻、沌口、青山、左岭	4—4.5米
	荆州港	483	盐卡、松滋	3.8米
	宜昌港	130	坝下、临江坪、枝城、云池、坝上茅坪、汇通	3.5—4.5米
成渝港口群	重庆港	612	万州、涪陵、永川、江津、合川、武隆、奉节	3.5—4米
	泸州港	136	纳溪、中心、泸县、合江、古蔺	2.9—3.7米

资料来源:根据公开资料整理得出。

（二）港口联动的经济基础

随着社会经济的发展和社会生产力的提高，地区专业化分工程度不断加强，由此大大地推动了本区域与外部区域间产品和服务的交换，在这一进程中，港口扮演了类似于"中介"的职能，一定程度上便利了产品和要素的规模化流动，同时使各地港口与其腹地更加紧密地连为一体，二者相互依存、协同发展。

为简要描述长江经济带各城市群的腹地总体经济状况，本节选取了GDP、人均GDP、货物进出口总额、货运量、港口货物吞吐量、港口集装箱指标，主要从各城市群经济发展状况、经济增长速度、在全国的经济地位、城市群港口的发展情况等方面来进行分析。

表4.4　　　　　　　　2016年全国及各城市群经济指标[①]

	GDP（亿元）	人均GDP（元）	货物进出口总额（亿美元）	货运量（亿吨）	港口货物吞吐量（亿吨）	港口集装箱吞吐量（万标箱）
全国	74.36	53777	36855.57	438.68	132.00	22005
同比增长（%）	7.91	7.28	−6.77	5.05	3.53	4.01
长三角城市群	14.72	113209	13361.68	87.06	25.87	6680
同比增长（%）	8.63	7.83	−4.94	4.03	3.44	2.47
全国占比（%）	19.79	—	36.25	19.85	19.60	30.36
长江中游城市群	7.25	53991	975.31	50.71	9.80	223
同比增长（%）	11.60	7.54	−14.83	4.77	3.48	8.78
全国占比（%）	9.76	—	2.65	11.56	7.42	1.01
成渝城市群	4.82	43702	999.08	26.90	2.69	195

---

① GDP和人均GDP指标测算中，长江上、中、下游城市群范围的划分以《长江三角洲城市群发展规划》《长江中游城市群发展规划》以及《成渝城市群发展规划》为依据，成渝城市群包括：重庆；成都、自贡、泸州、德阳、绵阳、遂宁、内江、乐山、南充、眉山、宜宾、广安、雅安、资阳、达州。长江中游城市群包括：武汉、黄石、鄂州、黄冈、孝感、咸宁、宜昌、荆州、荆门；长沙、株洲、湘潭、岳阳、益阳、常德、衡阳、娄底；南昌、九江、景德镇、鹰潭、新余、宜春、萍乡、上饶、抚州、吉安。长江三角洲城市群包括：上海；南京、无锡、常州、苏州、南通、盐城、扬州、镇江、泰州；杭州、宁波、嘉兴、湖州、绍兴、金华、舟山、台州；芜湖、马鞍山、安庆、铜陵、池州、合肥、滁州、宣城。在货物进出口总额、货运量、港口货物吞吐量、港口集装箱吞吐量指标测算中，考虑到数据的可得性，按照对城市群简单的划分，即长江三角洲城市群（上海、浙江、江苏、安徽）、长江中游城市群（湖北、湖南、江西）、成渝城市群（四川、重庆）来进行。

续表

	GDP（亿元）	人均GDP（元）	货物进出口总额（亿美元）	货运量（亿吨）	港口货物吞吐量（亿吨）	港口集装箱吞吐量（万标箱）
同比增长（%）	9.74	9.15	−5.44	4.10	5.91	19.63
全国占比（%）	6.48	—	2.71	6.13	2.04	0.89

资料来源：根据《中国统计年鉴（2017）》《中国统计年鉴（2016）》《中国港口年鉴（2017）》《中国港口年鉴（2016）》整理所得。

由表4.4所示，总体来看，我国经济增长趋势较为平稳，港口货物吞吐量和集装箱吞吐量都有一定程度的增长，但与国民收入总值增速相比，其发展速度仍然较缓。而货物进出口总额和货运量可能受制于国内外经济趋缓的态势，出现了下降态势。

从三大城市群各自发展情况来看，长三角城市群在绝对数上明显处于领头地位且各指标均保持增长趋势，该区域对全国GDP的贡献达到19.79%，人均GDP更是远远超过全国平均水平。由于长三角城市群位于我国东部沿海，外向型经济发展程度高，该区域进出口总额在全国比重均超过35%，表明长三角城市群进出口对我国整体进出口贸易的影响较大，且该区域经济发展对进出口贸易的依赖性也比较强。该区域2016年港口集装箱吞吐量总数达到6680万标箱，占全国的30.36%，可以看出该区域进出口运输标准化程度较高。

长江中游城市群位于我国中部地区，经济发展基础和对外贸易条件相对较弱，但在2016年，该城市群的GDP增速高于其他各城市群，达到11.60%，同时，人均GDP增速也高于国内平均水平，说明长江中游城市群发展潜力较好。从进出口指标来看，该城市群进出口实力相对较弱，占全国进出口总额的比重仅为2.65%，进出口总额同比下降14.83%，受国际贸易影响波动较大。从港口货物运输来看，港口货物吞吐量仅占全国的7.42%，且港口集装箱占比较低，表明该区域港口资源未得到充分发挥，且运输方式标准化程度较低。

成渝城市群位于我国西南地区，水资源丰富，但港口开发程度不高，出口经济发展较慢，该城市群GDP在全国占比为6.48%，在三大城市群中GDP和人均GDP绝对值最低，与其他两大城市群差距较大。同时，该群域内港口货物吞吐量和集装箱总量较低，说明当前该港区腹地对港口运输的需求有限，实际上，重庆、四川两地港口数量较少，纳入全国重点规划的港口仅有重庆港、泸州港，且该区域位于我国西南内陆，进出口贸易发展相对较落后。因此，该区域港口发展基础较为薄弱，港口对腹地经济的影响极为有限，不利于港口与其腹地共同发展。

二 港口的基础设施建设、资源整合及相关政策

要实现长江经济带城市群港口的联动发展，必须对各城市群港口的基础设施以及现阶段已经实现的港口间合作状况有深入了解。因此，本节将从港口基础设施建设、港口资源整合以及港口联动的相关政策三个方面对长江经济带城市群港口条件及联动发展的现状展开研究。

（一）港口基础设施建设

1. 航运设施建设

港口基础设施[①]作为港口运输、仓储等功能的主要载体，其建设水平的高低对港口的装卸设备能力、仓储设备能力、机械作业效率等起到了决定性作用。港口基础设施涵盖范围较广，但一般来讲，码头泊位的数量与大小是衡量一个港口或码头规模的重要标志，而内河航道里程主要服务于港口运输，反映了区域内河流的通航范围。考虑到码头泊位数和航道里程对于港口发展的重要性以及数据的可得性，本书主要选取码头泊位数和内河航道通航里程两个指标来考察长江经济带港口的基础设施情况。

表 4.5 列示了 2016 年长江经济带三大城市群港口的码头泊位数情况。整体来看，我国生产用码头泊位和公用码头泊位数量较多，但万吨级码头泊位占比较小，说明我国港口码头层级相对处于较低的水平，码头承载能力有限。分城市群来看，长三角城市群码头泊位数居于首位，说明长三角城市群港口基础设施条件较好，容纳能力强。对比该城市群生产用码头泊位数的全国占比与公用码头泊位数的全国占比，可以发现后者远远低于前者，这说明该群域码头泊位建设活力强，除公用码头外，还存在相当数量的货主码头，这在一定程度上能引导私人资本进行投资、增强行业活力、

[①] 根据交通部 1995 年发布的《关于港口基础设施范围界定的通知》，港口基础设施主要包括：码头（含浮码头）、防波堤、防沙堤、导流堤、栈桥、船闸、驳岸、护岸、锚地、趸船、港内岸标、浮标等设施；港池、航道；陆域形成及征地拆迁形成的水下设施；客运码头的基础设施；边防、战备设施；港内仓储设备、围墙、桥梁、道路、铁路及港内外装卸运输服务的水、电设施；为运营船舶服务的通信导航和环保设施，水工工程的大临设施以及国务院有关部门规定范围内的港口设施等。

提高运营水平，但同时也可能导致无序竞争，影响市场正常发展。长江中游城市群和成渝城市群的码头泊位数量较少，且群域内没有万吨级码头泊位，这一方面是受港口自然条件的限制，另一方面也反映了上、中游港口基础设施建设水平相对较低。从码头类型来看，两大城市群公用码头泊位数所占比重相对较高，说明群域内港口码头主要由政府建设并引导，其发展受当地政策因素影响较为严重，社会资金注入较少，根据资本的逐利性可以看出两大城市群对港口运输需求相对较低，港口经济发展有限。

表 4.5　　　　　　　2016 年我国三大城市群码头泊位数　　　　（单位：个）

地区	生产用码头泊位数	万吨级	公用码头泊位数	万吨级
全国	30388	2317	12467	1775
上海	2362	172	382	104
江苏	7272	478	1731	307
浙江	4166	227	802	128
安徽	1148	17	790	13
长三角城市群	14948	894	3705	552
全国占比（%）	49.19	38.58	29.72	31.10
江西	1720	0	195	0
湖北	1829	0	655	0
湖南	1859	0	1509	0
长江中游城市群	5408	0	2359	0
全国占比（%）	17.80	0	18.92	0
重庆	813	0	539	0
四川	2044	0	1975	0
成渝城市群	2857	0	2514	0
全国占比（%）	9.40	0	20.17	0

资料来源：根据《中国港口年鉴（2017）》整理所得。

如表 4.6 所示，我国内河通航里程总长度极为可观，但仍面临着高等级航道数量较少、优质航道资源缺乏等问题。分城市群来看，长三角城市群的航道里程占全国航道里程的 30% 以上，其中一级航道占比超过 60%，说明该城市群水运条件好，航道资源特别是优质航道资源极为丰富。对比各省内码头泊位数可以看出，安徽省一级航道资源较为丰富，但码头泊位数较少，说明安徽省的航道资源并未得到充分的开发，该省港口水运发展潜力良好；与之相反，浙江省码头泊位数量大，但航运里程等级较低，说明该区域腹地经济对港口发展的促进作用较强。长江中游城市群通航条件相对优越，通航里程总数占全国比重达到20.12%，但该城市群也面临着高级航道数量少，航道层次较低的问题。从群域内各省市相关指标来看，湖南省通航里程总数位居首位但该省并没有一级航道，而主要以低层次航道为主；湖北省航道资源较为优良，一级航道数量较多，有利于大型船舶的进出；江西省也有一定数量的一级航道，但航道里程总数较少，可以发展优质航运。成渝城市群受其地势因素的影响，通航里程数较少，特别是优质航道数量极为有限，重庆最优航道仅为二级航道且里程较短，四川省优质航道资源更少，多为低层次航道，说明川渝两地港口运输自然条件较弱，可以主要发展中型和小型船舶的运输活动，提高货运单位价值。

表 4.6　　　　　2016 年我国三大城市群内河航道通航里程　　　　（单位：千米）

地区	总计	等级航道 合计	一级	二级	三级	四级	五级	六级	七级	等外航道
全国	127099	66409	1342	3681	7054	10862	7485	18150	17835	60690
上海	2176	998	125	0	115	116	121	403	118	1178
江苏	24383	8733	370	456	1397	839	1023	2156	2493	15650
浙江	9765	4985	14	12	239	1179	493	1576	1473	4780
安徽	5641	5064	343	0	417	605	511	2476	712	577
长三角城市群	41965	19780	852	468	2168	2739	2148	6611	4796	22185
全国占比（%）	33.02	29.79	63.49	12.71	30.73	25.22	28.70	36.42	26.89	36.55
江西	5638	2349	78	175	284	87	167	399	1160	3289
湖北	8433	5980	229	688	842	390	861	1763	1206	2453
湖南	11496	4127	0	300	559	375	155	1521	1217	7369
长江中游城市群	25567	12456	307	1163	1685	852	1183	3683	3583	13111
全国占比(%)	20.12	18.76	22.88	31.59	23.89	7.84	15.80	20.29	20.09	21.60
重庆	4352	1852	0	533	455	140	191	126	406	2501
四川	10818	3945	0	0	288	1090	389	589	1588	6873
成渝城市群	15170	5797	0	533	743	1230	580	715	1994	9374
全国占比(%)	11.94	8.73	0	14.48	10.53	11.32	7.75	3.94	11.18	15.45

资料来源：根据《中国港口年鉴（2017）》整理所得。

长江各航段的航道问题可归纳为"下游'卡脖子'、中游'瓶颈'、上游'梗阻'、支流'不畅'"。为全面提升长江黄金水道的通过能力,有针对性地解决上述问题,长江航务局采取了一系列航道治理措施并已初具成效(杨瑾等,2017)。针对上游"梗阻"问题,长江航务局已先后对泸渝段、叙泸段河道进行了整治,并且针对三峡库区实施了包括库尾炸礁、航标迁建、航路改革等多项重点工程。得益于三峡蓄水量的大幅提升,长江上游通航能力显著增强,万吨级船队可以直接抵达重庆主城港区,长江上游航道重庆至宜宾段航道最低维护水深提升至 2.9 米并且已实现全线夜航。针对中游的"瓶颈"问题,长江航务局实施了荆江河段航道整治工程,整治后的荆江河段航道水深提升至 3.8 米,可以供 3000 吨级货船构成的船队 24 小时双向通航,极大限度地缓解了长江中游航段的通航难题。针对下游"卡脖子"问题,将长江口深水航道水深由 7 米增深至 12.5 米,使远洋运输自长江口溯流而上延伸 400 千米,实现了南京长江大桥以下 5 万吨级集装箱船可双向通航、10 万吨级散货船可减载通航(周伦环,2017)。

此外,由于江海运输对于船只的要求条件不一,从海上运输散货到内河中上游,要多次更换运输船舶,不仅过程烦琐,运营成本高,而且安全性较低。为推动长江黄金水道江海联运的发展,除了对航道进行整治外,对于航行在长江上的船只船型的标准化改造升级也在逐步推进。2017 年 4 月 19 日,国内第一艘江海直达 2 万吨级江海联运散货船"江海直达 1 号"在浙江舟山开工建设,计划施工时间为 10 个月,建成后的货船主要营运舟山—马鞍山的直达航线(叶红玲,2017)。长江航道、船型的整治和改良,不仅有利于推动长江船舶大型化发展,还能够有效降低沿线环境污染和能源消耗。

2. 多式联运建设

长江经济带战略提出至今,长江经济带交通基础设施互联互通和港口间资源整合与互动已初具成效,为形成长江经济带城市群港口联动提供了良好开端。目前,长江经济带主要港口的腹地范围及交通网络构成如表 4.7 所示。

表 4.7　　　　长江经济带主要港口的腹地范围及交通网络

港口	城市群	腹地范围	铁路线	国道	高速公路
上海港	长三角	长江三角洲及长江流域	沪杭线、京沪线、沪昆高铁	204、312、320、318	京沪线、沪杭线、沈海线、沪陕线、沪蓉线、沪渝线、沪昆线、苏沪线、申嘉湖线、杭州湾环线、绕城高速

续表

港口	城市群	腹地范围	铁路线	国道	高速公路
苏州港	长三角	苏州地区	京沪线、沪宁城际线、京沪高铁	312	沪宁线、沿江线、苏嘉杭线、绕城线、苏沪线、苏太线
连云港	长三角	苏北、中原及西北地区	京沪线、京九线、陇海线	204、327、310	连霍线、沈海线、长深线
南京港	长三角	南京地区	京沪线、宁西线、宁铜线、宁启线	104、312、235	长深线、宁芜线、宁高线、沪蓉线、宁络线、宁合线
宁波港	长三角	浙北地区	杭甬线	329	杭州湾环线、沈海线、甬金线
武汉港	长江中游	湖北地区	京广线、武九线、汉丹线	318、220、316、107	京港澳线、沪渝线、福银线、沪蓉线、大广线、京珠线
重庆港	成渝	成渝地区	成渝线、川黔线、襄渝线、渝遂线、兰渝线、渝怀线	319、212、210、213、314、318	渝昆线、兰海线、成渝环线、南渝线、渝黔线、渝遂线、渝襄线、沪渝线、包茂线

资料来源：根据公开资料①结合现实情况整理所得。

  从长江经济带整体来看，在综合交通建设方面，伴随着长江南京以下12.5米深水航道的初步贯通，南京港由内河港口转变为深水海港，三峡大坝升船机也已进入运行状态，诸如芜湖—安庆段和宜昌—安庆段等一系列的"问题"航道治理工程正在加速推进；依托于长江黄金水道的综合立体交通走廊初具雏形，沪昆高铁、沪汉蓉铁路南北贯穿，沪昆、沪渝、沪蓉、杭瑞等高速公路网络纵横交错，在现有机场群的基础上，未来还将新建、扩建40多个机场。在修复长江生态环境方面，中铁现代物流科技股份有限公司围绕降低长江航运对江水的污染，于2018年7月正式开通运行"长江班列"。该班列的开通旨在进一步提高长江经济带城市之间货物运输时效，将长江经济带武汉、南京、杭州、上海等国家级物流节点城市串联起来，辐射沿江6个省份、19个大中城市，从而降低货物送达时效和货损率，提升经济效益②。分省来看，浙江省为加强港口基础设施建设，将宁波—舟山港主通道工程、舟山马迹山三期码头工程、温州瓯江北口大

---

  ① 王成金：《集装箱港口网络形成演化与发展机制》，科学出版社2012年版，第185页。
  ② 新浪新闻：《中国铁物正式开通运行长江班列》，2018年7月2日，http://news.sina.com.cn/c/2018-07-02/doc-ihespqry3835469.shtml，2019年1月7日。

桥、乐清湾港区铁路支线建设工程等列入2017年重大建设项目[①]。江西省为补齐公路水运交通"短板",计划在"十三五"期间投入3300亿元建设港口铁路线58千米,疏港公路230千米,实现主要港口与铁路、高速公路高效衔接,改善港口集疏运体系[②]。武汉开通与港口联运的汉欧班列,新港铁水联运示范项目也在建设当中。重庆致力于打造"四枢纽九重点"港口集群,目前已完成果园港进港铁路建设,未来还将推进珞璜港、龙头港和新田港的进港铁路建设进程。

3. 信息化建设

信息资源分散已成为阻碍长江经济带城市群港口联动的主要障碍因素之一,因此,推进信息一体化建设也日益受到重视。2015年10月,中国港口协会长江港口分会成立信息化专业委员会,其主要任务是优化企业业务生产管理、管控风险,提高企业效率效益,对于推动船、港、货一体化与智慧港口建设。长江航道局为了加快数字航道建设进程先后开展了多项工作,如针对南浏段、兰蝙段以及蝙大段航道的数字化建设工程、电子航道图生产与服务系统建设工程、长江航道测量设施设备建设二期工程等,这些项目的建设和应用对于推进长江航道的数字化和信息化起到了良好的示范效果。在航道信息采集方面,现阶段已可以做到对航道全线约50%的航标实施遥测遥控;在航道维护管理方面,目前已初步实现对于船舶通过、物资管理、航标维护和水位监测4项业务的数字化管理,基本实现了联网管理和无纸化办公;在航道信息的对外服务方面,已研制并开发出数字航道和电子航道图生产系统,从而使快速更新电子航道图数据和提供高效服务成为可能,有利于为航行船舶提供更加及时准确的航行指引(陆英,2016)。

4. 小结

虽然从整体来看,长江经济带在航道畅通、枢纽互通、江海联通、关检直通等方面都取得了积极进展,省际间、区域间协商合作和资源整合也在不断强化,但这种合作和资源整合仍较多停留于省级层面,或仅限于个别地区在个别业务领域的合作。尽管目前长江经济带已开展了诸如"长江经济带港口联席会议""长江中游城市群建设分论坛"和"下游七港联席会"

[①] 中国港口:《多地推动港口一体化 建设区域港口群发展海洋经济》,2017年6月19日,http://www.port.org.cn/info/2017/196947.htm,2019年1月7日。

[②] 中国经济网:《江西打出组合拳 对接长江经济带》,2017年6月16日,http://district.ce.cn/newarea/roll/201706/16/t20170616_23668159.shtml,2019年1月7日。

等区域性合作活动,发布了长江沿线主要港口江海联运港口联盟《舟山宣言》等合作协议,但在实际操作中,很多举措尚未落地,长江经济带港口群协同发展的构想仍停留在战略层面,一体化联动格局尚未形成。

(二) 港口资源整合

从港口管理体制的发展来看,我国港口的管理权经历了由中央到地方、由港务管理局到港务集团公司的变化过程,体现了自主权不断下放的趋势,顺应了市场经济的发展要求。从表4.8可以看出,长江经济带主要港口的实际控制人均为港口所在地方政府。事实上,现阶段长江沿线的众多港口基本上都由各地方政府实际控制。

表4.8　　　　　　2015年长江沿线港口公司的实际控制人

名称	实际控制人	第一大股东
上海港	上海市国有资产监督管理委员会	上海市国有资产监督管理委员会
连云港	连云港市国有资产监督管理委员会	连云港港口集团有限公司
宁波港	浙江省人民政府国有资产监督管理委员会	宁波—舟山港集团有限公司
南京港	南京市国有资产监督管理委员会	南京港(集团)有限公司
苏州港	苏州城市建设投资发展有限责任公司	苏州港口发展(集团)有限公司
镇江港	国务院国有资产监督管理委员会	国投交通控股有限公司
嘉兴港	宁波市人民政府国有资产监督管理委员会	浙江省海港投资运营集团有限公司
湖州港	湖州市人民政府国有资产监督管理委员会	湖州国际物流有限公司
徐州港	江苏徐州港务(集团)有限公司工会委员会	江苏徐州港务(集团)有限公司工会委员会
皖江物流	安徽省人民政府国有资产监督管理委员会	淮南矿业(集团)有限责任公司
九江港	上海市国有资产监督管理委员会	上海国际港务(集团)股份有限公司
武汉港	武汉市国有资产监督管理委员会	上港集团
荆州港	湖北省人民政府国有资产监督管理委员会	湖北交投荆州投资开发股份有限公司
宜昌港	宜昌市国有资产监督管理委员会	宜昌国有资本投资控股集团有限公司
重庆港	重庆两江新区管理委员会	重庆港务物流集团有限公司
泸州港	四川省人民政府	四川省港航开发有限责任公司

资料来源:根据公开资料[①]整理得出。

---

① 杨静蕾、杨微情、张秋晗:《我国上市港口公司股权结构变迁研究》,《港口经济》2001年第2期。

为加强资源整合，促进江海联运发展，提高长江黄金水道运输效率，增强国家战略物资安全保障能力，从国家到地方层面都对长江经济带城市群港口进行了不同程度的资源整合。

从整体层面来看，2016年2月，中远、中海两大航运企业合并成立中国远洋海运集团有限公司，长江口120千米航道交由长江航道局管理，标志着长江干线航道基本实现集中统一管理，深化长江航运行政管理体制改革进入正式实施阶段。此外，为贯彻落实党中央、国务院关于推动长江经济带发展的重大战略部署，多家航运集团（企业）、物流企业和轮船公司于2017年7月20日共同发起成立了长江经济带航运联盟，成员包括上港集团、宁波舟山港集团、南京港集团、安徽皖江物流集团、武汉港集团、江西九江港务集团、湖南城陵矶港集团、重庆港务物流集团、四川宜宾港集团、长航集团、长江港口物流、民生轮船、泛亚航运、众诚航运。作为一个非营利的行业性组织，长江经济带航运联盟成立的宗旨在于推进长江航运资源优化配置和协同发展，进而提升黄金水道整体的航运功能。

从城市群层面来看，虽然长江经济带各港口分属不同地方政府管辖，但在中央政府的统一协调规划下，各城市群内部分港口已进行了不同程度的合作和资源整合。长江三角洲港口间互动最为频繁，在发挥自身优势的基础上构建了新的竞合模式：江苏省对省内港航企业进行整合，将南京、连云港、苏州、南通、镇江、常州、泰州、扬州沿江沿海8市国有港口企业整合并入江苏省港口集团，最大股东为江苏省国资委所属的江苏交通控股集团[①]；上海港与太仓港进行资本层面的战略合作，成立合资公司，共同经营；宁波港和舟山港为推进港口资源和涉港平台整合，采取股权等值划转的方式，整合合并为浙江为省海港集团；嘉兴港、温州港和台州港也将逐步整合并入浙江省海港集团；洋口港与上海港形成组合港，成立上海组合港管理委员会办公室，具体统一协调长三角地区港口规划和集装箱码头规划，推进港口的分工与合作。长江中游港口群合作的重点在加速推进联通鄂东地区与武汉、上海等航运枢纽的码头工程建设和航道开辟，采取积极措施加强航道整治、建设大型港口；在强化武汉港在长江中游的航运中心地位的同时，充分发挥其与岳阳港、九江港承上启下的区位作用，避免过度竞争。长江上游相比于下游、中游地区港口间互动相对有限，除宜

---

① 中国港口编辑部：《2017年度中国集装箱港口十大新闻》，《中国港口》2018年第2期。

宾港与重庆港在物流方面签署的战略合作协议外，还计划在推进长江、嘉陵江航道升级和船型标准化，加快宜宾至重庆段航道工程建设和涪江航道复航方案方面开展合作。随着《成渝城市群规划》的获批和川渝地区合作的不断深入，未来两地的港口合作有望进入新阶段。除了城市群内港口的互动和资源整合，跨城市群的港口合作也方兴未艾。如表4.9所示，作为长江经济带上实力最强的港口，上海港为扩展腹地资源和发展内河运输，采取注资、相互持股等多种手段与长江上、中游沿江港口开展了合作：先是与处于中游枢纽地位的武汉港建立联系，接着与南京港、芜湖港、南通港、重庆港结成战略联盟，而后又投资了宜宾、重庆两港集装箱码头，成为推动长江经济带港口局部联动的主要动力。成都市、泸州市联合武汉市签订了《港口物流战略合作框架协议》，旨在整合三市资源，打造成都—泸州铁水联运通道，建立成都—泸州—武汉区域协调发展示范带。

表4.9　　　　　　上海对长江经济带部分港口集装箱码头的投资

港口	码头	投资方	投资年份	持股比例（%）
宁波	北仑港二期	和记黄埔	2001	49
宁波	大榭码头	招商局国际	2004	45
九江	九江码头	上海港务集团	2008	97
武汉	武汉港	上海港务集团	2005	30
武汉	武汉港	上港集箱	2005	25
张家港	永嘉集装箱码头	中远太平洋	1992	51
扬州	远洋国际集装箱码头	中远太平洋	2004	51
重庆	寸滩集装箱码头	上海港务集团	2005	51
南京	龙潭集装箱码头	中远太平洋	2005	20
南京	龙潭集装箱码头	上港集箱	2005	20

资料来源：根据上海海事大学王申迎的《上海国际航运中心与长江航运联动发展研究》以及企业网站整理所得。

要实现长江经济带城市群港口联动，除了要从战略层面加快推进港口合作和资源整合，还应着力推动长江航运服务一体化进程。为提高港口办事效率，简化通关手续，杭州、南昌、武汉、长沙、重庆、成都、贵阳、昆明等海关已启用区域一体化通关方式。为缩短长江航运的运输时间，推动江海联运发展，武汉开通了至上海洋山港的"江海直达"航线，泸州、重庆、宜昌、荆州、岳阳、九江等地的货源可通过水水中转和铁水联运经由武汉直达上海；浙江省设立舟山江海联运服务中心，服务范围包括舟山群岛新区全域和宁波市北仑、镇海、江东、江北等区域，覆盖的陆域面积约为2500平方千米，海域面积逾两万平方千米。为推动长江上下游航运产业整合，加强航运产业服务功能创新，上海于2017年6月启动了陆家嘴航运互联网产业基地项目，该项目目前已汇集航运类企业1170家，其中绝大多数的企业为航运专业服务机构，已经在海事服务、航运金融服务和航运法律服务等诸多方面形成了较为完备的体系，未来将主要实现融资服务、资源共享、创新交流、企业服务四大功能[1]。此外，武汉航交所也于2016年正式投入运营[2]。这些项目的建成实施对于提升长江经济带整体航运水平、推进长江经济带城市群港口联动发展具有至关重要的作用。

（三）港口联动的相关政策

港口作为国内国际物流的特殊节点，其发展的重要性不言而喻，但同时，港口也具有建设周期长、项目投资大的特点，其发展建设一方面依赖于自然地理条件，另一方面则得益于腹地经济的发展和政府政策的引导。

立足于国家宏观政策背景，为引导我国港口合理布局，推进码头设施有序建设，国家出台了一系列指导长江经济带港口发展的政策规划和指导意见，如表4.10所示。

表4.10　　国家出台的长江经济带港口相关政策汇总

政策名称	发布时间	主要内容和要求
国务院关于依托黄金水道推动长江经济带发展的指导意见（国发〔2014〕39号）	2014年	● 增强干线航运能力，改善支流通航条件 ● 优化港口功能布局 ● 完善长江航运等智能化信息系统 ● 建设综合立体交通走廊 ● 打造沿江绿色能源产业带
全国沿海邮轮港口布局规划方案（交规划发〔2015〕52号）	2015年4月	● 明确长江三角洲以上海港为始发港，逐步发展宁波—舟山港，重点服务长江三角洲及其他地区 ● 大力拓展东北亚、台湾海峡等始发航线和国际挂靠航线

---

[1] 中国港口：《国内首个互联网产业基地落户陆家嘴》，2017年6月22日，http://www.port.org.cn/info/2017/197019.htm，2019年1月7日。

[2] 中国港口：《武汉新港，迈入全球内河第一方阵》，2017年6月14日，http://www.port.org.cn/info/2017/196906.htm，2019年1月7日。

续表

政策名称	发布时间	主要内容和要求
全国公路水路交通运输环境监测网总体规划、公路水路交通运输环境监测网总体规划编制办法（试行）	2015年5月	● 推进行业环境监测工作框架的建立，重点覆盖国家高速公路、沿海及内河主要港口、长江干线航道等重要交通基础设施
中华人民共和国防治船舶污染内河水域环境管理规定（交通部令2005年第11号）	2015年12月	● 规范船舶污染物排放、船舶及其作业活动的污染防治等
船舶检验管理规定（交通运输部令2016年第2号）	2016年1月	● 规范国内船舶通行标准和船舶检验
交通运输部关于修改《国内水路运输管理规定》的决定（交通运输部令2016年第79号）	2016年12月	● 对经营国内水路运输的主体进行完善
"十三五"长江经济带港口多式联运建设实施方案（发改基础〔2016〕2588号）	2016年12月	● 以长江航运中心和枢纽港口为重点，强化主要港口的集疏运服务功能 ● 提升货物中转能力和效率 ● 提高多式联运服务质量，促进交通物流融合发展
中国交通运输发展白皮书	2016年12月	● 完善广覆盖的基础网络，提升沿海和内河水运设施专业水平，推进油气管道区域互联
航道通航条件影响评价审核管理办法（交通运输部令2017年第1号）	2017年1月	● 规范对与航道有关的工程进行的航道通航条件影响的评价审核
国务院关于印发"十三五"现代综合交通运输体系发展规划的通知（国发〔2017〕11号）	2017年2月	● 建设多向连通的综合运输通道 ● 强化高效率的普通干线网，稳步推进集装箱码头项目 ● 提升沿海和内河水运设施专业化水平 ● 加强沿海、长江干线主要港口集疏运铁路、公路建设，加强港口与综合运输大通道衔接
交通运输部关于推进长江经济带绿色航运发展的指导意见（交水发〔2017〕114号）	2017年8月	● 到2020年初步建成航道网络有效衔接、港口布局科学合理、船舶装备节能环保、运输组织先进高效的长江经济带绿色航运体系

资料来源：根据交通运输部网站（www.mot.gov.cn）资料整理所得。

  随着我国港口总体政策的出台，各省市也相继公布了本区域港口发展相关规划。长三角城市群港口建设基础较好，发展水平较高，因此该区域港口发展将改善生态文明、创新发展方式作为工作重点，如表4.11所示。

表 4.11　　　　　　　　　长江三角洲港口相关政策汇总

政策名称	发布时间	主要内容和要求
上海港船舶污染防治办法（沪府令 28 号）	2015 年 6 月	● 规范船舶污染物的排放及船舶防污设施的配置与使用要求
安徽省促进外贸稳增长调结构加快培育竞争新优势的实施意见（皖政〔2015〕86 号）	2015 年 9 月	● 提高口岸开放水平 ● 优化口岸服务 ● 推动芜湖港、马鞍山港、合肥港等一体化发展
关于进一步加强沿海岸线管理的若干意见	2015 年 9 月	● 大力推进规划布局优化、货种结构调整、海河联运提速 ● 推动港口转型升级
江苏省十三五规划建议	2015 年 11 月	● 加快港口和高等级航道网建设，提升干线公路网通畅性和安全性，推进综合客货运枢纽及集疏运体系建设，实现城市空间的有效拓展
浙江省十三五规划建议（浙委发〔2015〕23 号）	2015 年 12 月	● 推动港口体制改革 ● 改善区域内水域生态条件，促进绿色生态的发展
浙江省海洋港口发展"十三五"规划（浙政办发〔2016〕42 号）	2016 年 4 月	● 将海洋经济和港口建设发展结合考虑 ● 将宁波舟山港现有 19 个港区划分为重点发展港区、优化发展港区、特色发展港区三类，合理推进建设与发展 ● 推进大宗商品泊位区向北部集聚、集装箱泊位区向南部集聚
上海市推进国际航运中心建设条例	2016 年 6 月	● 设立上海国际航运中心建设发展资金 ● 完善基础设施建设 ● 建设航运服务体系 ● 创新航运科技
上海绿色港口三年行动计划	2017 年 7 月	● 从港区治理和船舶治理等方面入手，构建上海航运中心绿色低碳发展模式

资料来源：根据各地区政府网站资料整理所得。

现阶段，长江中游城市群港口发展也以对港航资源的战略性整合和流域的生态保护为主，如表 4.12 所示。

表 4.12　　　　　　　　　长江中游港口相关政策汇总

政策名称	发布时间	主要内容和要求
武汉长江中游航运中心总体规划纲要（鄂政办发〔2014〕10 号）	2014 年 2 月	● 建设武汉长江中游航运中心
湖南省交通运输系统水污染防治自查自纠工作方案	2015 年 5 月	● 推进重要水域（湘、资、沅、澧四水流域和洞庭湖区）的重点保护

续表

政策名称	发布时间	主要内容和要求
湖南省十三五规划建议	2015年12月	● 大力发展临江、临港产业 ● 建设长江中游区域性航运物流中心 ● 推进水域综合治理

资料来源：根据湖北省人民政府网(www.hubei.gov.cn)、交通运输部网站(www.mot.gov.cn)资料整理所得。

成渝城市群港口发展水平相较于中下游地区存在一定的差距，该群域内出台的相关文件均以港口、航道建设的发展战略指导和路线建议为主，如表4.13所示。

表4.13　　　　　　　长江上游港口相关政策汇总

政策名称	发布时间	主要内容和要求
重庆市关于加快长江上游航运中心建设的实施意见（渝府发〔2016〕8号）	2016年2月	● 系统推进干支航道建设 ● 着力实现航道网络化、港口枢纽化和船舶标准化 ● 深化行业体制改革
重庆市国民经济和社会发展第十三个五年规划纲要	2016年3月	● 加快建设长江上游航运中心 ● 整治并改善干支航道 ● 提高港口货物和集装箱吞吐能力 ● 构建铁公水联运港口物流枢纽
四川省港口管理条例（四川省人民政府令第302号）	2015年9月	● 明确港口责任主体的管辖范围和主管内容及港口的使用规范
四川省十三五规划纲要	2016年1月	● 提高长江等内河航运能力 ● 完善泸州、宜宾等6个港口码头功能建设，启动凉山、攀枝花等6个港口的建设，形成互通的"6+6"现代化港口体系

资料来源：根据重庆两江新区政府网(www.liangjiang.gov.cn)、四川省人民政府网(www.sc.gov.cn)资料整理所得。

第三节　长江经济带城市群港口联动的障碍因素分析

长江经济带沿线港口资源丰富，水运条件良好，随着港口经营权、管理权的下放和向综合化纵深发展，国家和地方政府纷纷出台相关政策，协调港城关系，促进地区经济共同发展。但同时，长江经济带城市群港口之间的竞争也日趋激烈，主要是围绕腹地、航线、箱量和货源展开的市场竞争。此外，重复建设、争抢货源、竞相压价等不良竞争现象的存在极大地影响了城市群港口联动的实现。为更好地实现长江经济带城市群港口联动，本节主要从体制、信息、运营三大方面入手，对影响长江经济带城市群港口联动的障碍进行梳理和分析，从而为后文的联动机制和模式奠定基础。

一 港口联动的体制障碍

长江经济带城市群港口联动的实现既能避免分散的、各自为政的组织体制对管理效率的影响，又能充分整合各地资源，促进各港口实现专业性、特色性发展。目前，由于港口经营建设存在投资额巨大、投资回收期长、利润率较低等问题，加之在港口建设与运营方面社会资本投入相对较少，国有企业与政府成为主要的投资者，民间资本与行业协会参与程度有限。国有港口企业经营管理的主动性与自主性不强，应对市场变化的能力较弱，港口建设与经营容易出现效率低下、运营僵化等问题。

在政府层面，受当前行政组织结构和政府官员考核体系的影响，地方政府在制订发展计划时，往往仅追求行政区域内的利益最大化。由于多数港口的实际控制权掌握在地方政府手中，所以多数港口在发展过程中也只关注地方利益，这种极强的政府意志倾向无疑会阻碍长江经济带城市群港口整体利益的实现。同时，港口的运行受国家政策和行政区划的双重影响，这容易导致相关管理者忽视市场因素与自然条件，进行无意义的港口重复建设或基础设施的盲目扩张，一定程度上对市场运行形成干扰，造成资源浪费，影响资源优化。此外，国有资本为主导的港口集团依然是各地港口的主要力量（王列辉、茅伯科，2010），这些港口集团主要领导的任命权仍然归属于地方政府，港口并非是真正意义上的市场主体，港口服务区域整体利益最大化的目标也无法得到保障。目前港口运营管理体制较为复杂，多头管理效率不高（蔡国龙，2014），政府对港口的运营和管理事务较多，加之港口体制改革后，地方政府对港口的管理缺乏经验，因此在如何控制政府的港口管理职能，促进港口功能的发挥等方面仍然存在较大问题。

在行业协会层面，当前，我国已经成立国家层面的中国港口协会和地方层面的港口协会，但还未建立基于港口群基础之上区域层面的港口协会。地方层面的港口协会主要有上海港口协会、浙江省港口协会、江苏省港口协会等，此层级的港口协会有利于推动单个省市的港口发展，但难以对跨地区的港口服务、协调和自律产生重要影响。与此相对，城市群层面的港口协会在一定程度上能打破行政封锁和市场垄断，促进港口间合作联动，然而目前我国城市群层面的港口协会较为缺乏，难以立足于长江经济带，实现保护群域内港口及长江经济带沿线港口的整体利益、防范企业间的盲目无序竞争、消除政府简政放权后形成的信息传导机制障碍、减少市场信息不完全而引发市场发展不稳定之间的矛盾等。

在港口企业层面，港口企业作为市场竞争、资源配置、港口合作的主体，港口企业之间的广泛合作是真正实现区域港口一体化的必要条件。目前港口企业主要分为三种，即各港的港务企业集团、国内大型跨地区投资港口业务的国资企业与外商专业码头投资商和船公司所属码头运营商，前两者受政府影响较大，而且我国的港口企业性质大多为国有，私有成分参与较少（章强、王学锋，2016）。这在一定程度上不利于优化港口建设、减少重复建设、提升运营的灵活性，另外，受制于地域行政垄断与区域政府间的隐性竞争，我国港口企业在港口间合作中存在一定行政障碍，合作动力不足，影响了长江经济带城市群港口的合作。同时，港口属地化管理后，港口之间的竞争愈加激烈，竞争的实质是地方利益之间的竞争（封学军、严以新，2005），当前我国港口企业发展水平较低，难以提供差异化服务以增加服务价值，而对于部分地理区位条件类似、提供同质化服务的港口，主要通过价格的竞争来获取客户，容易导致港口竞争的恶性循环。

二　港口联动的信息沟通障碍

港口信息化程度逐步成为衡量港口竞争力的重要指标之一。提升港口信息化水平，利用先进的电子科技和港口信息处理技术，打造区域范围内的信息交流平台，实现港口间信息联动，能降低交易费用与交易成本，从而提高港口的管理效率与运行绩效，拓展港口功能和发展空间（邹毅，2010）。随着科学技术的不断发展，实现港口信息联动已经有了相应的技术支持，但目前来看，我国长江经济带城市群港口信息化程度不高、港口信息联动的推进速度较为缓慢，阻碍了港口的信息资源共享，也极大地影响了港口国际化与信息化的转型发展进程。

港口信息化软硬件设施不足。随着经济全球化、贸易自由化、运输一体化进程的不断推进，与港口有关的信息技术及网络技术得到高速发展，为港口联动奠定了一定的信息基础。但实际上，我国港口信息化程度与国外大型港口相比仍然存在较大差距，部分港口在网上订舱、电子数据交换、客户跟踪服务等业务上信息化应用程度较弱，导致运营效率与管理效率不高，这也与我国港口对互联网技术的应用水平不高，对信息采集、传输、加工、共享的实际运用不足等情况有关。同时，我国城市群内港口间也缺乏相应的信息联动系统，如连接港口管理及生产应用多种需求的分布式立体空间信息网络、覆盖港口主要业务并整合相关信息资源的信息集成系统、实现港口口岸物流一体化的物流电子信息平台等，这也成为实现长江经济带城市群港口联动的平台阻碍，影响了港口间物流信息、客户信息等的联通。除信息化硬件设施外，软件方面的不足主要体现在信息化人才的缺乏，一方面，职能部门难以吸引专业的技术人才，使熟悉港口运营又精通信息技术的人才较为匮乏；另一方面，港口企业人员文化层次相对有限，从事信息化工作的人员数量偏少，甚至存在部分港口并无专业部门进行信息化管理，使信息管理工作开展存在较大困难（邵欢，2016）。

港口发展水平不一，信息化需求各异。长江经济带港口数量众多，在自然地理条件、经济腹地、目标客户、发展方向等方面均具有较大差异，导致各港口发展基础、经济实力、技术实力、自身定位、服务模式等也有很大的不同。推动城市群港口信息联动除了需要有足够的资金投入和配套的技术支持外，还需要各成员的积极配合与广泛参与，而目前长江经济带港口发展水平层次不齐、发展需求也存在较大差异，可能出现不同港口投入不一致、联动机制制定倾向不同等情况，不利于调动城市群港口的积极性，难以制定较为完善的信息联动发展机制，也极大地影响了长江经济带范围的港口信息联动平台的搭建和信息联通功能的实现。

港口间信任和承诺基础较为薄弱（吴爱存，2015）。目前我国各港口大多处于相互竞争、各自发展的态势，为保证港口自身的经济效益和竞争优势，各港口间的信息交流和资源的互通程度较低，难以对物流信息和客户信息进行归纳整合。这使长江经济带城市群港口在提升港口物流效率、优化客户服务制度、提高港口服务水平等方面存在较大的障碍，也给建立以实现长江经济带城市群港口联动、提高联动绩效为目标的信息联动模式增加了难度。同时，基于当前港口间薄弱的信任基础，即使建立起了港口信息联动体系，也会因为各港口发展目标的不一致和港口间的竞争关系等阻碍因素影响信息联动的进一步深化和推进。

三 港口联动的运营障碍

通过长江经济带城市群港口联动，各港口能共享某些资源，优化经营管理，扩大城市群内港口的整体优势，减轻单个港口基础薄弱、竞争压力大等不利条件，从而促进城市群港口整体实力的提高。但目前来看，长江经济带城市群港口资源共享程度较低，经营管理水平也不高，影响了港口运营联动的实现。

战略投资者缺乏，主要关注短期利益。受资本市场和治理机制的影响，港口更为侧重本身的内部利益，经营目标短期化，而对于长期战略投资的意愿不足。港口作为重要的基础设施，投资巨大且回收期长，若只着眼于短期利益和政绩工程，容易导致恶性竞争，如通过价格战，降低装卸费率以招揽货源，造成产出与投入不平衡，阻碍港口经济进一步发展，也使临近港口间多为激烈竞争关系，影响了港口的联动发展。此外，港口的"短视行为"也可能促使相关部门进行重复投资，导致港口基础设施的无序开发，由于地理条件、技术能力、管理水平的限制，多数建设均为低水平建设，造成大量资源浪费和产能过剩，对地区财政和港口后续发展都产生极其不利的影响。

发展定位不合理，具有盲目性、趋同性。长江经济带城市群港口数量多，部分港口距离较近，腹地交叉，而同时各枢纽港的发展规划都存在极大的相似性，缺乏科学的分工与规划。众多港口均将自身定位于港口群中的主要大港，盲目进行扩张，争夺货源，而不是立足于实际条件，合理规划自身定位，加大与周边港口的合作。这在一定程度上导致了长江经济带港口结构趋同，区域内港口定位紊乱，忽视港口具体条件限制，对港口机械设备、口岸设施进行盲目建设，花费巨大却难以收到相应成效，也加重了财政资金负担。同时，错误定位也会影响到港口间合作机制的建立与实现，多数港口对自身"主要枢纽港口"的定位使区域范围内港口间的关系难以理顺，继而影响到港口间的合作与互利发展，制约了联动效益的产生，继而限制了长江经济带城市群港口总体竞争力提升。

第四节　城市群港口联动的机制分析

近年来，随着科学技术的迅猛发展、经济一体化的逐步加强，省域内港口资源合作进程日益加快，然而跨省份的港口资源合作却仍然处于缓慢推进的状态（李燕、张玉庆，2012）。跨城市群港口之间的合作就更少，特别是对于长江经济带城市群来说，辖区内港口资源丰富、腹地经济水平较高，实现港口联动能进一步提高城市群内部港口整合水平、提升港口运作效率、减少资源浪费，同时也能加快城市群之间产业联动、生态联动等的进程。但目前来看，学术界对如何推动长江经济带城市群港口联动仍然存在诸多尚未形成共识的问题，如城市群内港口应采取何种联动机制才更有效率，通过何种途径能够激励和推动各主体之间的联动行为，对于联动产生的利益该如何分配等。为解决以上问题，本节将对城市群内与城市群间实现港口联动的目标动力、行为激励、风险分担、利益分配机制（王慧军，2010）进行深入分析，具体机制结构如图4.4所示。

目标动力机制
- 目标：吸引力
  - 短期目标：提高盈利能力
  - 中长期目标：实现效率优化
- 动力：推动力
  - 差异化和专业化发展
  - 规模经济和范围经济
  - 基于知识溢出的协同创新
  - 长江经济带港口发展政策

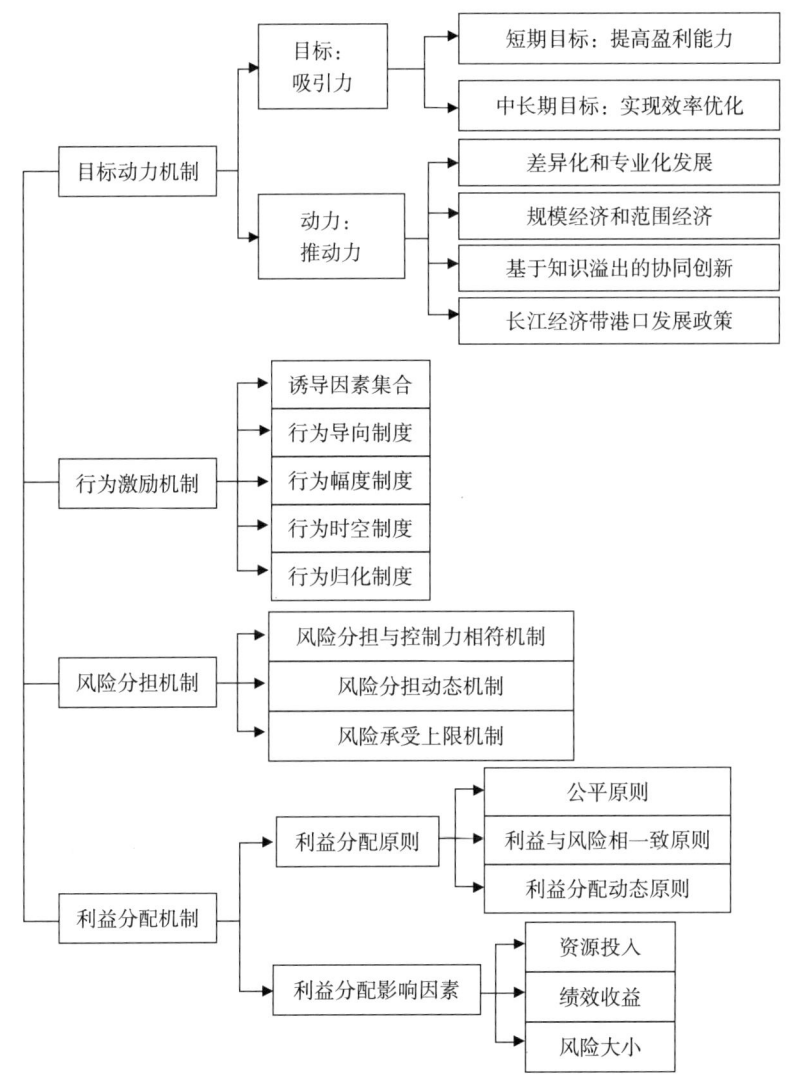

行为激励机制
- 诱导因素集合
- 行为导向制度
- 行为幅度制度
- 行为时空制度
- 行为归化制度

风险分担机制
- 风险分担与控制力相符机制
- 风险分担动态机制
- 风险承受上限机制

利益分配机制
- 利益分配原则
  - 公平原则
  - 利益与风险相一致原则
  - 利益分配动态原则
- 利益分配影响因素
  - 资源投入
  - 绩效收益
  - 风险大小

图 4.4 长江经济带城市群港口联动机制

一 港口联动的目标动力机制

港口联动的目标动力机制是指联动对于港口的吸引力和推动力，其中吸引力指的是港口联动的目标，使港口愿意采取措施积极开展港口联动；推动力指的是港口联动的动力，以此推动各港口通过联动成功实现目标。港口联动的目标可分为短期目标和中长期目标，前者指实现提升港口竞争力、增加港口盈利能力；后者则指实现长江经济带港口群效率优化，包括港口运营效率优化、资源配置效率优化和物资运输效率优化等。港口联动的动力包括差异化和专业化发展、规模经济和范围经济、基于知识溢出的协同创新、长江经济带港口发展政策等。

长江经济带城市群港口企业和政府的目标是有差异的，港口企业更追求短期的盈利能力增加，而政府更追求中长期的港口群效率优化。港口企业只有通过联动来提高竞争力，从而在短期内增加盈利水平，使长江经济带港口群获取自我完善的可持续发展动力，从而在中长期良性地演进至政府追求的效率更优的状态。因此，联动可以使港口企业和政府两个主体追求的目标一致化，吸引企业和政府共同主动参与到港口联动。

差异化和专业化发展是港口联动的第一类动力。差异化和专业化发展是指各港口立足于自身与周边港口实际水平，从港口适宜规模、区域内港口地位、港口主导运输货物等角度入手实事求是地展开具体分析，找准适合自身条件的具体定位，建设和发展最具比较优势的设施和服务，提高各港口的服务效率，增强各港口竞争力，规避港口间的盲目竞争和恶性竞争，从而提高各港口盈利能力和资源配置效率，推动长江经济带城市群港口联动。目前长江经济带城市群由于港口联动不足，港口间存在重复建设和过度竞争，不仅降低了行业相较于其他运输行业的竞争力，更使行业陷入了恶性竞争带来的盈利水平下降的困境。通过差异化和专业化发展，能够推动长江经济带城市群开展港口联动，打破恶性竞争困境，推动港口群可持续发展。

规模经济和范围经济是港口联动的第二类动力。规模经济是指在一个给定的技术水平上，随着规模扩大，产出的增加使平均成本逐步下降。而范围经济是指在同一核心专长下，因各项活动的多样化，多项活动共享一种核心专长，从而导致各项活动费用的降低和经济效益的提高。近年来，长江经济带内航空运输、铁路运输、公路运输等交通方式的迅猛发展带来行业间巨大竞争压力。为了应对这一行业间竞争压力，长江经济带港口群既要维持水路运输运输费用低、运输数量大的传统优势，又要加强水路运输管理水平与服务水平建设，增强港口群的整体竞争力，这就促使长江经济带进行港口联动，利用好规模经济和范围经济，维持和扩大市场份额和增强盈利能力，提高港口群在长江经济带城市群中跨地域配置资源的效率。通过形成长江经济带城市群港口联动，可以提高港口的规模经济和范围经济，促进港口之间核心资源要素的互换（赵旭等，2016），继而降低运输、仓储、信息交流等项目的成本，提高港口整体的物流效率与服务水平。

基于知识溢出的协同创新是港口联动的第三类动力。知识溢出是一种外部性，后发港口可以通过向先进港口学习提高效率。而先进港口为了保持其领先地位，必须不断进一步学习与创新，由此不断提高长江经济带沿线所有港口的整体服务水平，提高行业盈利能力，增强行业竞争力，继而提升整体经营效率。而长江经济带城市群港口发展水平不一，组织管理水平和技术实力也存在较大差距。长三角港口群内港口组织管理水平、技术层次较高，与之相对应的是长江经济带上、中游港口群部分中小港口等级较低（张滨等，2015），港口作为水路运输的节点，各节点之间服务水平、管理水平差异过大，不利于最大限度地发挥航运沿线港口的功能。基于知识溢出的协同创新能够推动港口联动，不断提高长江经济带沿线所有港口的整体服务水平，提高行业盈利能力，增强行业竞争力，继而提升整体经营效率。

长江经济带港口发展政策是港口联动的第四类动力。中央和地方支持发展长江经济带港口行业的政策措施对于推动长江经济带城市群实施港口联动具有重要作用。依托政策支持，可以通过完善港口基础设施，简政放权，增强港口企业活力和创造力，提升人才、技术、资本等要素的流动速度，建立和完善联动发展、协同治理机制和信息交流平台，极大地改善长江经济带沿线港口信息通达性较弱、服务能力差异大的现状，有力推动港口联动的实施。随着长江经济带城市群之间经济关联性的日益增强，全流域跨地区要素流动需求日益增长，对于港口运输和装卸等职能的安全性、便捷性、智能化的要求也会进一步提高（隋博文，2012）。只有实现联动后的港口群，才能增强行业竞争力，适应新形势，提高客户服务满意程度，维持、扩大市场份额和盈利水平，进而提高全流域跨地区水路运输效率。

二 港口联动的行为激励机制

激励主要是指为了某种目的而影响人们的需求，从而引导、改变人们的行为方向，使事物朝有利于组织目标发展的过程。激励机制是指通过制定一套制度来促使激励主体与客体相互作用的方法。长江经济带城市群港口联动为港口间互联互通、信息共享提供了有效途径，为更好地实现港口联动，需建立起完善的激励机制，以刺激港口保持良好的联动水平，优化港口资源的配置效率。根据激励机制的内涵，长江经济带城市群港口联动的激励机制可分为诱导因素集合、行为导向制度、行为幅度制度、行为时空制度、行为归化制度（刘正周，1999）。

诱导因素集合是指能够调动成员参与积极性的奖励、报酬等资源。由于不同成员需要获取的资源不同，诱导因素也存在差异。目前来看，港口在发展过程中的需求主要有资金需求、政策支持、技术保障等，而港口管理人员的需求则主要包括晋升、金钱、名誉地位等，为促使长江经济带城市群港口实现联动，要提取不同港口甚至港口管理人员的诱导因素，在对港口发展现状及港口和港口管理人员的需求进行调查、分析和预测的基础之上，制定实际可行又切实有效的激励机制。

行为导向制度是对成员行为方向、行为方式和应遵循的价值观的规定，行为导向主要强调全局观念、长远观念和集体观念。在实现长江经济带城市群港口联动的过程中，由于受各种因素的影响，各联动主体的行为可能朝着不同的发展方向进行，导致行为结果偏离预期，同时，其所具备的价值观和导向可能与联动发展的价值观存在差异。为实现长江经济带城市群港口联动，推动各港口及港口管理人员的个体利益与港口群利益、各港口群利益与长江经济带整体利益的协调发展，需要各联动主体形成以整体角度为出发点的主导价值观，并通过区域整体发展的共同目标来引导各主体的行为。例如，在多个层次上，推进长江经济带沿线港口资源整合，打造分层联动、资源共享平台，形成多层次、多类型的组合制度，共享客户、技术、信息资源等，从而使各港口主体逐步树立以长江经济带整体利益为上的共同价值观。

行为幅度制度是指这样一种控制规则：它能够在强度方面控制参与主体被诱导因素激发出的行为，从而保证奖酬与绩效之间的关联性保持动态变化的态势，可将个人的努力水平保持在一定范围内，防止奖酬机制对员工激励效率的不足。为实现理想的激励效果，长江经济带城市群港口在实现联动发展的过程中可以将各港口对联动发展的贡献、努力水平与绩效奖励规则调整在一定范围，当某些港口的货物吞吐量、基础设施建设情况、信息互通程度等达到一定层次之后，可以对该港口的审定标准进行适当调整，以保证奖酬对各港口的激励效率，巩固长江经济带城市群港口之间的长期、互利、合作的关系。

行为时空制度是指从时间和空间两个方面来限制参与主体被诱导因素所激发出的行为的制度，包括与绩效相关的时间限制和特定的外在性奖酬，从而有效规避参与主体的短期偏好行为和空间无限性，保证激发出的行为能够在预期的时间和空间范围内发生。港口及其相关设施的建设具有投入金额大、回收周期长的特点，"短视"的激励并不利于港口联动的可持续发展，可以考虑给定不同的限制时间，并在不同的时间范围内设置不同的奖酬机制，使在短期内，沿线港口和港口群能优化自身建设，加快城市群港口联动的发展进程，在长期内，也会重视持续发展，保障其长期利益。

行为归化制度是指参与主体达不到预定目标或违反行为规范的处罚，包括道德约束、契约约束等，是一种负激励。契约约束主要是采取订立长期合作或交易契约的方式，对于可能影响到港口联动的物流、信息流、资金流及其管辖组织或机构，明确其活动内容、时限、地域范围，对于违反契约或者难以达到契约要求的组织或机构实施一些惩罚措施（王景敏，2017），如限制信息权限、信用降级、违约的"惩罚金"（王丹、张浩，2014）等。除此之外，负激励还包括资金约束、抵押品约束等。通过实施负激励机制，能够划定港口协同机制的"底线"和"红线"，保障长江经济带城市群内部以及城市群之间的港口联动平台构建、信息资源交流，保证参与协同的主体完成相关协同任务，防止"搭便车"行为的出现，从而更好地实现联动发展。

三 港口联动的风险分担机制

港口联动风险可分为系统风险和非系统风险，前者指在港口建设和运营过程中，由于承受了不可控制的外力而遭受损失的风险，主要包括政治风险、不可抗力风险等；非系统风险指港口建设和运营维护过程中出现的可以自主控制的风险，包括信用风险、施工风险、运营风险等。合理的风险分担机制主要包括风险分担与控制力相符机制、风险分担动态机制和风险承受上限机制。

风险控制力是指港口联动的多个参与主体通过对风险进行识别、判断、控制和管理从而合理控制风险的能力。根据风险分担与控制力相符原则，在进行风险分配过程中，会将更多的风险分配给对此类风险具有相对较大控制力的一方，以此降低风险发生的概率，避免不必要的损失，也有利于充分利用各方的资源，促进整体利益的最大化。

港口联动在实现过程中，会受到内外部环境的影响，风险分担机制里各要素都是不断变化的，同时由于港口建设周期长，联动运营见效相对较慢，任何潜在的风险因素都可能对风险分担机制的稳定性产生影响。基于此，联动主体必须连续进行风险识别、评估、分担等工作，进而调整原本的风险分担机制，并立足于新形势，确定参与联动的各方都能达成一致的风险分担比例。

由于市场的复杂性和多变性，实现港口联动过程中，可能会发生一些意料之外的风险，且这些风险所造成的损失巨大，甚至对于港口联动的某一主体来说，并不具备单独承担风险的能力，因此对于不同的联动主体，要设定各异的风险承担上限，防止让其中某一方或者某几方承担过多的风险和损失而影响到其正常经营甚至是港口联动链条中断，而要调整好联动效率、风险成本、风险承担三者之间的关系。

四 港口联动的利益分配机制

利益可分为有形利益和无形利益，前者是指能够直接获得的、可量化的收益，后者指不可量化的收益，如声誉、品牌等。由于市场各主体具有逐利性，完善的利益分配机制能为参与联动的各港口提供保障，从而确保参与主体各自利益能够在联动中得到维持与提高。那么该如何建立利益分配机制才能促进港口联动？基于这种思考，本部分主要从利益分配原则和利益分配影响因素两方面入手进行分析。

港口联动的利益分配应力求利益相关者获得的利益与其贡献相一致，保证公平、公正的原则。公平原则是利益分配原则的前提，主要包括主体地位的平等原则和以效取酬原则，即参与联动的港口在港口群中的地位平等，其获取相应资源的权益均等，在利益分配中，参与者取得的利益与自身贡献、实现绩效相一致。同时，利益分配也需要遵循利益与风险相一致原则，由于长江经济带覆盖范围广，推行港口联动具有一定困难，存在相当的风险，港口作为参与主体，相应地也会期望在利益分配上得到补偿，而且对于发展水平各异的港口，其风险承受能力存在差异，能承担的风险大小也不同，因此在进行利益分配时，还需要考虑到利益与风险的相关性，根据各港口风险分担程度确定利益分配。此外，在制定利益分配原则的同时还应考虑到动态变化的过程，在联动发展初期，参与主体通常制定了现阶段相对完善的利益分配原则，但随着经济发展、科技进步、港口间合作进程的加快，原有的利益分配机制可能无法满足后续发展需要，因此，在前期制定利益分配原则时也需要考虑到后期的动态调整。

根据港口联动的特性，影响利益分配的主要因素有资源投入、绩效和风险大小。首先，港口联动主要以信息、资本、技术、人才等资源为载体进行互联互动，各参与主体的资源投入情况会直接影响到联动平台的构建以及联动程度的提升，因此可将资源投入作为港口对联动系统的固定投入部分。其次，绩效作为参与主体在促进整体联动发展中的实际贡献部分，也应该包括在利益分配的影响因素之内，由于联动过程具有动态性，因此仅依靠单一的资源投入作为衡量企业投入程度具有局限性，对于适应市场变化为联动发展做出额外贡献的企业也应该获得相应的额外报酬。最后，由于港口联动过程中具有一定的风险与不确定性，如市场风险、技术风险等，且长江经济带城市群港口地理位置不同、发展水平也存在差异，因此各港口所承担的风险也具有较大差别，在制定利益分配机制中，需将风险因素纳入考量范围，承担更多风险的参与主体需相应获得更大报酬。

第五节 长江经济带城市群港口联动模式与路径设计

基于前文有关城市群港口发展现状和联动机制的分析，本小节提出实现长江经济带城市群港口联动的模式和途径。港口联动模式部分通过借鉴日本、美国和欧洲的先进经验，结合长江经济带城市群港口的具体情况，提出"政府搭台、协会牵线、企业唱戏"的城市群港口联动模式，从不同主体出发对长江经济带城市群港口联动给出了方向指导，为后文城市群港口联动的路径设计提供了理论支持。路径设计部分，从城市群内港口资源整合和城市群间互动协调两个角度出发，分别从战略联动、信息联动、运营联动三个方面对实现长江经济带城市群港口联动发展的具体内容进行详细阐述。

一 港口联动模式

我国在港口建设方面起步较晚且缺少实际经验，为给长江经济带城市群的港口联动提供借鉴，本小节首先分析了日本东京湾港口群、美国纽—新港口群、欧洲海港组织的港口联动模式和建设经验，然后结合长江经济带城市群港口的实际情况，在充分发挥市场经济在政府有序指导下的优越性的条件下，找到行之有效的长江经济带城市群港口联动的模式。

（一）港口联动的主要实现形式

1. 国家主导型

日本东京湾港口群是典型的由国家主导实现"强强联合"的港口群的代表，它由六个世界级港口组成，包括东京港、横须贺港、横滨港、川崎港、木更津港和千叶港。在早期，由于这六个港口密集分布于东京湾内，且缺乏统一管理，同质化发展严重，导致出现恶性竞争的局面，造成资源无法得到有效配置。后来，日本政府实施了由中央政府主导、地方政府配合的方式，制定并实施了优化整合东京湾港口群的一系列政策措施，为促进东京湾港口群的整体规划建设、形成良好的互动竞合发展态势奠定了基础。日本东京湾港口群这种国家主导的港口联动模式主要表现为"抓大放小"，即对外由政府协调，实行港口群统一宣传、共同揽货，对内则由地方港口管理机构对各港口进行独立管理。国家通过审查和控制预算对港口进行调控，大项目由交通省直接进行监督，小项目则由交通省提供补贴，地方政府负责实施。国家负责确定各港口的差异化定位，从而实现港口之间依据职能差异进行分工，规避了由于同质化导致的恶性竞争。例如，将东京港定义为商品进出口港、集装箱港、输入型港、内贸港共同发展的核心母港口，将横须贺港定位为原材料输入和工业品输出的区域性港口等。同时，国家还颁布了一系列具有强制性、约束性的法律法规来规范东京湾港口群的发展，譬如《日本国土港湾法》（1950年）、《东京湾港湾计划的基本构想》（1967年）等。在国家的统一管理下，港口群内各港口分工协作，形成了竞合发展的良好局面，提高了东京湾港口群的知名度和美誉度。

2. 地方主导型

美国纽—新港口群由纽约港和新泽西港两大港口组成，是美国东海岸地区最大的集装箱港口群。美国纽新港联合港务局负责对纽—新港口群进行统一管理，纽新港联合港务局属于一个跨行政区域机构。纽—新港口群通过独特的管理体制、创新的运营建设模式和灵活的运营方式实现了有效的港口功能整合。在管理体制方面，港口委员会属于一个相对独立的机构，它拥有自主经营、自负盈亏、决策独立、税收独立、会计独立等多项权力，对整个港口群进行统一管理。在港口运营建设方面，通过创新运营模式，将港口设备以融资租赁或者经营租赁方式出租，以此增加港口运营收入，从而获取资金用于对纽—新港口群的基础设施和运营设备进行再投资，提高港口群的整体生产运营效率，促进临港区域的快速发展。在运营模式方面，港口委员会与运营商直接签订长期经营合同，合同期间每年收取港口租赁费用，在获取市场化运营红利的同时，也便于港口管理机构将更多人力、物力和财力集中于港口发展和市场开发，促进港口群的长久健康发展。

3. 协会主导型

欧洲海岸线漫长，拥有大小港口1200余个，许多港口群或港口分属于不同的国家和地区，这为欧洲港口的整合增加了难度。为此，1993年9月，欧盟成立了欧洲海港组织，负责统筹规划、协调、整合各港口的定位和功能。协会型组织形式既方便了各港口的协调有序运营，也保证了各港口在日常经营管理中的自主权，其作用体现在诸多方面：第一，在整合理念上，倡导自由、有序的市场化竞争，海港组织不直接干涉各海港的日常运营和港口建设；第二，在整合方式上，以立法形式保障各港口主体的利益，同时采用议会方式来解决争端和协调利益，确保其公平性和规范性；第三，在整合政策上，通过制定诸如港口治理、多式联运、环境保护、海运安全等一系列具体政策以支持各国海港的健康、快速发展；第四，在资金和技术支持方面，海港组织基于统计数据和针对性的研究项目报告，因地制宜地为不同港口制定有关资金、技术方面的支持方案，以推动成员港口的持续和快速的发展。

（二）长江经济带港口联动的模式选择

实现长江经济带城市群港口联动发展，本质上是要协调各个利益主体的行为，使他们追求共同利益，这就需要建立一种互惠互利、优势互补、共同发展的多级运作机制。然而，受到地方政府追求行政区域内垄断利益最大化目标的影响，隶属于不同行政单位控制下的各港口之间的刚性竞争长期存在，导致了整个长江经济带城市群港口互利共赢发展的协调机制难以实现。因此，本书提出"政府搭台、协会牵线、企业唱戏"的发展模式。

中央政府作为推进长江经济带城市群港口联动的最高指挥者，应当最大限度为城市群港口联动提供政策便利和契机。在传统的港口属地化管理模式下，地方政府基于其行政权力控制了较多的港口资源，港口竞争的实质是港口城市的竞争。金宇超等（2016）认为，国企高管的政治动机如何作用于企业的投资行为，取决于追求政治晋升与规避政治风险的相对强弱。同样地，受当前行政组织架构和地方政府官员考核机制的影响，地方官员和港口企业高管很有可能仅从自身晋升目标出发选择"急于表现"或出于避免政治风险的动机选择"不作为"。"不作为"会使港口发展建设迟缓；"急于表现"，一方面会造成港口设施过度建设，导致资源浪费、效率低下，甚至对生态环境产生破坏性影响；另一方面会导致港口间为追求自身效益最大化实行恶性竞争，从而对整体利益产生不利影响。二者都会削弱港口企业捕捉投资机会的能力，进而对港口的建设发展产生不利影响。实现港口资源在长江经济带这一非行政区域内的优化配置，不仅受到各港口追求垄断的限制，还要遭遇政府意志的限制，使各项联动发展计划在推行过程中步步受阻。因此，需要打破行政区划的限制，让政府由所有者、管理者、经营者向指导者转变，真正做到从市场出发、港尽其用，确保港口运营的自主性。政府搭台，就是政府作为协调的主体，而非具体的决策主体，将政府的行为严格限定在推进港口联动、拟定合作条款、监督规划落实、规范市场秩序、引导良性竞争、提供公共产品、优化公共服务等方面，营造宽松、规范、公平的市场环境（王列辉、茅伯科，2010）。

行业协会作为企业为谋求利益一致而自发组成的独立的非政府组织，对外能维护行业的利益，对内能形成行业自律机制，防范企业恶性竞争，进而能够对长江经济带城市群港口合作发展和利益协调起到很好的促进作用。目前，长江航段已设立了中国港口协会长江分会，其成员包括长江干线港口、地方港口、地方交通部门、交通科研院校、港航单位及航道海事等团体，主要负责为政府制定政策提出建议，制定行规、行约，参与技术培训、先进技术推广，收集、整理行业信息，为长江港口生产经营服务等。借鉴欧洲海港组织的成功经验，长江分会除了积极履行已有职能外，还应充分履行区域性行业协会的"自律"与"服务"职能，在规划建设、市场监管、港口安全与环保保护等方面成立专门小组，推进运输费用、税费标准、通关手续、市场管理、行政执法、政策体系等一体化建设。

作为长江经济带城市群港口联动主体中的核心，企业在市场竞争、资源配置、港口制度合作中都扮演着重要角色，只有充分调动港口企业相互合作的积极性，才能真正实现区域港口的联动发展。要充分发挥市场作用，寻找开展合作的利益机制，以企业为主体、以资本为纽带、以项目为载体，建立起跨行业、跨地区的港口经营新模式，鼓励长江经济带港口企业以资本经营、异地投资、合作经营，乃至兼并重组的方式成立企业联盟，同时鼓励区域外各类资本进入长江经济带进行港口建设和经营。

需要强调的是，"政府搭台、协会牵线、企业唱戏"的发展思路仅仅是针对区域港口经营市场而言的，在港口资源的规划管理以及对港口经营市场秩序的监管上，政府仍然应该坚持依法行政，不能放任自流。在执行国家批准的港口规划上，应坚持政府的权威性，维护和落实好规划的具体要求。总结起来，就是要依靠政府来调控和整合港口资源，由区域性港口协会负责协调协会成员间的利益分配和推进行业自律，企业作为市场的主体，应该在竞争中努力提高自身的生产经营效率。

二　港口联动路径设计

长江经济带城市群港口联动的基础在于"四通"，即交通的畅通、物资的流通、资金的融通和信息的贯通。考虑到人才和生态环境在港口长期发展中的重要作用，本小节将从基础设施统筹、港口功能整合、信息平台对接、人才联合培养和生态环境共建五个方面出发，设计出长江经济带城市群港口联动的路径。围绕这五个主要方面展开的措施，涉及并延伸到区域经济、政治、文化、社会和环境各个领域，对于实现长江经济带城市群的整体联动也具有十分重要的意义。

为更好地促进长江经济带城市群港口的统一、协调发展，推动各港口在基础设施、功能整合、信息对接、人才培养和生态共建方面工作的顺利高效运转，应设立直接隶属于国家发改委或交通部的专门机构，如长江经济带港口管理委员会，统一负责为实现长江经济带城市群港口联动大型项目建设的决策制定和监督管理。

（一）基础设施统筹

所谓基础设施统筹，就是要通过科学、合理、高效地协调港口间相关基础设施建设，解决重复建设、盲目竞争、衔接性差等问题，全面提高长江经济带城市群港口的联动水平。港口基础设施是长江经济带城市群港口联动的重要目标和基础性环节，主要包括水路、公路、铁路、航空相互连接的综合、立体交通网络建设，为支持信息共建共享而进行的信息平台建设和为应对自然灾害和意外事故的防护设施建设等。作为拓展经济腹地，连接物流通道，推动城市群港口联动发展的关键环节，集疏运网络的建设工作至关重要。为优化长江经济带城市群海陆联动的集疏运网络，应重点解决沿海港口与内河水运、公路运输、铁路运输、航空运输等各种运输方式的衔接和转运问题，提升江海、海陆、海空联运的能力，合理布局转运枢纽，实现多种运输方式无缝对接，打造有机衔接、高效转运的综合运输体系。

由于基础设施的使用和建设涉及面广、资金需求高、持续时间长，实现其协调发展的难度相对较大，因而需要政府在这一方面给予较多支持。在基础设施规划建设方面，应依据各城市群港口发展的方向和需求，由长江经济带港口管理委员会统一设计制定，避免因基础设施的无序、重复建设导致的资源浪费；在资金方面，对于基础设施建设初期的大量资金需求，除依靠中央政府针对长江经济带发展的专项支持，可选择以地方政府与私人企业签订长期分包协议或私人资本参股等方式引入社会资本，通过市场化的运作方式实现资本的快速筹集和高效使用，还可以通过地方金融机构为长江经济带港口基础设施建设项目提供多种融资方式。在政府政策方面，中央政府应加大长江经济带城市群港口基础设施建设的扶持力度，通过放宽市场准入条件、简化审批程序、提供技改贴息、推行税收优惠、规费减免等一系列扶持政策推进长江经济带城市群的港口基础设施建设。

（二）港口功能整合

港口功能整合是指，将各港口置于长江经济带整体之中，对其自然条件、经济腹地和临近港口进行统筹考察后实行的港口功能差异化定位。从长江经济带整体来看，各城市群分属于长江航道上、中、下游，不同港口的区位特征差别较大，联动发展过程中更应扬长避短，开展错位竞争，培育自己的核心竞争力。为满足物流产业对于运输专业化和高效率的要求，应提高长江干线港口的集装箱化程度，可以考虑开辟长江航道的班轮航线，充分利用各城市群的综合立体交通网络，提升长江经济带城市群港口一体化运作水平。从单独的一个城市群内部来看，由于城市群内各个港口在自然资源条件、交通条件、腹地产业和经济条件、辐射区域经济增长模式等多个方面存在差异，各个港口应该因地制宜，围绕自身优势资源提供具有特色的物流服务和港口服务。此外，还应对城市群内各港口实行差异化定位，分别发挥小港灵活、适应性强和大港运量大、专业化程度高的优势，经营利用好喂给港与干线港间的协作关系，从而放大近域港口联动发展的优势。

港口功能整合的核心在于差异性和互补性。一方面，港口间错开对同一物流链的争夺，强化了其在某一方面的专业化服务功能提高了对有限资源的利用效率；另一方面，减小了各港口之间的矛盾，加强了港口间合作的意愿，有利于长江经济带城市群港口联动策略的实施。因此，应立足于个体差异，鼓励分工合作，支持扩展港口增值服务，引导港口与腹地区域经济联动，推动长江经济带城市群港口的功能整合。

（三）信息平台对接

信息平台对接，是指在实现长江经济带城市群港口联动的企业信息共享的基础上，连接货主、承运商及海关等相关企业和政府部门，从而提高长江经济带的港口运营效率，规范市场管理，加强危机预警、风险防范和危机处理能力。整体上，由长江经济带港口管理委员会负责统一规划和建立长江经济带港口信息联动平台，包括基础信息系统、电子商务系统、物流作业系统、数据交换系统、综合管理系统、决策支持系统六大子系统，将服务器设备、信息资源等后台主要软硬件系统都集中于这一数据平台，实现对长江经济带整体的港口和航运相关数据的实时监控和集成共享，以便于整体上制定规划和战略部署。在各个城市群内，分别设立区域性港口信息中心，对港口供应链上各节点企业的相关信息，如港口企业、码头泊位、堆场库存信息、船舶公司船期、到港离港时间、船舶载货信息、货主企业的出口计划、货物资料信息等进行集成汇总，并且根据需求对原始资料进行进一步的分析和加工，同时实现信息共享，保证各港口企业及时获取所需信息，以便准确、高效地形成决策。此外，各港口通过远程账户访问企业信息共享系统来获取信息,这样既有利于实现港口群信息的高度集成和信息安全,又能够保证各港口拥有自己的独立性(如图4.5所示)。

```
┌─────────────────────────────────┐
│      长江经济带港口管理委员会        │
└─────────────────────────────────┘
              │
┌─────────────────────────────────┐
│      长江经济带信息联动平台          │
└─────────────────────────────────┘
              │
┌─────────────────────────────────────────┐
│  基础信息系统   电子商务系统   物流作业系统  │
│  数据交换系统   综合管理系统   决策支持系统  │
└─────────────────────────────────────────┘
              │
┌─────────────────────────────────────────┐
│       区域港口信息集成中心(分中心)         │
│   长江上游城市群  长江中游城市群  长江下游城市群 │
│   港口A  港口B   港口C  港口D   港口E  港口F  │
└─────────────────────────────────────────┘
              │
┌─────────────────────────────────────────┐
│          港口供应链上各节点企业             │
│     船舶公司  …  港口企业  …  货主企业      │
└─────────────────────────────────────────┘
```

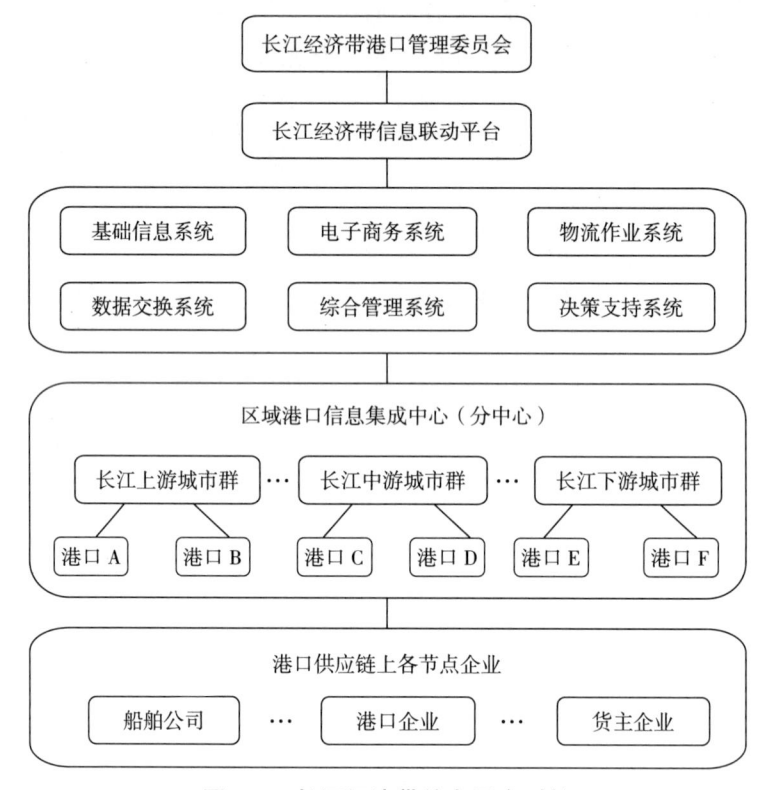

图 4.5　长江经济带信息平台对接

信息联动平台的建立,能够改变港口传统的服务方式,实现港口群的服务现代化和信息化。通过减少信息获取成本、降低交易成本能够推动港口群的供给侧结构性改革进程,从而提高港口群的运作效率和核心竞争力,实现港口群的可持续发展。

(四)人才联合培养

港口的持续快速健康发展,离不开专业人才贡献的聪明才智,因此,长江经济带城市群港口联动需要推进相关领域专业人才的联合培养。人才联合培养应以壮大人才队伍规模为中心,以高层次人才和高技能人才为重点,努力营造良好的爱才、重才、引才、惜才、用才环境,统筹推进港口专业化人才队伍建设。具体而言,要利用好长江经济带各省市的高校资源(如上海海事大学、武汉理工大学航运学院、重庆交通大学),通过设立博士后流动站、产学研合作基地等形式，积极吸纳海事、航运、物流等相关专业人才；通过共同设立港务教育培训中心，提供有关港务管理、港口设施建设的基本知识培训、实用技术培训和应用技能培训等服务，定期举行联席会议或交流活动，培养和造就一批熟悉港航业务、具有跨学科综合能力的港口管理人员和专业技术人员；建立长江经济带港航人才需求预测指标体系，完善人才市场供求信息查询制度，编制并定期发布包括产业、行业、专业分布和地域流向的人才需求目录；建立长江经济带港口人才库，逐步消除人才流动障碍，促进人才合理配置，构建长江经济带港务人才柔性流动机制；进一步完善人才评价激励机制和服务保障体系，着力培育专业技术人才和港口经营管理人才等行业实用人才。通过建立信息快捷、反应灵敏、服务周到、反馈及时的人才服务体系，逐步将长江经济带打造成为港航人才的富集地。

（五）生态环境共建

港口生态环境共建，就是要做好海岸生物多样性保护工作和港口环境污染治理工作。港口生态环境问题主要包括两个方面：一是港口建设造成的附近地区植被破坏和水体污染，二是码头运营、船舶航行以及临港工业活动造成水的"三废"污染和水生动植物减少等。为改善长江流域水环境质量、明确水环境治理责任，可以借鉴安徽、浙江两省关于新安江流域水环境的生态补偿，陕西和甘肃针对渭河上游污染治理的主动补偿，河南、辽宁等省依据跨界断面水质超标罚款、达标奖励的被动赔偿等有关生态补偿的实践，推动长江经济带城市群港口生态环境的联合保护和治理。

随着"河长制"的推行，长江沿线跨行政区域的水体污染和生态破坏将得到一定程度的遏制，但要形成长江流域港口生态环境联动发展，除了要做到明晰管理责任，协调上下游、左右岸实行联防联控外，还应加强对相关部门和下一级河长履职情况的管理和监督，落实定期考核制度，强化激励问责机制。各行政区域的河长办公室除落实本区域内河长确定的事项、明确有关部门和单位的职责分工、协同推进各项工作外，还应与其他河段的河长办公室建立长期联系，相互交流经验，互利共赢发展。具体来说，在港口生态环境共建的过程中，应切实做好三个方面的工作：第一，依靠共同建设的信息共享平台，确立共同的生态环境治理目标、采取一致的治理措施，同时也有利于各港口间观点和经验交流；第二，应建立健全相关制度和法规体系，明确各主体城市的义务和责任，由上级部门依据各港口的生态环境保护治理效果，给予相应的奖励或惩罚；第三，发挥港口协会的组织管理作用，对港口生态环境的共建工作进行协调。此外，港口监控检测水平、处理紧急事故能力以及从业人员素质等"软实力"的提升同样不容忽视。

小　结

　　港口联动作为经济新常态背景下城市群联动的重要内容，是实现长江经济带城市群生态协同治理、要素市场联动、产业联动发展的必要保障。本章首先从理论方面分析了港口联动的必要性和重要意义，然后对长江经济带城市群港口联动的基础和现状进行分析，发现长江经济带港口间的合作仅局限于个别地区和个别业务领域，以城市群为单位的港口间互动依然较少。其次，找到阻碍长江经济带城市群港口联动的障碍因素，认为体制障碍、信息沟通障碍和运营障碍是阻碍长江经济带港口实现联动发展的主要因素。再次，本章研究了长江经济带城市群港口联动机制，分别从目标动力、行为激励、风险分担、利益分配四个角度进行了分析。最后，本章在借鉴美国、日本、欧洲等发达国家和地区港口联动发展的先进经验的基础上，设计出了符合长江经济带城市群现实状况的港口联动模式和路径，提出了"政府搭台、协会牵线、企业唱戏"的发展模式，同时提出了促进长江经济带城市群港口联动的具体措施，包括统筹基础设施建设、对长江沿线港口的功能进行整合、建立长江经济带港口信息联动平台、推进港航人才的联合培养以及建立港口生态环境保护联盟。

第四篇

要素市场联动发展

CHAPTER 5
第五章

长江经济带城市群金融市场联动发展研究

金融市场作为要素市场的重要组成部分之一，不仅在金融要素资源市场配置中起调节作用，而且也是联系整个市场体系的枢纽，因此长江经济带城市群联动发展离不开金融市场的联动发展。

首先，本章在梳理金融市场联动已有理论和文献的基础上，构建评价金融发展水平的综合指标体系，运用金融成熟度模型测度长江经济带五大城市群金融市场发展现状，并利用目前广泛使用的金融市场一体化测度的FH方法，研究长江经济带及其各城市群联动发展水平；其次，鉴于当前长江经济带城市群金融市场联动发展水平不高的特征，分析金融市场联动发展的障碍因素；再次，采用机制图及博弈模型研究金融市场联动的传导机制、利益协调机制、风险防范机制以及监管联动机制；最后，总结长江经济带城市群金融市场联动的模式并进行了路径设计。

第一节 金融市场联动的理论基础与文献综述

金融市场是以金融资产为交易对象而形成的供求关系及其机制的总和。它包括三层含义：一是它是金融资产进行交易的无形或者有形的场所；二是它反映了金融资产的供应者和需求者之间的供求关系；三是它包含了金融资产交易过程中所形成的运行机制（张亦春等，2013）。结合相关文献，本书认为金融市场即资金融通的市场，是指在经济运行过程中，资金供求双方运用各种金融工具进行调节资金活动而形成的关系及其机制的总和。资金融通包括直接融资和间接融资，直接融资是资金供求双方直接通过市场向资金盈余的机构和个人筹资，间接融资是指通过金融机构进行的资金融通活动，资金需求者通常采取向银行等金融机构申请贷款的方式筹资。由于我国当前金融市场间接融资占了绝大部分比例，因此这里所说的金融市场主要侧重于以银行为主的间接融资市场。本节首先重点梳理了金融市场联动的相关理论，包括共同市场理论及金融控制理论。其次，基于不同区域金融市场的联动发展，已有研究分别从金融市场的相关性或联系度、金融市场的协同发展以及金融市场的一体化方面展开，这三个方面依次反映了金融市场联动发展的紧密程度与不同层次，因此本节也将按这三个层次分别梳理金融市场联动的相关文献。

一 理论基础

（一）共同市场理论

金融资源作为主要的生产要素之一，要素市场的相关理论大多也适用于金融市场。共同市场理论就是其中的一个重要理论，该理论不仅分析了生产要素市场的开放，而且也分析了产品市场和要素市场的相互关系。对共同市场内部各成员生产要素价格及收益的影响，该理论认为建立共同市场可以产生净收益，使成员总的国民收入水平上升，并且还可能伴随技术与管理水平的转移，因而会使劳动生产率水平明显提高，由此带来经济增长效应。共同市场理论相关研究主要集中在要素市场一体化带来的收益分析，根据西托夫斯基（Scitovsky, 1958）、德纽和希思（Deniau and Heath, 1967）等的理论，资本从低边际收益向高边际收益的自由流动以实现一个更有效的生产资源的配置是建立金融共同市场的最大动因，也就是说金融市场联动的结果就是金融要素价格在一个区域内趋于一致或完全达到一致，从而最终实现金融要素市场的一体化。根据该理论，金融要素的流动首先体现在价格的集聚和均衡效应上，这种集聚或均衡的效应最终会改变各成员体内相关利益群体的福利，可以认为金融市场联动的最终结果是实现金融要素市场一体化，金融要素市场一体化表现在：部分资本丰裕的低利率地区的资本将流入资本相对稀缺的高利率的地区。西托夫斯基、德纽和希思等进一步分析发现，即使两个地区在要素市场上不存在差异，如果两个地区的资本拥有者存在不同的流动偏好等因素，当消除要素的流动障碍时，会使两个地区的要素资源配置更加有效。

此外，要素市场的一体化不仅会产生价格集聚或完全均衡效应，对不同的国家和地区而言，还会产生其他福利效应引起不同国家或地区之间福利分配的争议，具体表现在六个方面：一是各种要素的自由流动最终会导致各个国家或地区总福利在一体化后上升；二是要素市场的一体化会引起政府收入因国际资本的税收而产生变化，如果高利率国家或地区对外来资产增加税收，该国或地区可以获得更多收入；三是要素市场的一体化将使关税同盟中的贸易自由化变得更加容易，在现实中，生产要素的结合并不能代表该国或者该地区在其区域内可以随时获得他们所期望获得的资金，因此共同市场可以在一定程度上加速关税同盟动态效应的实现；四是根据瓦伊纳效应[①]，要素市场一体化会产生资本流动转移和资本流动的创造效应；五是要素市场一体化也将通过提高各金融主体之间的竞争，发挥其规模经济效应提高产品质量来实现一体化动态效应，这样对于资本市场封闭的国家就会造成损失；六是要素市场的一体化还存在空间集中效应，在金融要素市场发展的高级阶段，超额的供需会转移到金融中心，资金的借贷者也会将他们的活动转移到这个中心上来。以上主要是结合共同市场理论对要素市场一体化的分析。

（二）金融控制理论

金融控制是指政府在经济市场化进程中采取货币政策和外汇政策等工具对市场进行控制。金融控制理论最早是由麦金农（McKinnon, 1991）在其著作《经济市场化的次序——向市场经济过渡时期的金融控制》中提出的理论，他认为财政控制应优先于金融自由化，金融控制理论实际上是一种财政和货币控制理论，该理论指出：转轨时期政府如果通过发行货币将会导致较高的通货膨胀，而不会实现经济增长。围绕金融控制内涵的界定，维斯卡西（Viscusi, 1995）认为政府控制是以法律手段，以限制经济主体的决策为目的而运用的一种强制力。史普博（Spulber, 1989）认为控制是行政机构制定并执行直接干预市场机制或间接改变企业和消费者供需政策的一种规则或特殊行为。随后，一些学者也利用金融控制理论进行了一系列研究，如 Franks 和 Mayer（1998）从成本收益角度分析了金融控制的有效性。金融控制是在金融发展过程中，为维护金融体系的稳定与效率，政府

[①] 瓦伊纳效应，即贸易创造效应，由美国经济学家雅各布·瓦伊纳（Jacob Viner,1950）提出，指当关税同盟中 A 国生产成本较高，X 商品被来自 B 国的较低生产成本的进口商品替代时，就会产生贸易创造。

采取一定手段对金融活动主体的控制以及金融活动主体对其金融行为的自我约束。陈雨露（2005）认为，"金融控制"与"金融抑制"不同，"金融抑制"是指政府对国内资本市场征税或者通过利率限制、准备金要素及强制性信贷分配扭曲银行体系，在金融抑制环境下，金融资产的实际利率通常为负，价格水平和实际汇率也极不稳定，而"金融控制"则是在"金融抑制"到"金融自由化"进程中政府采取必要的控制手段。从这个意义上说，金融控制则更表现出积极的意义。随着政府介入金融结构和金融资源的配置，金融机构资金的跨区域流动受到遏制形成金融资源的分割配置。

二 文献综述

有关金融市场联动的文献，不同的学者从不同角度进行了广泛研究，对已有文献梳理发现，研究主要集中在三个方面：一是关于金融市场的相关性或联系度的研究，二是金融市场的协同发展的相关研究，三是金融市场的一体化方面的研究，以下主要从这三个方面进行梳理。

（一）金融市场关联度的相关研究

有关金融市场联动的文献主要集中在同一市场中的联动效应，如Aggarwal（1981）、Dornbusch 和 Fischer（1980）等。对多个市场间的联动效应的研究主要是通过考察金融市场运行的资产价格收益率间的相关关系来作为判断市场联动的依据，Boyd 和 Smith（1992）、Sefton 等（1998）通过构建金融中介的内生模型，将信息经济学、金融中介联系起来探讨金融中介和金融市场的均衡。近年来，随着金融地理学的兴起和地理信息科学的发展，一些学者基于 GIS 技术对金融发展的空间差异及空间格局进行了分析，在一定程度上反映了不同地区金融市场之间存在一定联系（刘辉等，2013；茹乐峰等，2014）。另外一些学者采用极化指数研究了地区金融发展的极化问题（刘华军、鲍振，2012），对区域金融之间的非均衡性进行了研究。杨志民等（2015）通过对长三角各城市金融机构人民币存款、贷款数为样本，构建金融空间联系模型分析金融市场空间联系分异特征，发现长三角金融城市中心等级空间分布格局稳定，上海最为突出。通过对已有文献的梳理可以发现，实际上目前有关地区金融市场之间的联动的文献相对还是比较少。

（二）金融市场协调发展的相关研究

有关金融市场协调发展问题的研究最早可以追溯到 20 世纪 50 年代，西方学者试图从金融市场结构中寻找经济发展迟滞的根源，之后，金融市场协调发展理论经历了初创阶段和扩展阶段，但早期有关金融市场协调发展理论更多地隐含在金融发展理论之中。Greenwald 和 Stiglitz（1990）提出的"金融约束论"认为，经济中存在的信息不对称导致了金融市场瓦尔拉斯均衡不存在，金融资本无法实现帕累托最优配置，因此需要适度的政府干预和金融约束。国外一些学者从效用函数入手，引入流动性冲击、偏好冲击、不对称信息建立微观基础的模型研究金融市场的协调发展。

国内近年来对金融协调发展的文献大致分为三大类：第一类主要是从区域金融发展的差异方面进行了研究，如王纪全等（2007）通过分析后发现我国金融资源主要集聚在东部地区，且东部地区金融市场发达程度高于全国平均水平；任亚军（2007）通过对江苏苏南苏北地区金融市场分析发现，苏南地区无论是在信贷资金的流入还是贷款的增量上都优于苏北地区；李敬等（2008）对中国区域金融发展差异进行了度量并分析其变动趋势，方先明等（2010）采用空间计量模型分析省域金融空间差异导致省域经济发展空间集聚现象。第二类是分析了区域金融发展差异的原因，如卢颖和白钦先等（2009）基于 1992—2007 年全国 31 个省市数据，从经济发展的外生因素和内生因素两个方面分析了金融区域分布差异，李敬（2007）基于劳动力分工理论视角，研究了中国区域金融发展的差异。第三类是对金融如何实现协调发展进行了研究，一些研究者基于金融自由化视角提出了金融可持续发展理论，认为金融市场协调发展符合均衡发展理论。如窦尔翔（2004）认为金融市场协调发展一方面是其自身的协调，另一方面是对经济的协调；陆红军（2007）通过对纽约、伦敦、东京、新加坡、香港与上海 6 个金融中心城市核心指标进行分析后认为，金融市场发展要遵循统筹协调发展战略，需建立一个多层次、多功能的金融市场网络以实现不同地区的协调发展。王伟（2006）研究后认为金融市场协同发展的核心是区域金融政策的协调，以实现金融资源在不同区域的协调配置。彭宝玉和李小建（2010）则基于泰尔指数与 GIS 地图分析了中国区域经济和金融在不同地区的发展差异及协调发展问题。王金成等（2017）从金融规模、金融结构、金融效率等方面研究了区域之间协调发展。

（三）金融市场一体化的相关研究

国内外有关金融市场一体化的研究主要着眼于跨国区域（如欧盟、东亚）金融市场的一体化，一般认为金融市场一体化是指某一国家（或地区）的金融要素市场与区域内其他国家（或地区）的金融市场融为一体的过程，IMF 报告认为金融市场一体化是指国与国或地区与地区之间金融活动相互渗透、相互影响而形成的一个联动整体的发展态势，它包括两个层次：一是流动性问题，即经济主体不受任何限制地进行金融资产交易活动，二是替代性问题，即不同地区金融资产具有高度的替代性。也有研究认为金融市场一体化是指区域内各城市间金融要素流动壁垒不断消除、金融市场趋于融合、金融资源配置日益优化最终实现一体化的状态。Feldstein 和 Horioka（1980）认为，一国总储蓄和总投资的变化会引起经常账户的变动，经常账户余额即国民储蓄减去国内投资，当金融市场实现一体化时，经常账户的赤字就会被与资本账户的流入相平衡，这样该国的储蓄决策将独立于投资，储蓄和投资就不相关，通过这种方式能说明金融市场是否达到了一体化程度。Baele 等（2004）从金融工具和金融服务市场的所有的潜在市场参与者的相关特点出发研究了完全金融一体化的市场。

此外，一些学者从利率差异及区域信贷市场发展两个方面研究金融要素市场一体化，如 Roberts 和 Fishkind（1979）采用区域利率波动模型研究了不同区域利率波动差异及金融机构在区域之间的套利行为。由于金融要素市场作为一个地区金融发展的重要组成部分，国内有关金融市场一体化的研究大多隐含在金融一体化的研究中，中国人民大学金融与证券研究所课题组（2006）在《亚洲金融一体化研究》中提出金融一体化是指不同地区和国家通过参与国际金融竞争与合作，形成与世界各国越来越密切的经济金融关系，从而各个国家、地区之间的经济金融关系更加融合，甚至在一个国家和地区之间形成一个统一的有机体，金融一体化是各地区在金融活动、金融市场、金融政策等方面相互依赖、相互渗透和相互影响而形成的一个整体。方林佑和张玉喜（1998）认为，区域金融一体化主要指区域内金融机构在该地区经济协同发展的条件下，通过合理的组合以及金融要素的优化，从而在整体上发挥对该地区的资金的筹集和分配功能作用，并在金融市场的运行上实现融合发展。近十来年，随着我国一系列重大区域发展战略的制定和实施，区域金融一体化发展问题也开始引起国内一些研究者关注（张凤超，2006）。杨凤华和王国华（2012）以长江三角洲区域市场作为研究对象，对其金融市场一体化水平进行了测度。王伟等（2013）选择东亚区域金融一体化的阻力和动因进行了分析，认为双边贸易是其主要驱动因素，交易币种阻碍了区域金融市场一体化进程。雷磊和宋伟（2014）研究了中国金融市场一体化与世界主要经济体之间经济周期跨国传导机制，认为金融市场一体化能分散金融市场风险，增加中国与发达国家经济周期的协同性。杨振（2017）通过对京津冀金融一体化发展的阶段性特征进行分析后认为，区域金融非一体化表现在地区封锁、市场分割及寡头竞争的产业组织格局，认为需要推动模式创新和机制建设。

综观已有研究不难发现，就金融市场联动发展而言，尽管国内外一些文献有所涉及，但由于对金融市场联动的概念还未完全统一，相关文献还不够丰富完善，未形成系统完整的金融市场联动理论体系。尽管一些学者也将某一特定区域作为研究对象对金融市场的关联性、协调性以及金融一体化进行了相关研究，但在理论和实证两个方面研究金融市场联动的文献还不多，立足于长江经济带从城市群的视角研究金融市场联动的文献则更少。因此，本章立足于长江经济带这一国家级区域，对其金融市场发展及联动现状进行测度的基础上，分析金融市场联动发展的机制，并进一步分析金融市场联动发展的模式，最后就推动长江经济带金融市场联动发展进行路径设计。

第二节　长江经济带城市群金融市场发展及联动现状

为测度长江经济带各城市群金融市场发展水平及联动现状，本节首先在以往研究中采用单一指标测度金融市场发展水平的基础上，引入了金融成熟度模型构建综合评价指标体系测度长江经济带城市群金融市场现状。由于不同地区之间金融市场的联动主要表现为金融市场一体化水平的高低，因此，为了衡量各城市群之间金融市场联动的现状，本节将进一步采用 Feldstein 和 Horioka（1980）提出测度储蓄和投资相关性的方法（即目前广泛用于测度金融一体化的 FH 方法）测度长江经济带及其各城市群金融市场一体化水平。

一 指标构建

衡量一个地区金融市场发展水平的指标有很多，单一的指标都难以全面地反映区域金融市场发展水平，选取多个指标并通过统计方法处理成一个综合指标就成了目前广泛采用的方法。本节在借鉴已有研究的基础上，结合长江经济带各地市级及以上城市金融市场相关数据可得性，分别从地区经济社会基础、金融规模、金融密度以及金融深度四大方面，选取 10 项指标测度长江经济带 77 个地市级及以上城市[①]的金融市场发展程度。具体指标如表 5.1 所示。

表 5.1　　　　　　　　　区域金融市场发展指标选取

指标体系	指标定位	指标说明
经济社会基础	经济总量	地区生产总值
	财政支出状况	地方财政支出
	城市人口规模	年末总人口
	经济发展状况	人均地区生产总值
金融规模	金融机构存款规模	年末金融机构存款余额
	金融机构贷款规模	年末金融机构贷款余额
	金融从业人员规模	金融从业人数
金融密度	人均金融发展水平	年末金融机构存贷款余额总和/年末总人口
	金融活动密度	年末金融机构各项存贷款余额总和/城市辖区土地面积
金融深度	金融服务活跃程度	年末金融机构各项存、贷款余额总和/地区生产总值

二 区域金融市场发展程度测算方法

市场的发展程度可以采用成熟度模型进行测量，该模型是由美国的 Humphrey 等（1987）提出的 SW-CMM 模型发展而来的，最初是用于对具有某个成熟度级别的软件机构所具有能力的描述，将其具有的能力划分为初始级、可重复级、已定义级、已管理级和优化级 5 个等级。随着 SW-CMM 模型的完善，成熟度这一概念在各领域得到广泛的应用。科兹纳

---

① 基于数据的可得性，本节剔除了长江中游城市群中仙桃、潜江、天门 3 个城市，黔中城市群中毕节、凯里、都匀 3 个城市；滇中城市群中楚雄，主要测度长江经济带 77 个地市级及以上城市金融市场成熟度及一体化水平。

（Kerzner，2002）提出了项目管理成熟度模型，Project Management Institute（2003）提出了组织项目管理成熟度模型，近年来，国内学者也开始将成熟度模型引入到各个方面的测度中，李松辉（2004）将成熟度模型引入到区域创新的研究中，高新才和李阳（2009）通过成熟度模型测算了我国农村金融发展程度。按照这一思路，本部分采用成熟度模型测度长江经济带各城市金融市场发展程度，即构建金融市场成熟度模型。金融市场成熟度是指一个区域金融市场的发展程度，包括了区域金融市场金融总量的大小、金融结构的优化等，相比金融相关率等单个指标衡量金融发展水平，金融市场成熟度综合了多个方面的因素，更能全面地体现一个地区金融市场的发展程度。从理论上分析，金融市场成熟度的提高存在两种模式，一种是内生模式，另一种是外生模式。在内生模式下，金融市场成熟度的提升是基于微观主体的参与及贡献，是在一个地区环境的影响下自然形成的，而在外生模式下，金融市场成熟度是基于对外部金融模式的移植，因此在内生条件下，金融激励、金融创新对区域金融市场成熟度的提升能起到推动作用，而在外生条件下，金融体制是由政府部门通过自上而下的方式建立，金融市场成熟度的提高主要依靠政府的强力介入。

金融市场成熟度指数是将多个金融市场指标整合在一起的综合指标。处理多个具有相关性指标的常用统计方法有因子分析法、主成分分析法。本部分选择主成分分析法，主成分分析法是利用降维的思想，将多个指标转化为少数几个互相独立并且又能包括原有指标大部分信息综合指标的多元统计方法。假设长江经济带有 n 个区域，第 i 个区域的金融市场深化能力用 P_i 表示，第 i 个区域的金融市场成熟度用 M_i 表示，本研究参照任兆璋和刘云生（2010）以及张建军和陈晨（2012）的做法，构建以下金融市场发展成熟度的测算模型：

$$M_i = M_0 + (1 - M_0) \frac{P_i - P_{min}}{P_{max} - P_{min}}$$

其中 $P_{min} = \min\{P_i\}$，M_0 作为金融深化能力为 P_{min} 的区域，其金融市场成熟度取值范围为 0 到 1，本书取值为 0.4。金融深化能力为 M_{max} 的区域取值为 1，代表金融市场完全成熟。由于对区域金融深化和发展能力进行量化的指标较多，金融市场成熟度是一个综合性指标，为了将多指标值进行综合指数测算，本书采用的主成分分析模型为：

$$F_i = \alpha_{1i} X_1 + \alpha_{2i} X_2 + \Lambda \alpha_{ni} X_n (i = 1, 2, \cdots, n)$$

式中 $\alpha_{1i}, \alpha_{2i}, \cdots, v\alpha_{ni}$ 是 X 的协方差矩阵的特征值对应的特征向量，通过主成分分析模型计算出每个指标的权重，最终计算金融深化能力。

三 金融市场成熟度综合指数测算

为了分析长江经济带五大城市群各城市的金融深化能力及成熟度发展变化情况，本节选取了 2006 年、2011 年及 2016 年的数据进行了测度，具体测度结果见附表 5.1。

从 2006 年长江经济带金融市场成熟度分布状况中可以发现，长江经济带五大城市群金融市场发展成熟度 2006 年就存在较大差异，长三角城市群金融市场成熟度整体水平相对较高，M 值平均达到 0.486，其中上海的金融市场成熟度在整个长江经济带所有城市中最高，其 M 值为 1，长三角城市群中也有金融市场成熟度较低的城市，如池州的 M 值仅为 0.406。长江中游城市群金融市场成熟度水平整体相对较低，M 值平均为 0.425，其中鄂州的金融市场成熟度在长江经济带所有城市中最低，仅为 0.4。此外，成渝城市群金融市场成熟度均值为 0.435，成渝城市群中当属重庆的金融市场成熟度最高，M 值达到了 0.605，成都处于第二位为 0.536，成渝城市群中金融市场成熟度最低的城市为眉山，其 M 值为 0.408。黔中城市群金融市场成熟度整体不高，其 M 均值为 0.429，滇中城市群金融市场成熟度整体上略高于黔中城市群，其 M 均值为 0.447，黔中滇中城市群包括的城市数量较少，但也可以明显看出其省会城市的金融市场成熟度远高于该城市群其他地区。

从 2011 年长江经济带金融市场成熟度分布状况可以看出各城市群金融市场成熟度水平有所提升，长三角城市群金融市场成熟度均值从 2006 年的 0.486 上升到 2011 年的 0.497；长江中游城市群金融市场成熟度均值从 2006 年的 0.425 上升到 2011 年的 0.430；成渝城市群金融市场成熟度均值从 2006 年的 0.435 上升到 2011 年的 0.446；黔中滇中城市群金融市场成熟度均值则分别从 2006 年的 0.429、0.447 上升到 2011 年的 0.432、0.457。但同时也不难发现，长江经济带五大城市群金融市场成熟度整体排序并未出现变化，说明整个区域金融市场发展水平呈稳定状态。

到 2016 年，长三角城市群整体金融市场成熟度仍在五大城市群中最高，其 M 均值为 0.518，较 2011 年的发展水平有进一步上升，同时，上海的金融市场成熟度一直处于最高水平，其 M 值多年均保持在 1。长江中游城市群整体金融市场成熟度与 2011 年基本持平，近几年整体上未出现明显提升，且在五大城市群中处于较低水平，其 M 均值为 0.431，城市群中金融市场成熟度最高的为武汉，其 M 值为 0.603，最低的为娄底，其 M 值仅为 0.402。成渝城市群近年来金融市场成熟度较为稳定，其金融市场成熟度均值达到 0.438，特别是其中的重庆、成都金融市场发展水平提升明显，重庆在 2016 年 M 值达到了 0.634、成都达到了 0.621，在整个长江经济带中金融市场发展水平均处于前列。黔中城市群整体金融市场成熟度 2016 年与 2011 年相比略有上升，其 M 值均值为 0.443，滇中城市群整体金融市场成熟度较 2011 年略有下降，其 M 值均值均为 0.453。因此，从五大城市群 2006 年到 2016 年金融市场成熟度的变化情况看，虽然长江经济带五大城市群金融市场发展水平有所提升，但各城市群及主要的城市金融市场发展水平并未出现较大的波动和排序上的变化，高水平地区仍然处于高水平，而低水平地区仍处于低水平。

四 金融市场一体化测度

金融市场一体化是金融市场联动的高级阶段，已有研究表明，如果一个地区金融市场分割程度越大，其市场一体化水平就越低，金融市场的分割会阻碍资本和储蓄的自由流动，导致资本不能流入到最有效率的地区。因此，金融市场一体化的假设是如果地区之间的资本流动为 0，这个地区的存贷款完全相关，如果一个地区的资本流动非常充分，其存贷相关率就较低。基于该假设，近年来，一些学者广泛采用 FH 方法测度金融市场一体化水平（郭灿，2004；魏清，2009）。FH 方法最初是由 Feldstein 和 Horioka（1980）提出测度储蓄和投资相关性的方法，其理论依据是在开放经济条件下，一国的储蓄和投资决策是相互分离的，储蓄和投资的相关系数应该较低，其回归方程为：

$$I/Y = a + b(S/Y) + e$$

其中 I/Y 为一个地区的投资与 GDP 之比，S/Y 为当地的储蓄与 GDP 之比，在市场一体化的前提下，b 应该接近其资本存量的比例。因此，FH 检验可以作为对地区金融市场一体化进行衡量的方法。

本部分利用长江经济带 77 个城市 2006—2016 年数据，对长江经济带各城市金融机构存贷相关率进行了测度，结果如表 5.2 所示。

表 5.2　　　　　　2006—2016 年长江经济带金融机构存贷相关率

地区	长江经济带
皮尔森相关系数	0.989
双尾检验	0.000
样本数量	847

由此可见，长江经济带金融市场一体化程度很低。皮尔森相关系数为 0.989，且通过了 1% 的显著性检验。这也符合当前长江经济带金融市场发展实际，由于整个长江经济带横跨中国东、中、西部，涉及地域范围广，经济发展差距大，加上目前以行政分割为特征的发展模式注定了整体区域在很长一段时间内都未真正实现联动发展。

为了进一步衡量长江经济带各城市群内部金融市场联动发展程度，本节分别对长三角城市群、长江中游城市群、成渝城市群、黔中和滇中五大城市群各自的金融机构存贷相关率进行了测度，以考察每个城市群内部各城市的一体化水平，测度结果如表 5.3 所示。

表 5.3　　2006—2016 年长江经济带五大城市群各城市金融机构存贷相关率

地区	长三角城市群	长江中游城市群	成渝城市群	黔中城市群	滇中城市群
皮尔森相关系数	0.928	0.868	0.889	0.927	0.972
双尾检验	0.000	0.000	0.000	0.000	0.000
样本数量	286	308	176	44	33

分城市群看，各城市群金融机构存贷款相关性很强，皮尔森相关系数均在 0.85 以上，且均通过了 1% 水平的显著性检验。相比较而言，长江中游城市群金融机构存贷相关系数略低，仅为 0.868，说明其资本的流动性较其他区域较强，一体化程度比其他区域略高；成渝城市群金融机构存贷相关系数为 0.889，说明成渝地区金融市场也存在一定程度的资本流动；长三角城市群金融机构存贷相关系数为 0.928，虽然长三角城市群金融市场的发达程度较高，但由于该地区对金融资源的需求也较大，当地的资金更多的还是投向本地区，其资金外流的程度并不大，这也符合当地金融市场的实际状况。黔中和滇中城市群金融机构存贷相关系数相对更高，黔中城市群金融机构存贷相关系数为 0.927，滇中城市群金融机构存贷相关系数为 0.972，同样均通过了 1% 水平的显著性检验，说明黔中、滇中地区的

金融资源基本上均投向本地区，其金融市场一体化程度低。

五　长江经济带城市群金融市场一体化的障碍因素

对于不同城市群或同一城市群内不同城市而言，金融市场一体化在对本地区产生收益的同时，也会对当地金融市场发展带来一定风险和负面影响，因此各地区在推动金融市场一体化进程中会基于自身利益考虑，形成了金融市场一体化发展的障碍因素。在参考已有研究的基础上，结合前文金融市场及其一体化现状的分析，我们认为长江经济带城市群金融市场一体化的障碍因素主要包括地区金融资源的分布不均衡、地方保护主义在一定程度上存在、区域性金融管制以及机制设计的滞后等。

（一）地区金融资源分布不均衡

根据前文对长江经济带各城市群金融成熟度的测度结果可以看出，长江经济带不同城市群之间金融发展水平差异较大，在一定程度上体现了不同地区金融资源分布的不均衡。实际上，长三角和长江中游城市群省会或中心城市的金融资源较为丰富，而部分中小城市金融资源被该区域的中心城市所吸引更加剧了金融资源的分布不均衡。成渝、黔中、滇中城市群无论是在金融发展规模还是金融要素资源均与东中部地区相比存在一定差距。这种不同城市群之间的金融发展差距的扩大更容易加强金融发达城市群对周边区域金融资源的虹吸效应，而不是扩散效应，对城市群内部不同城市金融资源的非均衡分布而言也是如此。由于各地区金融发展的要素禀赋存在较大差异（邓向荣、杨彩丽，2011），对于金融资源和要素禀赋占优势的地区，都想争取建设区域金融中心的主导权和控制权，若没有统一的顶层规划设计，将难以推动金融市场一体化发展。

（二）地方保护主义在一定程度上存在

当前，各城市各地方政府之间总体上竞争大于合作，地方政府都极力通过各种行政手段配置区内金融资源，因此地方保护主义在金融市场中也是如此，一些地方政府为保护本地区金融市场及金融机构发展，会通过或明或暗的各种方式，设定一些市场准入条件，或将其他地区的金融机构排斥在本地区市场竞争之外，或者通过税收返还、财政补贴、招投标评分条件设置等方式形成实质上的不平等竞争，造成金融开放收益的非对称性，阻碍了金融市场一体化进程。此外，不同区域地方政策性法律法规对市场一体化也具有一定影响，地方性政策法规通常立足于本区域金融市场发展。例如，不同区域为了争夺区域性金融中心，就会出台一些"各自为政"的地方性政策法规。

（三）区域性金融管制阻碍了市场一体化

通过对长江经济带金融市场一体化测度结果可以看出，无论是整个长江经济带还是各个城市群，其金融市场一体化程度都比较低。在当前国内金融市场还未完全开放的大背景下，采取金融管制是金融监管部门常用的政策措施，尽管国内金融监管是通过国家层面的一行两会垂直管理，但地方政府也会通过采取行政管制或与金融监管部门在当地的机构采取措施实施一定程度的金融管制，限制了金融系统区域之间的竞争、金融创新和信息的传播，形成了区域间金融市场相互分割的格局，阻碍了区域金融市场一体化发展。

（四）机制设计的滞后难以推动金融市场一体化

金融市场一体化机制的有效运行是长江经济带城市群金融市场一体化的根本保障，机制的有效性在于两个方面：一是配置效率，二是制度效率。长江经济带金融市场机制的有效性不足阻碍了金融市场一体化发展，在合作机制安排上缺乏统一性、协同性和合作性。首先是缺乏权威性的总体协调机构和协调机制，由此造成了不同地区金融合作与协同进展比较缓慢，区域综合协调机制还未完全构建；其次是缺乏区域利益补偿机制，一些地区依靠区位优势和政策优势从金融市场一体化中获得了较大利益，而另外一些地区收益较少甚至会产生损失，这就需要建立一个合理的补偿机制。

第三节　金融市场联动机制分析

城市群金融市场联动的机制包括传导机制、利益协调机制、风险防范机制以及监管联动机制四大方面。传导机制作为基础，是不同城市群之间和城市群内部不同城市之间金融市场信息流通和空间关联的保障。利益协调机制是动力，不同城市群及城市群内部不同城市金融市场联动发展的动力是基于利益的合理分配和有效激励，因此利益协调机制是金融市场联动机制的核心部分。风险防范机制是底线，金融市场的联动发展的底线是确保不发生系统性金融风险，只有做好风险防范机制设计才能防止在联动发展过程中出现不可控制性风险。联动监管机制是保障，科学合理的联动监管机制是城市群内部和城市群之间高效协作的保障，也是金融市场联动监管得以实现的最后一个环节。

一 金融市场联动的传导机制

金融市场的联动主要通过利率及信贷渠道影响城市群金融市场，不同城市群金融市场的联动发展的传导机制包括信息传导以及空间传导。金融市场联动包括三个阶段，第一阶段为货币政策通过利率和信贷渠道影响区域金融市场。首先，从利率渠道来看，利率会对金融市场供需状况以及资金价格变化预期产生直接的影响，提高利率会导致资金使用者成本增加从而使资金需求下降；其次，信贷渠道作为间接渠道，在金融市场的传导效应体现更为显著，信贷渠道的另一种表现形式是信贷市场内生性变化会对金融市场产生放大的冲击效应。第二阶段主要是城市群金融市场通过资金价格和金融投资对经济产生的作用，由于各地区企业规模、产业结构和金融体系都存在差异，因此金融市场在区域之间的联动将通过区域经济变量的动态关系予以识别。第三阶段为各城市群经济发展影响整个宏观经济变化，宏观经济的变化影响金融政策的调整。

金融市场联动的传导机制包括信息传导和空间传导两个方面。首先，城市群金融市场联动离不开金融信息的完备性和高效性。高效的信息传导能够促进城市群金融要素的整合、自由流动，为经济主体跨区域寻找和匹配金融资源提供便利。信息传导包括三个层面：一是城市群内各城市的信息传导，各城市群共同搭建共享信息协作平台，平台数据面向区域内所有城市，信息平台可及时发布各地经济状况、金融政策，重大项目资金信息实现信息共享，为金融市场联动发展提供基础。二是金融机构之间的信息传导，主要通过对企业信息的收集、整理、发布、查询等功能，构建金融机构信息收集和分析体系。三是通过建立金融监测网络、业务运行数据等信息体系，定期将信息发布到网络平台上实现无障碍的传导（见图5.1）。

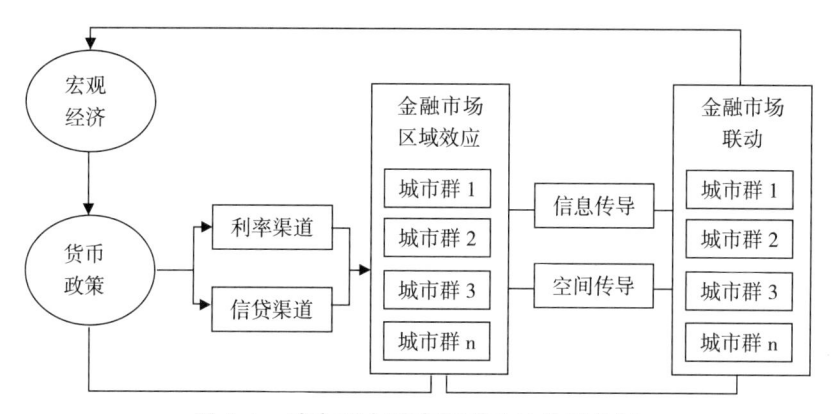

图 5.1　城市群金融市场联动的传导机制

其次，从空间传导机制看，政府作为金融市场联动发展的主体具有双重属性，不仅要追求自身利益最大化，而且要追求公共利益最大化，作为制度的提供方，政府可设计和提供不同的制度安排，在空间上相关制度主要限制在政府行政区域范围内，对于邻近区域的影响取决于周边区域对这一地方政府行为而做出的反应。以政府金融政策为例，城市群金融市场联动发展的空间传导机制就是在城市群内部侧重于独立经济利益，而在整个长江经济带则要考虑社会公共福利，通过在城市群内外部金融市场发展中产生连锁效应，最终在整个城市群范围内推广实现政策的空间效应（见图 5.2）。

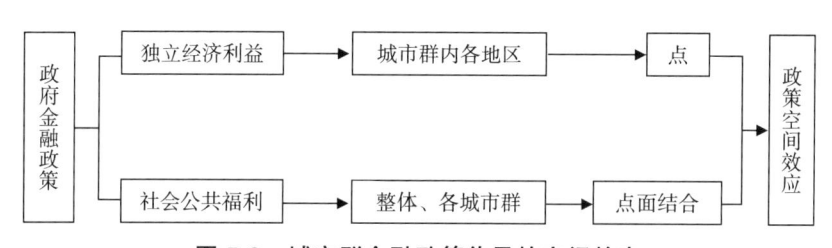

图 5.2　城市群金融政策传导的空间效应

由于地方政府金融政策的作用范围仅在其管辖区内，对其他区域的空间扩散效果几乎为零，此时空间传导形成的收益与成本相等，而将目标设定为社会公共福利最大化时，利益最大化的条件变为制度传导收益加上空间效应与成本相等，不同的利益主体的政策传导在空间上的影响不相同，长江经济带金融政策的空间传导表现在两个方面：一是构建完善的外部金融政策促进政府、企业内部制度的传导，二是实现金融政策的空间辐射促进整个长江经济带金融市场联动发展。

二 金融市场联动的利益协调机制

（一）城市群内部金融市场联动的利益协调机制

虽然长江经济带城市群内各城市金融市场发展水平存在一定差异，但同一城市群内各城市地域上相邻，金融条件上相近，存在联动发展的必要性，同时联动也会造成利益分配方面的问题。因此，城市群内部城市联动存在博弈，以长江经济带城市群内部 A、B 两地为例进行博弈分析，假设参与者 A、B 均为理性人，追求本地利益最大化，对于联动的策略，存在"合作"与"不合作"两种情况，由于信息是不完全的，缺乏有效的联动沟通和制约彼此行为的协议，如果双方都采取合作的策略，总收益是最大的，但因为要支出成本，此时双方各自的收益都不是最大的；如果双方都采取不合作的策略，总收益为 0；而当一方合作而另一方不合作时，选择合作一方所付出的成本大于所获得的收益，而选择不合作的一方无须付出成本却可带来一定的收益。如表 5.4 所示。

表 5.4　　　　　　　　城市群内部金融市场联动博弈模型

		B 城市	
		合作	不合作
A 城市	合作	（5,5）	（-1,8）
	不合作	（8,-1）	（0,0）

如表 5.4 所示，若 A 选择合作策略，B 选择不合作的收益为 8 大于选择合作的收益 5；若 A 选择不合作，则 B 选择不合作的收益为 0 大于选择合作的收益 -1。故无论 A 选择任何策略，B 的最优策略均会选择不合作；同理，无论 B 选择何种策略，A 的最优策略也为不合作，因此，该博弈的均衡即为双方均选择不合作，对长江经济带城市群内部各城市而言，即均选择不合作。

（二）城市群之间金融市场联动的利益协调机制

长江经济带某一城市群除了内部不同城市需要建立联动的利益协调机制之外，长江经济带各城市群之间存在更复杂的利益协调机制。假设存在三类不同的城市群，金融市场联动的合作包括第一类经济发达地区城市群与第二类经济欠发达地区城市群之间的合作，第二类经济欠发达地区城市群与第三类经济落后地区城市群之间的合作，以及第一类经济发达地区城市群与第三类经济落后地区城市群之间的合作。

以城市群 A 和城市群 B 联动为例进行博弈分析，假设参与方均符合理性人假设，都追求本地利益最大化，联动的策略有"合作"与"不合作"两种，信息对双方都是不完全的，缺乏有效的联动机制和相互约束的协议，如果双方都采取合作的策略，总收益最大，为 8 + 4 = 12，城市群 A 的金融发展水平比城市群 B 的金融发展水平更高，但城市群 A 付出的成本也会更高；如果双方都不合作，则总收益最为 0；如果城市群 A 选择合作，城市群 B 不选择合作，总收益为 5 + 5=10；如果城市群 A 选择不合作，城市群 B 选择合作，总收益为 10 +（-1）= 9。各方收益如表 5.5 所示。

表 5.5　　　　　　　　城市群之间金融市场联动博弈模型

		B 城市群	
		合作	不合作
A 城市群	合作	（8,4）	（5,5）
	不合作	（10,-1）	（0,0）

如表 5.5 所示，若城市群 A 选择合作策略，则城市群 B 选择不合作的收益 5 大于选择合作的收益 4；若城市群 A 选择不合作的策略，则城市群 B 选择不合作的收益 0 也大于选择合作的收益 -1。因此无论城市群 A 选择合作还是不合作，城市群 B 的最优策略都是不合作。在城市群 B 选择不合作的情况下，城市群 A 选择合作的收益 5 大于不合作的收益 0，因此该模型博弈的均衡是"合作，不合作"。该类博弈就存在"搭便车"的现象，金融发展水平较低的城市群不愿意采取联动发展的策略，却享受着金融发展水平较高的城市群采取联动发展所带来的收益，造成整个长江经济带城市群金融市场联动发展的积极性受到影响。因此，如果不建立一个长期的城市群金融市场联动的利益协调机制，这种联动将不会长久持续。

（三）城市群内外联动发展的利益协调机制

长江经济带城市群内部各城市金融市场联动发展存在囚徒困境，而城市群之间金融市场联动发展存在"搭便车"行为,两种情况制约了长江经济带城市群金融市场联动发展。实际上,金融市场联动发展对各方有利,而各区域之间又难以实现联动发展。长江经济带城市群金融市场联动发展的利益协调机制可以从两个方面建立。一是通过建立适合的利益协调机制,即重复博弈下各区域之间最终选择联动发展以达到多方均衡。二是通过建立跨区域的协调和管理机构,如建立国家级层面的协调机构通过协调、协商或转移支付的形式实现各区域金融市场的联动。

1. 重复博弈

长江经济带城市群金融市场联动发展不是单次的,存在多次重复的竞争与合作关系。假设城市群或城市群中某一区域 A 采取"触发策略",博弈进行 N 次,如果另一城市群或城市群中某一区域 B 在第一阶段选择不合作,那么 A 区域就会因为该次博弈中采取合作策略而受到一定的损失,此后 A 区域将采取永远不合作策略来进行报复。

由表5.4可知,同一城市群内不同区域金融市场联动发展的博弈均衡为"不合作,不合作",采取"触发策略"的重复博弈将会改变这种情况,以城市群内 A、B 地区为例,设贴现率为 e,贴现因子为 $\delta = 1/(1+e)$,如果博弈方 A 地区先采取不合作,引起 B 地区此后采取不合作实行报复,导致双方永远不合作,虽然 A 地区在第一次博弈中获得8的收益,但此后 N-1 次的收益均为0,则 R1=8。如果 A 地区选择合作,则 N 次博弈双方均会选择合作,A 地区的收益 R2 将为:

$$R2 = \sum_{n=1}^{N} \frac{5}{(1+e)^n} = \sum_{n=1}^{N} 5\delta^n$$

当 $\sum_{n=1}^{N} 5\delta^n > 8$ 时,A 地区将采取合作策略;当 $\sum_{n=1}^{N} 5\delta^n < 8$ 时,A 地区将采取不合作的策略,由于 A 地区和 B 地区可以近似地看成无限次重复博弈,即当 $n \to \infty$,则上式可以转化为 $\frac{5}{1-\delta}$,即当 $\delta > 3/8$ 时,A 地区会采取合作策略,否则采取不合作策略。如果 $\delta < 3/8$ 时,博弈方 A 对 B 触发策略是第一阶段采取合作,从第二阶段开始无限次重复博弈与第一阶段完全相同,因此双方的最优策略均为选择合作。同理,如果 B 地区选择不合作,则 A 地区也选择不合作进行报复。因此双方最终的博弈均衡是(合作,合作)。

2. 跨区域协调机构利益协调

在不同城市群金融市场联动发展合作博弈过程中，由于存在"搭便车"行为，阻碍了城市群金融市场联动发展。由表5.5可知，不同城市群金融市场合作博弈均衡为（合作，不合作）的"智猪博弈困境"，为了减少不合作方也能获得收益的状况，需要建立跨区域的协调机构对各主体进行利益协调，利益协调的方式可以采取转移支付的形式。在存在转移支付时，若A城市群选择合作策略，B城市群选择不合作策略，由于跨区域协调机构在博弈中具有特殊角色，其目标是为了使长江经济带整个区域收益最大化，因此可以采取措施让不合作的一方转移一定的收益给合作方，转移的数量为C个单位，现在的均衡如表5.6所示。

表5.6　　　　　不同城市群金融市场联动发展博弈模型

		B城市群	
		合作	不合作
A城市群	合作	（8,4）	（5+C,5-C）
	不合作	（10-C,-1+C）	（0,0）

假设博弈方A城市群选择合作的概率为P1，选择不合作的概率为P2，B城市群选择合作的概率为P3，选择不合作的概率为P4。当C=1时，上述博弈不存在纯策略纳什均衡，根据混合策略纳什均衡进行重复博弈时，可得P1、P2取值为0到1，P3=6P4，由于P3+P4=1，故P3=6/7、P4=1/7是A城市群和B城市群的混合策略。由此A城市群随机选择合作与不合作，而B城市群合作的概率是6/7，不合作的概率是1/7。当C≥2时，上述博弈存在纯策略纳什均衡，A城市群与B城市群的均衡解为（合作，合作），收益为（8,4）。因此，建立跨区域协调机构通过转移支付的机制，减少不合作方的收益，增加合作方的收益，将有效地解决"搭便车"行为，促进城市群之间金融市场联动发展。

三　金融市场联动的风险防范机制

金融风险是指在金融活动过程中参与主体因客观环境变化、决策因素或其他原因导致金融资产价值受到损失的可能性，按金融风险发展的地理范围划分，分为区域内金融风险和区域间金融风险，因此区域内金融风险是指对长江经济带某一城市群内部而言，主要是来自部分金融机构的金融风险在区域内传播扩散，当然也可能是宏观金融风险在城市群内部传播引起，而区域间金融风险主要指城市群之间的金融风险。

在统一金融制度下，金融市场风险受制于市场联动程度的高低和经济关联度的强弱。如果金融市场联动程度高且金融监管部门对风险控制不力，金融风险则会迅速传导，相反，如果金融联动程度低且金融监管部门对风险控制应对有力，则金融风险传导较慢甚至难以传导。长江经济带市场化程度的提高使资金在不同地区的流动性增强，资金将会从回报率低的地区流向回报率高的地区，当资金回报率高到一定程度时，泡沫和风险也开始集聚，由于资金作为稀缺资源，各地区都竞相出台政策吸引资金，金融风险也将随着资金的流动在区域内产生扩散，金融市场的风险传导也随之产生。

随着金融市场化水平的不断提高，各类资金的流动性也逐渐增强，资金回报率高的区域会吸引其他资金回报率相对较低的地区资金流入。如果资金高回报源于资产的泡沫化，该区域将成为金融高风险区，随着金融市场范围和容量的扩大及监管制度有效性的滞后，金融风险将会呈螺旋式的上升趋势。就长江经济带区域金融风险联动防范而言，首先应从区域风险传播途径入手，通过建立风险监测系统进行早期预警；其次是建立准确的信息传递、披露体系机制，信息传递是发挥金融联动监管的前提和保障；再次是建立一整套金融风险处置程序，建立完善的风险监督管理组织体系，以银监局、证监局和保监局为主体，地方金融办和银行、证券、保险行业协会为补充的监管体系实现联动监管；最后是建立有效的危机处理体系，这在区域金融联动监管中是非常重要的一个环节，在危机发生后能够得到有效的控制，防止危机的蔓延。

四　金融市场联动的监管机制

科学合理的联动监管机制是城市群内部和城市群之间高效协作的保障，也是金融市场联动监管得以实现的最后一个环节。一方面，各监管主体之间各自为政，经常存在不协调甚至冲突的情况，更谈不上联动监管的问题；另一方面，同一监管主体在不同地区的监管行为也有所差异。对长江经济带城市群金融市场的监管而言，实施联动监管首要的问题是要理清监管机构与金融机构之间存在的监管博弈与监管机构之间的协调问题。监管主体利益结构和关系的变化构成了监管协调博弈问题，协调博弈不仅停留在对局人之间的冲突，同时也可能出现多个帕累托排列的均衡。无论是对城市群内的金融监管体系而言，还是对城市群之间的金融监管协调来说，每个地区的监管者都是这个系统中的一部分，这些相对独立的监管者及被监管者各金融机构之间形成了多重博弈的过程。

（一）博弈模型的基本假定

假设博弈的参与人为监管者与金融机构，I 为金融机构合规经营成本，在没有超额收益的情况下，其合规收益也为 I，q_i 为金融机构违规程度，取值在 0 到 1 之间，金融机构违规的利润为 $q_i\triangle I$，R 为违规的收益 $\triangle I$ 相对应的风险，因此违规风险可以用 q_iR 表示；p_i 代表金融机构违规被查处的概率，E 为审慎监管的上限，p_iE 为金融监管机构的审慎程度；U 为监管者的常规监管收益，t 为金融机构造成的社会成本收益在监管部门的折算系数，为 0 到 1。金融监管机构的博弈空间为 $\{p_iE\}$，金融机构的博弈空间为 $\{I + q_i\triangle I\}$，假设金融机构违规将带来风险的增加而不造成经营成本增加。若金融机构合规经营，则为低风险和低收益；若金融机构违规经营，则为高风险高收益，但违规经营一旦被查处，则为支付 3 倍于违规收益的罚款，如果未被查处，则只需承受 1/n 的风险（假设该区域有 n 家金融机构）。

（二）支付矩阵

假设金融机构的选择为｛合规，违规｝，金融监管机构的选择为｛宽松，审慎｝，即 q_i 为 0 和 1，p_i 为 0 和 1。简化后金融机构与监管者博弈的支付矩阵如表 5.7 所示。

表 5.7　　　　　　　简化后金融机构与监管者博弈的支付矩阵

		金融机构	
		合规	违规
监管者	宽松	[U, 0]	[U − tR + t$\triangle$I, $\triangle$I − (1/n)R]
	审慎	[U−E, 0]	[U − E + t$\triangle$I, −2$\triangle$I]

（三）多区域金融监管机构协调参数的确定

假设某一金融机构正从事一项处于 A 地区和 B 地区协调范围内的业务，该业务属于违规业务，从事该业务金融机构可以获得额外收益是 $\triangle I$，而产生的社会风险是 $10_\triangle I$，单个地区的监管部门不承担社会成本和收益，t = 0，监管者的支付函数为 $Y_j = U-p_jE$，j 为 0 和 1，因此两个地区金融监管者的支付矩阵如表 5.8 所示。

表 5.8　　　　　　　　两个地区金融监管者的支付矩阵

A 地区金融监管机构		B 地区金融监管机构	
		监管	不监管
A 地区金融监管机构	监管	[U–E, U–E]	[U–E, U]
	不监管	[U, U–E]	[U, U]

由此可知，{不监管，不监管} 是一个占优均衡，最终 A 地区和 B 地区金融监管机构都没有损失，从事违规经营的金融机构获得了额外收益，但给社会带来的风险是 $-9_\triangle I$。

第四节　长江经济带城市群金融市场联动模式及路径设计

金融市场联动是一个复杂的系统工程，也是一个长期的过程，金融市场联动的最终目的是实现金融市场一体化，因此离不开金融市场联动模式的选择及具体的路径。金融联动有多种模式，包括政府主导型金融市场联动发展模式、市场主导型金融联动发展模式以及政府推动市场运作型金融联动发展模式。同时，实现金融市场联动发展的路径也存在多种可选方式，如区域金融协调联席会议制度的方式、搭建合作平台组织金融市场联动发展论坛等方式。

一　金融市场联动的模式

（一）政府主导型金融市场联动发展模式

政府主导型金融市场联动发展模式是以政府作为联动的主体，通过设立统一领导的机构，建立联席会议制度、成立领导小组和工作小组或由政府主导搭建合作平台等方式，实现区域金融市场的联动发展。政府主导型金融市场联动发展模式需要构建跨区域的空间组织管理机构，建立合理的组织管理机制，引导、约束和保障区域金融市场联动发展。机构下设各种专业委员会和工作小组，负责政策沟通、技术创新和融资安排等重要事务。政府主导型金融市场联动发展模式实际上需要更高级别的行政支持，特别是良好的顶层设计，一方面，政府主导下的金融市场联动容易形成区域之间更加紧密的联系；另一方面，政府主导下的金融市场联动有利于强化金融支撑、提高了金融效率且改善了金融环境，为金融市场联动发展提供保障与动力。

（二）市场主导型金融联动发展模式

市场主导型金融联动发展模式主要是以发挥市场的作用，通过建立合理的市场机制，营造良好的市场环境，由银行、证券、保险和信托等金融机构或其行业协会联合设立长江经济带金融合作委员会或某一城市群的金融合作委员会，总体规划、协调和监督各地区金融合作事宜，金融监管部门以及各地金融办公室可作为合作委员会的观察员参与。该模式是以市场上各金融机构或其行业协会作为合作及联动发展的主体，在市场机制作用下运行，能充分调动利益各方积极性，如果长江经济带所有省市金融市场的联动采取市场主导型模式，则会由于涉及的省市较多，会加大协调的成本，最终难以真正实现长江经济带各地区金融市场的联动发展，因此实际上这种模式更适合城市群内部各城市金融市场的联动发展。

（三）政府推动市场运作型金融联动发展模式

由于政府主导型金融联动模式存在成本高且不利于调动参与各方积极性，而市场主导型金融联动仅适合小范围区域的特点，不利于长江经济带城市群金融市场联动发展顺利推进。因此，第三种模式是结合了前两种的优势，即政府推动市场运作型发展模式，该模式分为三个阶段：第一阶段是运用行政力量，通过各省市政府之间的合作与协商，对长江经济带金融市场联动发展做出科学合理的规划设计，必须充分考虑各省市金融市场发展的现状、优势以及特征，设计合理的机制激发各成员合作的积极性，并出台相应的金融政策和法律法规，鼓励金融机构之间进行交流与合作；第二阶段，当市场力量逐步壮大，并且市场机制逐步完善时，政府应重点开始转向金融基础设施建设、市场规则的规范、通过营造公平合理的竞争环境，构建合理的利益协调机制；第三阶段，当自发的合作机制已形成，金融机构之间全方位的合作机制已建立起来时，政府力量和政策作用则会逐步减弱，转而主要由市场力量形成金融市场的联动发展。由于目前长江经济带上、中、下游区域金融中心已初步形成，不同区域中心的建设前期既有政府主导型模式，又有市场主导型模式，因此从整个长江经济带城市群金融市场联动来看，政府推动市场运作型模式也比较适合长江经济带城市群金融市场联动发展。

二　金融市场联动的路径设计

考虑到长江经济带金融市场发展现状以及存在的障碍因素，结合金融市场联动发展的机制与模式，本节提出了长江经济带城市群联动发展的路径。

一是通过定期召开长江经济带区域金融协调联席会议，促进区域金融市场联动发展。具体可以由长江经济带各中心城市政府部门牵头，各地区金融监管部门及金融机构共同参与，协调推进长江经济带金融市场联动发展事宜，条件成熟时通过成立长江经济带跨城市群的区域性金融机构和金融控股公司，为长江经济带基础设施建设、资源开发、产业合作等项目提供投融资支持。

二是通过国家部委层面牵头设立长江经济带金融市场联动发展工作小组，共同推动长江经济带金融市场联动发展及金融监管、金融基础设施建设、金融机构合作、信息共享、资金流动及风险预警和防范等。专项工作小组可以由长江经济带9省2市金融办成立金融合作规划办公室，下面分设银行、证券、保险等金融协调小组，制定统一的金融发展规划，协调推动合作项目以及监督合作进程。这需要发挥政府的主导作用，政府统筹规划组织协调，因此，通过此路径推动金融市场联动发展成效会比较显著。

三是通过搭建合作平台组织金融市场联动发展论坛、银企对接会等，调动金融机构、企业的积极性为支持长江经济带城市群金融市场协同发展创造条件，并通过信息共享突破地区利益的藩篱，建立数据交流网络实现信息的交流和共享，通过建立区域征信服务系统，将长江经济带各城市群的金融、工商、海关、税收等系统的征信记录整合，为企业和金融机构提供完善的数据信息服务，促进长江经济带金融市场的联动发展。

四是加快整合与完善长江经济带多层次的金融市场体系，在引入和发展传统金融机构的同时，重点引入消费金融、财富管理中心、互联网金融机构等新型金融企业，发展多层次资本市场体系中的非上市公众公司股权交易市场和投资基金市场，探索统一的抵押质押制度，在政策性信贷资金、地方政府债券和产业发展基金等方面不同地区实施统一的金融政策，同时提高长江经济带金融业的运营效率以及整合区域内金融资源以推动不同地区逐步向市场一体化方向发展。

五是在各地区已有的区域性细分金融市场的基础上，通过原有市场的扩展或不同市场联合等方式，探索建立长江经济带区域统一的金融投资、产权交易、技术研发，完善共建共享、协作配套、统筹互助机制，鼓励长江经济带各省市按比例共同出资建立长江经济带城市发展基金，从多方面实现长江经带城市群金融市场联动发展。

小 结

本章首先在梳理城市群金融市场联动发展相关理论的基础上，分析了长江经济带各城市群及城市群内部各城市金融市场发展的现状，发现无论是城市群之间还是城市群内部，金融市场发展差异较大，并存在区域非均衡性特征，进一步通过对长江经济带金融市场一体化水平进行测度其联动状况，发现长江经济带金融市场联动水平不高，在此基础上分析了其障碍因素。其次，本章从长江经济带城市群联动的传导机制、联动的利益协调机制、联动的风险防范机制及联动的政府监管机制方面进行了研究，联动的传导机制方面进一步从信息传导和空间传导两个方面进行了分析，对利益协调机制的研究则分别从城市群之间的利益协调和城市群内部不同地区的利益协调两个方面进行了研究，同时金融市场联动的风险联范和监管机制为整个长江经济带金融市场的联动发展提供了保障。再次，从金融市场联动的模式上看，金融市场的联动可以分为政府主导型模式、市场主导型模式、政府主导市场运作型模式，并分别对三种模式进行了分析。本章最后结合长江经济带金融市场发展水平及联动现状，提出了长江经济带城市群联动发展的五条路径。

第六章
长江经济带城市群劳动力市场联动发展研究

改革开放以来，我国劳动力市场经历了从无到有的过程，但劳动力的自由流动仍受到较多限制，表现为劳动力市场的城乡、区域分割。然而，党的十四大提出建立中国特色社会主义市场经济体制后，劳动力市场的一体化趋势逐步加强，市场的联动发展特征逐步显现。劳动力市场联动是借助劳动力流动来实现的（丁仁船、周庆九，2009）。随着经济的迅速发展，劳动力从农村流向城市、从生产率和人均收入较低的欠发达地区流向发达地区、从传统工业部门流向现代化部门。一方面，劳动力流动有利于缩小地区经济发展水平差距（刘强，2001；樊纲，1995）；另一方面，劳动力流动可以有效改善人力资源配置效率，缩小地区间生活水平差距（许召元、李善同，2008）。长江经济带各城市的经济发展水平和劳动力资源禀赋不同，在此情况下，借助长江经济带城市群劳动力市场的联动，促进劳动力自由流动以实现区域协调发展，进而提升长江经济带城市群的整体发展水平，显得尤为重要。

本章以长江经济带城市群劳动力市场联动为研究主题。第一部分界定研究的重要概念，梳理与劳动力市场联动相关的理论及文献；第二部分介绍长江经济带城市群劳动力市场的发展和联动情况，并分析其存在的问题；第三部分结合劳动力市场存在的问题分析劳动力市场的联动发展机制；第四部分提出实现长江经济带城市群劳动力市场联动发展的具体路径。

第一节 概念界定、理论基础及文献综述

劳动力市场作为要素市场的重要组成部分，其联动发展对于要素市场

联动发展具有重要意义。本节在界定劳动力市场联动概念的基础上，梳理了劳动力市场联动的相关理论，包括劳动力流动理论和劳动力市场一体化理论。同时，从发展现状、市场一体化等方面对劳动力市场联动的文献进行了全面的梳理。

一 概念界定

市场分割会增加交易成本，造成区域间的产业结构趋同和无序竞争。通过城市群之间的劳动力市场联动，建立起更加公平透明的市场竞争机制，破除城市群之间的市场分割，促进生产要素在城市群之间合理的配置，可以实现城市群之间的劳动力市场一体化（徐现祥、李郇，2005）。

据此，本章将城市群劳动力市场联动发展界定为：在市场调节和政府引导下，不同规模、不同类型、不同产业结构的城市在劳动力资源禀赋方面统筹协调，由不平衡到平衡，再到新的不平衡和新的平衡，最终实现城市群劳动力市场一体化发展，使劳动力能够在市场机制的作用下自由流动，城市群间形成统一的劳动力市场，从而实现城市群内劳动力资源的合理配置（陈红霞、席强敏，2016）。

二 理论基础

（一）劳动力流动理论

英国学者列文斯坦（Ravenstein, 1885，1889）最早研究了劳动力流动的问题。自第二次世界大战以后，西方经济学在劳动力流动理论方面取得了较大的进展。劳动力流动理论源于新古典经济学，其中托罗达（Todaro, 1969）的模型最为有名，该模型解释了劳动力在发展中国家城乡之间流动的现象，认为劳动力实际工资差异以及就业率决定了农村剩余劳动力是否向城市流动。

我国的劳动力市场起步相对较晚，目前正处于快速发展阶段。改革开放以后，由于实施了家庭联产承包责任制、户籍制度改革等一系列措施，劳动力市场在我国逐步建立起来。与此同时，劳动力在城市群之间开始大规模流动。在西方劳动力流动理论的基础之上，我国的经济学家研究出了更适合我国国情的城市群劳动力流动理论。这些理论对影响劳动力流动的因素做了广泛探索。概括起来，有以下几个方面。

第一，宏观经济因素。如经济体量、投资规模等都可能引起区域就业机会差异，从而导致劳动力大规模流动。He 和 Gober（2003）提出外商直接投资、乡镇企业和建筑业发展水平等都是影响劳动力流动的重要因素。

第二，劳动者的预期。劳动力选择转移到另外一个地区的动力来自对未来收入差距的预期，劳动力是否选择转移到另一个地区取决于劳动力对收益和成本的衡量。人力资本理论进一步解释了该观点，人力资本理论认为应当把劳动力的转移看作一种长期投资，这种长期投资会使劳动力个人的收益持续增长，如提升人力资本和获得就业机会等。

第三，政策和制度等因素。在我国，除了成本效益外，劳动力的自由流动一定程度受当地政策、制度、信息和文化等因素的制约。劳动力有改善自身收入的动机，但劳动力的转移还会受到一些重要政策制度的影响。如 Chan 和 Zhang（1999）认为户籍制度影响了劳动力在区域之间的自由流动；Fan（2002）认为劳动力市场分割、就业歧视和政府的外向型政策对劳动力的跨区域流动产生了重要的影响。

（二）劳动力市场一体化理论

在以往研究中，就业是劳动力市场理论所研究的主要问题。但是，在现实中，一系列的制度和社会因素，造成了劳动力市场分割，主要表现为城乡劳动力市场分割、区域劳动力市场分割、产业劳动力市场分割等几种形式。越来越多的学者研究了劳动力市场分割的问题，逐步认识到劳动力市场一体化的重要性。

一体化与分割是劳动力市场中两个相互对立的概念。目前，学术界对劳动力市场一体化的概念进行了广泛的阐述，可以归纳为以下两个方面：第一，根据新古典经济学理论，劳动力市场一体化就是在不同劳动力市场之间形成单一工资率，具体表现为劳动力能够在不同市场之间自由流动。在国外相关研究中，Lewis（1954）认为，劳动力能够在城乡之间自由流动，使城乡劳动力工资收入趋于收敛，从而在城乡之间形成统一的劳动力市场。Topel（1986）提出了区域劳动力市场动态均衡模型，他认为，在能够自由流动的情况下，劳动力会流动到那些未来收入折现高的地区，进而缩小区域间的工资差异。在国内相关研究中，都阳和蔡昉（2004）认为，假如两个劳动力市场存在不同的劳动力供求关系，那么这两个市场的工资水平必然存在差异。在劳动力和用人单位都能够自由进入劳动力市场的情形下，由于受到不同的劳动力工资率的信号影响，劳动供给曲线会朝着不同的方向移动，使工资水平收敛。因此，劳动力工资趋同是劳动力市场实现一体化的重要特征。第二，根据制度经济学理论，部分学者从制度变迁的视角来解释"劳动力市场一体化"，认为通过建立平等的城乡劳动力市场制度就能实现劳动力市场一体化。

三 文献综述

通过梳理已有研究不难发现，国内外对劳动力市场联动发展的研究主要从两大方面展开的：一是劳动力市场的发展现状，二是劳动力市场一体化。其中劳动力市场一体化主要从工资的收敛、劳动力工资的空间差异以及劳动力的流动三个方面来展开的。

（一）劳动力市场发展现状的相关研究

改革开放以来，在户籍约束逐步弱化的背景下，大量农村剩余劳动力涌入城市，为经济发展贡献了力量，但也导致了我国城市普遍存在劳动力市场扭曲的现象，即工资率低于劳动力边际产出（冼国明、徐清，2013；盖庆恩等，2013）。与城镇职工相比，农民工在就业和职业选择等方面受到了明显的户籍歧视；并且，随着时间的推移，这种情形持续恶化，使农民工的人力资本回报率低于城镇职工（章莉、李实，2016）。在劳动力市场中，除了城乡户籍歧视外，受教育程度差异和性别歧视也严重地制约了劳动力就业。邓峰和丁小浩（2012）的研究表明，受教育水平较低的女性大多在第一产业和非正式劳动力市场中就业；较高的教育程度则有利于女性劳动力进入性别歧视程度较低的部门。即便在劳动力市场中存在着各种不平等的歧视现象，但在经济转型的过程中，户籍和性别歧视对收入差异的影响在下降，受教育水平的影响则呈现上升的趋势（陈纯槿、李实，2013）。此外，在我国的经济转型过程中，也出现了"招工难"与"就业难"并存的结构性失业问题（谷彬，2014）。收入不平等问题，逐渐造成了我国劳动力市场的"极化"现象。吕世斌和张世伟（2015）利用我国制造业行业面板数据研究发现，我国制造业行业就业机会的增加主要集中在高技术行业和低技术行业，而中等技术行业的就业机会增加较少。整体而言，我国就业结构呈现一个"升级"的模式，但就业结构的"两极化"倾向逐步加剧（屈小博、程杰，2015）。

（二）劳动力市场一体化的相关研究

1. 工资的收敛相关研究

古典经济学派最早研究了劳动力市场一体化，他们认为劳动力市场属于完全竞争市场。因此，工资作为劳动力市场价格信号，可以引导劳动力市场实现供需平衡，从而使劳动力工资率收敛。Barro 和 Sala-i-Martin（1992）发现美国相邻各州之间劳动力市场存在一体化的特征，劳动力在各州之间的自由流动对市场一体化的贡献率为 1/3 左右。Robertson（2000）以美国和墨西哥的劳动力市场为研究对象，发现随着墨西哥劳动力的大量涌入，美国与墨西哥的劳动力市场一体化程度不断提高，但两国的工资率仍存在明显差异。

近年来，国内一些学者也开始关注劳动力市场一体化。如都阳和蔡昉（2004）研究了在不同区域之间制造业工资变动的情况，表明我国正在逐渐形成统一的劳动力市场，这一趋势与经济发展规律相适应。整体而言，不同区域间的工资水平存在明显的差距；同时，不同区域间的非熟练劳动力工资差异小于熟练劳动力的工资差异（杨涛、盛柳刚，2007）。

周申和易苗（2010）分析了劳动力市场一体化及其形成的机制和途径，认为劳动力工资水平的均衡状态能够反映我国劳动力市场一体化的状况。陈瑛（2013）通过 Mincer 工资方程研究了我国劳动力市场一体化，发现我国劳动力市场仍然存在分割，但是最终趋势是走向一体化。赵三武和钱雪亚（2014）认为，我国城市群间的劳动力市场已经显现出一体化趋势。劳动力在京津冀城市群内的自由流动，对促进京津冀协同发展具有重要意义（邬晓霞等，2015），而京津冀城市群各城市劳动力平均工资差异日益扩大（陈红霞、席强敏，2016）。从工资水平收敛的角度来看，长三角地区、小珠三角地区劳动力一体化市场正在形成（孙文远、裴育，2010；贾燕军、李晓春，2011）；但大珠三角地区仍然存在市场分割，劳动力市场一体化趋势不明显（贾燕军、李晓春，2011）。

2. 劳动力工资的空间差异

改革开放以来，我国各地区居民的收入得到了大幅度提升。然而，地区间的收入差距却呈现出不断扩大的趋势。现有文献少有研究城市群工资水平不均衡及其影响因素（张建红等，2006）。城市群工资水平差异是一个相对普遍的经济地理现象，这源于多因素的综合影响，其产生与演进带有特定的城市群相互作用特征（王开科等，2013）。范剑勇和张雁（2009）基于新经济地理学模型解释了不同城市间的职工工资差异，发现劳动力的流动障碍使部分沿海地区的劳动力短缺，进而迫使沿海地区的劳动力工资水平大幅提升。何雄浪和杨霞（2013）研究发现我国城市群工资的整体空间相关性没有太大变化，而局部地区工资则表现为"高高"与"低低"聚集的空间分布趋势且空间分异特征明显。程中华和于斌斌（2014）以新经济地理学和城市经济学理论为基础，分析了地区工资水平的空间溢出效应，研究表明：我国城市职工平均工资表现出了很强的空间相关性。王雪辉等（2016）通过构建空间计量模型，分析了地区工资差距的影响因素和空间溢出效应，认为我国的地区工资水平存在显著的空间自相关性。

3. 劳动力的流动相关研究

关于工资差异与劳动力流动的关系，王开科（2013）等认为，引发劳动力跨区域流动的最关键因素是区域间的劳动力工资差异，而劳动力工资差异的缩小有赖于劳动力在城市群间的自由流动，从而使劳动力工资实现均等化。劳动力的自由流动从本质上反映了劳动力资源在区域和部门间实现重组的过程（史耀波、李国平，2007），这一方面有利于非国有经济进一步发展，扩大进出口贸易以及改善国内投资效率（蔡昉等，2003），另一方面也有利于提高劳动力资源配置效率，使劳动力工资均等化，从而促进劳动力市场的发展。这与 Taylor 和 Williamson（1997）的研究结论相符，即劳动力在区域间的自由流动能够缩小区域间的工资差异。王小鲁和樊纲（2004）也赞同以上观点，并指出，欠发达地区的外出务工人员，通过汇款方式，缩小了区域间的工资差距。因此，劳动力的自由流动对缩小城市群间劳动力工资差距具有积极作用：一方面，落后地区的劳动力向工资收入高的地区流动不仅能使自己的收入水平得到大幅提高，同时增加了该地区未流动人口的可用资源规模，这部分劳动力的工资水平也得到了提升。另一方面，流出的劳动力在通过自身学习提高素质的同时，也会通过返乡的途径带回信息和技术进而提高当地的劳动力工资水平（廉晓梅，2002）。

通过梳理劳动力市场的相关研究可以发现，现有研究主要从劳动力市场发展现状和劳动力一体化两个方面展开。劳动力发展现状主要研究了劳动力市场的城乡差异、性别分布和就业结构等特点。劳动力市场的一体化主要从劳动力工资收敛、空间差异以及劳动力流动三个方面进行研究。工资的空间差异形成劳动力流动的动力，而劳动力流动有利于促进工资均等化，从而促进劳动力市场的联动发展。但现有研究缺乏对劳动力市场联动发展的探讨。鉴于此，本章将系统梳理长江经济带城市群劳动力市场发展和联动现状，分析联动中存在的问题，并在此基础上，分析劳动力市场的联动机制、提出长江经济带城市群劳动力市场的联动模式和路径。

第二节 长江经济带城市群劳动力市场发展及联动现状

本节引入劳动力市场成熟度指标，测度长江经济带城市群劳动力市场的发展现状。同时，不同地区之间劳动力市场的联动主要表现为劳动力市场一体化，因此，为分析各城市群之间的劳动力市场联动现状，本节进一步采用相对价格法测度长江经济带及各城市群的劳动力市场一体化水平。

一 指标选择、数据来源与测度方法

（一）指标选择与数据来源

劳动力市场成熟度是一种与经济发展相辅相成的市场状态。本节构建长江经济带五大城市群劳动力市场成熟度指数，综合评价长江经济带城市群的劳动力市场成熟度。在已有研究的基础上，本节结合长江经济带各城市的劳动力市场相关数据，选取劳动力参与率、人均受教育年限、外地人口占比、失业率、工资水平、从业人员数、政府教育支出7项指标测度长江经济带各城市的劳动力市场发展程度。

此外，本节也选取各城市的工资水平进一步测度长江经济带五大城市群劳动力市场一体化程度。为了避免价格因素对劳动力工资产生的影响，采用居民消费价格指数对劳动力平均工资进行平减，得到能够在城市群之间进行比较的劳动力实际工资。需要说明的是，测度劳动力市场一体化的相对价格法需要3维（t×m×k）面板数据，其中t代表时间，m代表地区，k代表劳动力种类。因此，本节选取的劳动力平均实际工资包含国有、集体以及其他单位职工平均工资三类，满足了时间、地点与种类三个维度。相关数据均来自《中国城市统计年鉴》和《中国区域经济统计年鉴》以及各省市统计年鉴。

（二）测度方法

劳动力市场成熟度的测度方法与本研究第五章金融市场成熟度测度方法相同，即主成分分析法，此处不再赘述。一体化的测度方法借鉴 Parsley 和 Wei 的相对价格指数法，利用其构造市场细分指标来反映市场一体化程度（Parsley and Wei, 1996）。

相对价格指数法的具体原理是利用环比实际工资价格指数来构造劳动力市场分割指数。本节对城市间工资价格指数比值的对数作一阶差分，并以此度量相对价格，即：

$$\Delta Q_{ijt}^{k} = \ln\left(\frac{P_{it}^{k}}{P_{jt}^{k}}\right) - \ln\left(\frac{p_{it-1}^{k}}{p_{jt-1}^{k}}\right) = \ln\left(\frac{P_{it}^{k}}{P_{it-1}^{k}}\right) - \ln\left(\frac{P_{jt}^{k}}{P_{jt-1}^{k}}\right)$$

其中，i、j 表示地区，t 表示年份，k 表示部门。为了消除地区放置顺序对相对价格方差 Var（ΔQ_{ijt}^{k}）的影响，我们对相对价格取绝对值。可以得到：

$$|\Delta Q_{ijt}^{k}| = \left|\ln\left(\frac{P_{it}^{k}}{P_{it-1}^{k}}\right) - \ln\left(\frac{P_{jt}^{k}}{P_{jt-1}^{k}}\right)\right|$$

接下来分析相对价格绝对值。由于相对价格指数受城市群间的差异影响，有必要剔除劳动力异质性所造成的不可加现象，这样可以更加准确地测算劳动力市场的分割程度。Parsley 和 Wei 认为

$$|\Delta Q_{ijt}^{k}| = \alpha^{k} + \varepsilon_{ijk}^{k}$$

其中，α^{k} 为第 k 个部门自身的某些特性所引起的价格变动，而 ε_{ijk}^{k} 为第 k 个部门在 i、j 两个地区的市场环境和其他随机因素所导致的价格变动。可以看出，如果不剔除劳动力异质性的影响，则会因为市场环境等因素的变化导致高估劳动力市场价格，而劳动力市场的分割程度也因此被高估。本部分借鉴桂琦寒等的方法来剔除 α^{k} 的影响（桂琦寒等，2006）。具体方法如下：

$$q_{ijt}^{k} = \varepsilon_{ijt}^{k} - \bar{\varepsilon}_{ijt}^{k} = |\Delta Q_{ijt}^{k}| - \overline{|\Delta Q_{ijt}^{k}|} = (\alpha^{k} - \bar{\alpha}^{k}) + (\varepsilon_{ijt}^{k} - \bar{\varepsilon}_{ijt}^{k})$$

上式中，q_{ijt}^{k} 是去掉固定效应后的相对价格剩余部分，它只与城市群间影响劳动力市场分割的因素以及一些随机因素相关。

Parsley 和 Wei 处理相对价格方差 Var（ΔQ_{ijt}^{k}）的方法为：计算 i、j 两地区在给定的时期 t 内各部门间价格变动平均值的方差 Var（ΔQ_{ijt}^{k}）（Parsley and Wei, 1996）。这一处理方法不仅可以反映不同部门的价格信息，从而对

市场的分割情况进行综合评价，还能够发现方差随时间的变化情况，得到市场分割程度的变化方向。然后，构造市场分割指数公式如下。其中，n 表示地区，N 表示合并的城市组合数目。

$$\text{Var}(q_{nt}) = \frac{1}{N}\left(\sum_{i \neq j}\text{Var}(q_{ijt})\right)$$

二 长江经济带城市群劳动力市场成熟度综合指数测算

为了分析长江经济带五大城市群各城市的劳动力市场成熟度发展变化情况，本节测度了长江经济带五大城市群 77 个城市 2006 年、2010 年和 2015 年的劳动力市场成熟度[①]。

从 2006 年长江经济带劳动力市场成熟度分布状况可以发现，长江经济带五大城市群劳动力市场发展成熟度存在较大差异。在整个长江经济带所有城市中，上海的劳动力市场成熟度最高，其 M 值为 1。长三角城市群劳动力市场成熟度整体水平相对较高，M 的均值达到 0.495。长江中游城市群劳动力市场成熟度相对较低，略高于黔中城市群，其 M 的均值为 0.445，且长江中游城市群各地级市劳动力市场成熟度分布相对均匀。成渝城市群劳动力市场成熟度水平整体较高，在所有城市群中居第二位，M 的均值为 0.462；重庆市在长江经济带所有城市中劳动力市场成熟度水平仅次于上海市，M 值为 0.605；但雅安市的劳动力市场成熟度在长江经济带所有城市中最低，M 值仅为 0.408。黔中城市群的劳动力市场成熟度最低，M 的均值仅为 0.439。滇中城市群劳动力市场成熟度整体上略低于成渝城市群，其 M 的均值为 0.461。黔中城市群和滇中城市群包括的城市数量较少，可以很清楚地看出省会城市的劳动力市场远远高于城市群内的其他地级市。

从 2010 年长江经济带劳动力市场成熟度分析状况可以看出，各城市群劳动力市场成熟度水平有所提升。长三角城市群的劳动力市场成熟度均值从 2006 年的 0.495 上升到 2010 年的 0.519；长江中游城市群的劳动力市场成熟度均值从 2006 年的 0.445 上升到 2010 年的 0.459；成渝城市群的劳动力市场成熟度均值从 2006 年的 0.462 上升到 2010 年的 0.481；黔中城市群和滇中城市群的劳动力市场成熟度均值则分别从 2006 年的 0.439、0.461

[①] 由于数据的可得性，本节未将天门市、潜江市、仙桃市、毕节市、凯里市、都匀市以及楚雄市纳入研究范围，后文的劳动力市场一体化的研究范围和本节相一致。

上升到 2010 年的 0.456、0.474。但同时也不难发现，长江经济带五大城市群劳动力市场成熟度整体排序并未出现变化，说明整个城市群劳动力市场发展水平呈稳定状态。

到 2015 年，长三角城市群整体的劳动力市场成熟度仍在五大城市群中最高，其 M 均值为 0.556，较 2010 年有较大的提升，且上海的劳动力市场成熟度一直处于最高水平。长江中游城市群整体劳动力市场成熟度虽然较 2010 年出现了提升，但在五大城市群中依然处于最低水平，其 M 均值为 0.483；长江中游城市群中劳动力市场成熟度最高的为武汉，其 M 值为 0.571，最低的仍为鄂州，其 M 值仅为 0.4。成渝城市群近年来劳动力市场成熟度保持了稳步提升，其劳动力市场成熟度均值达到 0.538，其中，重庆劳动力市场发展水平提升明显，在 2015 年 M 值达到了 0.987，劳动力市场成熟度接近上海。黔中城市群整体劳动力市场成熟度与 2010 年相比上升较大，其 M 值均值为 0.517，滇中城市群整体劳动力市场成熟度较 2010 年略有上升，其 M 值均值为 0.497。因此，从五大城市群 2006 年到 2015 年劳动力市场成熟度的变化情况看，虽然长江经济带五大城市群劳动力市场发展水平有所提升，但各城市群及主要的城市劳动力市场发展水平并未出现较大的波动和排序上的变化，高水平地区仍然处于高水平，而低水平地区仍处于低水平。

三 长江经济带城市群劳动力市场一体化测度

建设长江经济带统一劳动力市场的关键，在于协调联动、一体化发展，超越各自经济利益诉求，通过深化合作形成一体化联动的格局。在一个劳动力市场实现一体化的城市群内，工资趋同现象较为常见。因此，本节从工资的角度研究长江经济带劳动力市场一体化的情况。为进一步了解长江经济带城市群劳动力市场目前的状况、一体化的程度，本节主要是从两个方面进行考察：一是测度长江经济带整体劳动力市场一体化水平，二是分别测度五大城市群劳动力市场一体化水平。通过对长江经济带五大城市群劳动力市场各年度的工资进行分析，能够把握劳动力工资趋同状况，分析劳动力市场一体化的程度。

（一）长江经济带城市群整体劳动力市场一体化水平

为深入分析长江经济带劳动力市场一体化的发展程度，本节采用相对价格法测度劳动力市场一体化。具体来说，即用工资的标准差反映整个劳动力市场的变动发散和收敛情况。通过前面公式得到长江经济带城市群劳动力市场一体化水平曲线（如图6.1所示）。

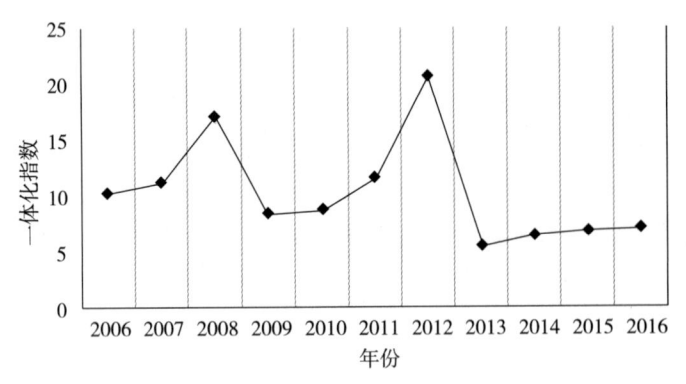

图 6.1　长江经济带城市群劳动力市场一体化水平

从长江经济带整体范围来看，长江经济带劳动力市场一体化指数经历了上升和下降两个阶段。具体来说，2006—2008年劳动力市场一体化指数处于波动中上升的阶段，在2008—2009年出现了一个短暂的下降，2012年上升达到顶点，而2013—2016年长江经济带劳动力市场一体化指数出现了持续的回升。这表明近年来长江经济带在加快推进劳动力市场一体化建设方面取得了不错的成绩。

（二）长江经济带五大城市群各自内部劳动力市场一体化水平

对于长江经济带五大城市群，通过对2006—2016年劳动力工资数据的整理，分别得到了五大城市群劳动力市场一体化曲线，如图6.2所示。

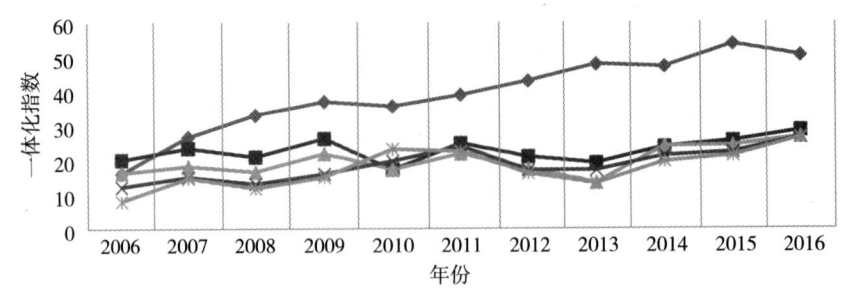

图 6.2　长江经济带五大城市群劳动力市场一体化指数

从图 6.2 可以看出，第一，长三角城市群劳动力市场在 2006—2016 年劳动力市场一体化指数整体趋于上升状态；长江中游城市群、成渝城市群、黔中城市群、滇中城市群在 2006—2016 年劳动力市场一体化指数均经历了由上升到下降再到上升的阶段，说明这几大城市群劳动力市场正由分割走向一体化的过程。第二，从五大城市群劳动力市场一体化曲线可以看出，长三角城市群劳动力市场一体化指数处于最高水平，然后依次是长江中游城市群、成渝城市群、黔中城市群、滇中城市群。

总体来说，不论是长江经济带整体劳动力市场还是五大城市群内部劳动力市场，其一体化水平均有不同程度的提升。劳动力市场朝着一体化的方向发展则表明劳动力作为生产要素能够在城市群之间实现自由流动，而要素流动是城市群经济联动的基础，直接影响到各城市群参与方能否真正彼此信任、资源共享和合作创新。同时，劳动力市场一体化的提升也促进了商品、资金、信息在城市群之间的流动，消除了五大城市群原有的市场壁垒和行政分割，有利于形成统一、开放、多领域、多层次的市场，促进劳动力资源在五大城市群之间合理配置。

四 长江经济带城市群劳动力市场一体化的障碍因素

一个成熟的劳动力市场通过价值规律和竞争机制，能够实现"人"和"事"的最佳匹配，从而提高整个经济运行的效率和活力。目前长江经济带城市群间、城市群内的发展不平衡，各城市间的合作不仅存在经济上的阻隔，还存在法律制度上的障碍。实践表明，长江经济带城市群的劳动力市场存在的主要问题是城市群间的协调性不够强，联动合作方面实质性进展还不够显著，一体化进程总体缓慢。具体表现为同质竞争、劳动力市场分割、行政封锁和地方政府各自为政。主要存在以下几个方面的障碍因素。

（一）制度因素

经过对既有制度的逐步改革，长江经济带五大城市群已经明显减少了户籍等制度所产生的负面影响。然而，由于路径依赖，阻碍劳动力自由流动的制度因素依然存在，如歧视性的就业政策、社会保障和教育培训机会不均等、养老金转移困难、住房购买及租赁等方面的区别对待以及各种形式的地方保护主义等。

首先,目前长江经济带五大城市群劳动力市场分割状况依然存在。流动人口主要集中于技术要求低的行业。这些行业工资低、工作时间长且极不稳定,劳动力没有意愿和能力接受劳动技能再培训,这反过来又会影响他们向正规部门转移,从而进一步地加剧劳动力市场之间的分割。由于高校毕业生不愿意在低一级劳动力市场就业,劳动力市场分割会使他们难以进入主要劳动力市场,从而造成自愿失业。其次,受到户籍等制度的限制,外地劳动力接受职业教育培训的机会非常少,使之更加难以满足市场对劳动技能和素质的需求。然后,随着劳动力转移由单一的农民工个人向家庭化的变化,随迁子女教育问题愈加突出,城市义务教育体系对流动人口子女就学的限制也阻碍了劳动力的自由流动。最后,长江经济带五大城市群城乡之间社会保障水平差异巨大、转接困难,制约了城乡、区域劳动力市场的一体化。

(二)人力资本因素

由于长江经济带五大城市群发展的不均衡,中西部城市群的农村劳动力还占有很大比例。尽管近年来长江经济带农村劳动力整体素质较以往有大幅提高,但由于经济发展水平较低、教育配套设施不完善,中西部地区的多数农村劳动力的文化水平仍然停留在初中及以下水平。与城市劳动力相比以及与整个产业升级的步伐相比,农村劳动力整体素质仍然偏低,接受现代科技的能力不强,这导致农村劳动力很难适应较高级产业对劳动力的要求。从现实状况来看,农村转移出来的剩余劳动力主要集中在技术含量较低的产业或部门,他们没有能力参与劳动力的再培训,这又进一步增加了他们向高技术部门转移的难度,从而加剧部门分割。农村劳动力素质低已经成为阻碍长江经济带五大城市群间、城乡间劳动力自由流动的重要因素。

表6.1　　　　2015年长江经济带各省市人口及其文化程度构成　　　　（单位:%）

地区		总人口(万人)	农村人口	未上过学	小学	初中	高中	大专及以上
长三角城市群	上海	2415	12.38	0.8	4.9	29.3	21.1	43.9
	江苏	7999	33.38	2	13.1	40.6	21.3	22.9
	浙江	5539	34.19	2.7	16.5	37.6	18.5	24.7

续表

地区		总人口（万人）	农村人口	未上过学	小学	初中	高中	大专及以上
长江中游城市群	安徽	6144	49.50	7.4	20.6	45.2	13.6	13.3
	江西	4566	48.38	2.7	20.6	44.8	19.4	12.6
	湖北	5852	43.15	3.4	17.4	41.9	21	16.3
	湖南	6783	49.11	2.2	17.9	44.7	20.2	14.8
成渝城市群	重庆	3017	39.05	2.9	24.7	35.7	18.1	18.5
	四川	8204	52.32	4.2	29.8	39	14.9	12
黔中城市群	贵州	3530	57.99	8.7	32.2	40.3	9.3	9.5
滇中城市群	云南	4742	56.66	6.1	34.3	39.7	10	9.9

资料来源：根据我国历年的《城市统计年鉴》以及《人口和就业统计年鉴》整理所得。

（三）市场因素

若劳动力市场为完全竞争的市场，那么劳动力工资能够真实地反映劳动力市场供求信息以及劳动力边际生产力。通过调节劳动力的工资水平，能够鼓励劳动力最大限度利用自身能力，促进城市群间劳动力资源的合理配置。同时，由于劳动力市场具有竞争性，企业和个人可以选择向经济发达、机会较多的地区转移，这样可以消除地区之间存在的工资差异。然而长江经济带五大城市群劳动力市场中的工资水平并未呈现出收敛特征，尤其是国有企业依然处于强势垄断地位，存在劳动力工资差异以及就业壁垒。在主要劳动力市场上较易形成内部劳动力市场，其工资是非竞争性的，由议价机制或效率工资决定，且存在黏性，工资结构并不能真实反映对劳动力教育类型和教育程度的资格要求。这样的工资机制难以实现劳动力资源的合理配置，导致岗位与就业需求错配。

第三节 劳动力市场联动机制分析

劳动力市场联动发展离不开良好的运行机制。已有研究表明，劳动力市场运行的机制包括供求机制、流动机制、预警机制以及保障机制（黄茜，2012；唐颂、黄亮雄，2013；敖荣军等，2015）。劳动力市场供求机制源于劳动力供求关系。劳动力市场价格是供求双方相互作用的结果。劳动力流动机制是指劳动力流动与劳动力供求、工资、竞争、劳动力后备军等因素相互联系、相互作用的关系及其运动过程，即劳动力必须能够在市场价格信号的引导下，在不同产业和地区间自由流动。劳动力市场预警机制则是对可能出现的劳动力市场机制失灵实施预防调节和控制，更好地掌握劳动力资源和劳动力市场的供求情况。劳动力市场的供求均衡必须在市场竞争中实现，竞争性是劳动力市场的常态。在劳动力市场机制不成熟的情况下，劳动力市场保障机制就具有极大的存在价值。劳动力市场保障机制的主要作用是保证劳动力市场平稳运行，同时也对劳动力提供基本社会保障，以保证劳动力无论是在进入市场和退出市场后，都能进行劳动力的再生产。这四个方面构成了劳动力市场正常运行的基本条件，它们相辅相成，共同形成了劳动力市场的基本运行机制，其关系如图6.3所示。

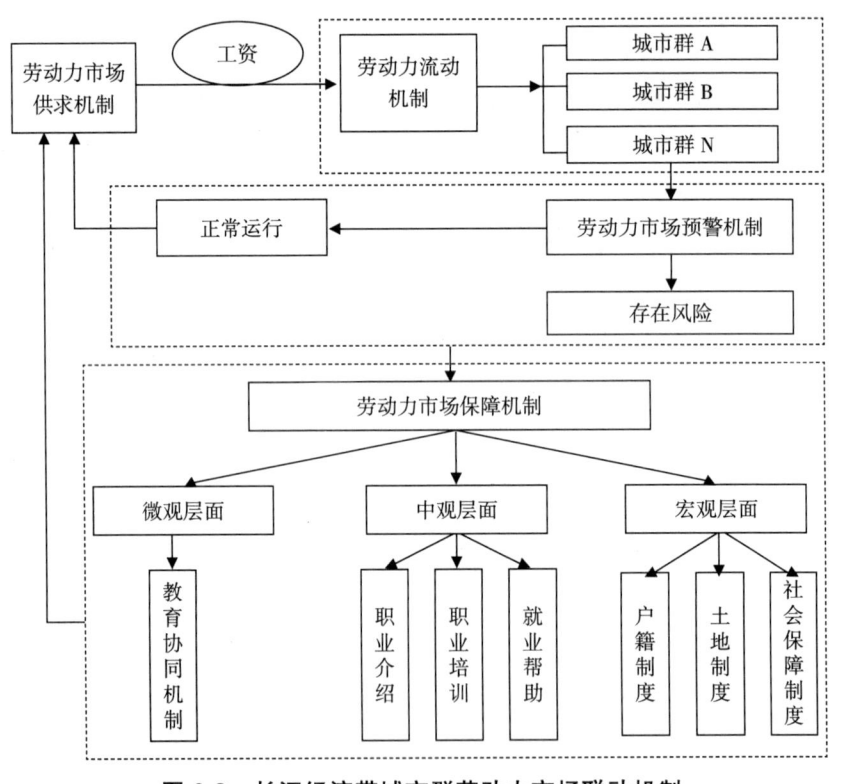

图 6.3　长江经济带城市群劳动力市场联动机制

一　劳动力市场供求机制

市场运行最基本的机制就是供求机制（程庆新、原梅生，2003），作为要素市场的劳动力市场也不例外。西方经济学假设劳动力市场是一个完全竞争市场,劳动力的供给和需求相等时形成的劳动力价格和就业量,就是均衡劳动力价格和均衡就业量。这种均衡,不考虑除劳动力价格外的其他经济因素对劳动力供求的影响。

如图 6.4 所示,横轴表示就业量 L,纵轴表示劳动力价格,即工资 W,S 曲线表示劳动力供给,D 曲线表示劳动力需求。S 曲线和 D 曲线相交的点,即为劳动力市场的均衡点。由均衡点向横轴做垂线,即是劳动力需求量和劳动力供给量 L_e;由均衡点向纵轴做垂线即形成均衡工资 W_e。

在现实中,劳动力市场较少处于均衡状态。如当市场工资为 W_1 时,劳动力需求量为 L_a,劳动力供给量为 L_d。显然,劳动力供给量大于劳动力需求量,此时,劳动力市场出现供过于求的状态,劳动力过剩。工资会逐渐下降,劳动力需求方会逐渐加大对劳动力的需求,劳动力市场中将会有某些劳动力退出劳动力市场,减少劳动力的供给。劳动力市场的供给和需求将进一步朝着均衡点的方向运行。

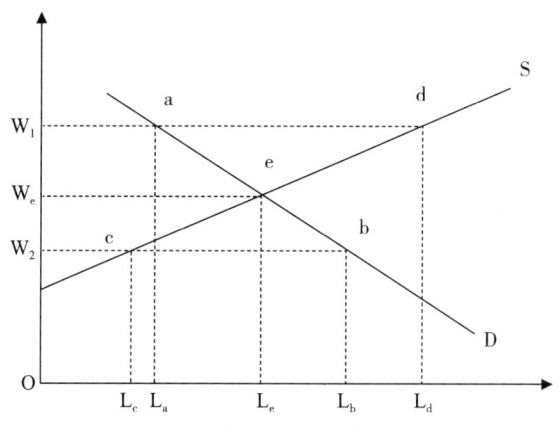

图 6.4 劳动力市场供求机制

当市场工资为 W_2 时,劳动力需求量为 L_b,劳动力供给量为 L_c。由图 6.4 可见,劳动力需求量大于劳动力供给量,出现供不应求的状态,劳动力稀缺。劳动力需求方会竞相争夺稀缺的劳动力资源,造成工资上涨。预期收益增加,劳动力供给方会逐步加大劳动力的供给;而随着劳动力使用成本上升,劳动力需求方会减少对劳动力的需求。劳动力的供给和需求将进一步朝着均衡点的方向运行。

二 劳动力流动机制

劳动力流动最主要的一个驱动力就是劳动力配置的高度市场化。影响劳动力在城市群间自由流动的因素主要分为促进因素和阻碍因素，如图6.5所示。就促进因素而言，主要包括经济开放程度、产业集聚程度、工资水平、交通发展水平，这四个因素相互联系、互为补充。其中，交通是劳动力流动的基本保障。长江经济带城市群方便、快捷和高效的交通网络，能够提高各类物资和信息的传输速度，促进资源流通，提高资源配置效率，为劳动力在城市群间流动提供基本保障。在长江经济带五大城市群中，长三角城市群是经济开放最早的地区，也是经济开放程度最高的地区，属于经济发达地区；并且，该地区同时面对着国际市场和国内市场，扩大生产的需要会加大对劳动力的需求。而在当地劳动力市场供不应求的情况下，工资水平会明显上升。在追求个人利益最大化的驱动下，部分劳动力就会从欠发达城市群逐步转移到发达城市群。毫无疑问，劳动力集聚的同时也会强化产业集聚进而产生规模效应，降低生产成本、提高利润，促进当地经济发展。良好的经济发展势头或积极的经济发展状况会吸引国内外各方面的要素流入，进一步促进产业集聚，吸引劳动力流入，推动经济发展……如此往复，形成一个良性循环。

然而一些阻碍因素的存在使劳动力流动难以顺畅实现，如僵硬的户籍制度、高昂的生活成本和缺失的社会网络等。外来劳动力，因为户籍问题而无法享受到当地的住房、医疗、教育等方面的福利，甚至基本的生活需求无法得到保障。因此，劳动力即便转移到经济发达地区，也无法安家落户，最终不得不回到户籍所在地。在生活成本方面，大量劳动力流入经济发达地区，会导致基础设施供应紧张、医疗服务供应不足、环境污染加重等问题。此外，社会网络是由家庭、朋友、社区、工作联系在一起的人格化的网络关系，它的建立以相互信任和互惠互利为基础。由于语言、风俗、生活习惯的差异，外来者难以融入当地生活圈，与当地居民无法建立相互信任的关系，也难以进行互惠互利的合作。这些问题一方面会阻止潜在劳动力资源的流入，另一方面也可能会导致现有迁入者或已迁入者流出经济发达城市群。

长江经济带欠发达城市群需要各地区的高技术人才流入，以带动当地经济发展。可见，要保证长江经济带城市群劳动力市场的联动，满足经济发展的需要，政府应该合力共同建立一个信息共享平台，提高劳动力资源配置效率，促进长江经济带城市群劳动力要素的自由流动，提高劳动力利用效率。

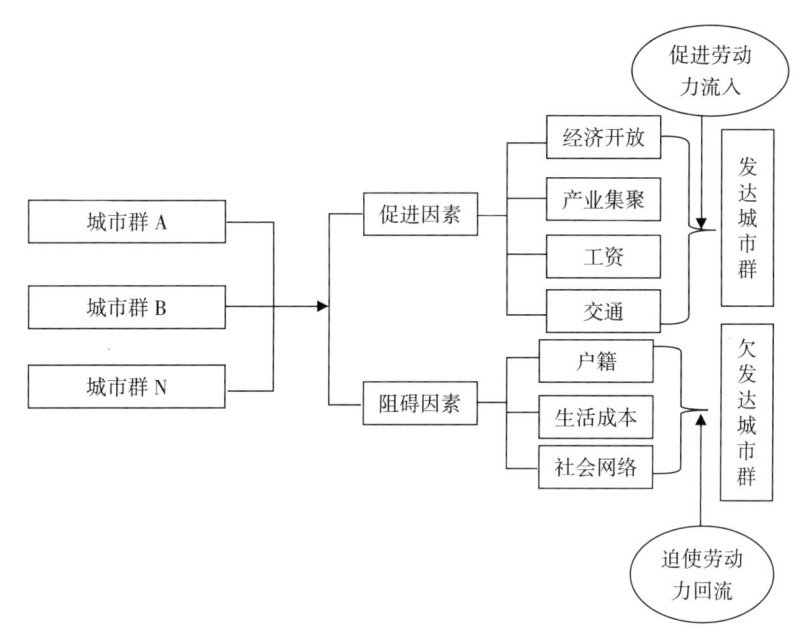

图 6.5　劳动力流动机制

三　劳动力市场预警机制

美国著名的发展经济学家迈克尔·P. 托达罗（Todaro, 1985）认为"资本或者物资资源并不是最终决定一个国家经济社会发展特点和速度的最重要因素，而是这个国家的人力资源"。因此，通过对长江经济带整体劳动力市场的状况进行分析，构建长江经济带劳动力市场预警系统，实时了解与反馈整体劳动力市场的相关信息，对增强长江经济带劳动力市场的全局调控能力，提升长江经济带各城市群经济发展水平，缩小东中西差距，促进长江经济带各大城市群的协调发展具有十分重要的作用。

政府的监控预警是推动城市群劳动力市场顺利推进的重要力量。而劳动力市场的联动预警由若干环节构成，本节根据工作内容的相似性将其分为信息收集、状态评估、风险预警和风险控制四个子环节。其中，信息收集是基础，状态评估是前提，风险预警是关键，风险控制是目的，如图6.6所示。

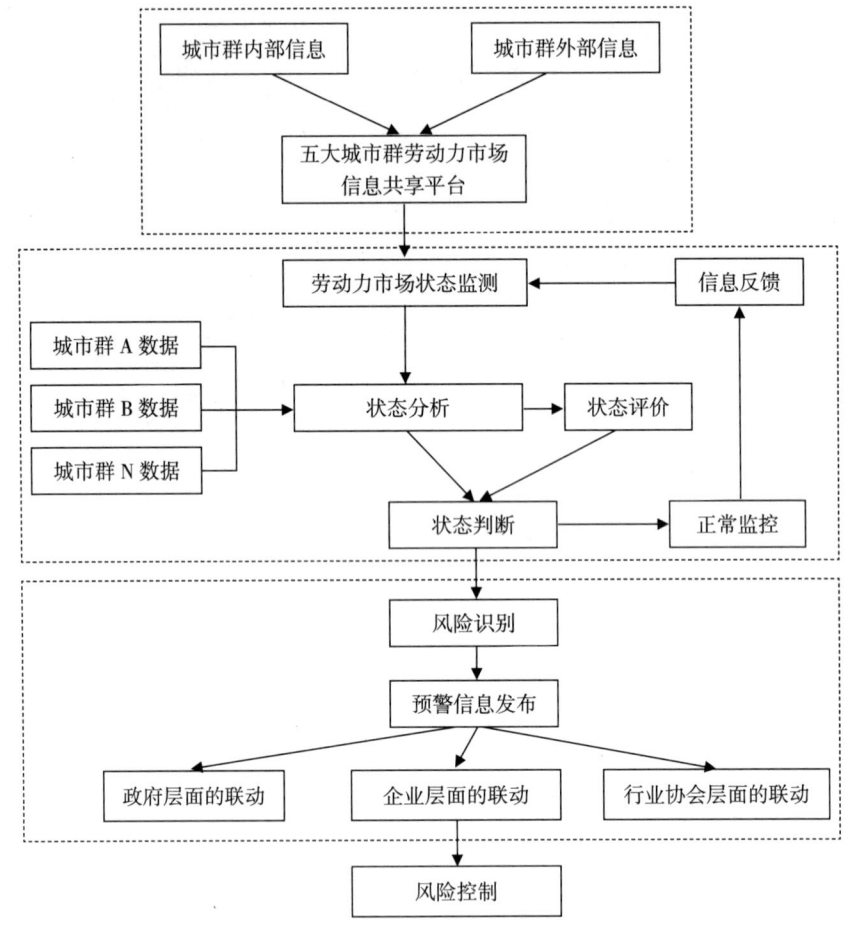

图 6.6　劳动力市场预警机制

1. 信息收集

　　由于长江经济带城市群尚未建立完全一体化的劳动力信息管理系统，每个城市只能掌握自身劳动力市场情况，对于其他城市劳动力市场信息缺乏了解。因此，劳动力市场信息的联动在长江经济带五大城市群之间还没有实现。这使劳动力市场管理机构在城市群之间的协作缺乏有效性。对于长江经济带五大城市群来说，可以通过建立城市群之间的信息共享平台，保证劳动力市场信息能在城市群间实现无障碍传递，从而实现城市群之间的信息联动。劳动力市场信息共享平台对于长江经济带城市群劳动力市场之间的联动非常重要，主要表现在以下几个方面：一是汇集长江经济带城市群有关劳动力市场的相关信息，需要通过各种渠道收集信息；二是整合劳动力市场信息，对收集到的各种信息进行提炼和整合，保证所有信息的真实可靠性；三是对各城市提供的相关数据实现统一的记录，保证劳动力市场信息在城市群之间灵活、安全的传输，通过技术手段，整合信息共享平台，实现城市群之间应急信息"互联""互通"，从而使各城市政府能够共同应对各种紧急状况。

2. 状态评估

在该环节中，各城市群对上一环节中收集的劳动力市场相关信息进行评价分析，对长江经济带劳动力市场的整体状态是否正常做出初步判断，这有助于当地政府及企事业单位了解劳动力市场现状，发现劳动力在流动过程中存在的问题。因此，首先需要确定评估劳动力市场状况的相关指标，这些指标必须与长江经济带城市群内经济运行情况具有高度关联；其次，利用构建的指标体系监测长江经济带城市群劳动力市场运行状态；最后，利用监测到的数据，评估长江经济带劳动力市场整体运行情况，分析各城市群劳动力市场运行规律。

3. 风险预警

预警系统是通过分析城市群之间劳动力市场自身运行情况与城市群经济发展是否协调，判断劳动力市场运行是否正常；找到对劳动力市场正常运行不利的因素，评估劳动力市场运行风险，根据风险情况发出相应的预警信号；将其与风险安全阈值进行比较，从而做出不同等级的应对措施。预警分级按照劳动力市场出现风险的严重程度，分为一到四级，用蓝、黄、橙、红四种颜色分别表示这几种情况。对于长江经济带五大城市群出现的不同预警事件应有针对性处置预案，在预案中应明确指出参与处置事件的具体部门，并明确相应的处置流程。在长江经济带城市群劳动力市场的大环境下，需要充分考虑到城市群之间的联动，并在处置流程中要细化相应的跨城市群沟通过程，提高城市群之间跨城市群联动的效率。在预警处置预案中，在信息发布环节需要谨慎处置，以达到城市群之间信息的准确定位，提高预警、应急联动效率。

4. 风险控制

风险控制环节就是依据风险预警环节提供的风险决策建议，通过整合不同风险控制工具，在风险损失发生之前，尽可能消除影响劳动力市场运行的隐患；在风险损失发生之时，尽可能采取各种弥补措施，积极减少劳动力市场运行事故所造成的损失。当风险预警环节做出风险判断时，城市群之间的合作要打破狭隘的观念，避免各自为政，应当同心协力破除劳动力市场危机和解决困难。不同的城市群发展情况各异,要实现劳动力市场在城市群之间的均衡发展,应当以"市场主导与政府引导"相结合的方式,在效率优先与合理补偿的基础上,构建效率和公平兼顾的利益分享机制,实现利益在长江经济带各城市群之间的合理分配,维系可持续的合作发展,在合作过程中,共同参与、共担风险、共享成果。

四 劳动力市场保障机制

劳动力作为重要的资源要素,与整个社会的制度、措施等运行机制有着密切的关系。劳动力市场保障机制是整个劳动力市场运行机制的一部分,是各个组成部分、各个环节相互作用、相互联系、相互影响的一种动态管理模式。实现城市群之间劳动力合理的流动,就要构建有利于劳动力合理流动的机制。对处于整个社会系统中的劳动力群体来说,一个完整的劳动力保障机制应该由微观、中观以及宏观三个层面的要素构成。只有将这些要素有机地结合起来,形成一个动态的运行机制,才能使劳动力市场正常运转。如果其中某一部分或环节运转失灵,劳动力在各个城市群之间的流动效果就会弱化(如图6.7所示)。

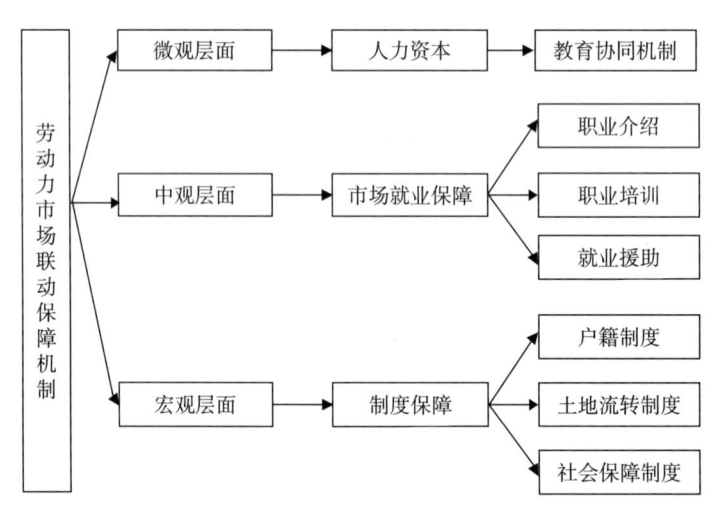

图 6.7 劳动力市场保障机制

(一)微观层面

劳动力在城市群间转移速度的快慢受到人力资本水平直接影响。较低的生产率限制了劳动力在城市群之间的转移。劳动力素质的高低,不仅决定了劳动力在城市群之间的转移，同样也决定了各城市群的生产力水平，进而决定了城市群经济发展的平衡性。教育作为众多能提升劳动力素质中最为有效的工具，能提升城市群人力资本水平，促使农业和非农业部门生产率得到更大的提升。目前，长江经济带东中西部城市群经济发展的失衡导致了教育资源分布更倾向于经济发达的地区。为促进城乡之间以及地区之间义务教育的均衡发展，需要建立政府、企业、高校的协同机制，避免教育偏离劳动力市场对人才的实际需求；还需要建立多方位、多层次的人才培养机制，通过加强城市群人力资源配置调控，使城市群之间的企业和高校实现人才互动，以此疏通城市群劳动力市场的信号传递渠道。

（二）中观层面

我国各地区经济以及产业发展不均衡，东部沿海地区相较于中西部地区明显更加发达。劳动力更容易向经济和产业较为发达的地区转移，而且这些地区为转移劳动力提供了较高的收入。因此，由于受到经济利益的影响，劳动力更倾向于由落后的中西部地区向东部沿海发达地区转移，以获得更高的收入。

当前，劳动力跨城市群流动大多是自发的行为，要克服劳动力流动过程中这种自发无序的状态，需要大力发展劳务中介机构以及规范现有的规章制度，充分发挥劳务中介机构在劳动力转移中的桥梁作用。因此，城市群之间的中介组织需要实现联动发展，构建灵敏的城市群劳动力市场网络信息系统，及时披露劳动力供求信息，使劳动力的供需双方能够直接互动、双向选择，以实现劳动力资源与生产资料的合理配置。

（三）宏观层面

制度在社会发展方面有着非常重要的作用。近年来，我国已经清理了大量阻碍劳动力转移的政策，但是一些不合理的制度仍然存在并且影响着劳动力的转移。劳动力不仅需要相关政策引导其在区域间转移，同时还需要充分发挥制度稳定保障功能以促使其在区域间的合理有序转移。劳动力保障制度对于劳动力转移非常重要，只有在相关政策制度的保障作用下，劳动力才能真正地实现在城市群之间的自由流动。目前，户籍制度需要根据实际国情进行彻底改革，最终目标是实现劳动力在城乡之间、城市群之间的自由流动。但是，与户籍制度相关的阻碍劳动力自由流动的问题在短期内难以解决。一方面，很多公共资源由政府部门分配，而户籍与公共资源的分配联系度极高；另一方面，社会保障、教育等资源实现全国的统一均衡分配是户籍开放的前提条件，而目前的实际情况恰恰是在财政、医疗、教育等资源上分配不均衡。此外，要实现人口的双向流动，不仅要考虑农民向城市的流动，还要考虑市民向农村的流动。但由于在农村土地承包涉及了农村户口的问题，提高了市民变农民的门槛。因此，有必要对户籍制度进行改革，制定有利于城镇化进程的制度，打破现有城乡二元结构，建立城乡统一的户口登记制度，建立方便合理的社会养老保险跨区域转移机制，解决因劳动力流动而造成的社会保险关系难以转接的问题。

第四节　长江经济带城市群劳动力市场联动模式及路径设计

一　劳动力市场联动的模式

（一）宏观调控发展模式

宏观调控发展模式强调地方政府相互协作、共同促进长江经济带劳动力市场的联动发展。首先，政府应当允许有限失业和鼓励就业竞争。对劳动力市场的供求机制分析表明，市场只有处于出清的状态时，才能够达到供求平衡。在我国，相当长时期内，部分地区劳动力市场处于供过于求的状态。因此，政府应当采取措施将失业率控制在一个合理的范围内。其次，政府应当注重劳动力市场开放的层次性。即先开放部分劳动力市场，主要以满足本城市群劳动力市场的需求为主。待城市群内配置逐渐合理之后，再逐渐开放更大城市群的劳动力市场，向城市群外扩散，鼓励城市群间的劳动力流动，促进劳动力市场的联动发展。最后，要注意将有形和无形劳动力市场结合发展。有形劳动力市场包括各种大型招聘会等，无形劳动力市场包括各种招聘网站等。

（二）市场主导发展模式

市场主导发展模式主要强调发挥市场的主体作用。廖泉文和何燕珍（2000）指出"我国劳动力市场的理想模式应该是城乡'一盘棋'的大市场模式"。第一，应发挥市场机制在劳动力资源配置中的决定性作用。在市场条件下，市场规律自发调节劳动力流动，劳动力供给方和劳动力需求方都有自由选择的权利，市场工资成为调节劳动力市场供求的主要杠杆。政府不再扮演支配者的角色，而是对劳动力市场进行维护和调节，确保劳动力市场能够正常运行。第二，应打破城乡、城市群劳动力市场壁垒，建立统筹城乡的长江经济带劳动力市场，使劳动力能够在行业之间、城乡之间和城市群之间自由流动。第三，为劳动力市场能够正常运行建立良好的外部环境。由大型猎头公司、职业介绍所、招聘网站公司、人力资源需求公司等联合设立某一城市群劳动力市场委员会，总体协调、规划各地区的劳动力市场的合作事宜，劳动力市场监管部门可作为合作委员会的观察员参加。

（三）宏观调控下的市场主导模式

在社会主义市场经济体制下，市场对劳动力资源的配置起着基础性作用，但同时劳动力资源的配置又受到政府宏观调控的影响。因此，宏观调控下的市场主导模式既强调发挥劳动力市场对人力资源调节的决定性作用，也兼顾政府的管理和监督作用。

长江经济带城市群劳动力市场发展的目标模式是逐步建立一个"平等竞争、机制完全、功能完善、规范有序"的劳动力市场。首先，强调劳动力市场主体的平等竞争。城乡之间、城市群之间、行业之间劳动力的市场地位是平等的，劳动力可以自由流动、自由选择地区、自由选择行业，劳动力需求方能够更大限度提升用工的市场化程度。其次，不断健全劳动力市场机制，包括价格机制、竞争机制、流动机制、保障机制等，这几个机制相互作用，共同促进劳动力市场更有效地运行。再次，更好地完善劳动力市场的功能，注重劳动力市场对人力资源的调节作用和开发作用。具有流动性和竞争激烈的劳动力市场能够提升劳动力素质和就业能力，更好地发挥我国丰富的劳动力资源的比较优势。最后，建立一个规范有序的劳动力市场。强调市场的主体地位，减少人为因素对劳动力市场运行的影响，使劳动关系逐步走向规范化。宏观调控下的市场主导模式能够促进长江经济带城市群劳动力市场的联动发展。

二 劳动力市场联动发展的路径

结合前文对长江经济带劳动力市场联动现状、联动发展的障碍因素以及联动发展的模式分析，本节提出劳动力市场联动发展的政策建议。

一是政府要改革户籍制度，打破城市群藩篱。劳动力在转移的过程中，无法享受与当地人同等的福利待遇，如教育、医疗、住房等，因此户籍是阻碍劳动力流动的最主要原因。各地应改革户籍制度，有条件地允许外地人落户，消除他们的后顾之忧。各地区政府应积极支持、鼓励劳动力跨城市群流动，协调组织各地区劳动力有序流动，鼓励劳动力主动投入到市场竞争中去，因地制宜，尽量做到"人尽其才，才尽其用"。

二是建立统一的劳动力市场，完善劳动力市场运行机制。城市群劳动力市场具有信息隔断的特点，要促进劳动力市场联动发展，政府应联合起来建立一个统一的劳动力市场信息平台，促进信息在长江经济带内无障碍流动。同时，还要打破主要市场和次要市场之间的间隔，实现劳动力的自由流动，充分发挥市场对资源配置的决定性作用。

三是增加政策性补贴，消除劳动力转移过程中的不确定性。劳动力的转移过程承担着巨大的流动成本，经常会遇到信息不对称的问题，还有语言、生活习惯、风俗习惯的差异。直接和间接转移成本，都成为劳动力转移巨大的决策顾虑。我国东西部经济发展差异大，长江上游地区经济发展相对落后。要促进上游地区经济发展，缩小长江经济带经济发展差距，需大量引进人才。因此，政府应提供补贴，鼓励人才西迁。

四是大力发展城市群劳动力市场中介组织，提高劳动就业的组织化程度。由于市场信息较为繁杂，且劳动力供给方和需求方常常不能建立直接的联系，因此劳动力市场中介组织的桥梁作用尤为重要。政府应鼓励并规范劳动力市场中介组织的发展，加强体系建设，提高信息透明度，加强劳动力供求双方的联系，促进劳动力市场联动发展。

五是加强和改善政府对劳动力市场的宏观调控。各地区劳动力市场各具特色。因此，在跨城市群劳动力市场联动发展的过程中，时常会出现难以融合或市场失控的情况。一方面，政府要加强对整个劳动力市场的监督和控制；另一方面，政府应当将失业保障、职业培训和再就业有机统一起来，保持劳动力市场稳定发展。

小　结

本章首先对城市群劳动力市场联动发展的相关理论进行了梳理。在此基础上，分析了长江经济带各城市群及城市群内各城市的劳动力市场发展现状，发现城市群之间以及城市群内部劳动力市场发展水平差异较大，存在区域非均衡特征。进一步对长江经济带城市群劳动力市场的一体化进行测度后，发现其联动水平不高，据此分析了影响长江经济带城市群劳动力市场联动发展的障碍因素。其次，对长江经济带城市群劳动力市场的供求机制、流动机制、预警机制和保障机制进行分析。供求机制主要由工资涨跌拉动运行；流动机制主要通过经济开放程度、产业集聚程度、工资、交通、户口、生活成本和社会网络等相互作用拉动运行；预警和保障机制保障整个长江经济带劳动力市场联动的正常运行。再次，从宏观调控发展模式、市场主导发展模式、宏观调控下的市场主导发展模式三个方面分析了城市群劳动力市场联动的模式。最后，结合长江经济带劳动力市场发展水平及联动现状，提出了长江经济带城市群劳动力市场联动发展的路径。

CHAPTER 7
第七章

长江经济带城市群技术市场联动发展研究

　　1978年,邓小平在全国科学大会上着重强调了"科学技术是生产力"这个著名的论断。该论断是在1975年"整顿科学院"时酝酿的。1975年9月26日,邓小平在听取胡耀邦等汇报中科院工作和讨论汇报提纲时插话指出:"科学技术叫生产力,科技人员就是劳动者!"(王扬宗,2018)。党的十一届三中全会明确国家要进行社会主义现代化建设,技术商品化、技术市场建设逐步被列入了决策者的议事日程。经过近40年的发展,技术市场已成为我国现代市场体系的重要组成部分,发展技术市场已成为国家优化资源配置战略的重要举措之一。2016年,国务院发布了《长江经济带发展规划纲要》,"通道支撑、协调发展"是该纲要遵循的五项原则之一,其主要内容是充分发挥长江经济带各区域比较优势,以沿江立体交通走廊为支撑,建立区域联动机制,推动各类要素跨区域自由流动以及优化配置。在此背景下,长江经济带城市群技术市场联动发展意义凸显。

　　基于此,本章将从以下五个部分对长江经济带城市群技术市场联动展开研究:第一部分阐述技术市场联动的概念、相关理论与文献;第二部分通过成熟度测度来展示长江经济带城市群技术市场的发展现状,并从国家促进区域技术市场联动的相关政策与平台建设,以及各城市群促进联动的政策和合作案例来分析长江经济带城市群技术市场的联动现状;第三部分分析长江经济带城市群技术市场联动存在的问题;第四部分对技术市场联动的机制进行分析;第五部分提出长江经济带城市群技术市场联动发展的路径。

第一节　概念界定、理论基础与文献综述

一　概念界定

（一）技术商品

目前学界对技术商品无明确统一定义。技术商品，顾名思义，即技术商品化后的存在。据霍尔和罗森伯格（Hall and Rosenberg, 2010）所编著的《创新经济手册》，技术有多种形式，并无标准定义。技术可为"知识产权"形式，也可为无形，体现于产品或是技术服务中。世界知识产权组织（WIPO）于1977年出版的《供发展中国家使用的许可证指南》将技术定义为"技术是制造一种产品的系统知识，所采用的一种工艺或提供的一项服务，不论这种知识是否反映在一项发明、一项外形设计、一项实用新型或者一种植物新品种，或者反映在技术情报或技能中，或者反映在专家为设计、安装、开办或维修一个工厂或为管理一个工商业企业或其活动而提供的服务或协助等方面"。我国于1986年出版的《经济技术贸易手册》表明知识性商品是科学技术这一特殊生产部门的劳动力生产物，它的"生产"，即为研究、发明、创造的过程。因此，我们将技术商品定义为通过在生产中应用，能为使用者创造经济利益，以交换为目的并具有独占性、使用价值和价值的技术成果。

（二）技术市场

技术市场以技术商品化为前提进行发展，服从于商品经济的一般规律。《创新经济学手册》将技术市场定义为使用技术或创造技术的交易场所。《经济技术贸易手册》将技术市场定义为买卖科技成果的场所，为商品经济高度发展的资本主义国家时代的产物。更具体的，Arora（2001）认为技术市场是指技术商品的市场交易，其交易主要内容包括技术的应用、扩散以及创新，涉及所有与技术商品和专利许可相关的交易以及不能申请专利或没有申请专利的产品[①]。

[①] "Licensing in the Chemical Industry", in Eric Brousseau and Jean-Michel Glachant eds., *The Economics of Contracts: Theory and Applications,* UK: Cambridge University Press, 2001. 系 Arora 引用。

技术市场与其他市场联系紧密，又具特定交易范围，学界对技术市场的交易范围众说纷纭。赵绮秋和李宝山（1997）在《技术市场导论》中将技术交易的范围划分为技术开发、技术转让、技术服务、技术咨询、技术培训、技术中介、技术入股、技术承包、技术招标以及技术的引进和技术出口十大方面。根据《创新经济学手册》，技术交易的范围大到一系列与技术相关的事务，包括专利及其他专利知识产权、技术服务，小到基本的专利许可，其中包括未注册专利，例如设计、软件、技术服务等需要人来进行的交易，交易的内容可能是现有知识转让，也可能是创新知识。《经济技术贸易手册》则认为技术商品包括以知识形态表现的商品（如专利、专有技术、信息等）和实物形态表现的商品（如承包工程、机械设备等）两类，即为知识性商品或软件，以及硬件。

国内学者将技术市场划分为广义技术市场与狭义技术市场。狭义技术市场是指实际存在的技术商品交易的场所，有着具体时间及地点限制；广义技术市场主要指通过交易将技术从劳动产品转为商品，并运用于生产实践的交换关系总和。目前国内对技术市场的统计主要分为技术开发、技术转让、技术服务、技术咨询这四项内容。

根据市场要素，技术市场可以分为技术市场主体、客体及媒介。技术市场主体指活动在技术市场中的"技术商品供给主体"及"技术商品需求主体"，他们可以是个人、社会组织、企业、大学、科研机构等。技术市场客体指通过技术市场进行转换、交易的技术商品，包括专利、其他知识产权等技术成果。技术市场媒介一般指的是在技术市场中为主体提供各种服务的"中介方"，主要包括技术中介机构（提供信息等服务）、技术经纪人（直接参与技术交易）、政府机构（提供相关交易平台、相关政策等服务）等。

二　理论基础

技术市场从产品的产生到交易完成，环节众多、过程复杂。首先，只有技术创新才能从根源上推动技术市场的发展；其次，技术商品的交易又与一般市场无异，交易成本无可避免；此外，技术的跨区域转移、扩散等是区域间技术市场联动的重要方式，也是区域技术市场进一步发展的方向。据此，本部分将从技术创新理论、技术扩散理论、技术生命周期理论、区域创新系统理论及交易成本理论等来阐述区域技术市场联动发展的理论基础。

（一）技术创新理论

技术创新理论是 1912 年熊彼特（Schumpeter）在《经济发展理论》一文中首次提出，并在 1939 年的《经济周期》等著作中得以完善，最终形成技术创新的理论基础[①]。该理论阐述了技术、技术市场在资本主义经济中的重要作用，并经他的持续深入研究与运用，发展成了创新理论体系。熊彼特认为，拥有新的生产组合方式就是创新：通过把新的生产要素和生产条件结合起来纳入生产体系，从而"建立一种新的生产函数"，即"实现生产要素的重新组合"。熊彼特假设经济在"创新"之前处于静态平衡状态，并且企业没有利息或利润；为追求超额利润，企业家们力求"创新"，并引入"新组合"；当创新浪潮涌现时，需求增加导致经济增长；随着创新的扩张，竞争加强，导致经济衰退。由此，周期性的经济波动就形成于创新过程的非连续性和非均衡性，同时实现"经济发展"。

创新理论体系实际上也阐述了技术市场在资本主义经济发展过程中的作用。企业家为获得生产手段而展开竞争的主要形式是争夺技术创新的成果。在企业家为追求利润相继扩产的同时，生产价格的提高则说明市场机制是技术商品交易活动的基础，技术"创新"也必须以技术市场的高度发展为基础。

（二）技术扩散理论

在熊彼特的技术创新理论基础上，多个学者进行了卓有成效的后续研究。技术扩散便属于技术创新后续过程之一，也是一个技术与经济进行结合运动的独立、完整的过程（武春友等，1997）。

一项技术创新从扩散源诞生并逐步进行扩散，类似于一定传质中扩散源的扩散过程（王帮俊，2011）。正如舒尔茨（Schultz, 1982）在《人力资本投资》一书中所述，"没有扩散，技术便不可能有经济影响"，正是技术扩散的存在，产业结构才因此而发生改变。斯通曼（Stoneman, 1983）也持类似观点，即"一项新技术的广泛应用和推广"为技术扩散。

技术扩散是一个复杂的技术与经济、技术与市场相结合的过程，学界

[①] 此书最早在 1912 年以德语出版，然后 1934 年有了最早的英译本，参照 Frank W. Geels, "Technological Transitions as Evolutionary Reconfiguration Processes: A Multi-level Perspective and a Case-study", *Research Policy*, Vol. 31, No. 8, 2002。

对技术扩散的概念的理解各不相同，传统技术扩散过程大致可划分为传播过程、替代过程、学习过程等（曹兴、柴张琦，2013）。

1. 传播论

舒尔茨（1982）将技术扩散定义为"技术创新通过市场和非市场渠道的传播"。罗杰斯（Rogers, 1962）认为扩散是在一定时间内，技术在社会系统成员中通过某种渠道进行传播的过程，在这一过程中，技术的推广、辐射与接纳相统一。该理论的本质在于扩散过程的核心是潮流效应。

2. 学习模仿论

"学习模仿"指的是对领先地区技术的学习与模仿。熊彼特（Schumpeter, 1912）将技术大面积或大规模的模仿也视作技术创新扩散的内容之一，他认为由技术创新所带来的垄断利润会吸引众多企业"模仿"该项技术，从而推动经济发展。在此基础上，曼斯菲尔德的研究（Mansfield, 1961、1988、1996）认为技术扩散和创新两者本质上都是一个学习过程，相比发达国家注重产品创新，发展中国家扮演新技术的有效模仿和实施角色时，更注重过程创新，因此，发展中国家的公司在模仿和开发的最初，有关外部开发技术方面的成本显著降低。此外，他还认为即使几乎每个人都认同技术变革是经济增长过程的核心，但是社会对扩散、模仿、创新和发展的理解比对研究和发明的理解更加深刻。任何创新的扩散都存在对创新进行学习及调整的现象，也正是通过在"过程学习"中植入创新扩散的自我组织模式，技术进步才得以实现。

3. 转移论

技术转移于1964年在第一届联合国贸发会议上，作为南北差距问题的解决办法被提出。国际技术转移理论根据研究出发点和重点的差异形成了不同的理论，主要有技术转移差距论、技术转移选择论、技术转移内部化论、技术从属论与运用技术论、技术转移的梯度论、技术转移的跳跃论等。这些理论主要是讨论国际技术转移的必要性、技术转移的作用、方式及其对各国的影响。如提斯（Teece, 1976）表明技术扩散是"对理解和开发引进技术能力的一种转移"。科莫达（Komoda, 1986）的研究认为技术的流动和转移主要由新技术的供给方、受让方及传递渠道组成。技术转移的产生源于技术在空间上的分布不均匀，技术的创新与扩散之间既是一体的，又存在相互矛盾。创新一旦形成，就会形成一个技术源，在其周围激发出技术扩散场，进而向周围扩散技术。这个扩散场是在动力环境、社会环境、资源环境等因素的共同作用下形成的。距离是影响吸收程度的因素之一，而影响距离的因素则又包括交通距离、通信方便程度等。

4. 选择替代论

梅特卡夫（Metcalfe，1986）认为技术扩散是新老技术一个进行替代的过程，也是一个选择的过程。这一选择既包括了企业对技术的选择，也包括了顾客对企业产品的选择，这样双重选择的过程促进了技术的创新扩散，而新的创新形式与经济相结合使经济结构发生变化，这也是技术选择理论关心的一个问题。从本质角度来看，新技术潜在的使用者通过博弈对策确定使用新技术的时间，所以技术创新扩散是垄断性博弈对策的结果。

技术创新的扩散是在不同层次上进行的，主要包括产业内扩散和地域间扩散两个方面。在地域上的扩散包括某特定区域内部、区域之间、国际间的扩散等，这一特定区域可是一省、一市或一国，或经济区、产业带等（程茂吉，1995）。根据研究主题，本章主要涉及技术在区域层面的扩散。

（三）技术生命周期理论

在技术转移论的基础上，斋藤优（1982）[①]从企业谋取利益最大化的角度进行研究，提出了技术生命周期理论。他把企业追求利益最大化和产品出口、对外直接投资以及周期性技术转让等过程结合起来，从技术周期的视角出发，详细地阐释了技术转移的形成机制。

美国哈佛大学教授弗农（Vernon，1966）在其《产品周期中的国际投资与国际贸易》中提出了技术转移选择周期理论。他认为技术的生命要经历形成、成长、成熟、衰退四个周期。在同一时期，不同国家处于不同技术周期内，且各个技术周期形成的时间和过程存在较大差距，这就导致同时期相同产品在不同国家市场上有着不同的竞争地位，从而国际间的商品贸易与投资发生变化，促使技术的转移。在技术转移过程中，技术领先国最先使用新技术，以推出具有竞争力的新产品，随后该技术随生命周期的推移逐渐成熟并得到推广。此时技术领先国的垄断地位被打破，竞争趋向激烈，市场趋于饱和，为降低成本，企业选择到技术相对落后的国家投资建厂。在标准化产品阶段，产品各方面已成熟，成本、价格因素则很大

---

① ［日］斋藤优：《技术的生命周期》，《世界经济评论》1982年第11期，郝跃英摘译，《外国经济参考资料》1983年第4期。

程度上决定了企业收益，技术落后国通过低生产成本吸引他国投资，并返销他国。

我国幅员辽阔，东中西部地区经济发展明显存在不同步现象，在国内市场上，产品的不同生命周期同存现象普遍。长江经济带城市群横跨东中西部三大地域，其下中上游的城市群便可依据相应的发展程度，实现产品从创新阶段到标准化阶段，即从下游的城市群向上游的城市群承接转移。

（四）区域创新系统理论

区域创新系统（RIS）理论由库克（Cooke）于1992年首次提出，是国家创新系统（NIS）的延伸，也是国际经济地理学研究的一个新的组成部分。这一理论之后经过"后福特主义""产业集群""区域的崛起"等经济理论的展开以及现实经济的实践得到进一步发展（丁焕峰，2001）。它系统地解释了区域的系统性创新潜力、能力，以及对相应制度组织等外部环境条件的要求，将区域的创新、环境及经济增长有机联系起来，形成一个能有效对区域创新和经济发展进行深入研究的理论框架。

库克（Cooke，1992）指出，区域创新体系主要是由地理上分散的相关制造企业、研究机构和高等院校组成的区域组织体系，该体系支持并产生创新。还有诸多学者对这一理论进行了解释，归纳起来，其基本内涵是：①具有一定的地理空间和开放的边界；②创新主体主要由生产企业、研究开发机构、高等院校、地方政府机构和服务机构组成；③不同创新主体之间的互动构成创新系统的组织结构和空间结构，形成了一个社会系统；④将制度因素放在突出位置，强调知识的形成、使用和传播的制度因素和治理安排；⑤鼓励区域内的企业充分利用相应的社会关系、规范、价值观等在区域内形成社会资本，以增强区域创新力和竞争力。

（五）交易成本理论

交易成本理论为科斯（Coase）于1937年在其《企业的性质》一文中提出的，他将交易成本定义为"使用基于市场定价机制的成本"，其中包括：获取市场信息、准备合同的成本，达成合同的成本，执行合同的成本。交易成本是衡量一个经济体系效率的主要指标。

威廉姆森将科斯的交易成本概念应用于经济组织的契约问题，并系统地分析了交易成本的种类和成因。他的主要观点为：由于交易的不确定性及交易者的机会主义性行为，市场普遍存在交易成本。交易的不确定性主要源于市场、知识供给、事物评价等方面的不确定性，交易成本便是为减少这些不确定性对经济活动的影响而产生的。机会主义是指人们有能力且主动地去为自己谋取最大利益的行为倾向。威廉姆森（Williamson，1985）认为，机会主义行为存在的主要原因在于经济人的有限理性、经济外部性和信息不对称。

交易成本理论对于技术市场的发展及其联动起着重要理论意义。首先，交易成本理论假定代理人有限理性，未来的合作结果具有不确定性。这可在真实的技术市场中得以验证。其次，信息的不完全与不对称是机会主义行为的基础，对交易成本理论的研究便是聚焦于机会主义行为，这也是技术交流要解决的核心问题。最后，威廉姆森认为，机会主义对涉及特定交易的经济活动极为重要，技术交易是一项高度特定于资产的交易。交易成本理论的基础与技术市场的特点是一致的，两者研究中存在的问题与技术市场需要解决的问题也一致，因此交易成本理论可以作为研究技术市场的有效工具。

三 文献综述

目前，国内学者对技术市场的研究主要集中在对技术市场发展程度的测度、发展的内在动因以及发展存在的问题等方面，随着区域间合作的加深，学者对区域技术市场的研究逐步兴起，但鲜有涉及区域技术市场的联动发展。

（一）我国技术市场发展程度测度研究

我国于20世纪90年代兴起对国内技术市场发展程度的研究，但是由于我国技术市场起步晚，对相关测度的研究相对不成熟，测度指标较少，如徐明华（1999）仅取技术市场成交额与工业总产值的比值来进行测度。如用统计指标体系则更准确，也更具代表性，随着时间的推移，学者提出的测度指标也日渐丰富。例如赵绮秋和李宝山（1997）从技术市场的供给通道状态、交易通道状态和需求通道状态三个方面来对其良性循环发展现状进行评价；谢思全等（1998）则选择了技术市场的开放度、自由化程度两个维度进行测度；李金海（1999）从技术转移投入、效率和产出三个维度组合成技术市场的发展指标体系，并且从政治环境、经济环境、技术环境以及社会环境四个维度构成了技术市场的环境指标体系等，这些文献选取的测度指标相对广泛。之后有关技术市场发展程度测度的指标趋向细致化，逐步形成测度体系。如赵彦云和李静萍（2000）从7个维度展开测度，分别为专利授予数、专利授予增速、在国外获取的专利数、每10万人持有专利数、知识产权受保护程度、企业间技术合作的普遍度、校企技术合作普遍度。叶厚元和晏敬东（2000）选择了技术市场发育程度、交易主体及市场管理等方面进行基本分析，并提出运用功效系数法与综合指数法两种测度方法，实现对技术市场的综合评价。张江雪（2010）主要从技术市场主体的发展程度、运行完善程度、法律政策环境的保障程度以及经济效益四大维度构建了我国技术市场发展程度的测度指标体系，这一体系涉及11个二级指标、30余个三级指标。吴腾宇（2013）从市场主体、中介机制、政府保障三个维度，包含17个项目指标构建测度体系，较为系统地反映了技术市场的发展程度等。这些学者在研究我国技术市场发展程度测度时，为测度指标体系提供了参考方案，并且随着我国技术市场的发展和相关数据的可获得性提高，这一指标体系正趋于全面。

（二）我国技术市场发展的内在动因研究

目前学界对技术市场发展内在动因的探讨较少。秦宛顺和刘学（1998）从规模和价格两个方面分析了我国技术市场的现状、形成与发展，认为我国在计划经济时代不存在技术市场，并且指出技术市场在形成与发展阶段易受宏观经济影响。董正英和司春林（2003）对我国技术市场规模不断扩大的原因进行了实证分析，发现需求拉动是我国技术市场扩张的主要原因，而技术发展的推动没有起到决定性作用。潘雄锋和刘凤朝（2005）以协整分析法探讨了我国技术市场与经济增长之间的动态均衡关系，得出技术市场规模和国民生产总值之间不具格兰杰因果关系的结论，这在一定程度上反映出我国技术市场发展还处于初期发展阶段的现实状况。赵志娟和李建琴（2015）则研究了区域技术市场对创新能力的影响，结果表明我国技术市场会通过技术的内生性增长、技术的扩散以及市场机制对资源配置的基础性作用等特性，促进区域创新能力的提升，并且这些方式相对于技术引进和技术输出来看，对区域创新能力的积极作用更加显著。

（三）我国技术市场存在的问题研究

我国技术市场发展过程中，面临着不少挑战，主要涉及市场主体、市场客体、市场环境等方面的问题。市场主体方面，刘和东（2008）就技术市场中存在的逆向选择问题做了专题研究，认为技术交易存在显著的非对称特性，因此在进行技术交易的过程中容易出现逆向选择问题。喻昕（2011）从技术交易的过程和技术商品的本质特性两个角度出发，深入分析了技术市场存在非对称性特性的原因，并指出了技术市场信息的非对称极大地降低了技术市场的交易效率，从而影响技术市场的发展。市场客体方面，侯冬青和尹君（2017）认为我国技术市场的供给源头匮乏，缺乏重量级的科技成果；同时市场主力军尚未形成，在发展的新技术、新产业、新业态、新模式，推动产业向中高端迈进的整体效果上还有待提升。市场环境方面，雷光继和林耕（2013）认为我国技术市场目前还存在体制不健全、相关优惠政策落实不到位、信息平台的服务建设也还未完善、统计及监管不到位等问题。黄微和刘郡（2009）通过对国内外技术市场运行机制的比较研究，指出我国技术市场效率低下，中介机制难以充分发挥，技术中介机构各方面均有待完善；技术型企业融资机制侧重于行政支持而轻于市场运作。如果没有形成持续有效的融资机制，整个资本体系就会脆弱而低效。

（四）我国区域技术市场有关研究

我国技术市场的规模逐渐扩大，而东西部发展不均衡，技术市场的区域性特征日趋明显。目前，诸多学者对区域技术市场做了深入研究，研究内容集中在区域技术市场的影响、特征及其模式探索等方面。黄敖齐和金红（2005）运用区域经济学的理论对技术市场进行研究后提出了技术市场的主要功能是创新扩散的观点。刘凤朝和马荣康（2013）的研究表明我国省际技术转移活动密切，且以北京为核心扩散，受地理约束小；随着各区域技术实力的变化，区域间技术转移将大幅促进技术交流，最后发展成为良性互动的具有较强技术实力子群。孙文全（2003）分析了区域技术市场对高新区发展的影响，指出区域技术市场对高新区发展有带动作用，应注重区域内外技术创新的互动，加大力度引进和充分利用外来技术资源。赵文丹和李林（2012）基于市场份额模型对重庆市技术商品的流动方向进行了实证分析，他们的主要观点为，在区域技术市场中，技术输入地区的市场规模和经济发展水平对技术的流向、规模和交易模式的影响较为显著；对于技术输出地，相对发达地区的需求变化对总体交易的影响更为重大，其需求变动对总体交易形式无显著影响。林国海和钟大迁（2016）对区域技术市场的模式提出了新的观点，他们认为"互联网+"可以突破技术交易非标准化、非充分市场化的难题，通过互联网这一新手段将创新要素进行配置、整合、交易，实现空间的拓展及更多可能性的创造。刘凤朝等（2018）实证研究了技术交易对区域技术相似性的影响，结果表明技术高知识存量地区向低技术知识存量地区输出技术，对区域间技术相似性产生显著负向影响；反之则没有显著影响。弓志刚（2015）的研究将多维临近性概念整合成了区域技术临近性、制度临近性、地理临近性和创新临近性四个临近性维度，并在此基础上对跨区域技术创新合作进行了深入研究。

总体来看，目前我国学术界对技术市场的研究多从传统角度出发。随着技术市场发展水平的逐步提高，其研究内容也越加丰富，而研究方法则包括了定性和定量分析。但是，由于技术市场联动还是一个较新概念，学界少有研究。在长江经济带城市群联动发展大趋势下，技术市场联动作为城市群联动发展的一个重要组成部分，需要必要的理论与现实支撑，这也正是本章需要着力研究的方向。

第二节　长江经济带城市群技术市场发展及联动现状

市场成熟度是市场指数的一种，它是一个综合性指标，被广泛运用于评估市场发展现状（吴腾宇，2013）。因此，本节将采用市场成熟度这一评估工具来描述长江经济带城市群技术市场的发展现状，并尝试从国家促进区域技术市场联动的相关政策与平台建设，以及各城市群促进联动的政策和合作案例来分析长江经济带城市群技术市场的联动现状。

一　长江经济带城市群技术市场发展成熟度测算

本部分结合数据的可得性，从定量的角度对长江经济带城市群技术市场成熟度进行测算。技术市场成熟度评价体系借鉴吴腾宇（2013）的方法，从市场机制和政府机制两个方面进行设定，在指标的选取上从市场主体、中介机制和政府保障三个维度共设立 13 个参考指标。表 7.1 给出了具体指标相关含义。

表 7.1 我国技术市场成熟度评价体系

测度维度	含义	变量名称	变量内容
交易主体	市场中活动的主要微观主体，包含市场中的买卖双方，反映市场中的基本供求能力	应用研究与试验发展（R&D）人员	市场主体规模
		应用研究与试验发展（R&D）经费	技术市场总体需求
		专利申请数	技术市场产品规模
		专利授权比例	技术市场产品质量水平
		核心科技产品比例	技术产品核心竞争力
交易中介	为减少交易费用和保障技术市场正常运行而存在的中介组织	技术市场中介从业人员数量	市场中介从业规模
		技术市场中介工作人员中技术人员比例	以地质领域为例代表技术市场中从业人员素质
		技术市场中介工作人员平均费用	以地质领域为例代表技术市场中介人均资本量
		技术产品成交数量总额	技术市场中介宏观发展水平
		技术产品平均价格	国内技术市场交易风险，风险越低单笔交易额越大
		引进技术产品平均价格	开放技术市场交易风险，风险越低单笔交易额越大
政府保障	为促进科技市场不断发展所必需的政府干预措施	技术市场规模	科技市场现有的规模
		技术市场开放程度	技术市场开放程度

目前各地级市只公布了交易主体维度的数据，其余两个维度无法获得。而仅从交易主体维度进行测度不够全面。所以下面将首先采用长江经济带城市群所覆盖的 9 省 2 市的数据对长江经济带城市群技术市场的成熟度进行测度，再采用地市级数据从交易主体维度进行补充测度。但值得注意的是，截止到 2017 年年底，除重庆和上海两个直辖市外，长江经济带所覆盖的 9 省 2 市共有地级市及自治州行政单位 120 余个[①]；而根据本书的界定范围，除重庆和上海两个直辖市，长江经济带五大城市群共包含了 84

---

① 根据各省市人民政府官网公开资料整理所得。

个地级市。显然，省市范围大于城市群范围，但城市群覆盖的是省市的相对发达地区，且各省市主要城市都已被纳入城市群范围，主要指标具有足够的代表性，因此，以长江经济带所覆盖省市数据代替城市群数据，虽有一定误差，但不影响最终结论。

各指标的省级数据可从《中国统计年鉴》《中国科技统计年鉴》《中国城市统计年鉴》及科技部发展计划司、各省市年鉴及统计年鉴、各省市知识产权局官网、科学技术局官网等处获取。

运用主成分分析法，基于技术市场成熟度测度的市场主体、中介机制、政府保障三个维度 13 个测度指标，测得长江经济带城市群技术市场成熟度如下：

表 7.2　　　　　　　　长江经济带城市群技术市场成熟度

省市	所属城市群	2007 年 综合得分	排名	2010 年 综合得分	排名	2013 年 综合得分	排名
上海市	长三角	0.58	2	1.18	1	0.81	1
江苏省	长三角	0.41	4	0.91	2	0.8	2
重庆市	成渝	−0.07	5	−0.83	10	0.55	3
浙江省	长三角	0.55	3	0.21	3	0.02	4
四川省	成渝	0.64	1	−0.02	7	0	5
安徽省	长江中游	−0.33	8	−0.93	11	−0.06	6
江西省	长江中游	−0.42	9	−0.38	9	−0.14	7
湖北省	长江中游	−0.52	11	0.05	5	−0.32	8
贵州省	滇黔	−0.1	6	0.01	6	−0.37	9
云南省	滇黔	−0.41	10	0.09	4	−0.6	10
湖南省	长江中游	−0.32	7	−0.3	8	−0.69	11

如表 7.2 所示，长三角城市群的技术市场成熟度最优，成渝城市群及长江中游城市群紧随其后，滇中及黔中城市群最低。长三角城市群中，上海与江苏交替名列前茅，浙江相对较弱，尤其在近些年被技术市场发展较快的重庆挤出了前三；安徽则波动较大，其成熟度表现从 2007 年第八降至 2010 年的最后一名，而在 2013 年又大幅升至第六。成渝城市群中，近年重庆技术市场发展成熟度相对四川靠前，特别是重庆 2013 年相对 2010 年的名次大幅上升，可见重庆这些年对技术市场的重视程度较高。长江中

游城市群中，江西、湖北的技术市场发展相对较快；湖南从2007年的第七一路下滑，至2013年已成为长江经济带城市群技术市场发展最为薄弱的一个省。滇中及黔中城市群的技术市场发展相对稳定，且贵州技术市场的发展成熟度明显优于云南。

下面采用城市数据进行测度。根据数据可获得性，选取用于测度市场主体的5个项目指标，即R&D人员、R&D经费、专利申请数、专利授权比例、核心科技产品比例[1]，运用主成分分析法，测得各城市技术市场交易主体的成熟度[2]，并以此来估计各城市技术市场的相对发展程度（参见附表7.1）。

据附表7.1可知，与省市级技术市场发展成熟度相似，长三角城市群的城市的技术市场发展得最为成熟稳定，内部差距较小，特别是上海、苏州、杭州等城市技术市场的发展长期以来相较于长江经济带城市群其他城市靠前。成渝城市群及长江中游城市群次之，滇中及黔中城市群表现最差，即从东向西，自下游向上游，长江经济带城市群技术市场的发展程度逐渐变低。此外，各个城市群都表现出主要城市（如省会城市、经济大市等）的技术市场发展相对较为成熟，而政治地位不高或经济相对不发达城市的技术市场的发展很少能表现突出。

长三角城市群技术市场成熟度较高，其中，南京技术市场发展迅速，排名已从2007年的第七持续上升至2013年的第三，绍兴、扬州、泰州等是长三角城市群技术市场发展最迟缓的几个城市，特别是泰州的技术市场排名七十左右，其他大部分长三角城市的技术市场的发展表现处于中上水平。

长江中游城市群地级城市众多，但技术市场发展相对成熟的城市较少，只有少数省会城市，如武汉、长沙的技术市场在长江经济带城市群技术市场成熟度的排名能进入前二十，更多的城市排名在四十位以后，特别是江西省各城市的技术市场发展明显偏弱。这说明长江中游城市群各省市之间、各省地级市之间技术市场发展差距较大，且各省都过多地关注几个重要城市，而其他地级城市的技术市场发展还有待加强。

---

[1] 地级市数据来自各省市、各地级市的科技年鉴、统计公报、各地区政府科技网、知识产权网等。

[2] 由于数据限制，剔除了长江中游城市群的潜江、天门、荆州；滇中及黔中的六盘水、安顺、毕节、凯里、都匀共计8个相关数据难以获取的样本。

成渝城市群中，重庆技术市场成熟度的排名较为靠前，稳居前十。四川各城市的技术市场发展水平差距显著，其省会城市成都的技术成熟度长期位列长江经济带城市群的前五，而四川的其他14个城市，除了绵阳能勉强保持在前二十名，大多位于四十名之后，可见四川省内部技术市场发展极不平衡。

滇中及黔中城市群的技术市场同样也是省会城市发展得远比其他城市快，也相对成熟：昆明从2007年的三十八位快速上升到2010年的十二位并长期保持。贵阳也保持上升趋势，2010年相对2007年的排名上涨了近二十位，之后则保持在长江经济带城市群的前二十。但是整体来看滇黔城市群的技术市场发展滞后，一些相对偏远的地区甚至还没有建立政府科技工作网站，可见这些地区要发展好技术市场还任重而道远。

总体来说，长江经济带城市群技术市场起步较早、发展较快，但存在区域发展不均衡、省市内部发展不平衡、集聚特征显著的现象：越往东、经济越发达的城市往往技术市场的成熟度越高，一些城市甚至在全国领先，而中西部地区大多数城市的技术市场还处于起步阶段，发展之路还很漫长；同时，各省市均存在省会城市技术市场发展得较好，而地级市少有亮点的现象，特别是个别省市的地级市技术市场的发展甚至存在极化现象。长江经济带城市群间的技术市场是否有通过联动发展来相互促进，或是带动相对落后地区技术市场的发展？下文将对此展开进一步分析。

二 长江经济带城市群技术市场的联动发展现状

我国技术市场起步较晚，整体发展不成熟，区域间的联动还处于起步阶段。现阶段，长江经济带城市群技术市场的联动主要表现在两个方面：一是通过国家颁布相关政策和建设联动平台统筹推进联动；二是通过长江经济带各城市群颁布技术市场的合作政策、建设技术市场共享平台和进行技术交流合作等精准推进联动。因此，本部分将从以上两个方面对长江经济带城市群技术市场的联动发展现状展开阐述。

（一）国家政策与平台建设

1. 国家相关政策

为促进技术市场健康、良好的发展，国务院于2017年9月印发了《国家技术转移体系建设方案》（见表7.3），提出要建设统一开放的技术市场，推动科技成果的跨区域转移扩散，这为我国区域间的技术市场联动做出了方向性部署。而在 2016 年先后发布的《国家创新驱动发展战略纲要》《"十三五"国家科技创新规划》，指出在重点建设重要技术市场的同时，也要注重有关资源的跨区域流动以及技术市场间的合作、帮扶，特别是发展较好的技术市场要发挥其辐射作用，带动较弱区域的发展。因此，不仅相邻的区域间技术市场需要共商发展，跨区域的技术市场间也需要有相应的交流协作。为发挥市场配置科技资源的决定性作用，落实国家对技术市场的部署工作，2017 年又提出了相关的专项计划，在促进区域技术市场公共平台建设、加快资源共享、提高区域技术市场服务质量等方面做出了安排。这些政策从方向性部署到专项性规划等各层次对区域间技术市场的联动发展给出了指导性意见，为区域技术市场的联动发展提供了根本性、统筹性的政策支持。

表 7.3　　　　　国家促进区域技术市场联动发展的相关政策

颁布时间	政策名称	相关要点	对技术市场联动的作用
2016 年 5 月	国家创新驱动发展战略纲要（中发〔2016〕4 号）	● 构建东中西各具特色的区域创新发展格局 ● 跨区域整合创新资源 ● 打造区域创新示范引领高地	统筹推动各区域科技市场交流合作，推动区域技术市场联动发展
2016 年 7 月	"十三五"国家科技创新规划（国发〔2016〕43 号）	● 拓展创新发展空间 ● 建设创新型省市和区域创新中心 ● 推动跨区域协同创新和科技扶贫	增强质优区域技术市场辐射力量，推动跨区域技术市场交易主体合作
2017 年 5 月	"十三五"技术市场发展专项规划（国科火〔2017〕157 号）	● 构建国家技术交易网络平台 ● 促进区域技术转移服务平台协同发展 ● 推动全国技术转移一体化建设	促进区域乃至全国技术市场资源共享、协调发展
2017 年 9 月	国家技术转移体系建设方案（国发〔2017〕44 号）	● 建设统一开放的技术市场 ● 推动科技成果的跨区域转移扩散	促使科技成果能快速扩散、流动、共享、应用
2017 年 10 月	"十三五"国家科技创新基地与条件保障能力建设专项规划（国科发基〔2017〕322 号）	● 完善科技资源共享服务平台布局 ● 推进科技资源共享服务提高服务质量和开放程度	提升科技资源利用效率
2018 年 4 月	关于开展知识产权军民融合试点工作的通知（国办发〔2016〕106 号）	● 推动将国防专利、军用计算机软件著作权等纳入地方优惠政策、享受地方同等待遇，解决待遇不同问题	促进军民技术融合

续表

颁布时间	政策名称	相关要点	对技术市场联动的作用
2018年4月	科学数据管理办法（国办发〔2018〕17号）	● 制定科学数据管理政策与标准规范 ● 协调推动科学数据开放共享 ● 推进建设国家科学数据中心以及网络平台	促进科学数据开放共享，畅通科学数据军民共享渠道
2018年5月	关于技术市场发展的若干意见（国科发创〔2018〕48号）	● 明晰技术市场总体布局 ● 优化技术市场分类布局 ● 提升技术市场服务功能和发展水平 ● 促进技术市场服务机构市场化与专业化等	加快发展技术市场，健全技术转移机制，促进科技成果资本化和产业化

资料来源：根据中华人民共和国中央人民政府官网(www.gov.cn)、科学技术部官网(www.most.gov.cn)公开资料整理所得。

如果区域间技术市场"同文共轨"，有着统一的操作标准，则有益于联动，能间接促进技术市场发展。为规范技术市场，多项标准性政策及规范性文件相继发布。2015年国务院下发的《国家标准化体系建设规划（2016—2020）》对技术市场建设标准化的体制机制、提供标准化服务等方面提供了指引（见表7.4）。2016—2017年，国家又对科技成果成熟度的评价、技术转移服务、科技大市场的运营等多方面实施标准化，规范了相关环节操作，进而为技术市场联动提供了间接力量。

表7.4　　　　　　　　　技术市场规范性政策

颁布时间	名称	相关要点	对技术市场联动的作用
2015年12月	国家标准化体系建设发展规划（2016—2020年）（国办发〔2015〕89号）	● 建设、完善、优化标准化体制机制 ● 提升标准化技术、服务能力 ● 加快标准化在社会各领域的应用	为技术市场标准化实施提供指引
2016年7月	科技成果转化成熟度评价规范	● 提供科技成果转化的评价依据和操作规范	标准化衡量科技成果，增进供需双方信息对称
2017年1月	深化标准化工作改革方案（国发〔2014〕20号）	● 推动科技资源开放共享 ● 深化重点区域标准化协作，统筹协调跨区域的重大标准化问题	规范技术市场标准，有利于区域间技术市场合作
2017年9月	技术转移服务规范（GB/T 34670—2017）	● 明晰技术转移概念 ● 规定7类主要技术服务类型	加深市场对技术转移服务类型的共识

续表

颁布时间	名称	相关要点	对技术市场联动的作用
2017年12月	科技大市场运营服务规范	● 构建科技服务大市场体系 ● 规范展示、交易、共享、服务交流"五位一体"的服务功能	为各类科技大市场主体提供经营活动和业务操作的依据

资料来源：根据中华人民共和国中央人民政府官网(www.gov.cn)、北京市科学技术协会官网(www.bast.net.cn)、科学技术部官网(www.most.gov.cn)、中国技术市场信息港(www.ctm.org.cn)等公开资料整理所得。

2. 国家级技术市场平台

现阶段，面向全国的区域技术市场联动的服务平台主要包括线下的区域技术转移中心，及近年来随互联网兴起逐渐发展起来的线上平台。通过线上线下两者结合，共同为技术市场参与者提供服务，进而促进区域技术市场的联动发展。

（1）区域技术转移中心建设。自2013年起，科技部与地方政府在全国布局，建成了国家技术转移集聚区、国家技术转移南方中心、东部中心、中部中心、西南中心、西北中心、东北中心、海峡中心、苏南中心、郑州中心、海洋技术转移中心11家国家技术转移区域中心，在探索技术转移服务模式，服务区域科技成果转化等方面发挥了巨大作用。其中，西南转移中心（成都）、中部转移中心（武汉）及东部转移中心（上海）均位于长江经济带城市群内，为长江经济带城市群技术市场的联动发展打下了坚实的基础，如表7.5所示。

表7.5　　　　东、中、西南三大区域技术转移中心基本信息

技术转移中心所属城市群	启动时间	目标与定位	主要服务内容
长三角城市群（上海）	2015年4月	● 以政府主导、市场化运作的模式，积极引导技术转移和技术交易机构集聚 ● 对接"164"产业政策体系，打造技术转移功能性平台	● 技术交易服务 ● 技术转移服务 ● 科技金融服务
长江中游城市群（武汉）	2016年5月	● 创新体制机制 ● 构建以市场为主导、需求牵引、开放共享、机制创新、系统推进的技术转移新格局 ● 为长江经济带的经济发展提供技术服务支撑	● 技术转移服务 ● 知识产权投融资服务 ● 科技条件共享服务 ● 技术经纪培育

续表

技术转移中心所属城市群	启动时间	目标与定位	主要服务内容
成渝城市群（成都）	2017年9月	● 大力整合全球创新资源 ● 推动全球创新要素跨行业、跨区域、跨国界转移	● 技术转移及知识产权服务 ● 创业孵化及人才培养服务 ● 科技金融及成果展示服务

资料来源：根据公开资料整理所得。

（2）线上技术市场交易平台建设。随着互联网技术持续升级，各方对互联网模式的认识不断深化，技术市场领域"互联网+"的创新与应用也得到了政策鼓励及推动，这有利于解决由空间距离带来的信息不对称性、接洽烦琐、对接成功率低等问题，提高区域间技术市场的交互性。但由于技术商品的特殊性，目前我国技术市场对于互联网的利用大多仅体现为信息展示等，线上技术市场平台依旧处于初期阶段。目前发展得较为成熟、在全国有较大影响力、对区域间技术市场联动有较大促进作用的网上技术交易平台主要为"科易网"和"技E网"。

（二）各区域间技术市场的联动

1. 各区域的相关政策支持

政策支持方面，长江经济带城市群技术市场的联动政策主要有长三角城市群的联动政策、长江中游城市群的联动政策以及成渝城市群的联动政策（见表7.6）。

长三角城市群最早在政策上给予技术市场联动支持。自2003年共同签署《沪苏浙共同推进长三角区域创新体系建设协议书》以来，长三角城市群就加快了在科技合作方面的步伐，建立了长三角区域创新体系以及联席会议制度。2008年签署的《长三角科技合作三年行动计划（2008—2010）》则进一步加深了长三角城市群技术市场的联动发展，助力协调机制初步形成，增强了政府合作意识。2007年签署的《长三角科技资源共享服务平台共建协议书》则对区域科技资源共享平台建设的具体实施方向做了详细规划，合作领域扩大，资源整合步伐加快，在平台统一、区域间信息畅通的条件下，长三角城市群技术市场的联动逐步推进。长江中游城市群对技术市场合作的政策支持主要建立在《武汉共识》的基础之上，涉及平台建设、科技资源共享、知识技术产权保护等内容。成渝城市群则大力推动区域市场一体化，而技术市场作为整个市场的一部分，也正在向一体化发展。总体来说，在政策方面，长江经济带城市群技术市场联动表现出了明显的城市群内强联动、跨城市群弱联动的特征。

表 7.6　　长江经济带城市群区域间技术市场联动相关政策

颁布时间	所属区域	名称	相关要点	对技术市场联动的作用
2003年11月	长三角城市群	沪苏浙共同推进长三角区域创新体系建设协议书	● 联合展开科技攻关 ● 科技资源共享 ● 跨区域产学研合作 ● 人才开发一体化 ● 知识产权协作	长三角区域科技合作开始进入制度性层面，科技合作的协调机制初步形成
2007年		长三角科技资源共享服务平台共建协议书	● 依次建设由8个子系统组成的资源共享平台	建立了统一平台门户对外服务，助力长三角技术市场的联动发展
2008年6月		长三角科技合作三年行动计划（2008—2010）	● 高新技术产业技术跨越 ● 传统产业提升 ● 民生保障科技 ● 资源环境技术攻关 ● 科技资源共享	从五大科技行动着手，进一步密切了两省一市的技术市场的合作
2013年2月	武汉、上海、深圳、成都、西安、杭州、苏州	武汉共识	● 建立创新平台共享机制 ● 推动科技创新资源开放共享 ● 加强产业创新 ● 建立互通共享的成果转化平台 ● 共同保护知识产权	从5个具体方面对长江中游技术市场展开合作，极大地促进相关城市技术市场的联动发展
2015年5月	成渝城市群	关于加强两省市合作共筑成渝城市群工作备忘录	● 推动信息一体化 ● 推动市场一体化	通过一体化来推动成渝技术市场联动发展

资料来源：根据科学技术部官网 (www.most.gov.cn)、江苏省科学技术厅官网 (www.jstd.gov.cn)、长沙市人民政府网站 (www.changsha.gov.cn) 等的公开资料整理所得。

2. 共享平台建设与项目合作

（1）区域间科技共享平台建设。在各区域协作的政策推动下，长江经济带城市群技术市场的平台正在逐步建立起来，但主要集中在长三角城市群，其余城市群还相对落后。长三角的科技共享平台依据《长三角科技资源共享服务平台共建协议书》而建立，涵盖大型科学仪器协作共用网、科技文献、专业技术服务、资源条件保障、技术转移系统5个科技资源共享平台。长三角科技资源共享平台的科技资源不只限于长三角地区，亦专设了全国性的专家咨询系统，以便在全国范围内寻求疑难杂症解决办法。因此，长三角技术市场的合作联动了长江经济带城市群甚至全国技术市场。

长江经济带城市群技术市场除了以上共享平台外，还有诸如长江五大要素交易平台、上海科技创新平台、江苏技术产权交易中心等技术市场服务平台。这些服务平台以其自有的特殊性，促进科技创新资源积极流动，推动着区域技术要素网络化对接，将长江经济带各城市群的科技资源紧密结合在一起。

（2）各地区技术合作项目逐步推进。长江经济带城市群技术市场的联动还表现为在政策的鼓励下，各地区间进行了多个技术项目的合作（见表7.7）。

表 7.7　　　　长江经济带城市群主要区域技术市场联动典型项目

项目名称	地域范围	主要内容/任务
长三角区域创新体系	江苏、浙江、上海、安徽	● 共同建立公共科技基础设施
科技创新券跨区域使用嘉兴试点	上海、浙江	嘉兴科技创新券可在上海使用，持有者可更便捷地使用上海800多家机构的科学仪器
长江中游城市群省会城市第三届科技合作联席会	武汉、长沙、南昌、合肥	● 四省会城市之间促进技术人员与科技管理人员交流 ● 加强高新技术产业区域集群发展 ● 促成四省会城市科技资源共享、科技成果转化一体化等
长江流域园区合作联盟	武汉、重庆、南京、合肥	● 构建长江流域园区协同发展平台 ● 服务长江流域产业梯度转移和布局优化 ● 培育特色优势产业集群 ● 促进长江经济带协同创新发展
沪滇科技成果对接交流活动	上海、云南	● 上海根据云南需求，组织各领域科研院所和企业与云南多家单位的现场交流

资料来源：根据江苏省科学技术厅(www.jstd.gov.cn)、浙江省科学技术厅(www.zjkjt.gov.cn)、湖北省人民政府官网(www.hubei.gov.cn)、云南省科学技术厅官网(www.ynstc.gov.cn)等公开资料整理所得。

经过前面分析可知，目前长江经济带城市群技术市场的联动有着较强的生机与活力，各区域政府间的合作意识日益增强，市场协作也逐步展开。但整体来看还处于联动的起步阶段，缺乏对各城市群技术市场联动统一的、有针对性的、全面的政策支撑，相关的体制机制有待完善，整体的联动部署还未展开，区域间的互动大多还停留于文件层次。同时，联动发展不均衡，中下游城市群的联动相较于上游更为紧密，这使科技资源相对贫乏的上游难以共享其他区域的技术资源，从而加大了与中下游城市群技术市场发展的差距。而在技术市场发展相对靠前的长三角城市群，各自为政和强政府状态也正在成为其技术市场联动发展的阻碍。此外，现有的区域间技术市场的联动多表现为较小范围的联动，如省会城市之间的强强性联动、相邻城市之间的邻里性联动、强弱城市之间的帮扶性联动等，大范围甚至整个城市群内的共同联动还未出现。实力较弱的城市的技术市场缺乏向外联动的资源与机会。因此，目前来看，长江经济带技术市场的联动还有极大的发展空间。

第三节　长江经济带城市群技术市场联动发展存在的问题

对技术市场发展与联动现状进行深入分析后发现，目前长江经济带城市群技术市场的发展与联动还存在区域发展不平衡、信息渠道尚未建好、中介服务体系不够完善、市场环境不佳等主要问题。

一　各城市群间技术市场发展不平衡

目前，我国长江经济带城市群技术市场发展增速较快，但各城市群技术市场间存在资源分布极度不均、发展水平差异明显的情况。由于目前长江经济带城市群技术市场的统计数据缺乏，因此这里同样以长江经济带所覆盖的省市级数据来替代长江经济带城市群的数据。2017年，长江经济带城市群输出和吸纳技术合同数分别为125147项和126267项[①]，成交额分别为3436.22亿元和3955.28亿元，占据了全国的30.21%和13.67%，较2016年增长18.41%和34.67%。

从技术输出角度来看，长三角城市群输出技术合同数及成交额分别为37636项及1058.37亿元，占长江经济带城市群的30.07%及30.80%；长江中游城市群输出技术合同数及成交额分别为42895项及1305.85亿元，占长江经济带城市群的34.28%及38.00%；而成渝城市群的技术输出合同数及成交额分别占了长江经济带城市群的10.85%及12.71%；滇黔城市群

---

① 中国科学技术部：《全国技术市场统计年度报告（2017）》。

的这两项的占比只有2.86%及2.29%。显然长江中游城市群及长三角城市群的技术输出要优于成渝城市群及滇黔城市群，且滇黔城市群与其他几大城市群的差距还较大。

从技术吸纳角度来看，长三角城市群与长江中游城市群的技术吸纳在几大城市群中表现相对突出，它们的吸纳技术合同数在长江经济带城市群中占比分别为34.75%和28.32%，成交额占比分别为22.98%和22.67%；成渝城市群的吸纳技术合同数与成交额在长江经济带城市群中的占比分别达到了21.66%和15.84%。相较于技术输出，成渝城市群在技术吸纳水平上与长三角和长江中游城市群的差距较小；而滇黔城市群的技术吸纳在长江经济带城市群中的占比为5.87%及8.57%，与其他城市群相比，还是有较大差距。

因此，总体来看，长江经济带城市群技术市场发展不均衡：长三角和长江中游城市群技术市场发展比较接近，且均明显优于成渝城市群和滇黔城市群，而滇黔城市群技术市场的发展还远远落后于其他几大城市群。这种发展的不均衡现象将一定程度上阻碍各城市群技术市场合作交流，进而影响城市群技术市场的联动发展。

二 区域技术市场信息渠道尚需完善

我国技术交易信息服务平台于2005年立项开发，目前正与创新驿站进行对接，标准化建设基本完成。但是由于我国存在各地区条块分割、政出多门等现象，技术交易过程中的信息非对称现象也普遍存在，导致信息平台的建设仍然有待完善，长江经济带城市群亦然。从前面对长江经济带城市群技术市场联动现状的分析可知，现阶段长江经济带城市群在技术信息服务平台方面正在逐步发展，并且已经有了一些成果，但同时也存在以下几个突出问题：①信息服务平台的标准化建设多数还停留在纸面上，亟待实际操作运行进行检验；②区域组织管理体系还不够完善，如区域平台管理机构与各省市技术市场管理部门和技术转移机构之间、各省市技术市场管理部门和技术转移机构之间等，缺乏一套整体的管理系统；③还未形成一个特殊的将长江经济带各城市群联系起来的技术信息交流模式。由此看来，长江经济带城市群技术市场信息沟通交流的渠道尚未建设完善，信息沟通不畅将抑制各城市群技术市场联动发展。

三 中介服务体系有待健全

技术中介在技术市场各类交易中扮演着纽带与桥梁的作用,担负着沟通、评估、协调、组织和经营的功能,其发展状况往往能反映技术市场活跃度。

由于缺乏城市群的详细数据,此处同样以省市级数据来进行替代描述。2015年[1],我国有约3700家生产力促进中心[2],其中国家级示范生产力促进中心有247家。长江经济带城市群共有生产力促进中心974家,其中,长江中游城市群拥有的生产力促进中心数量最多,占比46.20%,且几乎每个省市所拥有的中心数量均超100;成渝、长三角、滇黔三个城市群的中心数量占比差别不大,分别为22.07%、17.35%、14.48%;江苏和浙江两省拥有国家级示范生产力促进中心超过10家。长江经济带城市群生产力促进中心的法人性质多为事业法人,约占48.46%,而企业法人和非独立法人分别只有26.17%和14.52%;长江经济带城市群生产力促进中心开展综合性业务达80%以上,开展行业性业务的占比为15%,开展专业性业务的仅为4.2%;此外,在服务收入上长江经济带城市群生产力促进中心2015年取得收入较上年下降15.58%,技术服务是最为主要的收入来源,占比近50%,而人才和技术中介服务的收入占比不到8%。

总体来看,目前长江经济带城市群技术市场的中介体系建设还未完善,主要表现在:①相对成熟的中介机构主要集中在长三角城市群,江浙两地拥有的国家级示范生产力促进中心占比最高,但其中介辐射带动作用有限,信息搜索与共享成本高昂;②中介机构以综合性服务为主,专业性服务机构缺乏,且中介机构的中介服务收入较少,还未完全发挥其中介职能;③技术中介机构主要以事业法人为主,企业法人占比小,难以发挥市场资源优化配置作用,且现有各中介机构依然处于孤立状态,没有有效整合起来,各城市群内缺乏统一的中介组织机制;④我国对技术中介机构的法律地位、经济地位、管理体制和运作机制没有明确的规定,各类中介机构服务人员专业素养有待提高。这一系列现象阻碍了技术市场中介

---

[1] 科学技术部:《全国生产力促进中心统计报告(2015)》。
[2] 据《生产力促进中心管理办法》规定,生产力促进中心主要业务是以市场需求为导向,提供与科技有关的信息、咨询、技术、培训、创业等服务,并承担政府委托任务等,属于技术市场中介机构。

在更大的空间范围内提供专业化、高效化的服务，不利于技术市场的联动发展。

四 市场运行环境欠佳

目前长江经济带城市群技术市场的运行环境欠佳，在管理、激励、技术专利保护等方面均有待优化。长江经济带城市群涉及9省2市，目前各城市群间区域技术市场的管理仅靠行政磋商，缺乏必要的经济奖惩和法制约束，难以协调技术要素跨城市群流动。此外，由于我国行政体系的考核制度主要以纵向的考核为主，对于跨城市群联动绩效横向的考核还较为缺乏，各省市行政单位缺乏动力去进行区域间技术市场的合作（郁鸿胜，2015）。由于缺乏激励、评估与监督，跨城市群的整体利益往往让位于行政区的局部利益，进而导致目前长江经济带城市群技术市场合作项目多停留在文件层面，没有落到实处。在激励措施方面，据上文对联动现状部分的分析可知，目前长江经济带城市群各省市均出台了对发展技术市场的鼓励政策，长三角、长江中游城市群已经制定了城市群内部共通的技术市场激励政策。然而总体上，这些政策多未落实，且各城市群间同构竞争、过度竞争、协调性不足等现象突出，不能引导整个长江经济带城市群技术市场的联动发展。在市场监管方面，还存在技术交易流程的不规范、对技术专利权的保护力度不够等问题，同样阻碍着技术要素的跨城市群流动。总之，目前长江经济带城市群还没有形成统一的针对技术市场的管理、激励、监管等机制，在技术市场的联动过程中不能很好地把控技术交易的各个环节，不利于引导各城市群技术市场的联动。

可见，综合来看，长江经济带城市群技术市场的联动发展还存在诸多涉及技术商品交易的各个环节的问题。因此，需要对这些问题提出解决方案，以促进各城市群技术市场的联动发展。

第四节 技术市场联动机制分析

据前文所述，目前长江经济带城市群技术市场的发展及其联动在诸如市场机制、法律、市场主体、中介服务等多方面还存在诸多问题，阻碍了市场的联动及其发展。因此，本节将从构建技术市场联动发展体系出发，联系现阶段存在的问题，深入研究区域联动发展的相关机制，为构建长江经济带城市群技术市场联动发展的具体实施路径奠定基础。

区域技术市场的联动内容包含了环境、要素以及交易主体等。具体而言，环境是指整个联动体系的运行环境，包括制度环境与市场环境；要素主要是指在体系中有着转移或流动现象的、联系各个主体的物质，包括技术成果与信息等；主体为技术交易的供求双方与中介机构等，是技术市场中最为重要的组成部分。鉴于此，本节总结了如图7.1所示的区域技术市场体系，并在此基础之上，进一步分析区域技术市场如何联动。主要包括，在联动大前提下，区域技术市场如何推动技术要素转移、如何发挥相关政策效用、如何推动技术中介配合提供服务、如何实现交易信息共享、如何保证交易双方的权益等内容，即解决区域技术市场的联动运行机制问题。

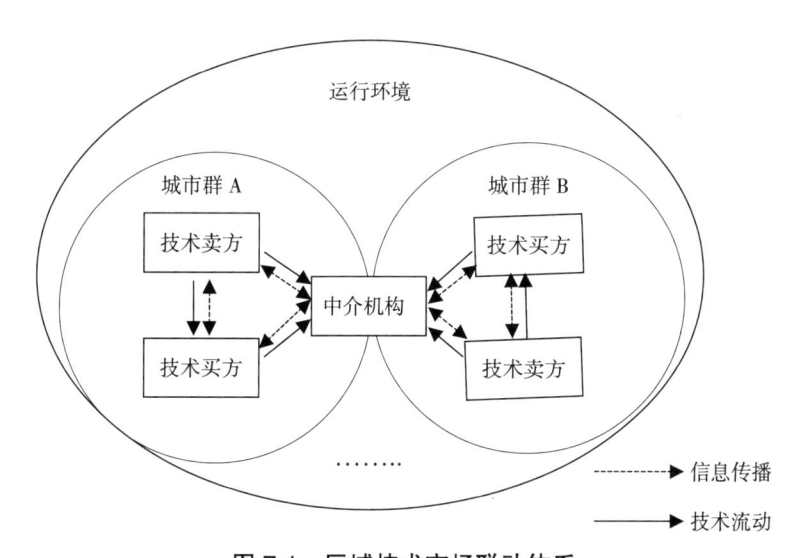

图 7.1 区域技术市场联动体系

具体来看，主要表现在以下几个方面：第一，技术的跨区域转移需要技术交易双方有足够的动力去实现技术商品的交易，以促进技术要素的流动；第二，各区域的技术市场需要统一的运行环境，以减少区域差异带来的市场交易障碍；第三，需要通过如中介媒介、统一的信息传输渠道等方式来降低交易成本，促进包括信息、技术商品等客体在各交易主体之间的流动等。

根据以上分析，本文构建出区域技术市场机制图（见图7.2）。其中，区域技术转移动力机制作用于技术要素流动环节，是这一体系有效运行的核心，因为只有技术商品的供求双方在对自身需求的衡量之下，选择技术转移，技术市场才得以存续，而区域技术转移动力机制正是促使区域间技术供求双方选择技术转移的原始动力。统一信息传导机制、中介组织整合机制分别作用于信息流转与中介，均是通过各自的力量为技术转移起着辅助作用。此外，统一市场环境建设机制是通过建立统一技术市场的各方面运行环境，对整个技术市场的运行环境进行调整。总之，区域技术市场的联动是以区域技术转移动力机制为核心，其他机制予以辅助而得以实现的。

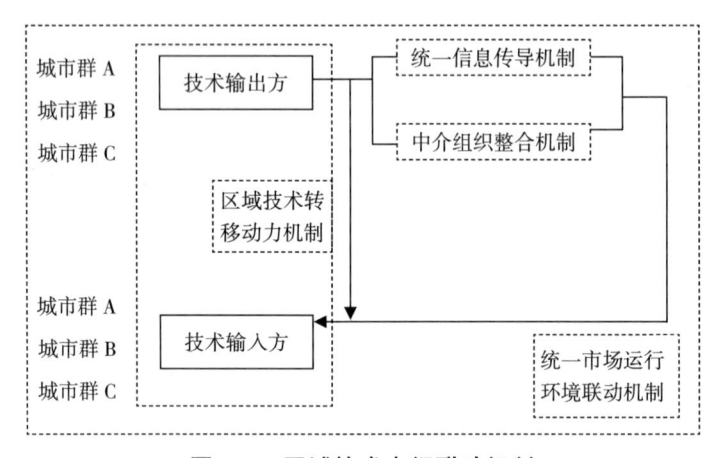

图 7.2　区域技术市场联动机制

一　区域技术转移动力机制

技术商品的成功转移是技术市场存在的价值所在，也是技术市场运行的重要环节，可以说，技术市场的一切其他安排，都是为技术商品能够进行交易服务的。技术转移的动力机制是技术商品能够在技术市场上成功转移的关键机制，它关系着整个技术市场能否有效运转。

区域技术转移的成效主要取决于三大方面，即技术输出地、技术输入地及技术本身。技术输出地与技术输入地存在技术上的差距即技术势差，是区域技术转移的原始动力，它决定了技术转移的方向（魏江，1997）。具体来说，技术势差主要指的是技术供求双方的技术水平差距，即技术级差。一般来说区域间的技术级差越大，技术的流动存在的可能性越大。

除区域技术势差形成的原始动力外，其他有关技术输出地、技术输入地本身具有的一些特征也会为技术转移带来多方面的力量，具体表现为技术输出动力、技术输入拉力及技术转移约束力。①技术输出动力是指技术对外输出的内在动机与推动力，主要体现为技术输出地受到的利益驱动力以及竞争压力。利益驱动主要是来自技术转移所换取的高额利润，以及自然资源、劳动力等；竞争压力则主要是来自技术产品本身的生命周期压力、新兴技术的替代压力以及研发费用支出压力。②技术输入引力是技术需求方以本身需求为导向而对技术输入产生的影响力，主要体现在劳动力引力、自然资源引力、资金引力以及环境引力四个方面。一般来说，技术相对落后地区劳动力价格较低、自然资源较为丰富，且由于自身发展需求，更愿意在技术上花费一定量资金来提升当前技术水平，同时，其环境政策还相对宽松，能极大地吸引技术的流入。③约束力是指跨区域的技术转移过程中存在的"黏性"，即一些障碍因素构成的转移约束力。这些约束力表现在两个方面：一是若技术转移的渠道单一，不能满足不同技术对转移渠道的需求，难以保障技术转移的顺畅进行；二是跨区域的技术转移需要一定的技术临近性，这要求技术引进方具有一定技术水平和吸收能力。如果区域间存在技术差距，则往往也会在产业、人才、基础设施等多方面存在差距，这也就意味着，如果技术供需双方差距过大，技术输入方难以运用和吸收引入的技术。

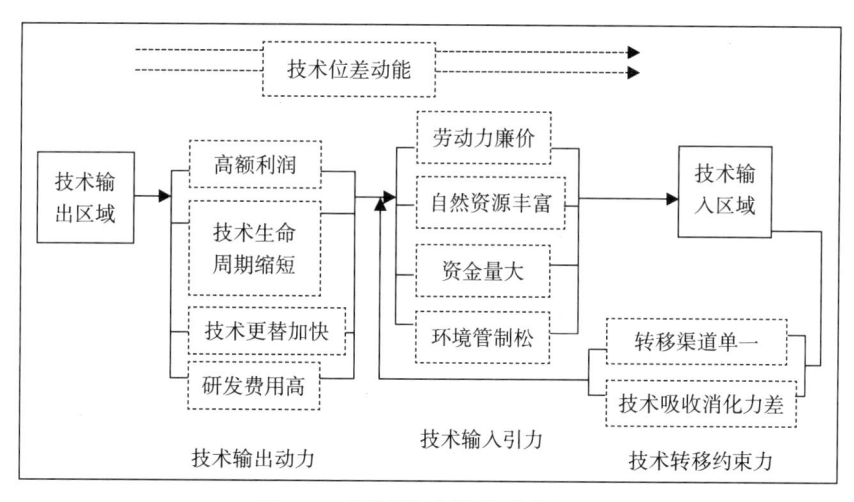

图 7.3 区域技术转移动力机制

图 7.3 展示了区域间技术市场的转移动力机制。如图 7.3 所示，技术势差是区域技术的原始动力，此外，技术转移还会受到技术输出方的输出

动力、技术输入方的输入拉力以及技术在转移过程中的约束力等多方面力量的影响。这些力量共同作用，形成了技术跨区域转移的动力机制。

二 区域技术中介整合机制

区域间的技术中介不仅可以在其所处区域发挥中介职能，还可以在利益驱动、政策激励等机制下扮演跨区域的媒介、协调及组织等角色，通过各种有形和无形的中介把活动在区域技术市场中的各个交易主体联结起来，将独立分散在区域技术市场中的交易主体组成一个整体，促使区域技术市场联动这一体系能够有机、有效运转起来。

目前长江经济带各城市群的技术中介种类繁多，但由于各技术中介各自为政，技术交易流程不规范，导致技术交易合同履约率低下。因此，建设技术市场需要摒弃目前各大城市群单独的不规范的技术中介模式，打造适合长江经济带城市群的联动式新型技术中介。下面从纵向的中介联动、横向的中介联动两种中介的运行机制来逐步深入说明中介在区域技术市场联动发展中是如何发挥作用的。

（一）中介纵向联动机制

中介机构的纵向联动实际上指的是各项中介功能的整合。新型的中介机构包含多项服务功能，如信息服务、技术咨询评价、法律咨询、技术培训、技术实施监督等（徐恒敏等，2008）。整个过程中，信息服务为第一阶段，即项目匹配；技术咨询、评价，法律咨询，技术培训则属于第二阶段，即项目签约；技术实施监督则是第三阶段，即项目实施。由于完成整个流程往往需要大量的资源，单个中介机构很难全面覆盖所有的交易环节，为了节约运行成本，各大城市群需设立具备不同功能的中介机构，通常分为专业中介和一般中介。专业中介主要指专门经营某一类交易，此类技术往往一般中介机构不具备，例如交易阶段二中的技术咨询、技术评估。由于市场竞争，功能重复的中介机构势必会被淘汰，此时专业中介与一般中介在服务体系中相辅相成，渗透到具体的服务环节中去，最终形成专业中介机构与一般中介机构合作完成技术交易的模式。这一纵向联动的中介服务机制适用于区域技术市场，区域中每一个城市群都应形成类似的中介服务链条，以规范交易流程，明确中介职能（如图7.4所示）。

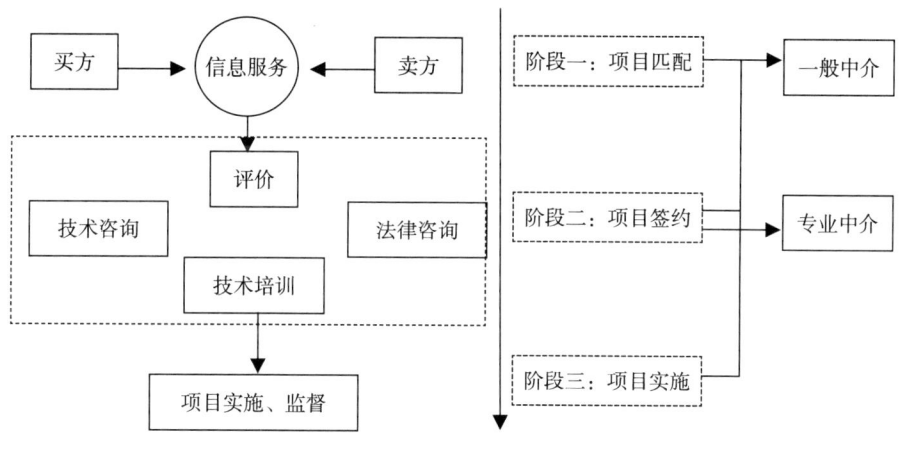

图 7.4　中介纵向联动机制

（二）中介横向联动机制

横向联动的中介机制主要是指跨地区地将各城市群的中介紧密联系起来，在这个过程中实现信息沟通、分工合作以及收益匹配，这一联合模式能避免各中介在同业竞争中因利益追逐而产生的恶性竞争。通过将城市群简化，图 7.5 在图 7.4 的基础上进一步勾画出了横向联动的中介联合机制图，在这一机制中，城市群 A 的技术市场显然发展相对成熟，拥有更为专业的技术中介可以解决包括技术咨询、技术评估、技术辅导在内的专业性中介服务，这类技术中介多集中在城市群 A 内的一线城市。城市群 A 内的二线和三线城市、城市群 B、城市群 C 的中介机构则主要为一般中介机构，

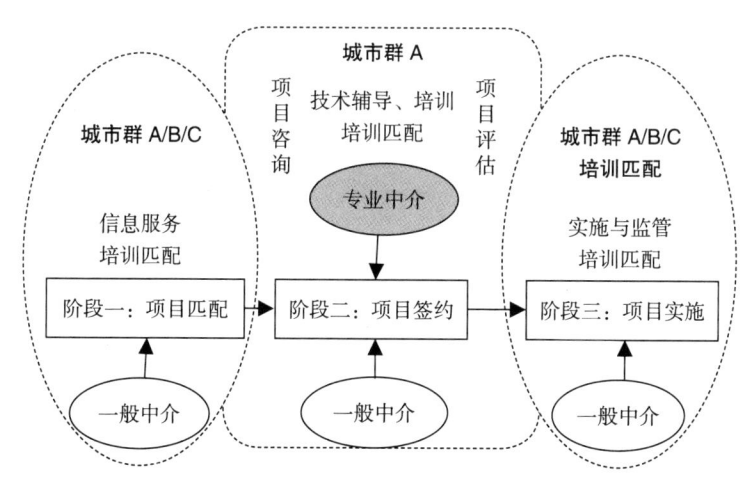

图 7.5　中介横向联动机制

这些中介机构的服务内容相似。整个技术交易在对技术中介进行选择时首先依据是否需要专业服务进行中介筛选，随后则根据地理远近、成本等其他因素对一般中介机构进行选择搭配。

三 区域统一信息系统运行机制

信息，是技术交易开始的首要环节，也是整个交易过程中最关键的环节之一。构建区域统一信息运行系统，可以实现区域间技术商品买卖双方的及时沟通、技术信息共享以及技术交易后期的各类核查与反馈。区域统一信息运行机制的构建可从以下两个方面着手：①建立和完善区域技术交易信息共享网络平台。高效、安全的信息共享网络平台是区域统一信息运行必要的基础。区域技术交易信息共享平台的建设须按照统一的标准、规划和布局，实现对技术市场信息的数字化采集、加工、处理、整合、存储、组织、发布和利用，并通过网络方式跨区域共享。②对数据库进行标准化和规范化管理。标准化、规范化是区域技术市场相关数据库共享的基础。标准化是技术市场信息资源数字化的重要条件之一。在网络环境下对数据库的有效利用必须建立在不同部门的数据库能交互使用的基础上，这就需要对技术市场进行规范化处理，力求做到数据的标准化、规范化，以提高质量，提升跨区域技术市场相关数据的使用效率。

在建立这一机制的过程中，还需要注意信息的即时发布与信息的随时检索两个方面的问题。信息的即时发布要求技术交易双方将各自的信息及时报给信息平台，信息平台将信息录入信息系统并及时进行信息发布。由于技术商品一般都会涉及知识产权和商业机密，因此信息平台在进行信息发布时需要妥善保护交易双方的信息安全。目前一般的做法是信息平台只发布某技术产品的信息概要，如果交易双方需要进一步了解更详细的信息则需要通过主动联系信息平台才能获取。信息检索是伴随着信息发布发生的，能为市场各方获取信息提供了便利。在信息检索中，检索方不再仅仅围绕交易双方展开，还包括市场的监管方，所检索内容也不再仅仅围绕产品信息、产品交易等资料，还包括对中介的信息参与和履约以及交易行为是否合规等进行约束性信息检索。

四 区域技术市场运行环境优化机制

各区域技术市场所处运行环境差异会对区域技术市场的联动发展产生

障碍，主要表现为各地方政府在相关政策环境建设、市场监管等方面存在的差异。因此，要促进区域技术市场的联动发展，需要对区域技术市场运行环境进行优化。

由于各城市群的技术市场联动突破了传统的行政区域界限，因此需要建立一个跨行政区域的统一的管理体系，为区域技术市场的联动提供服务。此外，还需要注意区域技术市场联动的相关财政支持和监管。

（1）财政支持。对技术市场的政策支持指的是通过区域政府采购与政府合约、区域技术市场的税收优惠与抵免及区域财政科技拨款等给予激励。首先，政府采购与政府合约是解决公共品属性的技术供给不足问题的关键（张江雪，2011），通过适当的采购政策安排，扩大对技术产品的需求，可以推动技术创新及相关活动，引导区域技术市场的发展。其次，区域技术市场的税收优惠政策倾向于利用企业和市场的力量，激励区域市场进行技术交易的积极性。再次，在减少技术的外部性的同时，可通过政府税收支出的形式分担部分投资风险，从而降低技术交易的不确定性，促进区域技术资源的有效配置。最后，区域政府财政科技支出政策通过直接推动科技产品供给或需求曲线外移的方式，增加科技成果的供应量，避免各区域对技术开发的重复投资，从而提高区域资源配置效率、提高技术成果扩散几个方面，进而促进区域技术市场的发展。

（2）对区域技术市场联动的监管主要包括两个方面的内容。一是对于政府的区域联动工作的监察，这需要建立起横向考核机制，将对官员的考核与区域技术市场联动绩效挂钩。二是对市场交易的规范的监管与对技术专利权的保护。监管内容具体为事前监督、事中控制与事后核查等几方面。事前监督即审查技术交易资料，包括技术交易项目、交易方式、所提供的服务等详细信息，这为事中控制提供依据；事中控制，即在交易进行过程中，监管机构对技术交易进行抽查，通过核验事前提交的信息是否真实以及与交易各方的沟通了解技术交易过程是否合规；事后核查，即完成技术交易后，监管机构对所录信息进行抽样核查，确保交易行为的完善与规范。

如上所述，区域技术市场运行环境优化机制就是在建立跨区域的统一管理体系的基础上，给予各区域技术市场统一的政策支持与市场监管，缩小各区域技术市场运行环境的差异，从而促进区域技术市场的联动发展。

第五节　长江经济带城市群技术市场联动路径设计

发达国家的技术市场是在市场机制基础上自发建立，政府参与度低，成熟度高，信息通畅。与之不同的是，我国技术市场起步晚，存在技术产品供给不足、信息沟通不畅等问题，需要政府从多角度进行协调与扶持。比较来看，国外技术市场与我国技术市场差异较大，因此在区域技术市场的联动模式上少有经验借鉴。本节将联系长江经济带城市群技术市场联动存在的问题以及上文提出的联动机制，从中介机构的建设、技术信息的整合、各城市群技术创新的交流、统一市场运行环境建设等几个方面来对长江经济带城市群技术市场联动的路径进行分析设计。

一　中介机构建设

由于长江经济带各大城市群技术市场的跨地域性和信息量庞大的特点，技术交易方又经常是位于不同的城市普通公众，技术中介要担负起信息沟通、交易匹配、规范流程、合约咨询、监督实施等多项职责，所以需要优化现有的技术中介资源，打造适合长江经济带城市群统一技术市场的新型中介服务。

根据上文分析，技术中介提供服务有两类机制模式：第一类为纵向联动的中介服务机制，实现项目匹配、项目签约、项目实施不同功能的分块实现；第二类是横向联动的中介联动机制。长江经济带城市群技术市场中介联动正是依据这样的机制而建立。借鉴徐恒敏等（2008）的研究，图7.6显示了长江经济带各大城市群技术市场中介联动。其中，长江三角洲城市群、长江中游城市群、成渝城市群、黔中城市群、滇中城市群均根据自己技术市场的发展程度与发展需求，提供相应的中介服务。

在图7.6中，长三角城市群由于其技术市场发展早，发展成熟，具备成立专业技术中介的条件，可以在技术评估与技术培训等专业性要求较高的中介服务方面发挥主要作用。长江中游城市群和成渝城市群的技术市场虽不及长江三角洲城市群成熟，但随着近几年的发展，这两大城市群的技术市场也逐渐成熟起来，其一线城市如武汉、长沙、南昌、成都和重庆可主要成立技术评估与技术培训之外的专业技术中介，二线城市可主要设立普通技术中介，和作为补充的黔中、滇中城市群一同，主要负责项目匹配阶段的信息服务以及项目实施阶段的实施与监管。这样，各城市群分工合作，在避免了机构重复配置、造成资源浪费的同时，也为长江经济带各城市群技术市场联动发展提供各类中介服务，从而促进技术市场的联动发展。

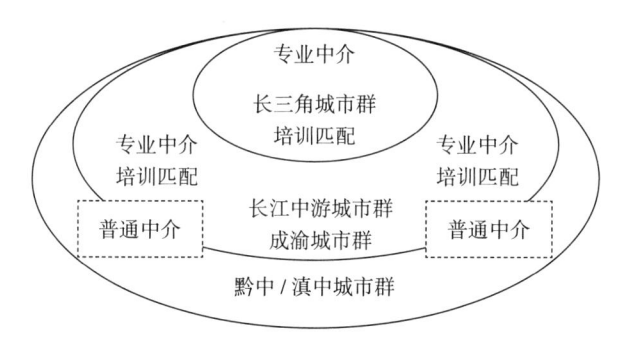

图 7.6　长江经济带城市群技术市场中介联动

二　信息资源整合

信息的不完全使交易各方对交易过程中出现的各种不确定性难以作出准确预测，阻碍交易的顺利达成。此外，信息的不对称容易导致交易过程中的"逆向选择"和"道德风险"，也会给市场交易带来阻碍。为了克服以上问题，交易双方都希望获得更多的由第三方提供的对技术商品客观、公正的评价信息，从而调整交易行为、规避风险。因此，建立完善的技术信息收集、发布、交易系统是技术市场发展的必要条件（谭开明，2008）。

根据上面分析，想要实现长江经济带城市群之间的信息沟通，首先需要建立起长江经济带城市群的技术交易信息共享平台，并且规定相关信息的录入规范与标准；其次需要有信息的即时发布机制和信息的随时检索机制。图 7.7 展示了长江经济带城市群技术市场信息整合的实施路径。

如图 7.7 所示，各个城市群首先在各自城市群内的各个城市建立起信息库，该信息库对其他城市群信息库独立，各条信息按照统一标准录入，同一条信息不重复录入，每个城市群的信息库实现信息的发布与反馈。在各大城市群信息库的基础上构建长江经济带城市群整体的技术市场信息库，在这个大信息库中实现信息的互动检索，从而形成长江经济带技术市场的信息共享平台，促进长江经济带技术市场的联动。

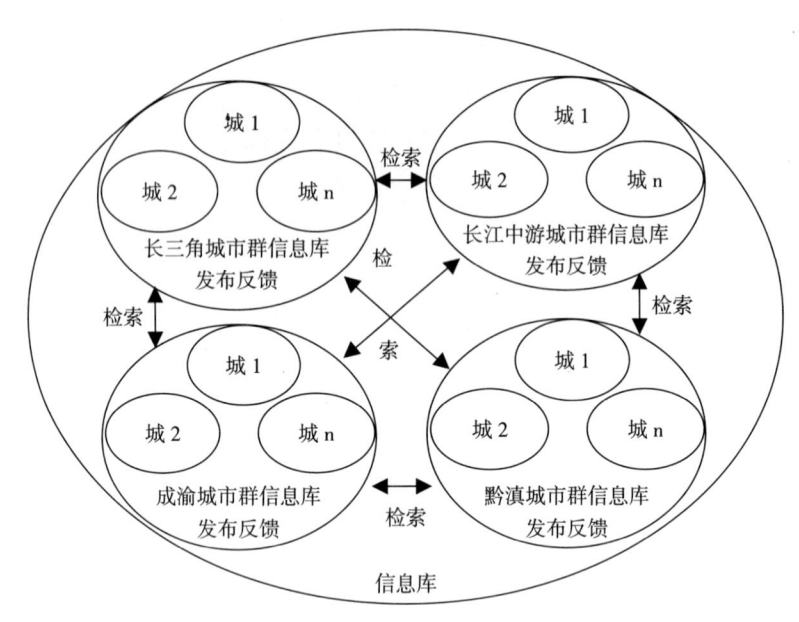

图 7.7　长江经济带城市群信息整合

三　各城市群技术创新互动

技术的无形性、难鉴别性、高风险性、长周期性和交易成本高等特性，决定了技术的流通过程不是一蹴而就的，技术的流通状况在很大程度上影响着企业的自主创新行为，而技术市场是企业获得技术信息及技术服务的重要途径。因此，在长江经济带城市群间实现技术创新联动可以在很大程度上促进企业自主创新能力的发展、企业自主创新成果的转化以及技术市场的循环良性发展。

图 7.8 给出了各城市群之间进行技术创新互动的方式。由于技术的成功引入需要一定的吸收能力，因此在城市群间进行技术互动时，各交流主体的技术水平需要有一定差距，技术输入城市也需要一定的吸收能力。因此，技术水平处于中等的长江中游城市群和成渝城市群可与技术市场发展得最好的长三角城市群对接，学习先进技术；也可以将一些相对成熟的技术向技术市场发展最弱、吸收能力最差的滇黔城市群转移，以优化资源配置。此外，长三角城市群可直接对滇黔城市群进行针对性、点对点辅导，增强这些地区技术市场的发展。具体的互动方法包括技术创新辅导，以大带小、以点带面，这中间主要以各类技术成果拍卖会等方式推动城市群之间进行技术创新互动。在技术创新互动体系中，各个城市群技术市场能找

到各自的竞争优势，在不断的创新中获得长远发展。

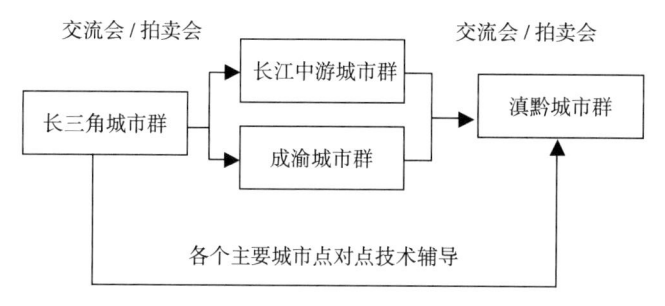

图7.8　各城市群之间进行技术创新互动

四　兼容的技术市场环境建设

各城市群的技术市场统一运行环境的建设意味着各城市群技术市场的管理模式、规范、标准及保障等方面兼容，这能够在一定程度上化解由于行政边界带来的技术市场联动壁垒，有效促进联动。

在长江经济带城市群技术市场管理工作方面，需要建立起长江经济带城市群技术市场总协调机构，直接对中央负责。该机构需要有一定的权力与财力，以处理各城市群技术市场的运行环境差异问题。在总协调机构下，设立各城市群协构，城市群协调机构下再设立城市协调机构，这样层层递进，才能保证将具体管理工作落到实处。

对长江经济带城市群技术市场的联动发展给予财政支持是总协调工作机构的工作内容之一。这一工作要求建立起公共财政框架，将促进城市群技术市场协调发展的资金支出纳入财政预算，并根据对各城市群技术市场联动发展的现状、定位及目标等方面对各城市群给予相应的财政支持。

对于长江经济带城市群技术市场联动发展的监管包括两个方面的内容：一是对各地方政府工作的监督；二是对市场的监管，涉及技术交易过程的合法性以及技术专利的保护。在对政府工作的监督方面，主要由协调工作机构监督检查相关政府部门的工作进展情况，同时，城市群相关政府部门需要在纵向考核的基础上新建立起横向技术市场联动工作的绩效考核，以对相关政府部门落实技术市场的联动工作给予鼓励。且协调机构应该对已确立的跨城市群的平台建设和合作项目加强激励、评估与督查等，促使长江经济带城市群各行政主体落实技术市场的联动工作。

在对长江经济带城市群技术市场交易规范的监督与对技术专利的保护

方面，需要在法律法规的基础之上，对各城市群技术市场中的交易过程技术专利保护措施进行统一规范。此外，需要加大对违反相关规范及侵犯技术专利权的市场参与者的惩罚力度，例如在进行常规惩罚后再将其列入技术市场失信名单，并公布于长江经济带城市群技术市场网络平台等。

小　结

作为生产要素市场之一，技术市场的联动对城市群的联动有不可忽视的作用。本章用技术市场发展成熟度描述长江经济带城市群技术市场的发展状况，并以国家促进区域技术市场联动的相关政策、平台建设，以及各城市群促进相互间联动的政策、合作案例来分析长江经济带城市群技术市场的联动现状。在此基础上，探讨现阶段存在的问题，并以此为切入点，研究长江经济带城市群技术市场联动的机制与路径。得出以下结论：第一，长江经济带城市群技术市场起步较早、发展较快，但存在区域发展不均衡，省市内部发展不平衡，集聚特征显著的现象；第二，长江经济带城市群技术市场各区域间的联动意识正在逐步增强，联动生机与活力也正在逐步显现；第三，由于长江经济带城市群技术市场整体发展不成熟，联动发展还处于起步阶段，存在诸如相关制度不健全、各地区政府各自为政、联动还停留于文件形式、各区域发展差距过大等诸多问题；第四，在逐步化解联动阻碍的进程中，中介机构建设、信息资源整合、技术创新互动、市场环境优化等方面需层层落实，在兼容的大市场环境下逐步破除城市群间行政壁垒，从上至下进一步推进长江经济带城市群技术市场联动，从而促进长江经济带城市群技术市场的发展与经济发展。

第八章
长江经济带城市群产权市场联动发展研究

产权市场是传统要素市场的延伸，其起源于国有企业的改革。随着资本市场的发展，产权市场业务范围不断扩展，除国有资产产权外，还拓展到了生态治理中的排污权、港口管理权、科技企业知识产权、非上市股份有限公司股权等基础性、权益性交易资产。产权市场在完善我国产权保护制度、推动国有企业"三去一降一补"、助力非公经济的产权资源非标准化配置和促进要素市场化配置等方面发挥了重要作用，是我国多层次资本市场体系中重要的组成部分。然而，目前我国各产权交易机构发展水平差距较大，且缺乏协作，各自为政，联动性较弱，不利于产权市场的健康发展与要素的合理流通。党的十九大报告指出，要打破行政性垄断，清理废除妨碍统一市场和公平竞争的各种规定和做法；《长江经济带规划纲要》也指出，要进一步简政放权，清理阻碍要素合理流动的地方性政策法规，清除市场壁垒。与此同时，中央出台的长江经济带各城市群发展规划也为区域内产权市场的联动发展提供了良好契机。因此，长江经济带城市群内各城市的产权交易机构需要审时度势，破除区域壁垒，充分发挥非标准资本市场的功能，服务区域经济发展，树立长江经济带城市群产权联动发展意识，做到优势互补、协调发展，从而助力使长江经济带城市群联动发展。

基于此，本部分将以长江经济带城市群产权市场联动为研究主题，第一部分厘清相关的重要概念，梳理与研究主题相关的理论基础并综述相关研究文献；第二部分介绍我国产权市场和长江经济带城市群产权市场的发展和联动情况，找出长江经济带城市群产权市场联动中存在的主要问题；第三部分从产权市场联动的公共目标和主体目标入手，分析产权市场联动发展的协同与竞争机制；第四部分结合联动中存在的问题和产权市场联动协同与竞争机制，提出以上海联合产权交易所、武汉光谷联合产权交易所和重庆联合产权交易所为核心的长江经济带城市群产权市场联动体系的构想，并设计了联动发展的具体路径。

第一节 概念界定、理论基础与文献综述

一 概念界定

（一）产权

产权主要包括三个方面的内容：第一，资产的原始权利，即资产的所有权，是指受法律确认和保护的经济利益主体对财产的排他性的归属关系，包括所有者依法对自己的财产享有的占有、使用、收益、处分的权利；第二，法人产权，即法人财产权，其中包括经营权，是指法人企业对资产所有者授予其经营的资产享有占有、使用、收益与处分的权利，是由法人制度的建立而产生的一种权利；第三，股权和债权，即在实行法人制度后，由于企业拥有对资产的法人所有权，致使原始产权转变为股权或债权，或称终极所有权（朱戈，2003）。综上所述，可以看出，产权是与财产有关的一束权利，并且这一权利是可以进行交易的，是生产要素的衍生品。

（二）产权市场

产权市场属于要素市场中的权益类市场。目前对产权市场的概念有广义和狭义的区分。广义的产权市场是指产权交换的场所、领域与交换关系的总和，是经济活动围绕产权这一特殊商品的交易行为而形成的特殊经济关系，这一概念下，产权市场不仅包括产权交易机构，还包括围绕产权交易机构建立的市场服务平台、交易服务网络、中介服务体系以及与之相关的交换关系；而狭义的产权市场则指各类企业作为独立的产权主体从事产权有偿转让活动的具体交易场所，包括产权交易中心（所）、国有资产经营机构、资产调剂市场、承包租赁市场等（李莉，2005）。本书采用广义的产权市场定义，将产权市场定义为围绕产权这一特殊商品的交易行为而形成的特殊经济关系总和，包括产权交易机构、服务平台、服务网络、中

介体系和其他相关的交易关系。

值得一提的是,产权市场是非标准化和半标准化的资本市场(见图8.1)。与股票市场不同,产权市场交易的对象是非标准化和半标准化的产权[①],而股票市场交易的对象是标准化的产权,两者互补,是我国多层次资本市场的重要组成部分。现实中,产权市场与股权市场也很容易被混淆,因此在此处对产权市场和股权市场进行对比,两者的区别与联系详见表8.1。

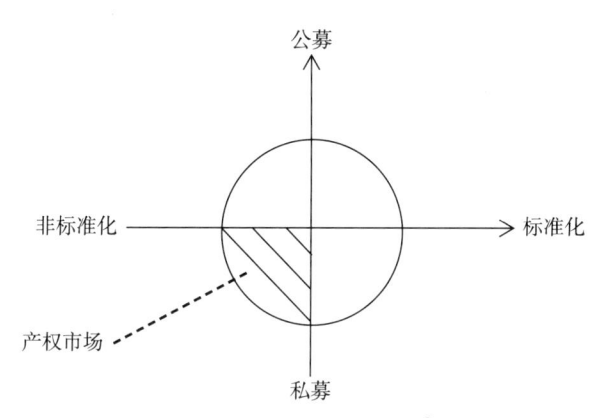

图 8.1 产权市场定位[②]

表 8.1 产权交易与股权交易对比

对比项	产权交易	股权交易
概念	资产所有者将资产所有权和经营权全部有偿转让	公司股东将股权全部或者部分有偿转让
交易标的	产权	股权
交易方式	更多为实物资产转让	股权转让
实质运作	现实资本运作	虚拟资本运作
联系	(1)均属于资本市场中的权益类市场; (2)从市场边界上来看,产权市场更加广阔,包含股权交易市场; (3)从发展起源来看,产权市场起源于股份制改革,产权市场的发展又为股权市场的发展提供了坚实的基础; (4)股权交易将产权的一部分采取有价证券的方式进行交易,是产权交易的高级形态	

资料来源:根据相关资料整理所得。

---

① 产权交易中的产权不得细分,交易的本质是股权背后的资产,因此不同行业、不同企业的产权或不同资产之间就不具可比性,属于非标准化的产物。

② 曹和平:《产权市场蓝皮书:中国产权市场发展报告(2012—2013)》,社会科学文献出版社2013年版,第39页。

二 理论基础

产权市场的研究离不开对产权相关理论的整理，而产权相关理论中最为重要的就是交易成本理论。本部分首先梳理了交易成本理论，此外，还对与产权市场联动相关的区域市场共同体理论和经济主体的合作博弈理论进行了整理，以此奠定后文分析的理论基础。

（一）交易成本理论

康芒斯（Commons, 1934）将"交易"概念一般化为基本分析单位，他认为"交易"作为人与人之间的关系，刻画了所有权的转移。科斯（Coase, 1937）深化了对交易的认识，于1937年在其著作《企业的性质》中正式界定了"交易成本"的含义，并指出花费一定的交易成本能够使市场实现高效运作，而市场运作效率改变的显著表现就是交易成本的上升或下降。之后，科斯以交易成本为研究主题，详细分析了交易成本产生的原因，降低交易成本以实现资源有效配置的措施等问题。科斯强调，如果存在交易成本，"产权"也具有存在的必要性和重要性，这是因为明确产权对于节约交易成本具有决定性作用，换言之，如果市场交易成本为正，那么合法的产权初始界定以及经济组织形式的选择将会对资源配置产生影响。根据这一理论，若存在产权界定不清的情况，交易成本将会提高且资源配置效率将会降低。科斯关于交易成本的相关理论是产权理论的核心组成部分，这也为产权市场的形成奠定了理论基础。

（二）区域产权市场共同体理论

20世纪50年代，区域经济一体化迎来了第一次高潮，学术界也对它展开了大量的研究。"一体化"的定义最早由丁伯根（Tinbergen, 1954）提出，他将经济一体化分为消极一体化和积极一体化，消极一体化指消除歧视和管制制度，引入经济变量自由化；积极一体化是指运用强制的力量改造现状，建立新的自由化政策和制度。美国经济学家黑文斯和巴拉萨（Havens and Balassa, 1961）发展了丁伯根的定义，认为区域经济一体化是指产品与要素的移动不受任何政府的任何歧视与限制。之后，经济学家西托夫斯基（Scitovsky, 1958）与德纽和希思（Deniau and Heath, 1967）从动态的角度提出了大市场发展理论，该理论的核心有两点：一是建立共同市场可以实现经济利益，二是市场扩大有利于激化竞争，从而促进规模经济利益实现。事实上区域产权共同体是产权市场联动发展的最终产物，产权市场的联动一方面需要形成共同发展目标实现经济利益，另一方面又由于产权交易机构的因个体利益不同而存在竞争，因此既需要自由市场的运作，又需要第三方的管制介入。

（三）合作博弈理论

博弈论是关于决策主体发生直接相互作用时的决策选择与这种决策均衡问题解决的理论。博弈可分为合作博弈和非合作博弈，当决策时决策主体之间达成了具有约束力的协议，则为合作博弈，若没有达成具有约束力的协议，则为非合作博弈。区域产权机构之间的联动包含合作博弈的关系，相对于不合作博弈与对抗，这是行为主体对抗冲突过程中势均力敌时出现的状态。区域产权机构在联动过程中，追求合作是必然的，但是合作也必然意味着付出一定代价，因此，成本与收益的比较与权衡就成为区域产权交易机构选择何种行为的重要依据。在这个比较过程中，各个产权交易机构相互竞争但又相互依赖，如何通过协调各方利益、化解各方冲突，达成互利合作，就取决于博弈各方"讨价还价"的能力、力量的对比及达成共识和进行合作的程度（曾繁华、鲁贵宝，2008）。

三 文献综述

对我国产权市场的研究目前主要集中在产权市场一体化、产权市场中存在的问题、产权市场创新与区域产权市场发展这几大方面，这些研究大多数是定性研究，定量研究较少。这是由于目前我国产权交易统计依然存在统计标准不一、统计数据不全面的情况（周茂清，2009），因此学者无法对不同的产权市场进行对比分析，导致产权市场的研究相对于其他市场的研究而言更为滞后。

（一）区域产权市场的研究

各个产权市场的建立具有相对独立性，且交易标的具有多样化和非标准化的重要特质，导致产权市场的发展离不开特定区域政治、经济、文化、信息、政策的作用，因此区域性的产权交易机构在目前我国产权市场中起到了"大一统"的产权市场不可替代的作用（雷承孙，2017）。这也造就了目前对单个产权市场或者区域性的产权市场研究较多的情况。具体来看，区域产权市场的研究主要集中在京津冀、长江流域、珠三角等几大地区。

京津冀地区方面，黄昭（2017）认为京津冀区域产权市场协同发展的优势在于区域战略优势、经济体制的支持、金融资源的支持，这有助于京津冀地区各产权交易机构的合作与发展；于薇（2015）在京津冀一体化的视角下，详细对河北省的产权市场进行了研究，并采用计量经济学和相关数据对三地的产权市场与经济发展之间的关系进行了研究；张伟（2015）也对河北省的产权市场发展进行了研究，并指出了河北省产权市场发展中存在的问题和相应对策；徐莉（2013）则对天津的产权交易中心进行了详细研究，提出了要完善服务功能的建议。

长江流域方面，蔡恩泽（2016）指出长三角产权交易机构应该借势国家关于城市群的规划打破区域行政阻碍，共建长三角产权交易大市场；刘石慧和刘石泳（2004）对长江流域产权交易共同市场进行了详细分析，并提出了产权市场区域化发展的趋势。

珠三角地区方面，黄昕（2011）从经营现状和业务情况两大方面分析了深圳联交所的发展，并列举了深交所发展所取得的成果，认为深圳联交所应该创建区域性基础资本市场，对接海内外证券交易所等公开资本市场，进一步拓展交易品种；罗远志（2009）通过文献梳理和访谈的方式对珠三角主要产权市场进行了定性研究，发现珠三角产权市场拥有较良好的发展环境，但其发展模式存在问题，需要构建珠三角区域产权市场的一体化发展模式。

（二）产权市场发展存在的问题

产权市场发展存在的问题主要集中在市场主体、市场机制与政府管理和调控等几大方面。市场主体方面，产权市场存在市场组织设立过滥、同质化竞争、定位不明、中介机构不健全等问题（邬琼华，2006；郑明友，2008；牛少华，2011）；市场机制方面，产权市场存在行政指令性交易较多、产品交易品种较单一、市场分割严重、信息交流机制不畅、评估机制不合理、盈利模式不明确等问题（陈小洪，1995；高少辉，2010；潘淑娟等，2011；景平，2017）；政府管理和调控方面，由于目前产权市场中国有资产产权交易占绝大部分，难免存在行政干预较多（Jefferson and

Rawski, 2002；鲍彩慧, 2017）、市场化趋势不明显的问题。除此以外, 区域壁垒阻碍产权市场的流动性和监管执行不力等情况也时有发生（程家忠, 2017）。

（三）产权市场一体化研究

产权市场一体化的发展势在必行（王学斯, 2012）。张晓曼（2013）认为, 产权市场一体化的重要原因在于以往分割开来的组织结构难以发挥信息交易作用, 进而阻碍交易规模的扩大, 为破除这些弊端, 真正实现产权市场的资源配置作用, 需要推动产权市场一体化。此外, 经济的发展促进要素的流动, 这要求存在一个公平、开放、诚信、透明、统一的跨地区、跨所有制的产权交易平台, 而该平台建立的内部机理在于要素的跨区域流动、技术的扩散和产业分工的合理与统一的经济规则（包亚钧, 2005）。丁洁和周建群（2011）、丁洁等（2012）指出, 产权市场的一体化运行, 需要遵循优化资源配置准则、优化产权结构准则、完善多层次产权市场准则。

产权市场一体化的发展过程还需要建立相应的体系或者遵循具体的模式。丁洁和周建群（2011）指出, 产权市场的合理架构应该有四个层级, 具体包括网络型全国产权交易大市场、合作联盟型区域性或专业性产权交易共同市场、省级产权交易所以及省市区域内产权交易网点, 并在该层级基础之上, 重点针对省级产权市场一体化运行机制中的信息、价格、交易和监管四个方面进行了详细分析。邱珊鸿和林子华（2008）则将产权一体化分为内化一体化与外化一体化两种模式, 内化一体化模式是指广义的所有权一体化, 外化一体化模式是指产权一体化所表现出的企业间不发生生产要素的狭义所有权意义上的内化一体化模式以及这种一体化对企业之间的生产要素进行支配权和使用权的协同运作安排。

从现有文献来看, 关于产权市场联动发展的研究仍处于空白状态, 对产权市场的研究存在以下可改进之处：①大部分基于法律视角, 从经济学视角研究产权市场的较少, 少数从经济学视角对产权市场进行分析的研究, 却局限于市场一体化、单个产权市场的研究或者产权市场存在的问题这几个方面, 研究范围较小；②对产权市场发展机制或路径分析的研究还较少, 已有针对机制和路径的研究存在内容空泛、不够深入的情况；③以定性研究为主, 利用具体数据进行定量研究比较缺乏。综上所述, 产权市场的经济学相关研究还存在诸多空白和缺漏，需要进一步从利用数据进行定量研究、研究范围拓展和研究主题深化等角度进行改进。本章将针对现有研究存在的问题进行补充完善：一是全面收集产权市场相关数据，弥补定量研究较少的问题；二是从经济学视角出发，研究长江经济带城市群产权市场的联动发展，拓宽研究范围；三是详细梳理长江经济带城市群产权市场联动发展的机制、体系与路径，深化研究的主题。

第二节　长江经济带城市群产权市场发展与联动现状

产权市场是我国资本市场发展的特色产物，本部分将首先梳理我国和长江经济带城市群产权市场的发展历程，准确划分我国产权市场和长江经济带产权市场所处的发展阶段；其次通过总结推动产权市场联动的政策和联动的案例来明确我国产权市场和长江经济带城市群产权市场联动的现状；最后根据发展和联动的现状，分析得出长江经济带城市群产权市场联动存在的问题。相较于其他要素市场，我国产权市场发展相对滞后，各个产权交易机构有自己的运作机制和规则，发展并不规范，导致产权交易的数据存在缺失严重和统计口径不一等问题。考虑到数据的完整性和可比性，经过全面的资料收集，本部分采用的关于产权市场整体的数据最新至2016年，细分产权市场数据（长江经济带城市群各产权交易机构）最新至2014年。

一　产权市场的发展

（一）我国产权市场总体情况

我国产权市场是改革开放的历史性产物，其起步于20世纪80年代中后期进行的企业股份制改革。在计划经济向市场经济转型中，资金配置方式发生了变化，市场化的融资方式开始替代以前财政分配资金方式，经济体制转轨特别是股份制经济的发展，催生了产权市场（朱戈，2003）。产权市场这一我国特有的市场平台，成立之初的目的在于支持和解决国有企业发展困难，优化国有资源配置的工具。我国国民财富的产生、流动和分配的规律与发达国家市场经济有较大不同，制度基础的不同导致了市场发展的路径也有所不同，使我国的产权市场在国际上几乎没有参照的先例，只能靠自己在摸索中成长（吴易风、关雪凌，2010）。

我国产权市场的发展大致经历了1988年到1992年的起步阶段、1992年到1998年的扩张阶段、1998年到1999年的调整阶段、1999年到2003年的恢复发展阶段和2003年至今的新探索阶段（周茂清，2009）。2003年后，我国产权市场步入发展正轨，产权市场开始逐渐向资本化和市场化发展，这为产权市场联动发展提供了基础。

1. 产权市场1.0版本——资本化阶段

2003年国资委与财政部"3号令"（《企业国有产权转让管理暂行办法》）出台，国有产权交易由此有了制度保障和操作规范，产权市场真正意义上走上了历史舞台。2009年国家工信部发布《关于开展区域性中小企业产权市场试点工作的通知》，这表明国家正式借助产权市场为广大中小企业解决融资难问题寻找市场突破口；同年12月27日，财政部发布了关于贯彻落实《金融企业国有资产转让管理办法》，至此金融企业国有资产进场交易全面展开，扩大了产权交易中心交易类别。2011年，国务院发布的"38号文"（《国务院关于清理整顿各类交易场所切实防范金融风险的决定》），明确划分了产权市场与股票市场的边界，使我国产权市场进一步迈入规范发展的轨道。2015年8月，中共中央、国务院出台的《关于深化国有企业改革的指导意见》（中发〔2015〕22号），正式将产权市场与证券交易市场一同平行纳入"资本市场"范畴，产权市场的资本市场属性正式在国家顶层设计层面得以确立。

2. 产权市场2.0版本——市场化阶段

2016年年初，习近平总书记在全国政协会议联组讨论中指出"着力引导民营企业利用产权市场组合民间资本，培育一批特色突出、市场竞争力强的大企业集团"，进一步明确了产权市场的功能定位和现实作用，为产权市场2.0版本的建设吹响了号角。2016年7月，国资委会同财政部发布国资委第32号令《企业国有资产交易监督管理办法》，进一步将企业增资扩股业务和资产交易业务纳入产权市场，赋予产权市场产权流转、市场融资和资产配置三大功能，推动产权市场化进程（邓志雄、胡彩娟，2018）。

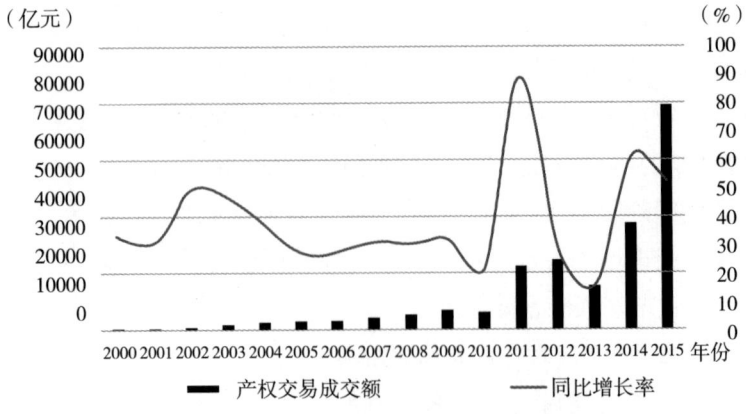

图 8.2　2000—2016 年我国产权市场总成交额及走势

表 8.2　　　　　　　2000—2016 年我国产权市场交易情况

年份	产权交易成交额（亿元）	产权交易宗数（宗）
2000	300	—
2001	400	—
2002	500	—
2003	1000	—
2004	1913.84	23025
2005	2926	31532
2006	3193.93	33541
2007	3512.88	35718
2008	4417.85	34672
2009	5463.64	43428
2010	7102.732	—
2011	6318.2595	—
2012	22498.02	—
2013	—	—
2014	15500	130808
2015	37600	840000
2016	79200	1329500

资料来源：根据中国与世界经济社会发展数据库皮书数据库、《中国产权市场发展报告（2009—2010）》、《中国产权市场发展报告（2010—2011）》、中国产权网（www.cspea.org.cn）整理所得。

2017年前三季度，全国国有企业通过产权交易机构完成国有资产交易金额2057亿元，同比增长82.6%，其中94%的转让项目实现了保值增值，增值额达328亿元，增值率超过15%（王双林，2018），由此可见产权交易市场对国有资产产权交易的重要意义。

图8.2和表8.2显示了近年来我国产权市场交易规模的发展情况：2010年到2016年我国产权市场规模不断扩大，影响力逐渐加强。事实上，这一方面是由于产权市场发展的逐步规范，另一方面是由于产权市场囊括的资产处理类型与服务对象逐步增多。目前产权市场进行交易操作的资产类型包括行政事业单位资产、金融企业国有资产、公共资源、涉诉资产与其他公有性质权益性资产（比如国有林权、矿权、农村土地等），服务对象也从开始单一的国有骨干企业逐步扩展到中小企业。可以说，经过这三十几年的发展，我国产权市场已经从一个默默无闻的小市场，发展成为在国民经济中扮演重要地位、牵头带动整个要素市场发展的大市场（熊焰，2013）。

但是，从产权市场交易额的同比增长率来看，2010年到2016年的交易额增速波动较大，产权市场前行的道路并不是一帆风顺的，在发展过程中还存在诸多问题。时代在变，环境在变，我国产权市场发展也需要与时代同步，不断规范和完善，这样才能有效发挥其引导市场要素优化配置的重要作用。

（二）长江经济带城市群产权市场

经过三十几年的规范性发展，我国产权市场已经初步形成了三个层级的市场框架：第一层级为国家级产权市场，具体包括上海联合产权交易所、天津产权交易中心、北京产权交易所与重庆联合产权交易所；第二层级为区域性产权交易共同市场，包括长江流域产权交易共同市场、北方产权交易共同市场、西部产权交易共同市场和黄河流域产权交易共同市场；第三层级为各省、市级产权市场。长江经济带城市群范围内所拥有的产权市场完整覆盖了国家级、区域级和省市级三个层次的产权市场（如表8.3所示）。本部分将对长江经济带城市群范围内的产权市场的现状进行分析。

表 8.3　　　　　　长江经济带城市群范围内主要的产权交易机构

级别	所属城市群	产权交易中心（所）
国家级	长三角城市群	上海联合产权交易所
	成渝城市群	重庆联合产权交易所
区域级	—	长江流域产权交易共同市场
省市级	长三角城市群	江苏省产权交易所、南京市产权交易中心、无锡市产权交易所有限公司、常州产权交易所、苏州产权交易所、南通众和产权交易所有限公司、扬州产权交易中心、盐城市产权交易所、镇江市产权交易中心、浙江产权交易所有限公司、杭州产权交易所有限责任公司、宁波市产权交易中心、台州市产权交易所有限公司、安徽省产权交易中心有限责任公司、合肥市产权交易中心、安徽长江产权交易所有限公司、蚌埠市产权交易中心
	长江中游城市群	江西省产权交易所、武汉光谷联合产权交易所有限公司、湖南省联合产权交易所有限公司
	成渝城市群	西南联合产权交易所有限责任公司
	滇中城市群	云南产权交易所有限公司、昆明泛亚联合产权交易所有限公司
	黔中城市群	贵州阳光产权交易所有限公司

资料来源：根据中国企业国有产权交易机构协会各年《中国产权市场年鉴》整理所得。

虽然长江经济带城市群范围内有较多的产权交易机构，但是各产权交易机构在诸多方面存在较大差距。在交易规模方面（见表8.4、图8.3），长三角城市群产权交易机构远远高于其他城市群产权交易机构，2014年，长三角城市群产权交易机构的交易金额占整个长江经济带城市群产权交易机构交易金额的71.05%，在观察年份中，2012年这一比重甚至达到了94.39%，这说明长江经济带城市群产权交易市场集中度依然很高。从增长速度来看，除成渝城市群外，各城市群产权交易规模并没有呈现出平稳发展的走势，起伏变化较为明显，这说明产权市场在此期间发展尚不稳定，这可能是由于产权市场的交易标的是非标准化的产权，相关交易规则规定不得细分产权进行交易，导致产权交易单笔数额巨大，交易出现不稳定的情况。

表 8.4　　　2012—2014 年长江经济带城市群分区域产权交易规模　　　（单位：亿元）

城市群	2012 年	2013 年	2014 年
长三角城市群	11959.43	14423.75	2470.05
成渝城市群	394.32	562.06	716.48

续表

城市群	2012 年	2013 年	2014 年
长江中游城市群	271.65	214.57	232.87
滇中城市群	18.40	51.18	33.10
黔中城市群	26.01	99.92	23.89

资料来源：根据中国企业国有产权交易机构协会《中国产权市场年鉴（2013—2015）》整理所得。

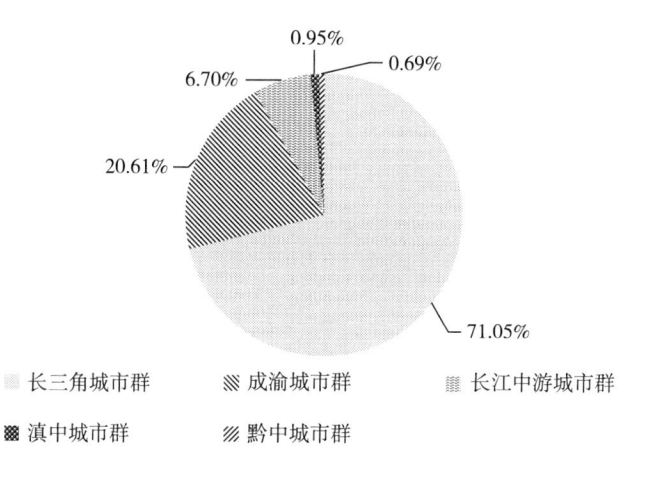

图 8.3　2014 年长江经济带各产权交易机构交易金额占比

资料来源：根据中国企业国有产权交易机构协会《中国产权市场年鉴（2013—2015）》整理所得。

长江经济带城市群产权交易机构交易品种方面（见图 8.4），在 2012 年到 2014 年[①]，交易规模最大的品种是金融产品，但金融产品的交易高度集中在上海联合产权交易所，其他产权交易所金融产品交易规模相对较小；同时，金融产品交易规模在这几年的起伏也较大（这可能也是导致长三角城市群产权交易规模变化较大的原因）。除金融产品的交易外，其他几类产品的交易规模大致相同，其中产股权交易规模最大，且呈现出明显的上升态势，其他产权交易产品的交易规模均较小。由于金融产品起伏变化较大，因此，此处进一步对比了 2014 年剔除金融产品数据后，长江经济带城市群内其他各产权交易产品的占比情况，发现产股权交易和文化产权交易两者的合计占比超过了 60%，在长江经济带城市群产权交易市场中占有

---

① 2011 年仅统计了 5 类产权交易情况，与 2012—2014 年的统计范围有较大区别，因此此处仅选择了 2012—2014 年的数据进行分析。

重要地位。此外，文化产权在 2012 年到 2014 年间增长迅速，年均交易增长率达到 103%，反映出近年来文化产权受社会的重视度在逐渐提高。

表 8.5　　2012—2014 年长江经济带城市群分品种产权交易规模　　（单元：亿元）

产权交易种类 \ 年份	2012	2013	2014
金融产品交易	4837.40	12617.41	152.43
产股权交易	1141.66	1185.13	1322.02
融资服务交易	4448.80	134.15	281.75
技术产权交易	1100.09	261.35	272.98
公共资源交易	178.03	386.96	344.82
文化产权交易	153.30	253.49	610.18
实物资产交易	617.25	175.29	187.60
涉诉资产交易	94.81	119.38	146.49
环境权益交易	130.42	83.29	25.06

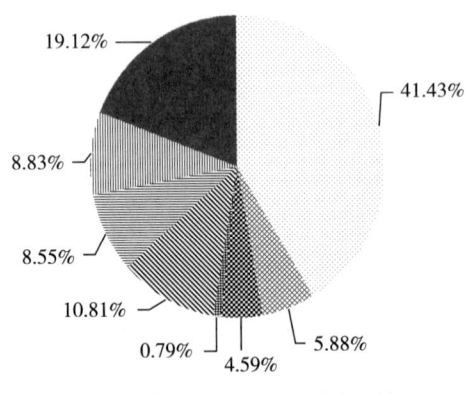

资料来源：根据中国企业国有产权交易机构协会《中国产权市场年鉴（2013—2015）》整理所得。

图 8.4　2014 年长江经济带各类产权交易产品交易金额占比（剔除金融产品）

资料来源：根据中国企业国有产权交易机构协会《中国产权市场年鉴（2013—2015）》整理所得。

综上可见，长江经济带城市群产权市场已经初具规模且交易产品品种也较为丰富，具有一定的联动基础。但各交易机构、各交易产品之间发展差距较大，不利于产权市场协调发展，要实现长江经济带城市群产权市场的联动依然面临着较大的问题。

二 产权市场联动发展现状

我国产权市场仍处于初期阶段，各个产权交易机构交易规则的不同导致产权交易数据难以统一，无法用数据衡量产权市场联动的情况，因此本部分将从政策角度出发并结合案例来描述产权市场联动发展的现实情况。

（一）推动产权市场联动的相关政策

为规范我国产权市场的发展，推动产权市场的联动建设，从产权市场成立至今，国家有关部门出台了一系列关于产权市场的法律法规。其中，对产权市场联动起到重要作用的有《企业国有产权转让管理暂行办法》（以下简称"3号令"）、《金融企业国有资产转让管理办法》（以下简称"54号令"）、《企业国有产权交易操作规则》（以下简称"120号文"）、《企业国有产权交易监督办法》（以下简称"32号令"）。

规范和创新是产权市场生存发展的根本原则，而产权市场是我国国有企业改革背景下产生的"特色市场"，几乎没有可借鉴的样本，产权市场本身就是一个创新。因此，在我国整个资本市场发展都还未健全的情况下，使产权市场做到规范、健康发展才是至关重要的。上述"三令一文"的出台，是我国产权交易体系逐步形成的标志："3号令"的颁布解决了长期困扰我国企业国有产权转让中的重大理论和实践问题，使产权市场真正意义上走上了历史舞台；"54号令"将金融企业国有资产转让划入产权市场范围，是对产权市场的重要补充，同时壮大并进一步规范了产权市场；"120号文"标志着我国产权市场开始形成"车同轨、书同文"的整合发展阶段；而"32号令"则首次明确了全口径的企业国有资产大概念，是产权市场的资本融资功能在国家层面上受到明确支持的重要标志。同时，"三令一文"的出台，也伴有一系列的补充规章体系，如54号令衍生出的《金融企业国有资产转让管理办法》和120号文出台后，京、津、沪联合发布的《企业国有产权交易操作细则》等。产权市场从起步至今，正逐步形成完备的法规制度体系，建立起统一的产权市场"游戏规则"，而只有"游戏规则"的统一，才能使各产权交易机构做到真正的联动发展。

表 8.6　　　我国产权市场联动发展中起到关键作用的相关法规政策

发布时间	政策名称	政策要点	政策意义
2003年12月	企业国有产权转让管理暂行办法（国务院国资委、财政部令第3号）	●规定企业国有产权转让应在依法设立的产权交易机构中心公开进行 ●对进场交易的程序和产权交易的方式做相应规范	●建立了产权市场向"市场化"转化指定的规范操作程序 ●确立了国有产权（资本品）流转制度向市场交易制度转化的基本原则
2009年3月	金融企业国有资产转让管理办法（财政部令第54号）	●规定金融企业国有资产进场交易	●对《企业国有资产法》进行了进一步的细化 ●打破了金融资产国有资产转让各自为政的局面
2009年6月	企业国有产权交易操作规则（国资发产权〔2009〕120号）	●对产权机构受理转让申请、发布转让信息、登记受让意向、组织交易签约、出具交易凭证等规定了统一的交易规则	●统一了产权市场交易的规则体系
2016年6月	企业国有资产交易监督管理办法（国务院国资委、财政部令第32号）	●明确将产权转让、增资扩股和资产转让纳入企业国有资产监督范围 ●进一步明确国有及国有控股企业、国有实际控制企业的界定及交易行为的审批权限	●将产权交易机构的业务边界拓展到几乎所有的国有资产 ●形成了全口径的企业国有资产交易大概念，为理顺国有资产管理体制奠定了基础

资料来源：根据国资委网站 (www.sasac.gov.cn) 相关资料整理所得。

（二）产权市场联动情况

1. 我国产权市场联动的总体情况

地方产权市场的联动最终形成了我国的区域产权市场。区域产权市场的成立与发展充分表明，我国地方性产权市场的发展是相互联系、借鉴与学习的，正是在这一过程中，我国产权市场才能一步步发展壮大。

我国目前拥有众多的产权交易机构，各个省内既有省级交易机构，同时也有很多市、县级机构，并且事业单位制形式的产权交易机构隶属于不同的政府部门，这使产权市场整个市场被人为地割裂开来。因此，很多省市开始了对产权机构的整合。整合内容包括：①同一省级单位（包括直辖市），业务内容相似的产权交易机构的整合，例如2004年陕西省产权交易中心与陕西省技术产权交易所合并成立西部产权交易所；②跨区域的整合，例如经过调整后形成的以上海为中心的长江流域产权交易共同市场、以广州为中心的南方产权交易共同市场、以北京和天津为中心的北方产权交易共同市场等；③信息发布、交易规则、交易系统的整合统一（张承惠，2010）[①]。上述产权市场的整合，为区域产权市场的联动发展打下了坚实的基础。

长江流域产权交易共同市场与北方产权交易共同市场是目前国内影响力最大的区域性产权市场，也是联动发展的典范，因此选取这两个共同市场进行我国产权市场联动的现状描述。

（1）长江流域产权交易共同市场

1997年是我国产权市场发展最为困难的时期，由于部分地区利用产权市场开展不规范的非上市公司股权拆细交易，扰乱了我国金融秩序和社会的稳定，在当年的金融工作会议中，产权市场被列为清理整顿的重点对象之一。联动发展是危机之中产权发展的必由之路，这种背景下催生了长江流域产权交易共同市场。

长江流域产权交易共同市场的成立开创了我国跨地区产权市场联动发展的先河。经过多年的发展，长江流域产权交易共同市场已由当初仅包含上海、四川、江西、江苏、安徽、青海、重庆、湖南、福建的流域性产权共同市场发展成为辐射南北、联结东西、跨越中部、面向国际、在我国最具市场影响力的区域性产权交易大市场，是我国跨区域资源配置、并购重组和资本流动的重要市场平台。2004年到2009年，长江流域产权交易共同市场共完成102945宗交易，占同期全国产权交易总宗数的50.59%；成交金额共计达到10626.07亿元，占同期全国总成交金额的49.74%[②]。会员单位先后通过如并购洽谈会、组织业务培训、建立跨区域的信息网络系统等多种方式，加强了区域内产权交易机构的联系，扩大了共同市场的影响能力。2017年，利用流域共同市场跨区域的优势，长江流域产权交易共同市场联合打造互联网并购合作平台，预期该平台将实现包括信息发布、网上报名、受理登记、路演推介、竞价交易、结算交割等环节在内的全流程服务功能，共建共享投资人信息库资源，提高共同市场内产权交易机构的联动水平。

但是由于目前产权市场依然缺乏全国性的指导文件，长江流域产权交

---

① 张承惠：《后危机时代中国产权市场发展》，载曹和平《中国产权市场发展报告(2009—2010)》，社会科学文献出版社2010年版，第49—56页。

② 曹和平：《产权市场蓝皮书：中国产权市场发展报告（2012—2013）》，社会科学文献出版社2013年版，第314页。

易共同市场中各地产权交易机构依然在组织形式、管理体制和运行方式等方面存在很大差异，因此共同市场在联动方面还有待进一步深化。

（2）北方产权交易共同市场

北方产权交易共同市场成立于2002年4月，是由天津、北京、河北、河南、山西、青岛与哈尔滨7家产权交易机构发起，最终包括了北方16家产权交易机构初创会员的区域性产权市场。

成立之初，为"促进大联合——聚力拓市场"，北方产权交易共同市场通过推广产权交易信息异地同步显示系统（全国第一个）、搭建产权交易会展平台和召开研讨会议的形式增强各会员单位的凝聚力；之后通过"四统一"（信息发布统一、交易软件统一、交易规则统一、业务人员水平统一）规范了市场的运作，大大促进了会员机构的联动发展。从成立初至2013年，北方产权交易共同市场共实现交易额约12000多亿元，其中国有产权交易额约6800亿元[①]。会员机构也从开始的16家发展成为72家（2009年，北方产权交易共同市场与黄河流域产权交易共同市场合并，形成大北方共同市场），覆盖全国22个省、直辖市与自治区，同时还包含了5个南方产权交易机构。服务对象也从单一的国有企业扩大为国有、民营、外资和中外合资多种企业。交易产品品种更是全面覆盖了物权、债权、股权和知识产权转让多个方面。多年的发展使北方产权共同市场逐步成长壮大，成为我国区域性产权发展的中坚力量。

除上述联动实例外，经过多年的产权市场整合发展，我国逐渐形成了以政府和行业组织（如我国产权协会）为纽带的产权合作联动体系。但是行业组织作为社会性团体，只能在行业规范上起到指导性作用，缺乏较强的约束力，起不到协调统一产权交易业务运作的重要作用。且以政府为纽带的联动合作，大多缺乏实际操作细则，目前真正能做到联动发展的只有四大直辖市和湖北省、山东省、山西省与内蒙古自治区，其余地区的产权联动组织一般都是松散的联合体，在多数层面均未实现统一（吴汉顶，2016）。综上所述，我国产权市场产权机构联动的意识在逐渐增强，但要实现联动发展，还需要全国性的政策执行和更切合实际的项目落地。

2. 长江经济带城市群的产权市场联动

在对我国产权市场的联动有了大概的了解之后，下面将详细介绍长江

---

① 蔡敏勇：《产权市场　中国创造》，同济大学出版社2014年版，第316页。

经济带内各产权市场的联动现状。上海联合产权交易所和重庆联合产权交易所在长江经济带产权市场联动中具有重要作用，因此本部分将首先介绍这两者的联动情况，之后再介绍其余城市群产权交易机构联动的情况。

（1）上海联合产权交易所与重庆联合产权交易所联动情况

上海联合产权交易所和重庆联合产权交易所是长江经济带城市群范围内的国家级别的产权交易中心，在长江经济带乃至整个我国的产权市场都有着极大的影响。同时，两者的兄弟单位和会员机构几乎全面覆盖了长江经济带范围内所有省与直辖市的产权交易机构。因此，两者的联动现状在很大程度上可以代表长江经济带城市群产权市场联动发展的状况。

表8.7是上海联合产权交易所与重庆联合产权交易所基本情况的比较。两者同属国家级产权交易机构，业务开展的范围也大致相同，加之2008年3月，上海、重庆以及北京和天津的四家国家级产权交易机构签署了"上海协议"，建设了统一的交易制度体系。2010年1月这四大产权交易机构又完成了交易规则、操作细则、交易系统和交易监测的四大统一，建立了全面的战略合作关系。可以说在建设全国统一产权市场的背景下，上海联合产权交易所和重庆联合产权交易所联动发展具有良好的基础条件。

但实际上，关于两者联动共进的案例却较少。上海联合产权交易所方面，其与长三角区域的产权交易机构合作密切。并且，为助力长三角城市群的发展，长三角区域三省一市（苏浙沪皖）于2014年8月共同发布了合作发展行动方案。在外部区域合作的项目中，上海联合产权交易所与珠三角地区的合作最为频繁。异地项目受让省份中排名前五的分别为北京、浙江、江苏、广东和山东，其中长江经济带内的省份仅占到2个[1]。上述事实可见，上海联合产权交易所联动最为紧密的主要是沿海省市的产权交易机构，与长江经济带中游及上游的产权交易机构联系较少。

重庆联合产权交易所方面，除与四大国家级产权交易机构联动发展的案例外，已有资料显示关于重庆联合产权交易所与外界产权交易机构联动发展的案例较少。在少数的联动案例中，发现重庆联合产权交易所主要是与内陆城市的产权交易机构联动，比如与四川内江合资组建"内江联合产权交易所"，与贵州、昆明以及长三角的部分产权交易所建立战略合作关

---

[1] 曹和平：《产权市场蓝皮书：中国产权市场发展报告（2009—2010）》，社会科学文献出版社2010年版，第197页。

系，但合作项目较少。

表 8.7　上海联合产权交易所与重庆联合产权交易所基本情况比较

对比项	上海联合产权交易所	重庆联合产权交易所
成立时间	2003 年 12 月	2004 年 3 月
所在地	上海	重庆
业务范围	集物权、债权、股权、知识产权等交易服务于一体	多种权益交易（股权、实物资产、知识产权、环境资源、特许经营权及其他权益）和配套金融服务
单位性质	事业法人	股份有限公司
主管部门	上海市国资委	重庆市国资委
地位	国资委选定从事央企国有资产转让的首批试点产权交易机构	中西部唯一一家从事央企产权交易的全国性市场
运作模式	会员制和非会员制	
优势	● 阳光透明 ● "一站式、集成化"专业服务 ● 线上和线下服务的有效联动 ● 丰富的投资人资源 ● 引领全国，面向全球	● 起步规范 ● 政策业务全国最多 ● 信息系统优势明显 ● 市场体系构建完整
2011 年交易宗数	1847 宗	3088 宗
2011 年交易金额	1028.27 亿元	124.17 亿元
发展展望	● 强化对国企国资兼并重组的市场化服务 ● 巩固全国性国际化产权交易中心市场地位 ● 做实做优一批专业市场平台	● 大力推进"三个延伸"（包括延伸诉讼资产交易、延伸公共资源交易、延伸社会资产交易） ● 积极开展业务创新（包括开展增资扩股融资服务、推进农村"三权"交易、组建技术产权市场、探索碳排放交易试点和文化产权交易等）

资料来源：根据中国企业国有产权交易机构协会《中国产权市场年鉴（2012）》、重庆产权交易网（www.cquae.com）、上海联合产权交易所（www.suaee.com）资料整理所得。

（2）长江经济带城市群其他产权交易机构联动情况

下面进一步来看长江经济带城市群内其他产权交易机构的联动情况。整体上与上海联合产权交易所和重庆联合产权交易所的联动情况相一致——虽然同处于长江流域产权交易共同市场，在国家相关文件的推动下已经有了较为统一的产权交易规范，但是内部联动合作案例较少。具体表现在长三角城市群内及其他沿海城市的产权交易机构之间联动密切，但是长三角城市群内产权交易机构与长江经济带城市群内中游和上游的产权交易机构的联动较少。

上游产权交易机构的联动情况方面，2010年上海联合产权交易所、江苏产权交易所、浙江产权交易所、江西产权交易所以及福建产权交易所构成联合调研小组，共同研究"泛长三角区域"产权交易机制。2011年安徽、湖北、天津、山东、广西与辽宁六省决定就文化产权建立核心数据库，统一发布信息内陆区域产权交易机构。2014年江浙沪皖共20家产权交易机构发布合作发展行动方案，明确开设"长三角区域产权市场并购融资信息平台"。

中游及上游的产权交易机构一般就近与内陆各城市的产权交易机构或沿海发展较好的产权交易机构合作联动。例如，武汉光谷产权联合交易所作为长江经济带中游城市群中最为重要的产权交易机构，其在近年的发展过程中，除与省内部分产权交易所有一定的合作外，与省外产权交易所的联系大多都是调研走访，存在实质性的合作较少。西南联合产权交易中心主要针对川藏地区的产权市场进行合作联动，并且在川藏地区形成统一、集中、规模化的要素交易大市场（蔡瑛，2015）。滇黔城市群方面，除2014年云南产权交易所与厦门产权交易中心签订合作协议，区域内其他产权交易机构与外部产权交易机构联动合作较少。

通过对已有联动案例的分析可见，长江经济带城市群产权市场联动发展并未整体成型，且缺乏实质性的合作项目。因此，要发挥产权市场优化配置资源的最大效用，推动长江经济带整体的联动发展，还有很长的路要走。

第三节　长江经济带城市群产权市场联动存在的问题

长江经济带内拥有完整的国家级、区域级和省市级产权交易市场体系，加之已有的联动建设基础，长江经济带各城市群产权市场联动已经具备了较为良好的条件。然而，长江经济带横跨东中西区域，地理空间距离较大和行政区域分隔等问题使长江经济带各城市群产权交易机构联动受到限制。综合考虑，主要是以下问题阻碍了长江经济带各城市群产权市场横贯东中西的联动。

一 资源分散严重，同质化程度高

总的来看，产权市场各地区重复建设现象严重（张晓曼，2013），而这些数量庞大的产权交易市场相互独立，存在各自独立的交易系统与有差异的交易规则，导致整体布局不合理和信息的人为分割，对制定统一的市场规范和监管造成了巨大阻碍。虽然许多省市通过整合形成跨区域的产权交易共同市场，一定程度上减少了同质化竞争、扩大了共同市场的影响力，但各区域产权交易共同市场也依然相对独立。加之部分产权中心同时属于多个产权交易共同市场，比如贵州阳光产权交易中心和广西联合产权交易所同时属于北方产权交易共同市场和长江流域产权共同市场，不同的区域产权共同市场会员吸纳有着不同的条件，会员的权利义务、管理制度等也不尽相同。在参与跨共同市场交易时，难免出现困难与阻碍。因此，需要进一步整合完善现有产权市场，在已有产权市场体系上形成规范的、协同性强的产权市场体系，这样才能更好地破除联动过程中存在的问题。

二 非市场化运作，行政干预明显

产权市场是政府行政权力强力介入的产物，而非市场化的产物。根据相关法律法规，地方性产权市场的成立需要得到政府的批准。同时，成立该交易市场的章程、经营范围、交易规则、进场企业资格都必须经过政府的审查。政府扮演的角色不仅仅是主要的参与者，同时也是产权市场的各种规则制定者。因此，这会导致激励机制的扭曲，市场相关利益主体难以得到公平公正的对待，国有企业在该市场中占有更为有利的地位。这也会打击产权市场中其他主体的参与积极性，违背了市场经济公平公正的核心价值理念。行政干预的另一个表现是各地方政府为抢占先机，建设了一些缺乏监管、运行机制不健全的产权交易所，这种不规范的产权交易所最终会导致信息流通不畅，让欺诈之徒有可乘之机（王石河，2015），影响产权市场良好的联动与合作。

三 交易机构性质与形式不同，交易规则难统一

国内产权市场中交易机构的性质分为企业性质和事业法人性质，长江经济带城市群内的产权交易机构也不例外。例如重庆联合产权交易所和上海联合产权交易所，一个为事业法人性质的交易机构，另一个是企业性质

的交易机构，两者在机构运作、项目管理、员工管理甚至是机构文化上多少存在差异（吴汉顶，2016）。一些事业性质的产权交易机构接受企业化的管理与运作比较困难，此外，机构在与本机构性质不同的产权交易机构合作时的主动性及意愿也不强。再者，产权交易机构采取的形式不同（董传军，2016）也是阻碍统一的交易规则难以实行的重要原因。目前产权交易机构存在两种形式：一种是经纪类产权交易机构，即由交易机构全面承担所有职能；另一种是会员类产权交易机构设定，这种情况下，会员需要承担一部分职能。也就是说，交易机构形式的不同会导致职能承担主体的不同，这也在一定程度上造成了产权市场之间的联动发展的困难。

四 信息不对称，信息资源流通不畅

由于行政与地域阻隔，产权交易机构交易信息的发布未建立起统一的渠道，信息资源传递受阻，买卖双方信息不对称状况普遍存在。主要表现在未统一建立标准数据库和信息发布规则、交易主体出于自身利益的考虑对产权资源真实信息的掩藏、各地方信息共享意识薄弱、信息披露方式存在"三不"情况（不透明、不完整、不统一）这几大方面。这导致了两大问题：一是交易意愿不能很好地对接，二是交易企业信息的不对称。交易意愿方面，长江经济带城市群各产权交易机构属于封闭的交易平台，信息资源流通不畅，异地项目信息很难在本地交易平台显示，造成区域内存在出售意愿和购买意愿的主体之间不能很好地对接。交易企业信息方面，产权交易市场呈现典型的卖方市场，企业比客户拥有更多的信息，相对于客户更占优势，导致市场上存在多种信息的不对称。

五 参与者定位及功能有待完善，从业人员素质有待提高

交易主体（即买卖双方）与中介结构是产权市场的重要参与者，也是产权市场健康运转的核心要素。一方面，产权市场中部分中介机构目前仍然存在定位不准、内部建设和管理运作不规范等问题，加之缺乏有效的市场监管与约束，这些中介机构往往不能很好地发挥其应有的职能与作用。另一方面，在产权市场制度规范还不完善的背景下，产权交易主体存在定位不明确的情况，从而使这些利益主体的生存困难。此外，大量低质量机构充斥产权市场，进一步恶化了产权市场的环境。再者，对产权交易专业从业人员的培训工作并没有受到重视，导致一些经验不足和缺乏相关知识

的从业人员承担过大的岗位责任,这造成了产权交易过程的规范性不足,甚至出现"信用危机"。

综上所述,长江经济带产权市场的联动发展现状与问题是我国产权市场联动发展现状与问题的缩影,因此两者在一定程度上存在相同之处。上述问题反映出:要实现跨区域产权市场的联动,首先要建立起完善的产权市场体系,明确各个产权交易机构的发展定位,减少同质化竞争,再从交易主体、信息网络、交易规则、监管治理等方面进行协调,从而形成真正意义上的联动发展的产权市场。

第四节 产权市场联动机制分析

由于目前产权市场中并没有建立起统一和规范化的规则与运作制度,且各个地区产权交易机构的性质和设立目的存在较大差别,产权市场难以给跨地区的企业资产重组、并购等产权交易活动提供理想的服务,阻碍了高效率产权市场网络的形成,不利于区域产权市场的联动。要实现产权市场的联动发展,需要各产权交易机构形成共同认可的公共目标,同时兼顾各个机构自身的发展特点及需求。因此,本部分将从产权交易机构联动发展的公共目标和主体目标入手,提出"协同—竞争"的动态平衡发展机制的构想(李振华,2005),促进长江经济带产权市场的联动发展。

区域产权市场在地域上是一个整体,各地产权资源存在相似性或者互补性。在联动过程中要做到协调一致和信息共享,以此达到区域产权共同市场联动发展的目标。这种情况下,需要通过协同发展机制构建起区域内产权机构的良性合作关系。但是,各产权交易机构实际上又是一个个独立的经济体,存在为了自身利益和既定目标相互角逐斗争的情况,需要形成合理有效的竞争制度安排,为产权市场共同体成员提供公平、有秩序的市场竞争环境。

区域产权市场联动的协同竞争系统不是只强调协同或者只强调竞争,在这个系统中,单纯的协调或是竞争不能达到市场联动发展的目标。由于外部环境和系统中产权交易机构实力存在动态变化,产权市场联动也将按照"协同与竞争"共存的双螺旋式动态轨迹变化。系统中的协同机制将增进产权交易机构间的合作关系,加强技术、知识、信息的共享,有助于各方取长补短，有利于机构之间互相学习。而竞争机制的建立将形成区域内的良性竞争环境，使各个产权机构为获取市场的优势地位长期保持活跃的学习状态，激发各产权机构的发展潜力，在整个产权机构协同共进时也能同时使各个产权机构做大做强。最终，长江经济带产权市场将在协同机制与竞争机制的共同作用下达到动态平衡发展。

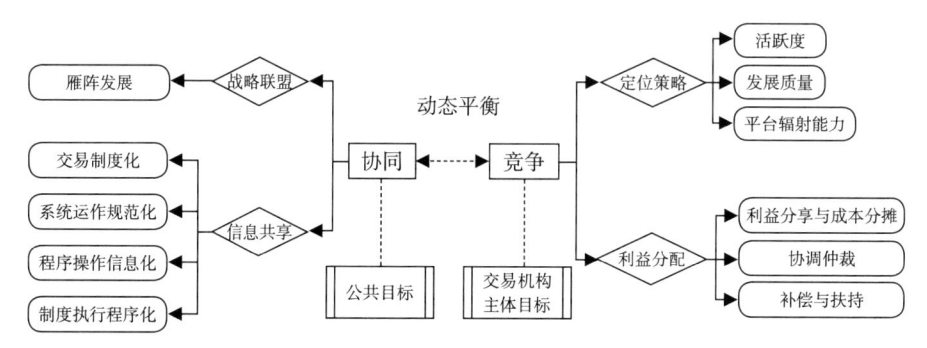

图 8.5 产权市场联动的协同竞争系统

一 协同机制

（一）战略联盟

在联动过程中，我们需要梳通产权市场联动的传导机制，从而实现产权市场的健康发展。"雁形发展理论"是由日本经济学家赤松要（Kaname Akamatsu，1935）提出，其在"比较优势理论"的基础上，将发达国家与发展中国家的国际分工、产业转移情况等比喻成"雁阵形态"——发展中国家在承接发达国家先进技术和产品过程中，会形成不同发展层次的产业结构。

基于区域中产权交易机构能力与规模参差不齐的基本情况，可以利用"雁形发展理论"来引导区域内产权市场的联动（见图 8.6、表 8.8）。在区域内，将实力较强的产权交易机构作为"头雁"，若干省级中心产权交易机构为"中雁"，地市级产权交易主体和交易服务机构为"尾雁"，构成区域内产权市场联动的"雁阵形态"。

具体来说，作为"头雁"的产权交易所主要负责研究与统一本区域内的业务模式和规则标准，利用其本身强大的资源集聚、研发能力和协调机制，引导和带动其他产权交易机构形成区域内统一的产权市场体系建立；

作为"中雁"的其他省级中心产权交易机构则需要在交易业务上做到深化服务、探索创新，同时积极响应"头雁"的规章制度；作为"尾雁"的产权交易主体和交易服务机构主要是提供综合贴身服务，按照市场规则来承担点对点的专业会员服务（王琳琳，2016）。通过这样一个整体，区域内产权机构才能够共同前行，提升整个区域产权市场资本的运作能力和综合服务能力，完成产权共同市场的跨越式发展。

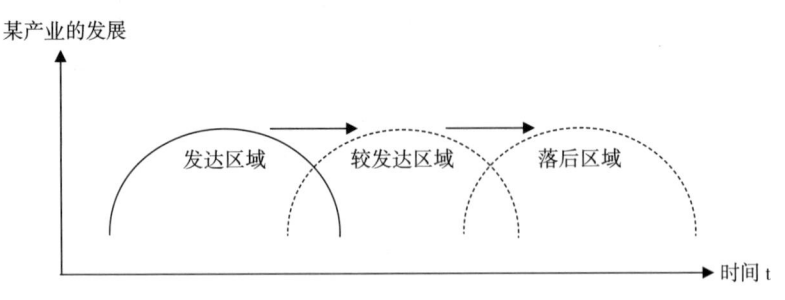

图 8.6　雁阵发展

表 8.8　产权市场"雁阵形态"发展情况

	基础条件	作用
头雁	区位好，处于发展的领先阶段	带头者，领导、指引发展方向，根据国家层面的政策规章制定区域内产权交易统一规则
中雁	区位较好，基础不错，处于中等发展水平	响应者和承接者，负责深化与拓展区域内产权交易规则，整合地市级产权交易机构资源
尾雁	区域较差，基础薄弱，处于较为落后的发展水平	实践者，细化产权交易服务，在统一的规则制度下实行点对点的产权交易活动

（二）信息共享

产权市场联动发展的根本是通过信息规范化带动产权市场制度化、程序化、规范化建设，借此机会制定产权交易业务标准和制度体系，达到产权市场的健康运行。可以说信息的联合是实现区域产权市场联动发展的关键环节。从已有的情况来看，由于各个产权交易机构都有独立的信息发布平台与规则，在不同产权机构之间发生的交易，如何在不同产权交易机构之间进行结算成了突出的问题。因此，需要推进在区域间的交易平台统一，形成一个"区域产权交易综合平台"（见图 8.7）。[①]

---

① 曹和平：《产权市场蓝皮书：中国产权市场发展报告（2009—2010）》，社会科学文献出版社 2010 年版，第 173 页。

区域产权交易综合平台是对各产权交易机构产权交易信息整合收集并发布的综合信息流转平台。各产权交易机构将本机构收集到的相关信息按规范发送至区域产权交易综合平台，区域产权交易综合平台将信息整合后公布在平台上，以方便不同区域的产权交易参与者了解跨区域的产权交易信息。这一信息联合发布的流通机制中，区域产权交易综合平台主要负责公布产权的挂牌与交易信息；产权交易机构负责产权交易整个流程的处理，具体包括交易方式的选择、交易信息的相关审查、合同的签订、交割和交易鉴证以及其他的相关手续。

可以说，区域产权市场综合平台信息联合发布机制的建立是长江经济带产权市场联动中至关重要的一步。信息的统一能够改变目前各产权交易机构"各自为政"的情况，同时有利于加快形成共同市场的"游戏规则"，产权与合作联动的交易机构会在信息联合发布的综合平台建设过程中，逐渐完善自身信息发布规范、统一维护产权市场公信力。而各方机构也将在产权交易综合平台的建设过程中形成紧密的联动关系：一方面，产权交易机构对发布的产权交易信息的真实性和完整性承担责任，综合平台与其他产权交易机构负有同步发布相关信息的义务；另一方面，信息在联合发布的过程中，客观上引入了信息发布的合规合法的相互监督机制，有利于扭转不同交易机构间因争夺市场份额而造成的不良局面。

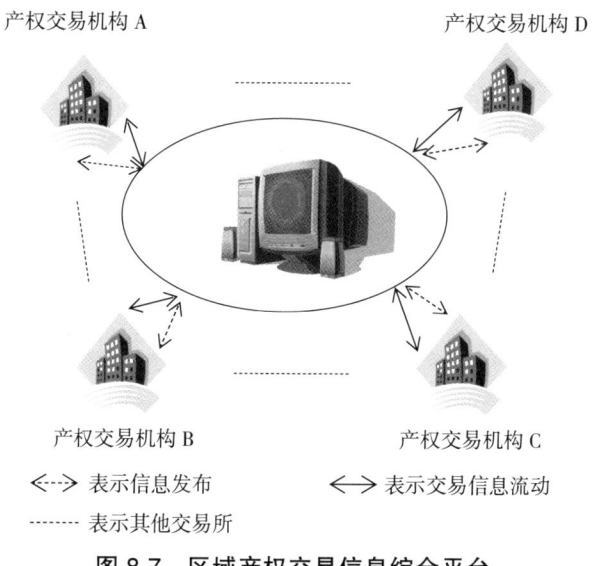

图 8.7　区域产权交易信息综合平台

二　竞争机制

（一）定位策略

竞争机制的建立，首先要对产权交易机构设立可对照的"标尺"，找准各成员所处的位置，依据自身优劣势找准目标定位，而不是进行盲目无序的竞争。因此，需实施有效的定位策略，其中，建立可量化的评价准则是定位策略的核心，这有助于在统一的标准下对不同的产权交易机构进行比较，了解各产权机构所处的地位，从而使竞争机制发挥更大的作用。一般而言，评价可以从机构的活跃度、机构的发展质量与平台的辐射能力三大方面进行：机构活跃度方面，主要反映产权交易机构参与产权市场的热情与积极性，可以从信息公开发布率（信息公布率＝实际挂牌项目数/应当挂牌的项目数）、参与主体类别数和交易宗数等指标表现；机构的发展质量反映产权交易机构目前的能力，可以从交易总量和挂牌交易成交率（挂牌交易成交率＝经挂牌成交的项目数/实际挂牌的项目数）等指标表现；平台的辐射能力是区域市场联动发展情况的直观展示，可以通过考察异地产权交易比重（异地产权交易比重＝异地产权成交金额/总产权成交金额）和挂牌项目的市场反应率（挂牌项目的市场反应率＝有受让意向的挂牌项目数/实际挂牌的项目数）来实现（周茂清，2009）。

（二）利益分配

恶性竞争的根本原因在于利益分配机制的不协调，因此建立合理有效的利益分配机制，处理好不同个体的利益协调问题具有重要意义。基于在利益分配中会出现的几种情形，本节梳理了利益分享与成本分摊、协调与仲裁、补偿与扶持三大类机制。

各个产权交易机构联动发展意味着必然出现经济的空间溢出效应，这一方面体现在经济利益的空间溢出，另一方面体现在发展成本的区域分摊。利益方面，当发生跨界交易时，不同区域的产权交易机构按一定比例分享产权交易活动的利益，此为分享机制；成本方面，建立区域产权交易共同市场的基础设施发生的共建费用，采取横向的成本分摊，按雁阵模型中机构等级划分成本承担份额，此为分摊机制。

分享机制和分摊机制的建立是联动发展最为基本的机制，然而考虑到参与双方主体目标存在不同可能导致的矛盾，第三方的协调和仲裁机制建立也是必不可少的。协调机制指各地方产权交易机构通过联席会议进行跨界协调，仲裁机制是指在地方主管机构协调不成功的情况下，通过更高层次的第三方中立机构进行仲裁。最后，为兼顾各产权交易机构的发展，可尝试对实力较弱的产权交易机构实施补偿和扶持，此为补偿与扶持机制。

通过以上竞争机制的分析，一方面可以客观评价各产权交易机构的能力，展现各产权交易机构的管理水平，起到激励作用。另一方面也可以平衡各层级、各区域产权交易机构的利益与成本，在保障个体利益的基础上，更好实现区域产权交易市场的联动发展的共同目标。

第五节 长江经济带城市群产权市场联动发展体系构建及路径设计

结合上面分析的长江经济带城市群产权市场联动中存在的问题和产权市场联动的机制，本部分将首先提出建立长江经济带城市群产权交易机构联动体系的构想，对体系中各个部分进行准确定位，接着从联动主体建设、联动信息网络建设、联动制度体系建设与联动监管建设四大方面设计长江经济带城市群产权市场的联动发展路径。

一 产权市场联动发展体系构建及定位

长江经济带城市群内的产权市场包含国家级、区域级、省（直辖市）及市级的产权交易机构。在全国范围内的产权交易体系中，上述三种级别的产权市场的定位存在以下不同：国家级的产权交易大市场，其定位为服务全国，负责国内总体和国外的战略性合作，建立全国性质的产权信息数据及资源网络，制定产权市场的统一规则；区域级的产权交易共同市场，则负责实现区域内及区域间资源的共享，确定区域内成员的权利及义务，定时召开年会和其他相关活动，并实现区域与全国、与其他区域间、与区域内的信息联网，起到"承上启下"的链接作用；省（直辖市）及市级一级的产权市场，其负责与上级网络的联通，与其他各省（直辖市）及市级展开合作并完成本省市的产权交易活动，其最重要的作用是将地市级市场的相关资源通过平台与渠道整合,在省(直辖市)及市级层面形成紧密的市场统一体。

在遵循三种层级产权市场定位的基础上,长江经济带城市群产权市场联动体系也可以推行"雁形发展模式"。在充分发挥两大国家级产权交易机构带动作用的前提下,将中游的武汉光谷产权联合交易所也提升为长江经济带城市群产权市场联动体系中的核心部分,构建长三角城市群产权交易机构以上海联合产权交易所为核心、长江中游城市群产权交易机构以武汉光谷联合产权交易所为核心、长江上游城市群产权交易机构以重庆联合产权交易所为核心的联动体系。这是由于长江经济带城市群各产权交易机构"带状"分布特点明显,且两大国家级的产权交易机构——上海联合产权交易所和重庆联合产权交易所地理位置相隔较远,直接依靠上游产权市场和下游产权市场实现整个长江经济带产权市场的联动显然有一定的难度。

在该联动体系中,上海与重庆联合产权交易所依然发挥国家级别产权交易机构的作用。武汉光谷联合产权交易所起到引领中游区域合作联动、在整个长江经济带城市群"承上启下"的作用。余下的省及市级产权交易机构在联动过程中除了处理好本区域内产权交易相关的事宜外,可以与相邻区域的产权交易机构进行合作联系,如果想要跨区域合作,可以报该城市群内核心的产权交易机构,由核心产权交易机构统一实现跨区域产权交易项目的合作。

二 产权市场联动发展的路径设计

影响长江经济带城市群产权市场联动发展的问题可以归纳为主体建设不规范、信息交流不畅通、交易规则不统一、监管力度不强大四大方面。因此,本部分针对主体建设、信息网络、交易规则、监管建设设计联动发展的路径,推动长江经济带产权市场联动发展。

(一)联动发展的主体建设

联动发展的主体建设包括政府职能规范、产权买方与产权卖方培育、交易中介机构建设。

1. 政府职能规范

在产权市场的发展过程中,政府行政权力的过度介入会造成"寻租"

现象，降低资源配置的效率。因此，在处理政府与产权交易市场关系时，需要保证政企分开、政资分开、政事分开、政府与市场中介组织分开的原则，杜绝出现政府直接管制、人为干预交易方向等情况。

在产权市场的联动中，政府的职能应为：第一，制定相应政策、法规和发展计划，从整体上把握产权市场发展方向，为产权市场的发展构建一个公平、公正、公开的环境，提高区域产权交易中心（所）的吸引力；第二，扮演好联动"沟通者""推动者"的角色，初期的市场联动往往需要政府出面，发挥政府"牵线搭桥"的作用，促成各地区、各层级之间产权交易中心（所）的交流与沟通；第三，利用好政府资金，通过财税支持和金融支持，加大市场建设投入，保障产权交易机构的健康运营，为区域性产权市场持续稳定发展提供动力。

2. 产权买卖双方的培育

产权交易的买卖双方又被称为资产的受让方和出让方。长江经济带城市群产权市场联动离不开活跃的交易主体，因此要加强产权买卖双方的培育。具体来说，一是鼓励各产权市场的买卖双方多元化发展。对于产权的出让方而言，可以鼓励除国有企业为主的产权主体（如高科技企业、民营企业和外资企业等）进入产权市场，丰富产权交易标的来源；对于产权的受让方而言，产权的受让方方面，可以鼓励除国有资产投资者以外的其他投资者（如民营投资者、中外私募股权基金、国外投资者等）进入产权市场，壮大产权市场的投资团队，避免出现"一对一"交易情况，增强产权交易市场的活力，促使产权市场健康发展。二是明确界定产权归属。目前产权市场的一大问题就在于产权归属主体界定不明，企业自身作为法人和经营组织者是无权处理有关企业财产所有权交易的。这个问题在国有产权交易中更加明显，因为一般的国有企业和企业法人是不能成为转让主体和无权转让国企资产的，其在实际交易中出卖国有产权，相当于"自己卖掉自己"。这不符合逻辑，也不符合法律法规要求。因此，在产权交易的过程中，必须要清楚界定产权归属主体，明确政府行政管理职能和国有资产所有者职能的区别，确立清晰的国有产权归属主体。

3. 交易中介机构建设

我国产权交易中介机构数量较少，且普遍较为落后，而服务于区域性质的业务的中介机构就更少了。加之区域性产权市场利益结构更加复杂、涉及面更广，中介机构的业务开展更加困难。

为解决上述问题，促进长江经济带城市群产权市场联动发展，可采取以下措施：一是规范市场评估行为。目前市场上常用的产权评估方法是成本估计法，这个方法易忽略企业的无形资产（如商誉、品牌、人力资源等），企业的真正净资产往往与账面价值不一致。因此，在发展过程中，应该创新评估的技术手段、更新评估的方法、规范价格评估机制，消除产权交易中的"暗箱操作"、高值低估、低值高估等现象。二是提升产权交易中介机构知识水平。完善的知识结构是产权中介机构专业化发展的基础。这需要加强各地方产权交易机构之间的联系与合作，分享交易过程中的经验，形成一个完整的产权交易知识框架，如会计知识体系、产权交易基本职业道德规范、产权交易基础知识、产权交易电子化规范等。三是加强对从业人员的培养。目前真正具有产权交易专业知识的从业人员较少，这也是中介机构资质良莠不齐，操作不规范的原因之一。因此，需要在严格执行国家资格准入制度的同时，不断加强对从业人员专业能力的培训和职业道德的培养，通过专业理论知识培训、实习、跨区域交流、行业协会等多途径、多形式培养高素质的复合型人才。

（二）联动发展的信息网络建设

畅通的信息传递是产权市场参与者进行产权交易、实现资本融通的决策基础；产权市场既是产权和资本交换的场所，又是信息交换的场所，信息在买卖双方进行交易的过程中不可或缺，实现长江经济带城市群产权市场联动的基础也同样依赖于信息的联动。然而，信息不对称的问题在产权市场中一直存在，不少产权市场信息不公开不透明，在产权转让的过程中存在"暗箱操作"，造成资产的流失。要改变以往信息阻隔、难以流动的情况，实现信息的共享，就要建立起完善的产权交易信息系统。产权交易信息系统的建立，要注意两大核心问题：一是要形成统一的信息中介库，利用政府部门、金融机构、证券业、中介机构的信息优势，建立起大容量、高起点的信息中介库，助推企业与投资机构的对接，摊薄产权中介成本，提高服务质量；二是统一竞价交易系统，通过信息化系统，对产权交易过程中的信息登记、公开挂牌、举牌竞价、鉴证交割各个环节进行全程动态披露，实现交易联网运行（丁洁等，2012）。

长江经济带城市群产权市场的联动并不是将所有产权市场资源合并到一个产权市场之中，而是以互联网和信息技术为支撑，通过各个层级产权交易中心（所）的信息互联共享，实现区域内产权交易活动的联动发展。相比于省/市一级的产权交易中心（所）所需的信息，在实际操作过程中，区域性和全国性的产权市场对信息质和量的要求更高，因此对信息披露的完整性和畅通性提出了更高的要求。基于此，在长江经济带城市群产权市场的信息联动方面，需借助互联网技术，依托数字化、电子化的工具，建立一套完善的交易信息共享规则和严格的信息调控机制，构建起统一的信息网络服务平台和科学合理的交易规则，使它们能有机结合和相互促进（张晓曼，2013）。

具体而言，一是要做好基础设施的建设，在市场成员之间推广软件化、电子化办公，使用统一的产权交易管理信息系统，实现信息软件的兼容与统一。二是建立不同层级的信息网络系统，全国性产权交易信息系统主要负责统一监管和发布重大产权交易信息，防范产权交易不良现象，组织拟订全国产权交易网络信息发布规章规范及方案，对全国各层级产权市场信息平台进行指导、规划和协调；区域性产权交易信息系统主要负责区域内各地市级产权交易信息的发布、组织区域内或跨区域产权交易交流学习活动、监督区域内各地实际产权交易信息发布等；地市级产权交易信息系统则主要发布本地市级内部产权交易信息。三是按照业务属性不同进行分类管理，比如建立"非上市公司股权交易平台""金融资产产权交易平台""文化产权交易平台""农村产权交易平台""知识产权交易平台""大宗商品产权交易平台"等，在各省市级产权交易中心（所）建立的信息中介库之上，建立区域级、国家级产权交易信息库，并统一对产权信息进行采集与存储。四是建立产权交易网络综合竞价交易系统和信息异地显示系统，扩大产权信息的传播范围，提高产权市场信息披露的充分性。五是畅通信息传导渠道，借助政府、市场、新闻媒体、企业等渠道进行产权交易信息的跨地区传导；政府通过政策、规则等从宏观层面进行信息沟通；市场从产权信息的流动进行信息沟通；新闻媒体则可以通过新闻发布会、专栏、专刊等形式进行信息沟通；企业则主要是通过信息披露和企业与企业之间的交流互动进行信息沟通。六是制定信息共享的激励机制，通过绩效考核等形式将信息共享意识纳入产权交易机构的发展理念之中，促使广大产权交易从业人员树立信息共享的理念。

(三) 联动发展的规则体系建设

产权市场的规则体系是产权市场的灵魂，其贯穿于产权交易的始末（牛少华，2011）。一个良好的交易规则能够使产权市场资源配置的效用达到最大化。然而受到地域限制，各地方产权交易中心（所）都有着自己的一套"游戏规则"，除国内几个较大的产权交易中心外，大部分的产权交易活动仅仅局限在本地市场。也就是说，目前国内的产权市场很大程度上是一个相对封闭的交易平台。这种情况下，产权市场建设方面出现了普遍缺乏全国总体布局理念、各地方出于自身利益重复建设产权交易机构的现象，而这些交易机构的交易规则往往基于自身的利益制定，使得资源难以跨地区流动。

产权市场联动要求交易机制要做到规则统一化、程序化、透明化。一是需要基本上统一产权市场的组织形式。目前国内产权市场既存在公司制的组织模式，也存在会员制的组织模式，两种模式在具体的产权交易运行过程中存在较大不同。要达到产权市场交易的联动，可以从引导产权市场组织模式趋同化发展入手。通过对比发现，会员制与公司制相比，更符合市场的发展趋势，具有更大的优势（晋入勤，2009）。二是形成统一的交易规则。统一的交易规则有助于确保市场交易操作的规范性，从根本上实现"三公"（公正、公平、公开），而统一的交易规则，应根据"合作、联动、发展"的宗旨来制定，通过修订有关产权市场的运行规则、会员管理办法、信息管理办法和经费管理办法等来推进产权市场的规范化运作（包亚钧，2005）。三是形成统一的结算交割体系。资金顺畅流动是交易机制统一联动的前提，需建立起跨区域的资金结算及转移支付体系，采取"基准量+浮动量"的形式，先确定原地区交易手续费，再根据产权交付地市级的工作项目和工作量确定转移支付的标准，形成跨区域的资金结算体系。

具体而言，首先是确定长江经济带城市群产权市场联动发展的总体目标。包括基础设施建设目标、信息资源共享目标、新业务合作开发开展目标等。其次需要根据总体发展目标，进行统一规划、整体布局，统一各地方各部门的产权交易法规、统一交易流程（见图8.8）、统一交易规范、统一信息披露制度，不要出现同市场"因地而异"的情况。然后是完善产权交易相关法律法规体系。目前关于产权市场的法律法规主要集中在国有产权交易方面，适用于其他产权交易活动的法律法规还较少，即使是国有产权交易相关的法律法规体系，也较为零散，且缺少与之配套的法律法规，比如国有资产法、反垄断法、反不正当竞争法等都尚未出台。因此，在完善针对各类产权交易法律法规的同时，也需要完善配套法律法规体系的建立。进一步，在相关法律法规中，明确规定产权交易法的性质、产权交易主体的法律地位、交易中的权利与义务、交易费用的使用、交易规则和程序、交易的审批与监管、产权交易损害的法律救济、特殊情况的处理等问题（于薇，2015）。最后也是最重要的是要树立全局意识。长江经济带城市群产权市场的成立，意味着将打破区域内原有的"各自为政"的状态，这就要求区域内的产权主体要在整体利益与局部利益、长期利益与短期利益矛盾的情况下做出选择，树立全局观念，达成区域产权市场联动发展的共识。

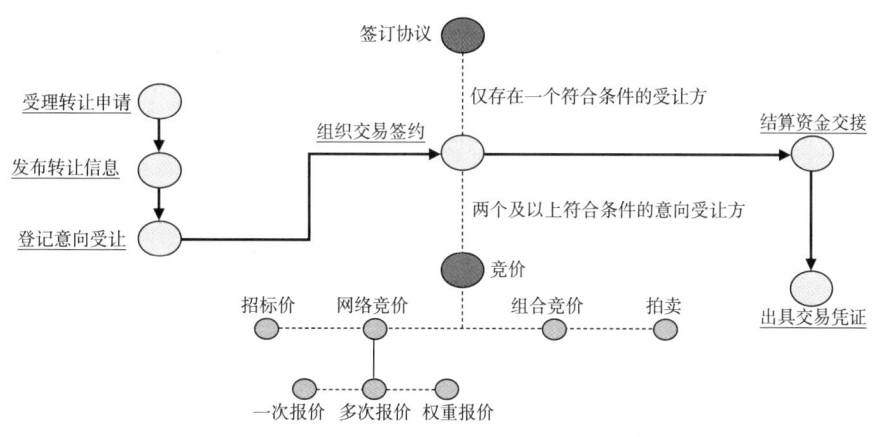

图 8.8 产权交易中心交易流程示例[①]

（四）联动发展的监管体系完善

产权市场的健康发展离不开恰当的监管，监管制度是产权市场运作的调控装置。然而，目前我国产权市场同时面临着多重监管及监管不力的复杂局面。一方面，市场相对封闭、交易机构重复建设、浓重的行政干预色彩导致权力制衡原则在我国产权市场运行中不能得到严格的贯彻；另一方面，在实践中产权市场又存在多重监管或无人监管的状况，难以较好地发

---

① 上海联合产权交易所：《产权转让交易流程》，https://www.suaee.com/suaeeHome/#/a/formwork-Detail/policy Rules/tradingProcess/5425088713634afda127d7e0badc3f4c20191222173241523，2020年6月30日。

挥监管促进产权市场健康发展和规范运行的作用，形成了"监管困境"（牛少华，2011）。为避免这种不利局面持续下去，监管体系的建设需要注意两个方面：既要有利于市场交易的进一步规范运行，又要有利于区域间产权交易资源的流动和优化配置，在鼓励产权市场创新的同时，又要及时对违纪违法行为进行惩处。

长江经济带城市群产权市场要实现监管联动，一是要制定区域范围内相对统一的监管规则框架，在统一的监管规则框架的指导下，各省、市级的产权市场可以根据具体情况进行特殊化的监管处理；二是明确监管职能，避免出现监管空白和监管重复的现象，在降低监管成本的同时提高产权市场的监管效率（于薇，2015）。

具体监管体系的建设，应该从四个层面进行：一是政府监管层面；二是行业自律层面；三是交易机构自身风险防范监督层面；四是社会舆论监督层面（丁洁等，2012）。四个层面相互关联，形成区域间统一有序的风险监管体系。政府监管层面，政府应遵循多方面和多角度原则，按照产权交易活动的基本规章制度对产权市场进行全面的监管，尤其要做好对国有产权转让的监管。首先是做好产权转让的基础工作，包括审查企业内部决策的规范性和转让方法的合理性；其次是做好交易流通过程中的产权交易监管，审核其转让信息是否公开、交易方式是否选择恰当、工作流程是否规范；再次是做好产权交易信息的报告，实现对产权交易情况的动态掌控；最后，对于违规违纪的产权交易活动，及时进行纠正与惩处。行业自律层面，可以借鉴其他行业的管理经验，成立产权交易行业的自律性组织，比如成立专门的产权交易协会等，通过产权交易职业道德自律管理体制的设置实现整体利益的协调，并且，政府应在法律或法规层面承认其地位，赋予其规范市场运作、监督市场运作的权力。交易机构自身风险防范监督层面，首先要做到的是加强自身的管理，依法办事，依章交易，对自身产权交易活动进行规范化运作；其次就是提高自身的服务水平，业务不能仅仅停留在基础的交易撮合和签证上，要抓住公开竞价交易这一关键环节，促进交易前后相关程序的规范化，降低风险（施廷博，2011）。社会舆论层面，可以借助媒体和群众监督的全面性与实际性，通过媒体与群众的大众化宣传，提高信息披露的广泛度，从而建立社会道德的约束，营造社会监督的良好氛围。

小 结

本章研究长江经济带城市群产权市场联动发展。首先，梳理了我国产权市场的总体状况以及长江经济带城市群产权市场的发展与联动状况；其次，分析了长江经济带城市群产权市场存在的问题；再次，对长江经济带产权市场联动发展的机制进行了详细分析；最后，提出了建立长江经济带城市群产权交易联动发展体系的构想及并设计了具体路径。通过本章研究发现：①长江经济带城市群各个产权交易市场发展水平差距较大，沿海产权交易市场发展状况明显好于内陆产权市场；②区域内各产权市场并未形成"带状"联动发展态势，合作依然停留在政策文本层面，缺乏落地项目；③长江经济带城市群产权市场联动中存在资源分散、非市场化运作、交易规则不统一、信息不对称、交易主体和中介机构发展滞后等问题，本书建议从交易主体、信息网络、交易规则、监管体系四大方面着手解决这些问题；④长江经济带城市群产权市场呈现明显的"带状"分布，建议发挥上海与重庆产权联合产权交易所的核心作用，联合处于中间位置的武汉联合产权交易所，形成以"上海—武汉—重庆"为核心的产权市场联动体系。

第五篇
产业联动发展

第九章
全球价值链视角下长江经济带城市群产业联动发展研究

如何在全球价值链背景下实现长江经济带城市群的产业联动是本章所要研究的主题。作为城市群联动的重要载体,城市群产业联动是城市群的生态治理、交通和要素市场联动在产业层面的体现,也是城市群嵌入全球价值链的重要基础。全球价值链视角下的城市群产业联动,需要长江经济带各城市群基于自身优势实现经济带内的产业合作,将长江经济带作为一个有机整体嵌入全球价值链,充分利用国际市场和国际资源,实现长江经济带城市群高水平、协调、可持续地发展。

本章将分析全球价值链视角下长江经济带城市群的产业联动,包括六个部分:第一部分为城市群产业联动的文献综述;第二部分为长江经济带城市群的产业联动现状;第三部分为长江经济带城市群在全球价值链中的地位;第四部分为长江经济带城市群产业联动的障碍因素;第五部分为全球价值链视角下城市群产业联动的机制分析;第六部分为长江经济带城市群产业联动的模式与路径设计。基于以上分析,并结合美国东北部大西洋沿岸城市群的发展经验,设计长江经济带城市群的产业联动路径。

第一节 城市群产业联动的文献综述

本节首先阐述了产业联动的基本概念,同时,由于在经济新常态背景下和全球价值链视角下,产业联动的内涵有了新的发展,本节对产业联动的内涵做了进一步梳理。在此基础上,从产业分工、区域经济一体化、产业链、价值链四个方面整理了产业联动的相关理论。

通过分析既有的产业联动相关研究发现:一方面,少有学者基于经济新常态这一现实背景来分析我国的产业联动；另一方面，已有的关于区域产业联动的研究，鲜有从城市群和全球价值链的视角来分析我国区域间的产业联动。本章在已有研究的基础上，基于经济新常态的现实背景，在全球价值链的视角下分析长江经济带城市群的产业联动。在分析的过程中，我们不仅将长江经济带城市群视作一个竞争与合作并存的有机整体，还将审视这一有机整体在全球价值链中的地位和作用，并进一步探索如何更好地提升这一有机整体在全球价值链中的地位。

一 产业联动的内涵及其发展

（一）产业联动的内涵

已有研究从商品、要素、产业链、价值创新和政策等多个角度给出了产业联动的定义。产业联动既可以是商品的设计、生产和流通等多个环节的联系和互动（周寄中等，2007），也可以是劳动力、资本、技术和信息等要素的相互传输（郑胜利、周丽群，2004；余伶莲，2005），还可以是处于产业链不同环节或同一环节的企业间的协作（吕涛、聂锐，2007）。高伟等（2012）从价值创新角度出发，认为产业联动是企业寻求新区位、获取资源和信息，从而进行价值创新的过程。同时，这一过程顺应了产业结构升级、区域协调发展的内在规律（周超等，2007；林兰等，2010；高星、彭频，2017）。叶森（2009）较为全面地从生产要素、企业、政府、社会四个层面研究了产业联动：在生产要素层面，产业联动表现为要素流动并最终形成统一的要素市场；在企业层面，产业联动表现为企业间基于产业链的垂直合作；在政府层面，产业联动表现为各地政府在产业政策方面的协同或合作；在社会层面，产业联动表现为产业组织为了产业共同利益而制定并实施的产业标准和行业规范。基于对已有研究的分析，本章将产业联动定义为：在市场和政府的共同推动下，各地区打破地域界限，根据自身比较优势参与产业分工与合作的过程。

（二）经济新常态下的城市群产业联动

中国的经济新常态意味着经济发展要适应资源环境约束不断强化的新形势，创造经济发展新动力，优化资源配置，缩小区域发展差距，实现经济结构优化升级。新常态从联动主体、区域合作和产业结构三个方面赋予了城市群产业联动新的内涵。第一，在联动主体方面，通过扫除要素流动障碍、合理引导城市群间的产业分工和加强地方政府间的协调，城市群产业联动的主体由传统的单个城市转变为内部相互合作的城市群。第二，在区域合作方面，城市群产业联动通过城市群间劳动、资本、技术、信息的自由流动，降低交易成本，实现城市群间的协调发展，释放城市群经济增长新潜力。第三，在产业结构方面，城市群产业联动以各区域比较优势为基础，通过合理高效的资源配置实现产业结构的优化和升级。

（三）全球价值链视角下的城市群产业联动

全球价值链是企业为实现商品价值增值，通过水平或垂直分工参与跨国产业联动的结果。参与产业联动的城市群通过抱团嵌入全球价值链，借助服务外包、国际产业转移、创新资产购置等分工方式带来的"外溢效应"来提升自身的技术水平和产业能级，在沿着全球价值链攀升的同时也实现内部产业结构的优化和升级。全球价值链理论主要包括分工理论、动力理论、升级理论和治理理论。因此，本章从分工、动力、升级和治理四个角度剖析全球价值链视角下城市群产业联动的内涵。第一，全球价值链分工视角下的城市群产业联动，指的是城市群基于自身比较优势，在实现内部价值链分工的基础上，通过抱团参与国际分工进一步实现与全球价值链的对接。第二，全球价值链动力视角下的城市群产业联动，指的是城市群基于全球价值链的动力机制和自身在全球价值链中的分工地位，制定其参与全球价值链的策略（Henderson, 1986; Gereffi, 1999）。第三，全球价值链升级视角下的城市群产业联动，指的是城市群凭借国际分工的溢出效应，实现其在全球价值链中地位的攀升（Humphrey and Schmitz, 2002）。第四，全球价值链治理视角下的城市群产业联动，指的是城市群根据自身所处价值链的治理模式，培育大型跨国公司或跨国公司联盟，从而获取全球价值链的治理权。

二 产业联动的理论基础

产业联动的理论基础包括区域产业分工理论、产业链与价值链理论、区域经济一体化理论。区域产业分工理论阐释了产业联动的基础和前提；产业链与价值链理论，从产业上下游联动的角度，进一步丰富了产业联动的内涵；区域经济一体化理论点明了产业联动的动力和最终目标。这些理论之间相互关联、相辅相成，有助于加深对产业联动的认识。

（一）区域产业分工理论

区域产业分工理论与斯密（Smith, 1776）的国际分工理论密不可分，其代表性理论有比较优势理论、要素禀赋理论、产品生命周期理论和新贸易理论。斯密的绝对优势理论成为国际分工理论的开端，它用国家间的生产效率差异来解释国际分工，认为具有绝对优势是参与国际分工的关键。绝对优势理论的主要缺陷在于无法解释不具有绝对优势的国家参与国际分工的现象。对此，李嘉图（Ricardo, 1817）从比较优势的角度做出了解释，认为具有绝对优势的国家通过进口其绝对优势相对较弱的产品，能够更多的出口其绝对优势相对较强的产品，并从国际贸易中获益。与比较优势理论不同，以俄林（Ohlin, 1933）为代表的要素禀赋理论从各国要素禀赋差异的角度来解释国际贸易，认为要素禀赋通过影响要素价格和产品生产成本最终决定国际分工格局。弗农（Vernon, 1966）的产品生命周期理论从技术创新、技术进步和技术传播的角度阐释国际分工。该理论认为产品要经历研发、引进、成长、成熟和衰退五个阶段，而产品的生命周期在不同技术水平的国家，发生的时间和过程存在差异，这一差异表现为不同国家在技术水平上的差距。因此，一国的技术水平决定了其在国际分工中的地位。然而，产业内贸易成为当今国际贸易的主要现象，传统的贸易理论无法对这一现象作出有效的解释。以克鲁格曼（Krugman, 1980）为代表的新贸易理论创新性地将规模经济、不完全竞争和多样化需求引入国际分工理论框架中，从供给、需求、技术差距等角度成功地解释了产业内贸易。

（二）产业链与价值链理论

产业链是上下游企业之间基于供给与需求、投入与产出等相互关系而形成的超越企业范围、跨越地域界限的链条式关联形态（龚勤林，2004；蒋国俊、蒋明新，2004）。产业链理论主要研究产业链的形成与整合。产业链的形成一般有两种途径：一是同一产业内具有不同专业分工的部门为了降低生产成本和实现规模经济，在一定地理空间上集中形成产业链条。二是同一产业内具有不同分工任务的部门为了提升产业竞争力，在不同地理位置形成以上下游供需关系为基础的产业链条。而产业链的整合是指龙头企业对产业链零散、分离的状态进行调整，并最终实现一体化的过程。

产业链整合主要包括横向、纵向与混合三种整合模式。其中，横向整合是指龙头企业通过约束处于同一部门的企业来增强对市场价格的控制，从而获得高额利润；纵向整合是指龙头企业通过制定一系列约束条件或标准合约，对处于产业链上下游不同部门的企业进行控制，从而获取垄断利润；而混合整合则兼具横向整合与纵向整合的特点，更为复杂。

产业链理论主要关注企业间的供需合作，缺乏对企业价值创造、价值增值、价值实现和经营决策等内部活动的关注。而价值链理论更加注重从企业内部来剖析产品的研发、设计、生产、销售、配送和售后服务等价值增值环节（Porter, 1980）。价值链理论主要研究价值链的管理与升级（刘广生，2011；王海杰、吴颖，2014）。其中，价值链管理是指处于某个特定价值链中的企业，基于其在价值链中所扮演的角色和所处的地位，对企业进行管理的过程。而价值链升级指的是企业自身在价值链中的地位攀升过程和企业所处价值链的整体升级过程。

（三）区域经济一体化理论

区域经济一体化是指两个或两个以上国家，通过让渡部分或全部经济主权，制定并实施共同的经济政策，最终形成排他性经济集团的过程。区域经济一体化分为优惠贸易安排、自由贸易区、关税同盟、共同市场、经济联盟和完全经济一体化六个阶段，这六个阶段从低级到高级逐渐演进。

与区域经济一体化的演进阶段相对应，区域经济一体化理论包括关税同盟理论、大市场理论、协议性国际分工理论和综合发展战略理论。第一，关税同盟理论分别从静态效应和动态效应两个角度阐述了关税同盟对经济集团内国家的福利水平和经济发展的影响，并在此基础上阐释了关税同盟的形成原因（Viner, 1950）。关税同盟的静态效应是指，在经济总量和技术水平保持不变的前提下，关税同盟对经济集团内国家福利水平的影响。关税同盟的动态效应是指关税同盟对经济集团内国家经济增长的推动作用。第二，大市场理论从动态角度分析区域经济一体化所取得的经济效应，其代表人物为西托夫斯基（Scitovsky, 1958）。这一理论的核心在于，大市场的参与国通过从国内市场向统一的大市场延伸，扩大市场范围并创造激烈的竞争环境，最终实现规模经济与技术升级（Beladi and Yabuuchi, 2001）。第三，协议性国际分工理论认为，经济一体化组织内部如果仅仅依靠比较优势进行分工，可能会导致各国企业的集中和垄断，进而降低成员国间的合作效率和削弱贸易的稳定性（Kojima，1977、2000）。因此，必须实行协议性国际分工，使竞争性贸易尽可能稳定地发展。第四，综合发展战略理论强调有效的政府干预对经济一体化的重要性，认为区域经济一体化是后发国家的一种发展战略，需要强有力的区域合作组织和政府部门来保护这些国家的经济利益（赵穗生，1984）。因而，区域经济一体化是变革世界经济格局、建立国际经济新秩序的重要因素之一。

第二节　长江经济带城市群的产业联动现状

长江经济带城市群作为一个整体，各城市之间文化融合度较高，产业发展水平呈梯度分布，再加上天然的长江黄金水道与各城市的历史联系，长江经济带各城市群之间有着良好的产业联动基础（徐长乐等，2015）。为了更加全面地呈现长江经济带城市群的产业联动情况，本节在梳理长江经济带城市群产业联动发展历程的基础上，分别从产业内和产业间两个角度对长江经济带城市群的产业联动现状进行测度和分析。

一　长江经济带城市群的产业联动发展历程

2014年以前，长江经济带的产业联动仅局限于少数城市之间。随着跨区域合作的进一步深化和交通通信网络的逐步完善，长江经济带内的产业联动逐渐发展。与2014年以前的产业联动不同，随着《国务院关于依托黄金水道推动长江经济带发展的指导意见》（以下简称《意见》）的出台，以长江经济带整体利益为目标，以城市群为单位的产业联动作为一种新的区域合作方式开始兴起。因此，本部分将长江经济带城市群产业联动的发展历程分为两个阶段，即以城市为中心的产业联动阶段和城市群间的产业联动阶段。

（一）以城市为中心的产业联动

以城市为中心的产业联动是指长江经济带各城市基于自身利益与比较优势与其他城市进行产业合作（叶森，2009）。市场自发、分散和规模小是这个阶段产业联动的主要特点。依据产业联动的形式和程度，我们将长江经济带以城市为中心的产业联动进一步划分为两个时期。

第一个时期以 1992 年上海浦东新区的设立为起点。此后，以长三角为龙头的长江流域产业格局逐渐形成。这一时期，上海、江苏和浙江对长江中上游地区的生产要素吸引力日益增强，跨区域技术合作与多方面经济协调开始兴起。但整体而言，这一时期的产业联动以单向合作为主，即长江中上游地区为长三角地区提供生产要素，而较少获得来自长三角地区的要素回流，产业联动程度较低。

第二个时期以 2000 年西部大开发政策的实施为起点。西部大开发进一步改变了长江流域的产业格局，使长江中上游地区的要素回流加强，同时，以产业转移为代表的产业联动形式快速发展。长三角地区将低端制造业向长江中上游地区转移，产品的研发环节仍在本地区完成，而长江中上游地区将制成品或半制成品运往长三角市场销售。此后，长三角和长江中上游形成了产业能级梯度较为明显的产业格局，整个长江经济带基于产业分工、投入产出、供需关系形成了一条较为完整的产业链。

（二）城市群间的产业联动

自 2014 年《意见》正式出台后，产业联动的形式逐渐转变为城市群间的产业联动。政府引导与市场主导相结合、以长江经济带整体利益为目标是这个阶段产业联动的主要特征。一方面，以城市为中心的产业联动仍在持续深化，其范围更加广泛、产业更加细分、分工与合作更加深入；另一方面，以城市群为依托的产业联动逐渐兴起并发展。目前，长江经济带的产业联动仍然以政府为主要推动主体。因此，本部分梳理了中央和地方政府参与的、推动长江经济带城市群产业联动的一系列事件。由表 9.1 可知，推动长江经济带城市群产业联动的形式以提出战略构想和签订合作协议为主。中央和地方政府作为重要推动主体，通过出台一系列政策，积极为长江经济带城市群的产业联动创造条件。这一阶段城市群间的产业联动所涉及的行业十分广泛，长江经济带的产业联动已经步入一个全新阶段。

表 9.1　　　　　　　　推动产业联动的主要事件梳理

推动主体		年份	事件
中央政府	国务院	2014	李克强总理主持召开 11 省市座谈会，部署建设综合立体交通走廊、打造长江经济带

续表

推动主体		年份	事件
中央政府	国务院	2014	印发《关于依托黄金水道推动长江经济带发展的指导意见》
	国务院	2015	张高丽副总理主持召开推动长江经济带发展工作会议
	中央财政领导小组	2016	习近平总书记主持召开推动长江经济带发展座谈会、中央财政领导小组第十二次会议并召开中共中央政治局会议，会上通过《长江经济带发展规划纲要》
	国家发展改革委	2016	召开长江经济带省际协商合作机制建设及产业协同发展座谈会
	推动长江经济带发展领导小组	2018	习近平总书记主持召开深入推动长江经济带发展座谈会并发表重要讲话，强调加强改革创新战略统筹规划引导、以长江经济带发展推动高质量发展
地方政府	湖北	2014	召开聚焦湖北长江经济带建设专题研讨会
	武汉、长沙、南昌、合肥	2014	签署《长江中游城市群省会城市第二届会商会长沙宣言》
	江西、安徽	2015	举行合作发展交流会
	上海、重庆、武汉、南京、合肥	2015	召开长江发展论坛暨长江流域园区与产业合作对接会，成立张江高新区联合武汉东湖高新区、重庆两江新区、南京高新区、合肥高新区的长江流域园区合作联盟
	武汉、长沙、南昌、合肥	2015	召开第三届长江中游城市群省会城市会商会，签署《长江中游城市群省会城市第三届会商会合肥纲要》
	重庆、四川、云南、贵州	2016	签署《关于建立长江上游地区省际协调合作机制的协议》
	湖北、江西、湖南	2016	签署《关于建立长江中游地区省际协商合作机制的协议》
	湖南	2016	举行湖南—长三角园区合作共建会，签署湖南宁乡经济技术开发区和江苏泗阳经济开发区、湖南怀化经济开发区和浙江绍兴袍江经济技术开发区园区合作协议
	武汉、长沙、南昌、合肥	2016	召开第四届长江中游城市群省会城市会商会
	重庆、四川、云南、贵州	2017	召开首届长江上游地区省际协商合作联席会议，会议通过《长江上游地区省际协商合作机制实施细则》
	武汉、长沙、南昌、合肥	2017	召开第五届长江中游城市群省会城市会商会
	41个长江经济带沿线城市	2018	举行第十四届长江经济带商务协作会，上海、合肥、宜昌、重庆等41个长江经济带沿线城市在协作会上分享各自的经济协作项目并发布长江经济带商务协作"武汉宣言"

资料来源：根据中央和地方政府的相关新闻报道及政策文件汇总整理得到。

二 长江经济带城市群的产业联动现状测度

城市群产业联动的实质是产业在空间上的相互影响与协作。因此，为了进一步分析长江经济带城市群的产业联动现状，本部分在基于莫兰指数证实长江经济带城市群存在产业联动的基础上，采用灰色关联度、影响力系数和感应度系数分别从产业内和产业间两个角度测度长江经济带城市群的产业联动水平。

（一）产业联动的测度方法

在测度产业联动程度时，学者们常用的指标有莫兰指数、灰色关联度、产业影响力系数和产业感应度系数等。

1. 莫兰指数（Moran's I）

莫兰指数常被用于分析序列的空间关联性，其计算公式为：

$$I = \frac{\sum_{i=1}^{n}\sum_{j=1}^{n} W_{ij}(X_i - \overline{X})(X_j - \overline{X})}{S^2 \sum_{i=1}^{n}\sum_{j=1}^{n} W_{ij}}$$

其中，X 表示要检验的空间序列，S^2 表示样本方差，W_{ij} 表示空间权重矩阵 W 的 (i, j) 元素，$\sum_{i=1}^{n}\sum_{j=1}^{n} W_{ij}$ 表示空间权重矩阵的所有元素之和。将空间权重矩阵标准化，即 $\sum_{i=1}^{n}\sum_{j=1}^{n} W_{ij}=n$，此时，莫兰指数化简为：

$$I = \frac{\sum_{i=1}^{n}\sum_{j=1}^{n} W_{ij}(X_i - \overline{X})(X_j - \overline{X})}{\sum_{i=1}^{n}(X_i - \overline{X})}$$

经过标准化之后，莫兰指数 $I \in (-1,1)$。如果莫兰指数大于 0，则表示空间正自相关，此时高值与高值相邻、低值与低值相邻；如果莫兰指数小于 0，则表示空间负自相关，此时高值与低值相邻；如果莫兰指数接近于 0，则表示不存在空间自相关，即空间分布是随机的。莫兰指数可以检验序列间是否存在空间关联，但其无法测度这种关联的强度。

2. 灰色关联度（Grey Relation）

$$\beta_{ij}(k) = \frac{\min\limits_{i}\max\limits_{k}|X_0(k) - X_i(K)| + \alpha \min\limits_{i}\max\limits_{k}|X_0(k) - X_i(k)|}{|X_0(k) - X_i(k)| + \alpha \min\limits_{i}\max\limits_{k}|X_0(k) - X_i(k)|}$$

灰色关联度可被用于测度同一产业在两个地区间的关联程度。其中，$\beta_{ij}(k)$ 表示地区 i 和地区 j 的 k 产业联动程度，$\beta_{ij}(k)$ 的值越大，联动程度越高；$X_0(k)$ 表示所有地区中作为参照系地区的 k 产业产值；α 为分辨系数，一般取 0.5。计算序列间的灰色关联度可以将评价因素之间的灰色关系进行白化，在分析信息不完全的小样本系统时具有明显的优势。然而，这一分析方法的缺陷在于无法测度不同产业间的关联程度。

3. 影响力系数（Influence Coefficient）与感应度系数（Response Coefficient）

计算行业的影响力系数和感应度系数是投入产出模型在分析区域产业联动中的常规运用。"一个经济系统中，每一个产业的总产出等于总投入，各个产业以提供或被提供中间产品的形式紧密联系"是构建投入产出模型最核心的现实基础（Leontief，1936）。$X=AX+Y$ 是一个简单的投入产出模型。其中，A 为直接投入系数矩阵，反映整个经济系统的技术结构；$X=(X_1, X_2, \cdots, X_1)^T$ 为总产出向量，$Y=(Y_1, Y_2, \cdots, Y_1)^T$ 为最终使用向量。$X=AX+Y$ 经过简单变形可得方程，$X=(1-A)^{-1}Y$，$(1-A)^{-1}$ 为列昂惕夫逆矩阵，反映了总产出对最终投入的放大乘数。$\alpha_{ij}=x_{ij}/x_j$ 为直接投入系数矩阵中第 i 行 j 列的元素，x_{ij} 为产业 j 所消耗的产业 i 的产品或服务的价值量（也为产业 i 向产业 j 投入的产品或服务的价值量），x_j 为产业 j 的总产出（也为产业 j 对国民经济各行业的总投入）。以列昂惕夫逆矩阵为基础可以计算产业的影响力系数和感应度系数，具体的系数计算方法将在本节"长江经济带城市群产业间联动现状"部分进行介绍。

基于对以上指标的分析，接下来本节将分三步实证分析长江经济带城市群的产业联动现状：第一步使用莫兰指数判断长江经济带城市群是否存在产业联动，第二步采用灰色关联度测算不同城市群在同一产业中的联动程度，第三步使用影响力系数和感应度系数测度不同城市群在不同产业间的联动程度。

（二）长江经济带城市群产业联动的识别

本部分使用莫兰指数，从投入和产出两个角度选取指标，检验长江经济带各城市群之间是否存在产业联动。其中，投入指标包括人口与固定资产投资，产出指标包括 GDP 和人均 GDP。数据均来自 2014—2016 年《中国统计年鉴》。

由表 9.2 可知，长江经济带的人口、固定资产投资、GDP 和人均 GDP 的莫兰指数均为正，表明长江经济带城市群产业间存在显著的正向空间关联效应；而莫兰指数整体呈逐年上升，说明这种空间关联效应有加强的趋势。以此为基础，本节将进一步测度长江经济带城市群的产业内和产业间联动程度。

表 9.2　　　　　　　　　　莫兰指数及检验

年份	人口 Moran	P	固定资产投资 Moran	P	GDP Moran	P	人均 GDP Moran	P
2004	0.090	0.012	0.085	0.013	0.200	0.000	0.089	0.018
2005	0.098	0.008	0.101	0.009	0.188	0.002	0.105	0.013
2006	0.118	0.005	0.120	0.006	0.201	0.006	0.147	0.006
2007	0.135	0.006	0.134	0.004	0.211	0.006	0.194	0.001
2008	0.179	0.000	0.170	0.001	0.172	0.014	0.204	0.001
2009	0.179	0.000	0.181	0.000	0.214	0.004	0.176	0.003
2010	0.180	0.001	0.171	0.001	0.218	0.007	0.208	0.000
2011	0.192	0.000	0.196	0.000	0.211	0.007	0.210	0.001
2012	0.199	0.000	0.199	0.000	0.212	0.002	0.209	0.001
2013	0.203	0.003	0.201	0.000	0.213	0.009	0.212	0.001
2014	0.213	0.000	0.211	0.000	0.188	0.014	0.215	0.001
2015	0.227	0.000	0.226	0.000	0.233	0.015	0.229	0.001
2016	0.230	0.000	0.216	0.000	0.258	0.010	0.237	0.001

（三）长江经济带城市群产业内联动现状

本部分基于灰色关联度分析方法，描述 18 个产业在长江经济带五大城市群间的联动情况，产业划分标准参照《中国城市统计年鉴》。由于人力资本是产业发展的核心要素和区域产业联动的重要载体，本部分以就业人员数为基础计算长江经济带城市群的产业灰色关联度。各城市群不同产业的就业人员数来自《中国城市统计年鉴》，部分数据来自《江苏统计年鉴》和《安徽统计年鉴》。

由表 9.3 可知，产业属性对产业的联动程度有明显的影响，第三产业（特别是生产性服务业）的产业内联动程度明显高于第二产业。具体表现为"电力、燃气、水的生产和供应""信息传输、计算机服务和软件""金融""房地产""水利、环境和公共管理设施"及"卫生、社会保障和社会福利"等产业的灰色关联度较高,而"制造"和"建筑"等产业的灰色关联度较低。

同时,经济发展水平和地理距离对长江经济带五大城市群间的产业内联动程度有明显的影响。一方面,经济发展水平相当的城市群间的产业内联动程度较高,而经济发展水平差异较大的城市群间的产业内联动程度较低。具体表现为:长三角城市群与长江中游城市群、长三角城市群与成渝城市群间的产业内联动程度较高,而长三角城市群与滇中城市群、长三角城市群与黔中城市群间的产业内联动程度较低。另一方面,地理距离较近的城市群间的产业内联动程度较高,而地理距离较远的城市群间的产业内联动较低。具体表现为:长江中游城市群与成渝城市群、黔中城市群与滇中城市群间的产业内联动程度较高,而成渝城市群与黔中城市群、成渝城市群与滇中城市群间的产业内联动程度较低。由于受到经济发展水平差异较大和地理距离较近的混合影响,长江中游城市群与黔中城市群、长江中游城市群与滇中城市群间的产业内联动程度居于中等。

表 9.3　　　　长江经济带城市群的产业灰色关联度

产业	长三角—长江中游	长三角—成渝	长三角—滇中	长三角—黔中	长江中游—成渝	长江中游—滇中	长江中游—黔中	成渝—滇中	成渝—黔中	滇中—黔中	平均
采矿	0.58	0.59	0.57	0.57	0.95	0.92	0.95	0.89	0.92	0.73	0.77
制造	0.45	0.43	0.33	0.33	0.84	0.35	0.35	0.35	0.35	0.85	0.46
电力、燃气、水的生产和供应	0.99	0.99	0.96	0.95	0.97	0.91	0.88	0.96	0.93	0.72	0.93
建筑	0.75	0.65	0.46	0.47	0.66	0.33	0.34	0.37	0.39	0.56	0.50
交通运输、仓储和邮政	0.91	0.89	0.80	0.80	0.95	0.73	0.74	0.75	0.77	0.75	0.81
信息传输、计算机服务和软件	0.88	0.90	0.85	0.86	0.93	0.94	0.95	0.89	0.90	0.89	0.90
批发和零售	0.91	0.89	0.81	0.81	0.65	0.76	0.76	0.50	0.51	0.85	0.74
住宿和餐饮	0.94	0.92	0.90	0.90	0.72	0.95	0.91	0.65	0.65	0.87	0.84
金融	0.91	0.91	0.86	0.86	0.98	0.86	0.86	0.89	0.89	0.98	0.90
房地产	0.93	0.97	0.90	0.90	0.92	0.92	0.92	0.85	0.85	0.99	0.91
租赁和商业服务	0.88	0.93	0.86	0.86	0.89	0.93	0.94	0.83	0.84	0.95	0.88
科学研究、技术服务和地质勘察	0.95	0.91	0.91	0.91	0.73	0.91	0.91	0.66	0.66	0.98	0.85

续表

产业	长三角—长江中游	长三角—成渝	长三角—滇中	长三角—黔中	长江中游—成渝	长江中游—滇中	长江中游—黔中	成渝—滇中	成渝—黔中	滇中—黔中	平均
水利、环境和公共设施管理	0.98	0.98	0.95	0.95	0.99	0.94	0.94	0.96	0.96	0.99	0.97
居民服务、修理和其他服务	0.99	0.84	0.98	0.98	0.67	0.98	0.98	0.64	0.64	0.98	0.87
教育	0.95	0.91	0.79	0.78	0.91	0.66	0.65	0.69	0.68	0.82	0.79
卫生、社会保障和社会福利	0.96	0.94	0.87	0.86	0.95	0.79	0.78	0.82	0.82	0.93	0.87
文化、体育、娱乐用房屋	0.99	0.99	0.97	0.97	0.99	0.96	0.96	0.98	0.98	0.97	0.98
公共管理和社会组织	0.99	0.92	0.82	0.81	0.83	0.66	0.65	0.76	0.74	0.69	0.79
平均	0.89	0.86	0.81	0.81	0.86	0.80	0.80	0.75	0.75	0.86	0.82

（四）长江经济带城市群产业间联动现状

本部分基于"中国地区投入产出表2012"和"2012年中国31省区市区域间投入产出表"，以产业影响力系数和产业感应度系数为评价指标，分析产业在长江经济带各个区域间的联动关系[①]。产业影响力系数和产业感应度系数的计算过程如下。首先，从"2012年中国31省区市区域间投入产出表"中提取长江经济带11省市的区域间直接投入流量，构成"2012年长江经济带区域间投入表"；其次，结合"中国地区投入产出表2012"中长江经济带11省市的42个产业总产值，得到"2012年长江经济带区域间投入产出表"，并基于该表计算得到长江经济带的区域间直接投入系数矩阵；然后，对直接投入系数矩阵求逆，得到长江经济带区域间投入产出表对应的列昂惕夫逆矩阵；最后，以列昂惕夫逆矩阵为基础，计算产业的影响力系数和感应度系数。

影响力系数反映的是某产业增加一个单位最终使用时对国民经济各产业所产生的生产需求与影响程度，影响力系数越大，表明该产业对经济

---

① 由于地级市层面的投入产出数据缺失，本部分在计算长江经济带城市群的产业影响力系数和产业感应度系数时，使用的是省级投入产出表，而不是城市群内各个地级市的投入产出表。同时，由于国家统计局发布的投入产出表目前只更新至2012年，本部分的计算以2012年省级投入产出表为基础。

增长的带动作用越大；感应度系数反映的是当各产业新增一个单位的生产时，某产业的生产受影响的程度，感应度系数越大，表示经济增长对该产业生产需求的推动作用越大（韩斌，2009；陈锡康、杨翠红，2011）。与灰色关联度不同，基于区域间投入产出表的分析不仅可以分析相同产业的跨区域联动关系，还可以分析不同产业间的跨区域联动关系。

1. 长江经济带各省市内的产业联动

Leon 为长江经济带某区域的列昂惕夫逆矩阵，该区域产业 j 的影响力系数计算公式如下：

$$INF_j = \frac{\sum_{i=1}^{n} Leon_{ij}}{\frac{1}{n}\sum_{j=1}^{n}\sum_{i=1}^{n} Leon_{ij}}$$

产业 i 的感应度系数计算公式如下：

$$RES_i = \frac{\sum_{j=1}^{n} Leon_{ij}}{\frac{1}{n}\sum_{j=1}^{n}\sum_{i=1}^{n} Leon_{ij}}$$

$\sum_{i=1}^{n}$ 反映产业 j 的影响力，$\frac{1}{n}\sum_{j=1}^{n}\sum_{i=1}^{n}$ 反映所有产业的平均影响力。INF_j 为产业 j 在区域内的相对影响力，不同区域间的不可比。INF_j 大于 1 意味着产业 j 在区域内的影响力强于其他产业的平均水平。

$\sum_{j=1}^{n} Leon_{ij}$ 反映产业 i 受经济波动的影响程度，$\frac{1}{n}\sum_{j=1}^{n}\sum_{i=1}^{n} Leon_{ij}$ 反映所有产业的平均受影响程度。RES_i 为产业 i 对区域经济波动的相对敏感程度，不同区域间的 RES_i 不可比。RES_i 大于 1 意味着产业 i 对区域经济波动的敏感程度高于其他产业的平均水平，利用影响力系数计算公式和感应度系数计算公式可计算长江经济带 11 个省市、42 个产业的影响力系数和感应度系数。详细的影响力系数和感应度系数表请见"附表 9.1"和"附表 9.2"。本章选取各省市对本地区影响力最强和最易受影响的三个产业进行讨论，如表 9.4 所示。

表 9.4　各省市对本地区影响力最强和最易受影响的三个产业

区域		产业（影响力）	产业（感应度）
长三角	上海	通信设备、计算机和其他电子设备 废品废料 电气机械和器材	金属冶炼和延压加工品 化学产品 租赁和商务服务

续表

区域		产业（影响力）	产业（感应度）
长三角	江苏	金属矿采选产品 金属冶炼和延压加工品 交通运输设备	金属冶炼和延压加工品 化学产品 金属矿产采选
	浙江	金属冶炼和延压加工品 电器机械和器材 废品废料	金属冶炼和延压加工品 化学产品 电力、热力的生产和供应
长江中游	安徽	废品废料 金属制品 交通运输设备	金属冶炼和延压加工品 化学产品 批发和零售
	江西	金属冶炼和延压加工品 仪器仪表 交通运输设备	金属冶炼和延压加工品 电力、热力的生产和供应 化学产品
	湖北	纺织服装鞋帽皮革羽绒及其制品 纺织品 化学产品	化学产品 电力、热力的生产和供应 金属冶炼和延压加工品
	湖南	石油、炼焦产品和核燃料加工品 电气机械和器材 建筑	石油、炼焦产品和核燃料加工品 煤炭采选产品 化学产品
成渝	重庆	通信设备、计算机和其他电子设备 电气机械器材 废品废料	金属冶炼和延压加工品 电力、热力的生产和供应 化学产品
	四川	金属制品、机械和设备修理服务 通信设备、计算机和其他电子设备 交通运输设备	化学产品 金属冶炼和延压加工品 电力、热力的生产和供应
黔中	贵州	废品废料 电器机械和器材 金属冶炼和延压加工品	电力、热力的生产和供应 煤炭采选产品 交通运输、仓储和邮政
滇中	云南	通信设备、计算机和其他电子设备 燃气生产和供应 电气机械和器材	金属冶炼和延压加工品 电力、热力的生产和供应 化学产品

由表9.4可知，一方面，各省市装备制造业的发展对本地区经济增长的贡献最大，而能源、原材料和交通运输类产业的发展最易受本地经济波动的影响；另一方面，在"金属冶炼和延压加工品"产业进行跨城市群合作，能够显著地提升长江经济带的整体生产效率，即"金属冶炼和延压加工品"产业在长江经济带具有较大的跨区域合作潜力。这样的潜力来自该产业三个方面的特征：其一，"金属冶炼和延压加工品"产业对长江中游城市群所涉及省市的经济增长具有较大的带动作用，同时该产业在成渝城市群和长

三角城市群的发展易受这些地区经济波动的影响；其二，成渝城市群和长三角城市群，通过向长江中游城市群转移"金属冶炼和延压加工品"产业，能够为长江中游城市群创造新的经济增长点；其三，由于"金属冶炼和延压加工品"产业在成渝城市群和长三角城市群的影响力系数较低，向外转移该产业并不会对成渝城市群和长三角城市群的经济增长造成明显的损害。

2. 长江经济带各省市间的产业联动

本部分借鉴张亚雄和赵坤（2004）的方法计算产业对长江经济带的影响力系数和感应度系数，并以此为基础分析长江经济带各省市间的产业联动情况。产业对长江经济带的影响力系数和感应度系数的计算公式如下：

$$\text{INF}_j^s = \frac{\sum_{\substack{r=1 \\ (r \neq s)}}^{m} \sum_{i=1}^{n} \text{Leon}_{ij}^{rs}}{\frac{1}{n} \sum_{\substack{r=1 \\ (r \neq s)}}^{m} \sum_{i=1}^{n} \sum_{j=1}^{n} \text{Leon}_{ij}^{rs}}$$

$$\text{RES}_i^r = \frac{\sum_{\substack{s=1 \\ (r \neq s)}}^{m} \sum_{j=1}^{n} \text{Leon}_{ij}^{rs}}{\frac{1}{n} \sum_{\substack{s=1 \\ (r \neq s)}}^{m} \sum_{i=1}^{n} \sum_{j=1}^{n} \text{Leon}_{ij}^{rs}}$$

$\sum_{\substack{r=1 \\ (r \neq s)}}^{m} \sum_{i=1}^{n} \text{Leon}_{ij}^{rs}$ 反映 s 省产业 j 对长江经济带（除 s 省以外的其他区域）的影响力水平，$\frac{1}{n} \sum_{\substack{r=1 \\ (r \neq s)}}^{m} \sum_{i=1}^{n} \sum_{j=1}^{n} \text{Leon}_{ij}^{rs}$ 反映 s 省各产业对长江经济带（除 s 省以外的其他区域）的平均影响力水平。INF_j^s 为 s 省产业 j 对长江经济带经济增长的相对带动作用。

$\sum_{\substack{s=1 \\ (r \neq s)}}^{m} \sum_{j=1}^{n} \text{Leon}_{ij}^{rs}$ 反映 r 省产业 i 对长江经济带（除 r 省以外的其他区域）的感应度水平，$\frac{1}{n} \sum_{\substack{s=1 \\ (r \neq s)}}^{m} \sum_{i=1}^{n} \sum_{j=1}^{n} \text{Leon}_{ij}^{rs}$ 反映 r 省各产业对长江经济带（除 r 省外的其他区域）的平均感应度水平。RES_i^r 为 r 省产业 i 对长江经济带经济波动的相对敏感度。

基于"2012年长江经济带区域间投入产出表"可计算长江经济带11省市各产业对长江经济带的影响力系数和感应度系数。详细的影响力系数表和感应度系数表请见"附表9.3"和"附表9.4"。表9.5汇报了各省市对长江经济带影响力最强和最易受影响的三个产业。

表 9.5　　　各省市对长江经济带影响力最强和最易受影响的三个产业

区域		产业（影响力）	产业（感应度）
长三角	上海	租赁和商务服务 建筑 交通运输、仓储和邮政	石油和天然气开采产品 废品废料 食品和烟草
	江苏	金属冶炼和延压加工品 化学产品 建筑	煤炭采选产品 废品废料 金属矿采选产品
	浙江	建筑 金属冶炼和延压加工品 化学产品	煤炭采选产品 金属矿采选产品 废品废料
长江中游	安徽	建筑 金属冶炼和延压加工品 电器机械和器材	金属矿采选产品 非金属矿和其他矿采选产品 煤炭采选产品
	江西	金属冶炼和延压加工品 建筑 化学产品	其他制造业 非金属矿和其他矿采选产品 金属矿采选产品
	湖北	建筑 金属冶炼和延压加工品 化学产品	非金属矿和其他矿采选产品 废品废料 金属矿采选产品
	湖南	金属冶炼和延压加工品 建筑 专用设备	金属矿采选产品 非金属矿和其他矿采选产品 金属冶炼和延压加工品
成渝	重庆	建筑 交通运输设备 金属冶炼和延压加工品	建筑 煤炭采选产品 石油和天然气开采产品
	四川	建筑 金属冶炼和延压加工品 化学产品	金属矿采选产品 石油和天然气开采产品 非金属矿和其他矿采选产品
黔中	贵州	建筑 金属冶炼和延压加工品 化学产品	金属矿采选产品 煤炭采选产品 金属冶炼和延压加工品
滇中	云南	建筑 金属冶炼和延压加工品 化学产品	金属矿采选产品 金属冶炼和延压加工品 煤炭采选产品

各省市的产业对长江经济带的影响力系数和感应度系数剔除了产业对本省市经济增长的影响和对本省市经济波动的反应，仅体现产业与长江经济带省市外区域的联动状况。由表 9.5 可知：第一，"建筑""金属冶炼和延压加工品"与"化学产品"对长江经济带的经济增长具有较强的带动作用。第二，"煤炭采选产品""金属矿采选产品""非金属矿和其他矿采选产品"

易受到长江经济带经济波动的影响。第三，整体上，影响力较强的产业主要集中在制造业、建筑业、交通运输和商务服务领域，易受影响的产业主要集中在矿产品等工业原料的开采和初级加工领域。同时，强影响力产业和易受影响产业的地域集群化水平不高。总的来说，各省市的产业联动主要集中在中低端产业，高端制造业间的产业联动较弱。

第三节　长江经济带城市群在全球价值链中的地位

改革开放的成功经验表明，融入全球价值链、参与国际分工是促进经济增长和优化经济结构的有效途径。长江经济带跨越我国东部、中部、西部，内部各区域的经济发展水平存在显著差异。因此，为了实现长江经济带城市群的协调发展，既要关注各城市群间的差异，又要将长江经济带视作一个合作与竞争共存的有机整体，在实现各城市群产业联动的基础上，将长江经济带纳入全球价值链、参与国际分工。

本节首先分析长江经济带城市群的出口贸易情况；在此基础上，以出口技术复杂度为衡量指标，测度长江经济带整体和长江经济带各区域在全球价值链中的地位。由于我国各地级市的贸易数据统计口径大都不一致且缺失严重，本节的分析是基于长江经济带城市群所涉及的省级层面的贸易数据，而不是地级市层面的贸易数据。

一　长江经济带城市群的出口贸易情况

由表9.6可知，我国出口贸易额增长迅速，从2002年的3256亿美元增长至2016年的20976亿美元，年均增速高达12%。同时，长江经济带城市群的出口贸易也保持了良好的增长势头。从2002年到2016年，长江经济带城市群所涉及的11个省市的出口贸易总额从1145亿美元增长至9402亿美元，年均增速超过14%，高于全国水平。

然而，在出口贸易总额不断增长的同时，长江经济带各城市群间的出口贸易不均衡问题也日益突出。2002年，长三角城市群、长江中游城市群、成渝城市群、黔中城市群、滇中城市群所涉及省市的出口贸易总额之比约为170∶12∶6∶1∶2。而在2016年，这一比例变为180∶21∶14∶1∶2。黔中城市群和滇中城市群，在出口贸易总额和增速两方面，都明显落后于其他三个城市群。

表 9.6　　2002—2016 年全国及长江经济带各省市出口总额　　（单位：亿美元）

地区	年份	2002	2004	2006	2008	2010	2012	2014	2016
长三角	上海	310	697	1085	1606	1732	1935	1920	1659
	江苏	390	881	1630	2452	2812	3339	3505	3333
	浙江	316	612	1076	1658	2009	2446	2812	2758
长江中游	安徽	23	36	66	108	109	206	265	262
	江西	11	26	40	78	117	199	270	248
	湖北	21	33	59	114	139	188	240	251
	湖南	18	31	52	88	86	123	172	152
成渝	重庆	11	19	31	53	70	310	519	343
	四川	26	35	57	106	123	310	366	265
黔中	贵州	6	13	14	27	20	31	36	43
滇中	云南	13	20	31	45	51	54	105	88
合计	长江经济带	1145	2403	4141	6335	7268	9141	10210	9402
	全国	3256	5933	9689	14307	15778	20488	23423	20976

资料来源：根据 2002—2016 年《中国统计年鉴》整理所得。

表 9.7 汇报了长江经济带城市群的出口贸易结构。由于出口贸易按照贸易方式的不同可分为加工贸易、一般贸易和其他贸易三种形式，且加工贸易和一般贸易构成了长江经济带各省市出口贸易的绝大部分，表 9.7 仅汇报这两种贸易在各省市出口贸易中的比例。由表 9.7 可知，加工贸易和一般贸易在长江经济带各省市的出口贸易中占比超过 80%，且两者存在明显的此消彼长的替代关系。因而，通过分析和对比各省市的加工贸易占比，可以较准确地把握长江经济带城市群的出口贸易结构特征。

一方面，长江经济带五大城市群加工贸易占比的变化趋势存在明显差异。长三角城市群、黔中城市群和滇中城市群的加工贸易占比呈下降趋势，而长江中游城市群和成渝城市群的加工贸易占比呈上升趋势。具体而言，长三角城市群所涉及的上海市、江苏省和浙江省的加工贸易占比在 2007 年达到峰值，其后持续下降，且目前已经明显低于 2002 年的水平；在经历了 15 年的持续下降后，黔中城市群所涉及的贵州省 2016 年的加工贸易占比已经明显低于 2002 年的水平；滇中城市群所涉及的云南省的加工贸易占比经历了较大幅度的下降。同时，长江中游城市群所涉及的安徽省、江西省、湖北省和湖南省的加工贸易占比经历了较大幅度的上升；成渝城市群所涉及的四川省和重庆市的加工贸易占比上升明显，其中，重庆市尤为显著。

另一方面，随着长江经济带各城市群加工贸易占比的不断变化，其对应的排序位置也发生了改变。2012 年以前，五大城市群的加工贸易占比从高到低排序为：长三角城市群、长江中游城市群、成渝城市群、黔中城市群、滇中城市群；而 2012 年以后，这一排序变成：成渝城市群、长三角城市群、长江中游城市群、黔中城市群、滇中城市群。目前，成渝城市群所涉及的重庆市和四川省的加工贸易占比分别超过和接近 50%；长三角城市群所涉及的上海市和江苏省约为 40%，浙江省约为 10%；长江中游城市群所涉及的安徽省、江西省、湖北省和湖南省约为 20%；黔中城市群所涉及的贵州省约为 10%；滇中城市群所涉及的云南省约为 3%。

表 9.7　　2002—2016 年长江经济带 11 省市的出口贸易结构　　（单位：%）

地区		加工贸易				一般贸易			
		2002 年	2007 年	2012 年	2016 年	2002 年	2007 年	2012 年	2016 年
长三角	上海	43.66	51.42	50.19	41.71	42.04	34.64	33.01	37.47
	江苏	46.49	47.39	42.75	38.21	43.79	34.67	41.88	48.64
	浙江	13.51	18.59	12.94	8.61	82.22	77.54	77.33	78.84
长江中游	安徽	16.53	26.92	18.99	26.05	81.67	70.52	78.35	69.77
	江西	13.09	22.15	19.32	15.48	82.38	73.57	75.10	82.02
	湖北	13.32	20.95	27.28	20.93	74.28	74.79	66.98	70.32
	湖南	7.16	7.28	24.98	26.07	89.70	90.26	70.19	66.05
成渝	重庆	6.18	9.80	49.42	60.70	92.60	87.28	49.02	32.40
	四川	39.60	24.69	50.49	43.49	56.84	69.91	32.84	34.04
黔中	贵州	25.21	11.07	11.60	12.82	72.95	86.54	85.72	82.35
滇中	云南	8.26	14.22	1.54	3.61	82.00	77.64	85.50	83.84

资料来源：课题组根据国研网统计数据库整理计算所得。

二　长江经济带城市群在全球价值链中的地位测度

（一）测度方法

某地区所能生产和出口产品的技术含量决定了该地区在国际分工中的

地位（陈晓华、沈成燕，2015）。本部分采用 Hausmann 等（2007）提出的出口技术复杂度来测度长江经济带整体和长江经济带所涉及省市出口产品的技术含量，并以此衡量其在全球价值链中的地位。出口技术复杂度用显示性比较优势衡量产品的技术含量，并以出口贸易额为权重，计算所有产品的平均技术含量，是衡量长江经济带城市群在全球价值链中地位的有效指标。其计算步骤如下。

第一步，计算产品的技术复杂度（PRODY），公式如下：

$$PRODY_j = \sum_k \left\{ \frac{\frac{X_{kj}}{X_{k.}}}{\sum_k \frac{X_{kj}}{X_{k.}}} Y_k \right\}$$

其中，PRODY 表示产品的技术复杂度，X 表示出口额，Y 表示人均 GDP，角标 k 和 j 分别代表地区和产品。产品 j 的技术复杂度为所有地区人均 GDP 的加权平均，权重为各区域出口产品 j 的显示性比较优势。

第二步，计算地区的出口技术复杂度（EXPY），公式如下：

$$EXPY_k = \sum_k \left\{ \frac{X_{kj}}{X_{k.}} PRODY_j \right\}$$

其中，EXPY 表示地区的出口技术复杂度，X 表示出口额，PRODY 表示产品的技术复杂度，角标 k 和 j 分别代表地区和产品。某地区的出口技术复杂度为产品技术复杂度的加权平均，权重为产品的出口额占该地区出口总额的比例。

以 91 个国家和地区 2002—2016 年的 HS-6 位码出口贸易数据和人均 GDP 数据为基础[①]，本部分计算了大约 5000 种产品的技术复杂度。各国的出口贸易数据来自联合国商品贸易统计数据库（UN COMTRADE），人均

---

① 91 个国家和地区分别为：阿尔巴尼亚、阿尔及利亚、阿塞拜疆、阿根廷、澳大利亚、奥地利、亚美尼亚、巴巴多斯、比利时、博茨瓦纳、巴西、伯利兹、保加利亚、布隆迪、白俄罗斯、柬埔寨、喀麦隆、加拿大、斯里兰卡、智利、中国、哥伦比亚、哥斯达黎加、克罗地亚、塞浦路斯、贝宁、丹麦、厄瓜多尔、萨尔瓦多、埃塞俄比亚、爱沙尼亚、斐济、芬兰、法国、格鲁吉亚、德国、希腊、危地马拉、圭亚那、匈牙利、冰岛、印度尼西亚、爱尔兰、以色列、意大利、牙买加、日本、哈萨克斯坦、约旦、拉脱维亚、立陶宛、卢森堡、马达加斯加、马来西亚、马耳他、毛里求斯、墨西哥、摩洛哥、莫桑比克、纳米比亚、荷兰、新西兰、尼日尔、挪威、巴拿马、巴拉圭、秘鲁、菲律宾、波兰、葡萄牙、罗马尼亚、俄罗斯联邦、卢旺达、圣多美和普林西比、沙特阿拉伯、塞内加尔、印度、新加坡、斯洛文尼亚、南非、西班牙、瑞典、瑞士、泰国、突尼斯、土耳其、乌干达、英国、美国、乌拉圭、萨摩亚。同时，各国的人均 GDP 经购买力平价折算并以 2011 年为基期。

GDP数据来自世界银行世界发展指数数据库（WDI），长江经济带城市群所涉及省市的出口数据来自国研网统计数据库。国研网统计数据库提供了中国省级地区的HS-8位码出口贸易数据，本部分将其合并为HS-6位码出口贸易数据，以便和产品的技术复杂度匹配。联合国商品贸易统计数据库中，不同国家在同一年及同一国家在不同年份报告的出口数据采用了不同版本的HS分类编码。为了使数据具有可比性，本章以UN COMTRADE提供的转码表为依据，将所有国家在不同年份的出口贸易数据转为统一1992年版HS编码的出口贸易数据。长江经济带城市群所涉及省市的出口贸易数据采用了同样的处理。

（二）测度结果

1.产品的技术复杂度

本部分计算了2002—2016年HS-6位码层面的产品技术复杂度，并计算了每种产品的平均技术复杂度。表9.8汇报了平均技术复杂度前五位和后五位的产品。一方面，技术复杂度排名前五位的产品均为工业制成品，且大多由收入水平较高、工业体系较为完善的国家出口。以技术复杂度最高的产品"钢板板桩"为例，出口该产品的国家主要为中国、美国、英国、日本和德国。另一方面，技术复杂度排名后五位的产品均为初级产品，且大多由较为贫穷的发展中国家出口。以平均出口技术复杂度最低的产品"钽铌原料"为例，出口该产品的国家主要为埃塞俄比亚和肯尼亚。可以看出，落后国家主要出口低技术复杂度产品，而发达国家主要出口高技术复杂度产品。

表9.8　　　　　　技术复杂度排名前五位和后五位的产品

	产品编码	产品名称	技术复杂度
排名前五位的产品	590220	聚酯高强力纱制帘子布	72436
	721060	镀或涂铝锌合金的铁或非合金钢平板轧材	77597
	721633	热压、热拉拔或热挤压铁或非合金钢钢"H"形钢	79196
	590290	黏胶纤维高强力纱制帘子布	85789
	730110	钢板板桩	87530
排名后五位的产品	261590	钽铌原料	1412
	260900	锡矿砂及其精矿	1522

续表

	产品编码	产品名称	技术复杂度
排名后五位的产品	520300	已梳理的棉花	1863
	120740	芝麻	1943
	090500	香子兰豆	2056

资料来源：根据 UN COMTRADE 数据库和世界银行 WDI 数据库计算得到。

2. 长江经济带城市群的出口技术复杂度

美国作为世界上最大的经济体和经济持续平稳增长的发达国家，处在全球价值链的顶端。通过与美国对比，能够较准确地把握长江经济带城市群在全球价值链中的地位。因此，本部分选取美国作为分析长江经济带城市群在全球价值链中地位的参照系。长江经济带城市群所涉及的 11 个省市和美国 2002—2016 年的出口技术复杂度如图 9.1 所示。

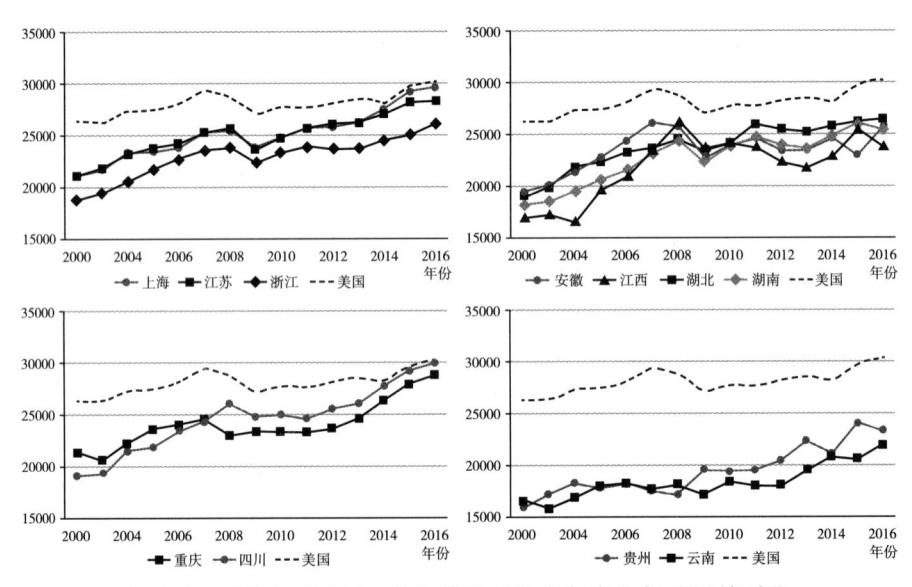

图 9.1　长江经济带 11 省市的出口技术复杂度与美国的对比

资料来源：UN COMTRADE 数据库、世界银行 WDI 数据库，经整理计算后得到。

其一，长江经济带城市群的出口技术复杂度整体呈上升趋势，且在上升的过程中经历了两个明显的转折点。具体表现为：长江经济带城市群所涉及的各省市的出口技术复杂度均在 2007 年左右达到拐点，在 2008 年和 2009 年均经历了不同程度的下降；而在 2010 年以后，各省市的出口技术复杂度持续上升并超过 2007 年的水平。其二，长江经济带各城市群的出口技术复杂度存在明显的差异。具体表现为：长三角城市群所涉及的上海、江苏和浙江的出口技术复杂度最高，成渝城市群所涉及的四川和重庆的出口技术复杂度次之，长江中游城市群所涉及的安徽、江西、湖北和湖南4省的出口技术复杂度低于四川和重庆，黔中城市群所涉及的贵州和滇中城市群所涉及的云南为出口技术复杂度最低的区域。其三，长江经济带城市群的出口技术复杂度低于美国，但与美国的差距不断缩小。具体表现为：长三角城市群和成渝城市群的出口技术复杂度已经基本达到与美国相当的水平，长江中游城市群虽低于美国但差距已明显缩小，黔中城市群和滇中城市群与美国还有较大差距。

第四节 长江经济带城市群产业联动的障碍因素

本节将进一步探究长江经济带城市群产业联动的障碍因素，为后续的机制分析和路径设计奠定基础。我们将长江经济带视作一个有机联系的经济系统，并从系统的内部和外部两个角度分析阻碍产业联动的障碍因素。本部分认为影响长江经济带城市群产业联动的内部障碍因素主要包括经济发展水平、产业关联度与互补性、交通通达度三个方面，外部障碍因素主要包括正式制度安排和社会文化环境两个方面。

一 内部障碍因素

（一）经济发展不平衡

经济发展水平决定区域产业联动发生的强度，坚实的经济基础是进行产业联动的必要条件之一。张孝锋和蒋寒迪（2006）指出，良好的经济发展状况是实现产业转移和产业合作的重要保证。区域间的产业合作、联动和协调发展，从根本上来讲都是源于区域差异。不同国家之间、同一国家不同区域之间经济发展水平的不平衡是社会劳动地域分工长期发展的产物，也是决定产业联动能否发生和发生效果的重要影响因子之一（柏程豫、沈玉芳，2005），但经济发展水平差异过大同样影响产业联动的效果（周超、孙华伟，2007）。

由图9.2和图9.3可知，长江经济带整体经济发展迅速，但各城市群的经济发展不平衡，呈现由下游向上游逐级递减的阶梯特征。从 GDP 总量上看，滇中城市群、黔中城市群与长三角城市群、长江中游城市群、成渝城市群差距显著；而单看后三者，长三角城市群与成渝城市群的差距最大，长三角城市群与长江中游城市群的差距次之，长江中游城市群与成渝城市群的差距最小。从人均 GDP 上看，各城市群人均 GDP 的绝对差距随着时间的推移而不断扩大，这与 GDP 总量的变化趋势相一致。这种在空间上呈阶梯式递减的不平衡经济发展状态阻碍了城市群间的产业联动。

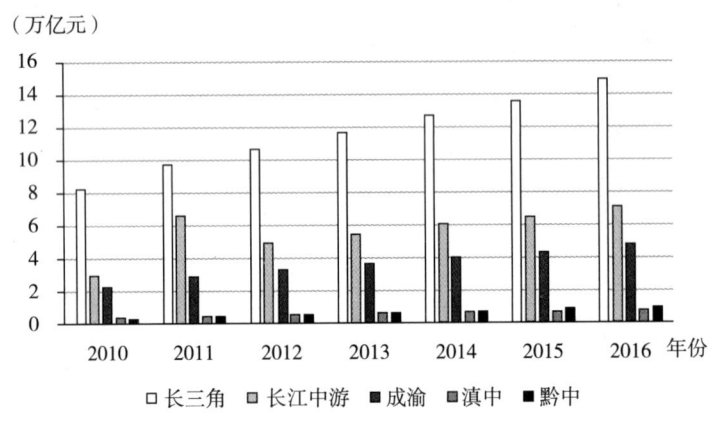

图 9.2　长江经济带五大城市群 GDP 总量

资料来源：根据《中国统计年鉴》整理计算后得到。

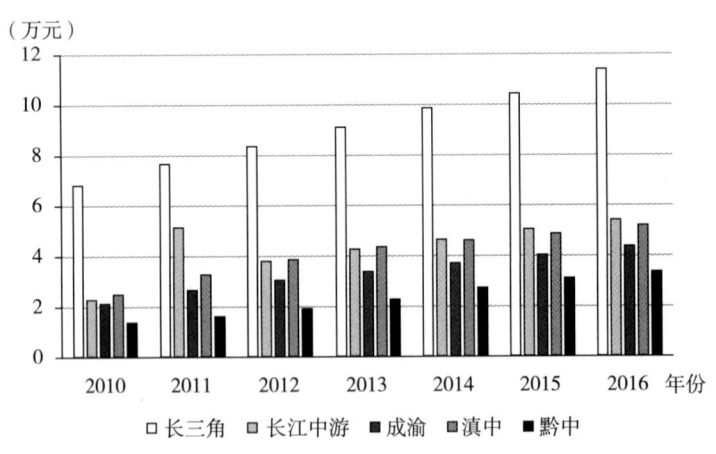

图 9.3　长江经济带五大城市群人均 GDP

资料来源：根据《中国统计年鉴》整理计算后得到。

核心城市对外围城市产生虹吸效应和外溢效应是城市群形成过程中的重要特征。在城市群发展初期，核心城市的虹吸效应远大于外溢效应，阻碍了城市群的产业联动。只有当城市群发展到较为成熟的阶段且核心城市的经济体量达到较大规模时,核心城市对外围城市的影响才主要体现为辐射效应而不是虹吸效应,进而推动城市群产业联动发展。

图9.4、图9.5和图9.6分别给出了长三角城市群、长江中游城市群和成渝城市群内各城市的GDP及其增长率。由于黔中城市群和滇中城市群的数据缺失较为严重,本部分没有汇报这两个城市群内各城市的GDP及其增长率。由图9.4可知,目前,长三角城市群已形成以上海、南京、苏州和杭州为核心的城市群格局,核心城市和非核心城市的差距相对较小,外溢效应大于虹吸效应。由图9.5可知,长江中游城市群正逐步形成以武汉、长沙和南昌为核心的城市群格局,核心城市和非核心城市的差距较大,虹吸效应较为显著。由图9.6可知[①],重庆和成都在成渝城市群中具有典型的核心城市地位,非核心城市的发展明显落后于核心城市。这说明成渝城市群还处于发展初期,其核心城市的虹吸效应十分显著,而外溢效应非常弱。长江中游城市群和成渝城市群的核心城市对周围非核心城市的虹吸效应大于外溢效应,这制约了城市群内的产业联动。

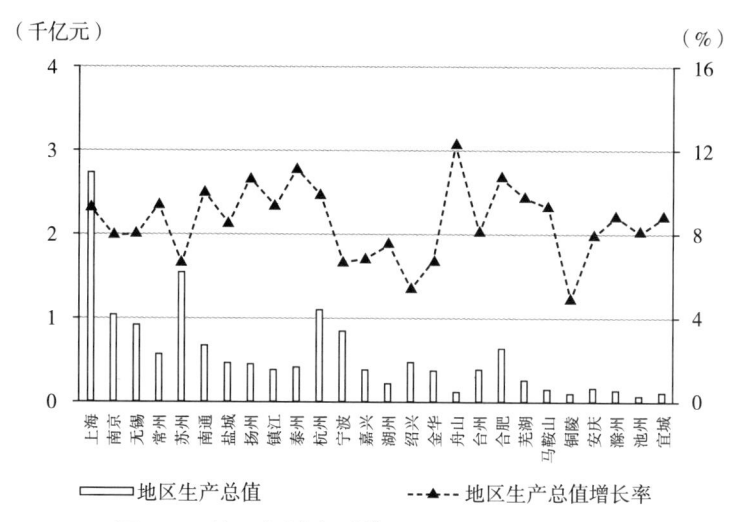

图9.4 长三角城市群的GDP和GDP增长率

资料来源:根据《中国城市统计年鉴》整理所得。

---

① 2016年5月,资阳经历区划调整,仅剩雁江区、安岳县、乐至县,成为全省下辖区县最少的地级市,GDP也从1200多亿元降至800多亿元。

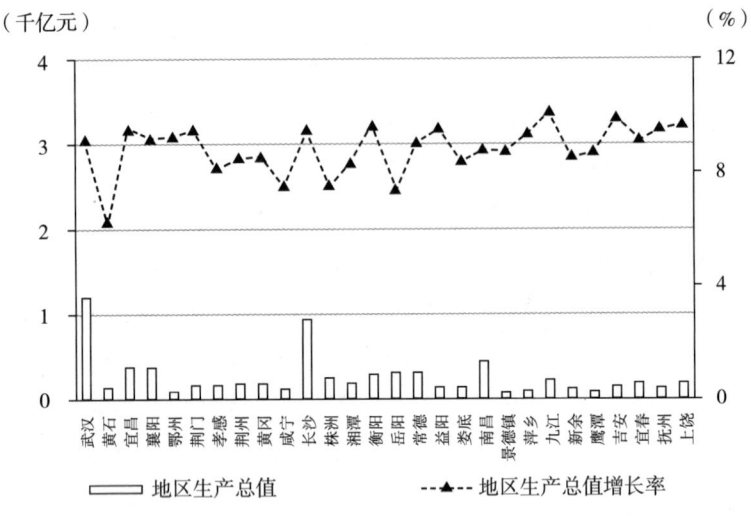

图 9.5 长江中游城市群的 GDP 和 GDP 增长率

资料来源：根据《中国城市统计年鉴》整理所得。

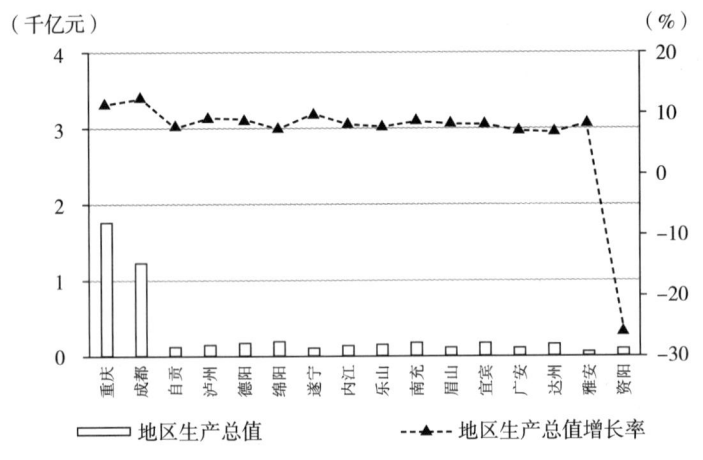

图 9.6 成渝城市群的 GDP 和 GDP 增长率

资料来源：根据《中国城市统计年鉴》整理所得。

（二）区际产业关联度较低，互补性较差

不同区域间产业的关联度会影响产业联动的效果。长江经济带的整体产业关联度较低，产业关联主要集中在中低端产业，而高端产业间的关联较弱，这导致了长江经济带各城市群间的产业联动效果较差。同时，产业结构趋同、互补性较差也制约了长江经济带城市群的产业联动。例如，在上海、江苏和浙江比重最大的 12 个制造业部门中，浙江与江苏有 11 个产业相同，上海与浙江、江苏各有 10 个产业相同。另外，沿江各省市内部产业结构趋同现象也

十分明显。例如，江苏沿江8市就有20多个化工园区。严重的产业结构同质化，使各地区的比较优势和特色难以发挥，削弱了区域内分工协作能力。

长江经济带各城市群的产业布局各自为政，区域非合作博弈现象较为严重。建设长江经济带，主要是为了更有效地发挥长江黄金水道的作用，通过挖掘中上游广阔腹地蕴含的巨大内需潜力，促进经济增长空间从沿海向沿江内陆拓展，形成上中下游优势互补、协作互动格局，缩小东中西部发展差距。然而，沿江各省市均基于自身的利益考虑，各自为政地进行产业规划和布局，这导致了严重的低水平重复建设和资源浪费，其中突出表现为长江中上游与长江下游的产业链未能实现分工、对接，下游地区的发展缺乏资源支撑，中上游地区的发展缺乏资金、技术的支持。

综上所述，产业互补性较差所导致的区域非合作博弈是阻碍长江经济带城市群产业联动发展的重要因素之一。产业同构问题造成了区域内城市之间争夺资源和市场，形成产业布局的区域博弈态势。尤其是各地方政府争租以更加优惠的政策来吸引外方资金，形成地方政府竞争常态化，甚至形成地方政府的恶性竞争和过度保护的现象，这在一定程度上导致了产业结构趋同、政府干预过度等问题，严重制约了城市群产业的联动发展。这种竞争是在价值链低端环节的同质产品的价格竞争，最终的结果是导致这个价值链环节的利润空间进一步压缩，使利润向产业链更高的阶段转移（叶森，2009）。因此，城市群产业联动发展需做到统筹兼顾，协调各产业间的矛盾，进行合理安排，做到因地制宜、综合发展。

（三）交通通达度较低

区域距离和交通基础设施通过影响要素流动而影响区域间的产业联动。具体而言，较远的区域距离和较低的交通通达度，不利于区域间人才、产品、物资等要素的流动，阻碍了区域间的产业联动。就目前看来，区域距离不仅仅指的是物理距离，它更多地代表经济距离。所谓经济距离是指以运费、时间、便利程度来表示的两地之间的距离。经济距离主要受交通运输技术和交通基础设施的影响。因此，本部分重点分析交通通达度对长江经济带城市群产业联动的阻碍。

一方面，长江经济带各城市群的交通通达度差距较大。铁路运营里程是反映铁路运输业基础设施发展水平的重要指标。由图9.7可知，截至2016年，长江中游城市群的铁路运营里程最长，为1.28万千米；长三角城市群次之，为 1.01 万千米；成渝城市群更次，为 0.67 万千米；滇中城市群和黔中城市群的铁路运营里程最短，分别为 0.37 万千米和 0.33 万千米。从 2010 年到 2016 年，长江经济带五大城市群的铁路运营里程均逐步增长。细分城市群来看，成渝城市群的增速自 2014 年开始放缓，长江中游城市群、滇中城市群和黔中城市群的增速从 2015 年起放缓，长三角城市群的增速从 2016 年起放缓，这说明长江经济带各城市群交通发展速度和发展空间都存在差异。公路运营里程是反映公路基础设施发展水平的重要指标，也是社会经济发展水平的重要标志。由图 9.8 可知，截至 2016 年，长江中游城市群的公路运营里程最长，为 66.04 万千米；长三角城市群的

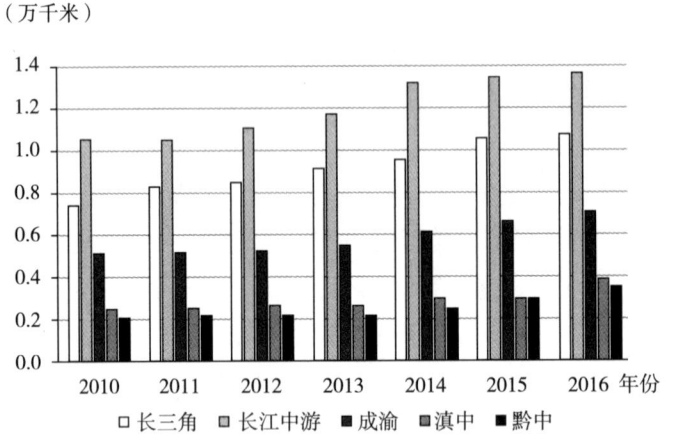

图 9.7　2010—2016 年长江经济带五大城市群铁路运营里程

资料来源：根据《中国统计年鉴》整理计算后得到。

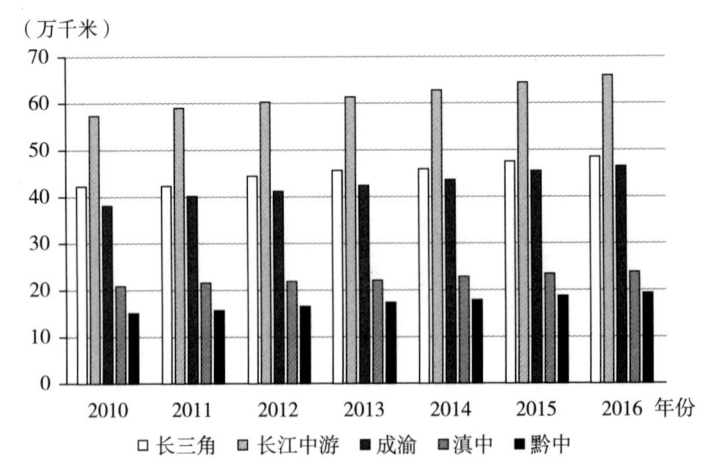

图 9.8　2010—2016 年长江经济带五大城市群公路运营里程

资料来源：根据《中国统计年鉴》整理计算后得到。

公路运营里程次之，为48.73万千米；成渝城市群的公路运营里程略短于长三角城市群，为46.7万千米；滇中城市群和黔中城市群的公路运营里程最短，分别为23.81万千米和19.16万千米。

二 外部障碍因素

（一）正式制度安排不健全

正式制度安排是指行为主体有意识地制定管束行为模型和关系的一系列政策法规，它包括宪法秩序和操作性制度，如执行法等具体法令法规（袁庆明，2014）。制度的可执行性既是产业联动的基本条件，也是影响产业联动效果和程度的重要因素（俞海等，2014）。经济新常态下，由于我国长江经济带重大战略的确立和长江流域各省市政府间合作的不断深入，长江经济带城市群产业联动的制度可执行性越来越强，为长江经济带城市群市场主体间的联动创造了越来越好的条件，城市群产业联动的程度不断深化。制度安排对长江经济带城市群产业联动的影响不仅在于增强制度的可执行性，促进产业要素的自由流动，还在于通过制度安排消除"集体非理性"现象，实现整体效益最大化。目前，长江经济带城市群产业联动的制度安排总体还处于增强可执行性方面，且还很不彻底，在消除"集体非理性"现象方面还任重道远。长江经济带城市群政府间的合作成果基本都是解决一些技术性问题，最多体现在消除一些要素流动的障碍上，还停留在较低的层次上。在我国社会主义市场经济条件下，在区域之间的产业联动过程中政府不仅是其中的重要参与主体，更是重要的推动力量，因此更需要各级政府部门发挥积极作用。

1. 产业布局规划滞后

2014年9月，《国务院关于依托黄金水道推动长江经济带发展的指导意见》（以下简称《意见》）提出从整体上优化长江经济带产业布局，指出"引导产业合理布局和有序转移，培育形成具有国际水平的产业集群，增强长江经济带产业竞争力"。2016年9月12日出台的《长江经济带发展规划纲要》（以下简称《纲要》）也指出，长江经济带要突出产业转移重点，下游地区积极引导资源加工型、劳动密集型产业和以内需为主的资金、技术密集型产业加快向中上游地区转移。中上游地区要立足当地的资源环境承载能力，因地制宜承接相关产业，促进产业价值链的整体提升。然而，长江经济带各区域开发的时间远远领先于《意见》和《纲要》，如浦东开发早在20世纪90年代就已开始。这些地区在早期的开发过程中已经形成了产业布局，即使产业布局存在不合理之处，也很难从根本上进行调整。滞后的产业布局规划，制约了长江经济带城市群的产业联动发展。

2. 区域协调发展机制尚未建立、缺乏实质性的协调机构

长江流域是我国国土空间开发最重要的东西轴线，横跨我国东中西三大区域，东有龙头上海，西有龙尾重庆，中有龙骨南京和武汉，这四大中心城市是带动整个长江经济带腾飞的关键。然而，这四个城市之间的行政壁垒长期存在，缺乏有效的沟通协调，尚未建立有效的区域协调发展机制。同时，缺乏实质性的协调机构，使这四个城市难以发挥应有的城市群产业联动发展作用，尤其是龙头上海对中上游地区经济发展的辐射作用相对较弱，中上游地区丰富的资源和巨大的市场潜力远未得到充分的开发利用。除此之外，虽然企业层面的联动已取得一定进展，也有很大的现实需求，但政府职能的转变和以市场为主导的协调机构的建设相对滞后，且在实际运作中或具体问题上缺乏实际行动，例如区域内的发展规划互不衔接。

中国地方政府的约束主要来自上级政府，上级政府通过相对绩效考核机制来评价各辖区的绩效，每个辖区都会面临其他作为标尺的辖区的竞争，这种特定的锦标赛似的标尺竞争也会带来类似的标尺竞争效应（沈坤荣、付文林，2006；李永友、沈坤荣，2008）。这种相对绩效考核机制导致了各行政区划之间的关系不再是单纯的"兄弟竞争"关系，地方政府在"经济锦标赛"的激励机制下，形成了不同经济主体之间以竞争为主要形式的关系。地方政府利益最大化和相对绩效考核机制导致了地区之间的市场分割和贸易保护，形成了分割明显的"行政区经济"。

（二）文化差异较大，包容度较低

文化是区域发展的内在驱动力，特定的文化能促进区域的特定发展，同样也促进了区域特定的创新趋势，如果能准确把握好区域文化，沿特定的方向发展区域经济，会有事半功倍的效果（戴淑芬、李晓玲，2005）。社会文化环境是产业联动的大环境，直接影响产业联动的产生和发展，尤其是高技术产业的转移和扩散（叶森，2009）。在新的技术条件下，社会文化环境仍会对区域合作的强度和方式起决定性作用。各区域文化差异较大且包容度较低是长江经济带城市群产业联动的重要障碍因素之一，原因如下：

首先，长江经济带的地理格局促成了文化差异。长江经济带横跨我国东中西三大区域，覆盖上海、江苏、浙江、安徽、江西、湖北、湖南、重庆、四川、云南、贵州11省市。长江经济带包含着多样的文化：上游有川渝地区的巴蜀文化，中游有江汉平原的荆楚文化，下游有长三角地区的吴越文化。上中下游文化虽然皆依托长江而产生和发展，但实际呈现出不同的特征。文化差异导致长江经济带各区域的文化认同存在分歧。没有一致的文化认同就不能产生区域的凝聚力，降低区域间合作的风险成本和磨合成本，从而阻碍产业联动。

其次，长江经济带各城市群的包容度不高。城市的包容在内核上指的是文化的包容，城市包容度与城市产业发展之间存在适应效率与配置效率的关系（李叶妍，2016）。表9.9汇报了2015年长江经济带五大城市群的流动人口占全国流动人口的比重。可以看出：长三角城市群的流动人口占全国流动人口的比重在整个长江经济带最高，达到了13.96%；长江中游城市群和成渝城市群相差不多，分别为5.73%和5.57%；滇中城市群仅为1.38%；黔中城市群最低，为0.06%。由表9.10可知，截至2015年，在长江经济带内，上海、苏州为著名包容性城市；无锡、嘉兴、常州、南京、武汉、杭州为主流包容性城市；贵阳、昆明、成都、南昌、合肥为有待提升包容度的城市；扬州、南通、重庆、遵义的包容度较低。

表9.9　　　　　　　2015年中国分城市群流动人口占全国流动人口比重

城市群	比重（%）
长三角	13.96
长江中游	5.73
成渝	5.57
滇中	1.38
黔中	0.06

资料来源：根据国家卫生计生委2015年流动人口动态监测调查数据整理所得。

最后，长江经济带城市群比较缺乏有力度的文化建设措施。近年来，不少专家学者对长江经济带的文化建设越发关注。2016年4月28日至29日，首届长江文化带发展论坛在泸州召开，专家学者共倡"长江经济带"发展战略与"长江文化体系建设"。2016年11月5日，长江文化促进会、长江文化基金会和张家港市人民政府联合在张家港举行了"长江经济带和长江文化"

研讨会。尽管上述活动是围绕长江经济带的文化建设而进行的，却缺乏力度。原因如下：一是提出的规划不具有全局性，没能覆盖整个长江经济带，仅考虑了部分区域；二是提出的规划不具有长期性，甚至连短期的具有可行性的规划也并未形成。2018年4月26日，习近平总书记在深入推动长江经济带发展座谈会上的重要讲话中提到了生态、经济和文化。这说明中央认为各地方政府对长江经济带的文化建设重视程度有待提高。有力度的文化建设的缺乏会阻碍文化一体化进程，且不利于区域的文化开放，从而间接阻碍城市群的产业联动。

表 9.10　　　　2015年中国重点城市包容度排名　　　（单位：万人、%）

排名类别	包容度排名	城市名称	常住总人口	本地户籍人口	净流入人口	净流入人口占常住人口比重
中国著名包容性城市	5	上海	2425.68	1429.26	996.42	41.08
	7	苏州	1060.4	661.08	399.32	37.66
中国主流包容性城市	12	无锡	650.01	477.14	172.87	26.59
	13	嘉兴	457	348.14	108.86	23.82
	15	常州	469.6	368.6	101	21.51
	18	南京	821.61	648.72	172.89	21.04
	19	武汉	1033.8	827.31	206.49	19.97
	20	杭州	889.2	715.76	173.44	19.51
中国有待提升包容度的城市	21	贵阳	455.6	374.07	81.53	17.90
	22	昆明	662.6	550.5	112.1	16.92
	23	成都	1442.8	1210.7	232.1	16.09
	27	合肥	769.6	712.81	56.79	7.38
	31	南昌	524.02	517.73	6.29	1.20
中国包容度较低的城市	33	扬州	447.79	461.34	-13.55	-3.03
	34	南通	729,8	767.6	-37.8	-5.18
	37	重庆	2991.4	3375.2	-383.8	-12.83
	40	遵义	615.49	787.03	-171.54	-27.87

资料来源：罗天昊：《中国40城市包容度排名》，http://www.sohu.com/a/131360049_365037，2017年3月31日。由于篇幅限制，本表只保留了长江经济带城市群所包括的部分主要城市数据。

第五节　全球价值链视角下城市群产业联动的机制分析

全球价值链视角下的城市群产业联动主要表现为两个方面。一方面，各城市群为降低生产成本和提升产业竞争力，以自身比较优势为基础参与国际分工。另一方面，各城市群为实现产业升级和刺激贸易需求，通过消除产业互动壁垒进行城市群内和城市群间的产业合作。在前文已经分析长江经济带城市群的产业联动现状、在全球价值链中的地位和产业联动障碍因素的基础上，本节将进一步分析全球价值链视角下城市群产业联动的机制，为接下来设计长江经济带城市群产业联动的路径奠定基础。全球价值链视角下的城市群产业联动机制主要包括城市群内的集聚整合机制、城市群间的梯度转移机制、城市群间的利益协调机制、全球价值链抱团嵌入机制四个方面。集聚整合机制是以产业为主体，通过产业集聚带动城市群内产业的创新发展，实现产业转型升级。梯度转移机制是以产业部门为主体，基于城市群间的区域产业极差，通过产业专业化分工和非核心产业外移，实现产业梯度转移。区际协调机制是以产业部门为主体，通过结成产业联盟，协调各城市群产业发展。抱团嵌入全球价值链机制，指的是在实现经济带内协调合作的基础上，在开放竞争的全球环境中实现产业联动。

以上四种机制共同作用，推动了城市群内和城市群间的产业联动。由图9.9可知，就单个城市群来看，集聚整合机制在发挥作用。就两个同梯

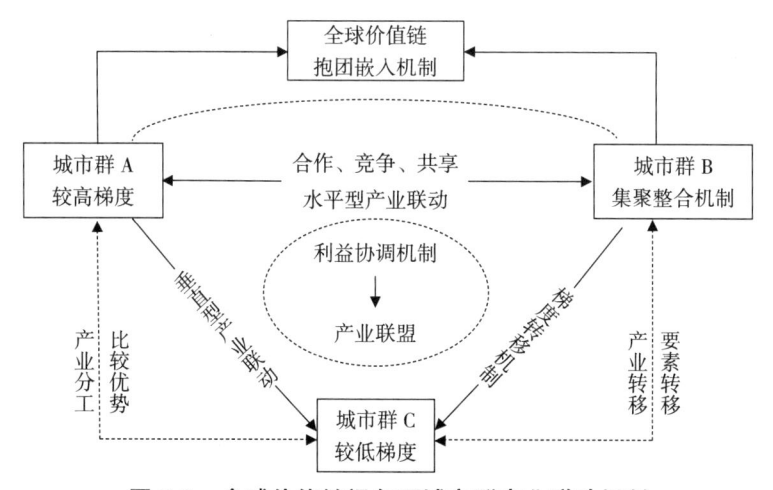

图 9.9　全球价值链视角下城市群产业联动机制

度的城市群来看，A 和 B 之间的水平型产业联动通过区际协调机制实现。就不同梯度的城市群来看，A 和 C 之间存在产业分工，B 和 C 之间存在产业转移，这两种类型的垂直型产业联动通过梯度转移机制实现。就几个城市群整体来看，产业联动通过全球价值链抱团嵌入机制实现。

一　城市群内部产业集聚机制

所谓产业集聚，是指生产同种产品的不同企业以及配套的上下游企业，在一定空间范围内高度密集地聚集在一起的现象（刘世锦，2003）。本部分借鉴产业集聚理论，提出城市群内部集聚整合机制。不同城市群间的产业联动以单个城市群内部实现集聚整合为基础。单个城市群以城市群内的产业为主体率先通过资源整合实现产业集聚，进一步带动城市群产业创新发展，实现产业转型升级。

城市群产业集聚机制的运行通过规模经济、创新效益和竞争效应实现，如图 9.10 所示。一方面，产业集聚不但显著降低了企业的生产成本和交易费用，还为企业细化生产链提供了较大的便利，使各厂商更容易享受到更高品质的供应商服务和获取更广泛精确的行业信息。另一方面，产业集聚能够提升城市群的整体创新效益。企业间的合作和企业与用户间的互动是企业创新的重要来源。产业集聚加快了新工艺、新技术、新思想在企业间传播的速度，使企业对产品缺口、市场需求更敏感，并据此进行新产品的研发。最后，产业集聚加剧了竞争，竞争所产生的淘汰机制和学习机制提升了企业的生产效率。这三种效应的共同作用，促进了产业聚集的产生与加速，进而推动了产业联动。

图 9.10　产业集聚的动力传导机制

二　城市群间产业梯度转移机制

产品生命周期理论认为，创新、发展、成熟、衰退是工业各部门和产品必然会经历的四个阶段。其后的学者将这一理论引入区域经济学领域，便产生了区域经济的发展梯度转移理论。梯度转移理论认为，区域的经济部门尤其是主导产业在工业生命周期中所处的阶段在很大程度上影响该区域的产业结构，进而影响区域经济的发展。如果其主导产业部门大多为处于创新阶段的专业部门，就说明该区域内部的创新活动丰富、发展潜力较大，则将其列入高梯度区域。随着时间的推移及生命周期阶段的变化，生产活动逐渐从高梯度地区向低梯度地区转移，而这种梯度转移过程主要是通过多层次的城市系统扩展开来的。

产业转移存在的基础是产业级差。梯度转移理论主张发达地区应首先加快发展，然后通过向欠发达地区转移产业和要素，带动整个经济的发展。单个城市群在实现内部集聚整合的基础上，以各自的产业部门为主体，通过产业专业化分工和非核心产业外移，实现城市群内产业梯度转移，最终达到整个城市群内产业合理分工的目的。而由多个城市群构成的经济带，在经济发展水平和比较优势上本身就存在明显的梯度差异，这为城市群间进行产业梯度合作打下了良好的基础。如图 9.11 所示，长江经济带内的各城市群可以沿着经济发展水平从高到低的方向进行产业梯度转移，实现长江经济带的整体发展。

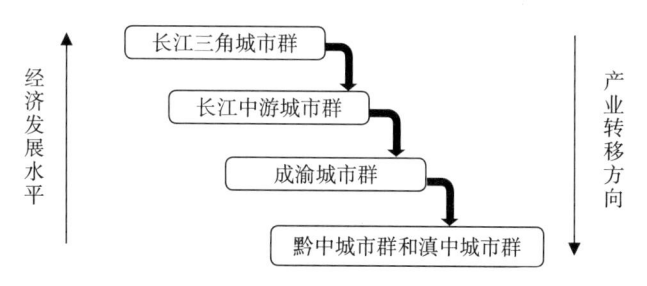

图 9.11 城市群间产业梯度转移路线

三 城市群间利益协调机制

由于历史、地方政府绩效考核等非经济因素的存在，不同城市群甚至不同城市之间存在较为严重的经济利益冲突。因此，实现跨城市群合作不能仅仅依靠市场的力量，还有必要建立城市群间的利益调整机制。即对发展相对落后的区域提供政策支持，鼓励民间资本向经济发展相对落后的城市群转移，以提高整个经济带内的资源利用效率和经济发展的可持续性。为了协调城市群间的利益，由各个城市的政府牵头建立城市群的领导和协商小组、定期召开城市政商界领导和领袖峰会是国内外城市群和经济带采用的较为成熟的协调方案。如图 9.12 所示，通过建立横跨各个城市群的统一协调和管理机构，协调各个城市群内的政府、企业的利益，并推动城市间的产业转移，最终实现各个城市群产业结构的优化和城市群内生产率的提升。

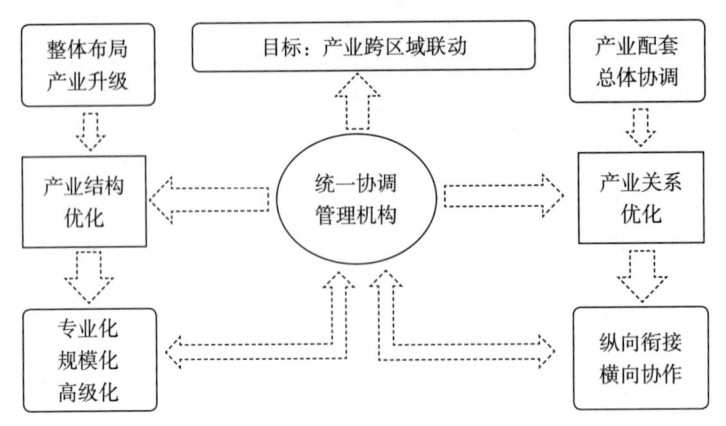

图 9.12　城市群间利益协调机制

四　城市群价值链的抱团嵌入机制

在经济全球化背景下，需要各城市群形成一个有机的产业链，并在此基础上嵌入全球价值链，以保证城市群的协调发展。各城市群形成有机的产业链即是要城市群抱团发展，实现优势互补，增强城市群在全球价值链中的整体竞争力和吸收海外优势资源、参与国际市场竞争的能力。然而，由于城市群间的经济发展水平以及产业结构差异巨大，促进城市群产业链的形成不仅需要依靠市场机制，还需要各城市群通过建立产业联盟加强企业间的跨区域合作。建立产业联盟是为了连接各城市群，塑造一条完整的价值链。产业联盟在城市群嵌入全球价值链的过程中有如下作用：一是充分结合各城市群各产业优势，通过对各城市群产业结构的设计、调整、耦合，实现上下游的产品配套，促进城市群之间尽快地形成具备相当规模和质量、有一定竞争力的产业链，帮助城市群在全球价值链上占据有利地位。二是为城市群内的企业提供实现共享资源和创新的平台，提升竞争力，进而嵌入全球价值链，在开放竞争的全球环境中实现产业联动。

图 9.13　城市群抱团嵌入全球价值链的机制

第六节　长江经济带城市群产业联动的模式及路径设计

设计一个有效推动长江经济带城市群产业联动的方案是本章的主要目标。为了实现这个目标，本章的前五节分别综述了城市群产业联动的相关研究，分析了长江经济带城市群的产业联动现状、在全球价值链中的地位和产业联动的障碍因素。作为本章的最后一部分，本节首先总结和归纳现有的城市群产业联动模式；在此基础上，结合本章前文的分析，设计长江经济带城市群的产业联动路径。

一　城市群产业联动的模式

根据驱动因素的不同，城市群产业联动的模式分为政府主导型城市群产业联动和市场自发型城市群产业联动。其中，市场自发型城市群产业联动较为普遍，而政府主导型城市群产业联动在世界范围内较为少见。本部分首先阐述政府力量主导下的城市群产业联动。在此基础上，结合美国东北部大西洋沿岸城市群的发展经验，进一步阐释市场力量主导下的城市群产业联动。

（一）政府主导型城市群产业联动

政府主导型城市群产业联动主要是由政府意志而不是市场力量推动形成的。这样的城市群产业联动主要通过政府的政策引导和政府间的合作项目实现。相应地，政府主导型城市群产业联动具有"政策引导型"和"政府搭台型"两种典型模式。

政策引导型城市群产业联动是指地方政府通过优惠政策引导企业与要素流动，从而形成城市群间的产业合作。例如，政府间联合出台人才培养和人才吸引政策，建立政府层面的跨区域协调机制，颁布激励企业进行跨区域合作的优惠政策。政府搭台型城市群产业联动是指政府除了提供政策支持外，还为城市群间的产业合作搭建实体平台。例如，通过设立产业园区来吸引企业入驻，或通过成立专项基金直接进入资本市场、引导企业的投资行为。我国各级政府更倾向于采用"搭台"的方式促进城市群产业联动。

因此，本部分选择政府搭台型城市群产业联动模式中的科技园模式和校企合作模式做聚焦分析。

1. 科技园区模式

科技园区模式即政府主持搭建聚集高新技术企业的产业园区。科技园内主要聚集高新技术企业和为这些企业提供原材料、零部件的配套企业。通过集聚，科技园内的企业可以享受到知识和技术等要素的溢出效应，进而带动所在区域相关产业的发展。一般而言，发达区域的高科技企业密度较大，而欠发达区域较小。两者间存在很强的互补性，具有产业合作的潜力。然而，由于发达区域与欠发达区域间的合作难度较大，科技园模式往往需要政府的支持才能实现。在政府的推动下，经济发展较为落后的城市提供科技园区建设用地，通过提供税收、土地等方面的优惠政策和建设一系列的配套基础设施吸引高科技企业入驻，进而促进当地的经济发展和技术进步。

2. 校企合作模式

校企合作模式即学校与企业之间进行跨区域合作。由于在资源与信息等方面具有明显的优势，发达地区高校的研发能力整体而言强于欠发达地区的高校。技术相对落后、经济基础较为薄弱的地区可以和科研实力较强的高校合作以弥补自身的短板。跨区域的校企合作对合作双方而言是一种"双赢"。一方面，通过与企业合作，高校可以获得更多的研究经费和实验设备，并有机会提高科研成果的转化效率。另一方面，通过与高校合作，企业可以分享高校的科研成果，进而提高自身的市场竞争力。高校与企业间的合作主要有资源共享和成果共享两种方式。分享的资源包括设备、信息、工作机会等，而分享的成果包括专业人才、科研成果等。

（二）市场自发型城市群产业联动

市场自发型城市群产业联动模式以市场为主要推动力。美国东北部沿海地区的城市群发展成熟，各城市群间的联动关系紧密。因此，本部分将结合美国东北部大西洋沿岸城市群的发展经验，阐述三种典型的市场自发型城市群产业联动模式。这三种模式包括新英格兰地区以波士顿为核心的极核带动模式，东北部沿海地区以波士顿和纽约为核心的双轮驱动模式和东北部以波华交通带为主轴的轴带合作模式。它们在时间顺序上先后继起，在空间范围上从小到大，体现出由点到线、以线带面的逐步拓展特征。

1. 极核带动模式

当某个城市的经济实力明显强于周围区域时，极核带动模式可能出现。其中，经济实力领先的城市是该区域的核心，称为极核。极核能够带动周围其他区域的发展，进而增强整个区域的经济实力与竞争力。美国新英格兰地区的城市群联动是极核带动模式的典型代表。

波士顿作为新英格兰地区的核心城市，对这一地区的影响经历了从虹吸作用到辐射作用的转变。在18世纪，波士顿对周围区域的辐射带动作用不强，还处于极化作用大于辐射作用的阶段。这一阶段的波士顿对新英格兰地区的影响主要体现为，各种要素资源从周边地区单向持续地流入波士顿，使波士顿发展成为区域要素资源配置中心和产业集聚中心。进入19世纪，波士顿作为区域经济增长极的辐射带动作用开始显现。到了19世纪中期，波士顿的辐射带动作用已经延伸至整个新英格兰地区，并从增长极向城市群拓展。到了20世纪，波士顿作为区域经济增长极的辐射作用开始超过极化作用，不仅辐射的范围更广，辐射带动的力度也更强。进入21世纪，波士顿辐射范围不断扩大，其地域范围已经不再局限于波士顿市，以波士顿为核心的波士顿—剑桥—昆西环形城市群最终形成。

2. 双轮驱动模式

如果一个经济区域内存在两个经济实力明显强于周围地区的城市，双轮驱动模式可能出现。相较于极核带动模式，双轮驱动模式是城市群联动的更高级阶段。美国东北部沿海经济带是这一模式的典型代表，我国的成渝城市群已经基本形成双轮驱动模式的雏形。

新英格兰城市群和中大西洋沿岸城市群共同组成了美国东北部沿海经济带。其中，波士顿和纽约分别是新英格兰城市群和中大西洋城市群的核心城市，也是这两个区域的经济增长极。纽约与波士顿南北呼应，形成美国东北部沿海经济带的双轮驱动发展模式。在18世纪，中大西洋地区的经济发展明显落后于新英格兰地区。进入19世纪后，随着外来移民的涌入和产业由北向南扩散转移，具有河港和海港双重优势的纽约逐渐发展起来，成为中大西洋地区的核心城市。此时，以纽约为中心的中大西洋沿岸城市群开始形成。相较于波士顿，纽约有得天独厚的区位优势。这具体表现为，纽约港的腹地十分广阔，覆盖中西部的五大湖地区和平原地区，芝加哥、底特律、匹兹堡、克利夫兰等发达城市都聚集在这里。

3. 轴带联动模式

轴带联动模式是在极核模式与双轮驱动模式的基础上发展而来的。轴带联动模式并不是极核模式和双轮驱动模式的简单拼接，而是多个对周围区域具有辐射带动作用的核心城市，通过轴带将各个城市联系起来而构成的协调发展的经济系统。海运航线、内河航线、公路和铁路等交通线路均是城市群轴带的构成要素。美国东北部大西洋沿岸城市群是轴带联动模式的典型代表。

20世纪初期，美国东北沿海地区的交通线逐渐增多，交通基础设施不断完善。20世纪30年代，州际公路与铁路网将波士顿、纽约、费城、巴尔的摩和华盛顿等几个核心城市联系起来，波华交通带初步形成。此时的城市交通网络并不十分稠密，波华交通带也未形成明显的带状。在其后的大萧条时期，美国政府通过投资公共基础设施刺激经济。也正是在这一时期，随着公路规模的快速增长，美国东北部形成了稠密的陆路交通网络。到20世纪50年代，波华交通带最终形成。通过降低生产要素和最终产品的流通成本，轴带联动模式使各个城市群间的联动更加立体，城市群内的各个城市所能获取的资源也更加多样化。

二 产业联动的路径设计

基于前文对长江经济带城市群产业联动现状及其障碍因素的分析可知：一方面，长江经济带各省市的产业集群化程度不高，产业联动主要集中在中低端产业，高端制造业间的产业联动较少；另一方面，经济发展不平衡、产业互补性差、交通基础设施不完善、正式制度安排不健全和文化包容度不高是阻碍长江经济带城市群产业联动的主要障碍因素。因此，本部分结合现有的产业联动模式和机制，从五个方面设计长江经济带城市群的产业联动路径。一是加强政府合作，打破行政分割；二是细化产业分工，优化产业布局；三是升级交通网络，促进要素流动；四是整合经济园区，优化资源配置；五是构建内部价值链，抱团嵌入全球价值链。

（一）加强政府合作，打破行政分割

产业联动本质上是一种市场自发性行为，但政府这只"有形的手"在产业联动的过程中也发挥着重要作用。由于户籍制度、政绩评估制度等原因，长江经济带各省市在经济发展过程中"各自为政"，行政分割现象较

为突出，地域保护主义浓厚。这在一定程度上阻碍了长江经济带城市群的产业联动。因此，长江经济带要实现更深入的产业联动，各城市政府需要主动打破行政分割局面，积极营造有利于产业联动的市场环境。具体而言，要逐步取消现有阻碍各地区实现产业联动的法律法规和经济发展政策，建立并完善有利于刺激各地区开展经济合作的激励体系，疏通资本、人才、技术以及各种生产所需原材料的流动通道，消除市场壁垒，营造公平、有序的市场环境。同时，各地区政府要基于本地区发展优势，明确经济发展战略，科学制订跨地区产业联动规划，主动寻求与其他地区在各方面的合作。此外，创新各地区政府之间协调磋商机制，加强对话交流，在实现本地区经济快速健康发展的同时，也要为提升产业链发展水平、构建产业联动生态系统、推动区域统一市场的形成贡献力量。

具体而言，要实现长江经济带产业联动，各级政府需要做到以下几点。其一，加强统一协调管理。长江经济带发展领导小组要切实履行好统筹协调职责，在长江经济带发展战略的实现过程中，统一部署该地区经济发展战略，引导各地区政府打破行政分割，消除市场壁垒，充分释放市场的力量，为11省市实现产业联动营造良好的市场环境。此外，对于各省市在经济合作方面存在的问题，要发挥好领导和统筹协调的作用，完善配套体制机制及相关法律法规，及时有效地解决问题，为各地区政府开展合作扫除一切障碍，做好保障服务工作。其二，抓好重点工作。为逐步实现长江经济带产业联动，领导小组及11省市要基于本地区经济发展优势，在制定各省市产业政策时，必须以长江经济带区域产业政策为依据。在产业政策实施过程中要分阶段、有重点地开展工作，对于影响整个经济带发展的重大事项，要加强各省市的协调磋商，明确各省市分工合作，并纳入政绩考核范畴，确保重点工作正常有序地开展。其三，加强监督评估。领导小组及有关部门要对11省市产业政策制定和实施定期开展检查和评估工作，及时获取规划实施的第一手材料，从而对规划执行效果进行科学评估，并为后续工作的开展提供有针对性的政策建议。其四，树立区域合作新理念。长江经济带11省市在为实现区域产业联动的过程中，要改变传统落后的观念，树立区域合作新理念。各地方政府要强化区域统一市场的观念，在实现本地区经济发展的同时，要立足于长江经济带整个区域，坚持地方局部经济利益要服从整个区域经济利益的原则，充分利用市场机制，实现资源的自由流动和有效配置，从而推动长江经济带产业联动的实现。

（二）细化产业分工，优化产业布局

构建长江经济带城市群多层次的产业分工体系可以整合城市群产业价值链，梳理各地区的比较优势，减少产业同构，削减过剩产能，优化产业布局，从而实现互利共赢。具体而言，长江经济带城市群产业分工有两条路径可以选择：水平型和垂直型。水平型分工合作路径，即经济发展水平、产业结构大致相当的城市群或地区采用的分工模式，这种分工注重的是产品的差异性，使一地的消费者可选择的范围极大地增大。譬如，沿海各省市产业结构相似度较高，处于国内价值链和国家价值链的位置也大致相同，但也可以通过产业联动寻求城市自身的比较优势，实现差异化竞争与发展。而垂直型分工合作路径适用于经济发展水平、产业结构差异较大的城市群或地区，通过上下游关联带动落后地区的经济发展，并在几大城市群中形成完整的价值链。譬如长江经济带东中西部城市群由于产业结构差异较大，并且位于产业链的不同位置，因此可以采用垂直型的产业联动。

产业分工需要通过产业转移来实现，根据两种分工方式，产业转移也具有两种转移方式：要实现水平的产业分工需要按距离由近及远向经济联系较为紧密的周边地区转移；实现垂直的产业分工则需要根据经济势差的大小进行转移，譬如将沿海地区的劳动密集型产业或高劳动力消耗环节转移到内陆地区。

通过东中西部城市群之间的垂直产业分工，以及东中西部城市群内部的水平产业分工，进而构建长江经济带城市群的多层次产业分工体系。充分发挥上海国际大都市的龙头作用，加快国际金融、航运、贸易中心建设。提升南京、杭州、合肥都市区的国际化水平。推进苏南现代化建设示范区、浙江舟山群岛新区、浙江海洋经济发展示范区、皖江承接产业转移示范区、皖南国际文化旅游示范区建设和通州湾江海联动开发。优化提升沪宁合（上海、南京、合肥）、沪杭（上海、杭州）主轴带功能，培育壮大沿江、沿海、杭湖宁（杭州、湖州、南京）、杭绍甬舟（杭州、绍兴、宁波、舟山）等发展轴带。合理划定中心城市边界，保护城郊农业用地和绿色开敞空间，控制特大城市过度蔓延扩张。增强武汉、长沙、南昌中心城市功能，促进三大城市组团之间的资源优势互补、产业分工协作、城市互动合作，把长江中游城市群建设成为引领中部地区崛起的核心增长极和资源节约型、环境友好型社会示范区。优化提升武汉城市圈辐射带动功能，开展武汉市国家创新型城市试点，建设中部地区现代服务业中心。加快推进环长株潭城市群建设，提升湘江新区和湘北湘南中心城市发展水平。培育壮大环鄱阳湖城市群，促进南昌、九江一体化和赣西城镇带发展。建设鄱阳湖、洞庭湖生态经济区。其次，促进成渝城市群一体化发展。提升重庆、成都中心城市功能和国际化水平，发挥双引擎带动和支撑作用，推进资源整合与一体化发展，把成渝城市群打造成为现代产业基地、西部地区重要经济中心和长江上游开放高地，建设深化内陆开放的试验区和统筹城乡发展的示范区。重点建设成渝主轴带和沿长江、成绵乐（成都、绵阳、乐山）等次轴带，加快重庆两江新区开发开放，推动成都天府新区创新发展。

（三）升级交通网络，促进要素流动

便捷的交通运输可以促进城市群间的产业联动。自改革开放以来，长江经济带各城市群交通基础设施的建设取得了一定的成效，铁路、公路营业里程增长迅速，交通网络布局不断优化，初步形成了以铁路、公路、水路、航空、管道等多种交通运输方式为依托的综合交通网络。但长江经济带涵盖11省市，横跨我国东、中、西区域，受经济发展水平和地理位置条件的制约，各城市群交通发展水平差距较大，交通网络布局结构不完善，综合高效的交通集散运输体系尚未建成，这在一定程度上阻碍了各区域之间在生产要素方面的流通，进而不利于长江经济带实现产业联动。因此，为疏通要素流通通道，促进产业联动发展，带内各地区要加大对交通基础设施的投入，以沿江综合运输大通道为轴线，以长三角、长江中游和成渝三大跨区域城市群为主体，以黔中和滇中两大区域性城市群为补充，以沿江大中城市和小城镇为依托，加强海陆空交通运输网络建设，实现整体交通网络的优化升级，提高交通运输的便捷度、畅通度、智能度，缩短11省市之间的经济距离，从而促进带内各地区之间的经济联系。

具体而言：第一，统筹规划区域交通基础设施建设。为顺利推进长江经济带城市群发展战略，各地区政府需要加强交流合作，商讨制订整个经济带的交通基础设施建设规划。各地区在加大对交通基础设施建设的资金、技术、人才等要素的投入时，要强化各种交通方式的衔接性，重点提升目前交通水平较低地区的畅通度，加快形成城乡综合交通运输体系。第二，完善区域运输通道空间布局。在"五纵五横"综合交通网络基础上，倾力构筑连接各地区的水路、陆路、航空交通运输网络，科学合理地布局综合

交通枢纽，建设长江经济带综合立体交通网络。第三，推进各种运输方式紧密衔接。依托长江黄金水道，加快内河航运与港口疏运体系建设，提高航空与铁路、铁路与水路、公路与水路等多种交通方式的衔接度，发展多式联运。第四，提高交通基础设施建设质量，转变传统管理模式。在基础设施建设过程中，要严格把控好工程质量这一关，避免"豆腐渣工程"的出现，减少重复建设。此外，要注重对已建成的交通基础设施的管理，实行现代管理模式，保证综合交通运输网络安全、可持续地发展。

（四）整合经济园区，优化资源配置

目前，我国经济开发区和工业园区在发展过程中存在诸如规划建设规模过大、产业结构趋同、投入产出严重不成比例、利用率低、缺乏核心竞争力、未能在规划期内实现经济收益等问题。因此，需要科学、合理地进行产业布局，对现有产业园区进行整合，删减存在产业同构、效益低下、闲置率高等问题的园区，保留有特色、有竞争力的园区，从而优化资源配置，充分发挥各园区对经济发展的推动作用。长江经济带各城市群要基于自身发展的比较优势，针对本地区的发展进行科学的产业布局，并与其他区域进行产业分工与合作。

长江经济带的东、中、西部在经济发展水平和要素结构上具有明显的差异，东部地区具有充足的资本和先进的技术，但土地资源十分紧缺，中西部地区拥有丰富的土地资源和劳动力，但缺乏资金和技术。在过去，由于不同的经济开发区和经济园区处在不同的行政区域，各个开发区和经济园区间的合作极少。在捋清利益关系的基础上，长江经济带内的各个城市的经济开发区和工业园区可以尝试跨区域合作。长三角城市群的各省市可以依托自身在资金和技术方面的优势，为中西部区域省市的发展提供资金及技术支持；而滇中及黔中城市群的各省市可以借助自身在劳动力和原材料等方面的优势，与中东部城市群进行产业合作，最终将经济开发区和工业园区改造为长江经济带内各区域进行合作的载体。

（五）构建内部价值链，抱团嵌入全球价值链

前文对长江经济带城市群在全球价值链中地位的测度结果表明：由于资源禀赋和经济发展水平的差异，长江经济带内各区域在内部价值链和全球价值链中所处的地位和发挥的作用差异较大。具体来说，长江经济带

沿海地区主要通过内部价值链生产最终产品直接出口到国外而参与国际分工，而内陆地区主要通过内部价值链为沿海地区提供中间产品而间接融入全球价值链。在经济全球化和区域经济一体化的双重背景下，国际分工和区域协作并存，长江经济带内部价值链对其融入全球价值链发挥着重要作用。

长江经济带在向全球价值链高端环节延伸过程中，东部沿海地区应该充分利用中西部地区形成的产业梯度，深入挖掘产业合作机会，提高整个长江经济带的产业联动水平，构建内部价值链，最终抱团嵌入全球价值链。具体来说，一是充分发挥长三角城市群的技术溢出效应促进长江经济带内各区域经济协调发展。东部沿海地区不断提高自主创新能力，通过出口高技术产品提高其在全球价值链中的地位，从而带动带内中西部地区的发展。此外，长江经济带东部沿海地区在构建内部价值链时，将融入全球价值链所积累的技术和经验，通过技术溢出效应和产业关联效应与中西部地区的资源优势相结合，最终实现带内各区域经济协调发展。二是将带内沿海地区的部分产业向中西部地区转移，构筑内部价值链。由于带内各区域在国际分工中发挥的作用不同，沿海地区应该将加工组装等低附加值生产环节向带内中西部地区转移，充分发挥中西部地区的资源优势，而沿海地区应该"腾笼换鸟"，充分发挥其技术优势参与全球价值链中研发和营销等环节，集中优势向全球价值链的高附加值环节攀升。这样，通过带内不同地区之间的产业转移，加强带内各地区之间的产业联动，并积极参与全球价值链分工与合作，构建全球价值链和带内价值链之间的良性互动关系，促使长江经济带各地区以抱团的方式向全球价值链顶端攀升。

小　结

本章在全球价值链视角下对长江经济带城市群的产业联动进行了分析。从产业联动的现状来看，长江经济带各城市群的产业联动主要集中在中低端产业，高端制造业间的产业联动较弱。同时，各城市群间显著的经济发展水平差异、趋同的产业结构、地方政府各自为政的制度安排和东西部地区的文化差异成为阻碍长江经济带城市群产业联动的主要阻碍因素。研究还发现：长江经济带在全球价值链中的地位总体处于中上游，但长江经济带各城市群在全球价值链中的地位差异较大。在此基础上，我们从城市群内部的产业集聚整合、城市群间的产业梯度转移、城市群间的利益协调和城市群抱团嵌入全球价值链四个方面梳理了全球价值链视角下城市群产业联动的机制，从政府主导型和市场自发型两个角度梳理了全球价值链视角下城市群产业联动的模式，并从地方政府间合作、产业分工、交通基础设施、经济开发区和全球价值链五个角度设计了长江经济带城市群产业联动的路径。

附 录

附表 5.1　长江经济带五大城市群 2006 年、2011 年、2016 年金融市场成熟度测度结果

城市群	城市	2006 年	2011 年	2016 年
长江三角洲城市群	上海	1.000	1.000	1.000
	南京	0.566	0.574	0.648
	无锡	0.525	0.540	0.577
	常州	0.471	0.480	0.525
	苏州	0.579	0.609	0.648
	南通	0.467	0.482	0.500
	盐城	0.443	0.452	0.449
	扬州	0.438	0.446	0.467
	镇江	0.443	0.448	0.494
	泰州	0.436	0.445	0.465
	杭州	0.605	0.631	0.667
	宁波	0.557	0.584	0.585
	嘉兴	0.462	0.470	0.501
	湖州	0.432	0.441	0.460
	绍兴	0.476	0.484	0.492
	金华	0.463	0.474	0.486
	舟山	0.434	0.444	0.526
	台州	0.462	0.472	0.478
	合肥	0.474	0.497	0.525
	芜湖	0.423	0.433	0.444
	马鞍山	0.424	0.425	0.433
	铜陵	0.415	0.417	0.447
	安庆	0.423	0.427	0.418

续表

城市群	城市	2006 年	2011 年	2016 年
长江三角洲城市群	滁州	0.414	0.418	0.414
	池州	0.406	0.407	0.407
	宣城	0.408	0.412	0.412
长江中游城市群	南昌	0.463	0.481	0.513
	景德镇	0.407	0.406	0.409
	萍乡	0.403	0.405	0.409
	九江	0.435	0.445	0.418
	新余	0.407	0.412	0.432
	鹰潭	0.407	0.403	0.413
	吉安	0.417	0.419	0.412
	宜春	0.418	0.423	0.415
	抚州	0.412	0.414	0.407
	上饶	0.424	0.428	0.415
	武汉	0.534	0.561	0.603
	黄石	0.409	0.413	0.416
	宜昌	0.447	0.448	0.441
	襄樊	0.425	0.429	0.428
	鄂州	0.400	0.400	0.421
	荆门	0.410	0.411	0.410
	孝感	0.415	0.416	0.408
	荆州	0.422	0.424	0.411
	黄冈	0.423	0.425	0.412
	咸宁	0.403	0.405	0.404
	长沙	0.494	0.524	0.563
	株洲	0.419	0.423	0.423
	湘潭	0.414	0.417	0.428
	衡阳	0.430	0.433	0.417
	岳阳	0.417	0.423	0.414
	常德	0.419	0.423	0.415
	益阳	0.414	0.414	0.403
	娄底	0.411	0.412	0.402

续表

城市群	城市	2006 年	2011 年	2016 年
成渝城市群	重庆	0.605	0.686	0.634
	成都	0.536	0.590	0.621
	自贡	0.408	0.409	0.409
	泸州	0.414	0.417	0.412
	德阳	0.418	0.423	0.419
	绵阳	0.425	0.431	0.423
	遂宁	0.408	0.409	0.404
	内江	0.411	0.410	0.401
	乐山	0.436	0.445	0.414
	南充	0.424	0.431	0.419
	眉山	0.408	0.409	0.406
	宜宾	0.417	0.422	0.414
	广安	0.411	0.412	0.406
	达州	0.420	0.422	0.412
	雅安	0.408	0.408	0.410
	资阳	0.411	0.413	0.400
黔中城市群	贵阳	0.469	0.473	0.534
	六盘水	0.414	0.416	0.405
	遵义	0.425	0.431	0.428
	安顺	0.410	0.409	0.405
滇中城市群	昆明	0.503	0.527	0.540
	曲靖	0.421	0.424	0.405
	玉溪	0.417	0.416	0.414

附表 7.1 长江经济带城市群内各城市技术市场成熟度测度

年份		2013 年			2010 年			2007 年	
直辖市及地级市	所属区域	综合得分	排名	名次变化	综合得分	排名	名次变化	综合得分	排名
上海	长三角	5.83	1	0	4.18	1	0	5.57	1
苏州	长三角	2.71	2	0	4.13	2	1	2.22	3
南京	长三角	1.8	3	2	2.21	5	2	0.68	7

续表

年份		2013 年			2010 年			2007 年	
直辖市及地级市	所属区域	综合得分	排名	名次变化	综合得分	排名	名次变化	综合得分	排名
杭州	长三角	1.66	4	-1	3.34	3	-1	2.43	2
成都	成渝	1.42	5	1	2	6	-1	1.38	5
武汉	长江中游	1.47	6	-2	2.4	4	0	2.21	4
重庆	成渝	1.01	7	2	1.21	9	-3	1.03	6
宁波	长三角	0.95	8	3	1.02	11	-2	0.61	9
长沙	长江中游	0.83	9	-1	1.45	8	16	0.1	24
无锡	长三角	0.61	10	-3	1.77	7	1	0.66	8
合肥	长三角	0.61	11	7	0.36	18	-4	0.28	14
昆明	滇黔	0.57	12	0	0.73	12	26	-0.23	38
绵阳	成渝	0.43	13	18	-0.12	31	-19	0.53	12
南通	长三角	0.42	14	-1	0.61	13	8	0.17	21
南昌	长江中游	0.22	15	12	-0.01	27	-14	0.29	13
台州	长三角	0.18	16	-2	0.57	14	-3	0.56	11
舟山	长三角	0.09	17	9	0.02	26	5	-0.11	31
贵阳	滇黔	0.09	18	-1	0.38	17	19	-0.17	36
金华	长三角	0.04	19	0	0.35	19	-9	0.57	10
芜湖	长三角	0.04	20	25	-0.28	45	-10	-0.14	35
宜昌	长江中游	-0.03	21	14	-0.17	35	-10	0.07	25
孝感	长江中游	-0.06	22	52	-1.56	74	-57	0.23	17
株洲	长江中游	-0.06	23	-1	0.15	22	25	-0.32	47
荆门	长江中游	-0.07	24	47	-1.08	71	-3	-0.55	68
湖州	长三角	-0.08	25	-1	0.13	24	26	-0.37	50
常州	长三角	-0.1	26	10	-0.17	36	-6	-0.09	30
镇江	长三角	-0.1	27	-6	0.18	21	2	0.12	23
嘉兴	长三角	-0.11	28	-12	0.41	16	6	0.16	22
益阳	长江中游	-0.12	29	27	-0.51	56	3	-0.42	59
乐山	成渝	-0.12	30	23	-0.44	53	14	-0.53	67
宜宾	成渝	-0.12	31	-21	1.11	10	45	-0.39	55
马鞍山	长三角	-0.14	32	31	-0.64	63	13	-1.05	76

续表

年份		2013年			2010年			2007年	
直辖市及地级市	所属区域	综合得分	排名	名次变化	综合得分	排名	名次变化	综合得分	排名
衡阳	长江中游	-0.16	33	4	-0.17	37	36	-0.78	73
岳阳	长江中游	-0.16	34	18	-0.43	52	5	-0.41	57
盐城	长三角	-0.17	35	26	-0.61	61	8	-0.55	69
萍乡	长江中游	-0.19	36	-3	-0.15	33	8	-0.24	41
泸州	成渝	-0.19	37	20	-0.54	57	-9	-0.33	48
德阳	成渝	-0.2	38	-6	-0.13	32	-14	0.21	18
眉山	成渝	-0.2	39	-10	-0.06	29	29	-0.42	58
绍兴	长三角	-0.21	40	-20	0.23	20	-5	0.27	15
铜陵	长三角	-0.21	41	17	-0.56	58	2	-0.45	60
曲靖	滇黔	-0.21	42	12	-0.47	54	21	-0.89	75
达州	成渝	-0.22	43	7	-0.34	50	14	-0.5	64
扬州	长三角	-0.23	44	-2	-0.23	42	-5	-0.21	37
遵义	滇黔	-0.23	45	-22	0.15	23	17	-0.23	40
常德	长江中游	-0.24	46	2	-0.32	48	-22	0.03	26
湘潭	长江中游	-0.25	47	-22	0.13	25	14	-0.23	39
宜春	长江中游	-0.28	48	22	-1	70	-9	-0.45	61
九江	长江中游	-0.29	49	11	-0.59	60	6	-0.53	66
遂宁	成渝	-0.29	50	9	-0.56	59	-7	-0.37	52
自贡	成渝	-0.31	51	-23	-0.03	28	-1	0.02	27
池州	长三角	-0.33	52	20	-1.16	72	-52	0.17	20
娄底	长江中游	-0.34	53	15	-0.79	68	-15	-0.38	53
抚州	长江中游	-0.34	54	-13	-0.22	41	1	-0.26	42
玉溪	滇黔	-0.37	55	-40	0.54	15	59	-0.82	74
仙桃	长江中游	-0.38	56	20	-1.66	76	-13	-0.46	63
上饶	长江中游	-0.41	57	-17	-0.19	40	-6	-0.14	34
黄石	长江中游	-0.42	58	-9	-0.32	49	21	-0.57	70
宣城	长江中游	-0.42	59	7	-0.71	66	-33	-0.13	33
新余	长江中游	-0.43	60	13	-1.19	73	-8	-0.5	65
雅安	成渝	-0.44	61	-10	-0.38	51	5	-0.4	56

续表

年份		2013 年			2010 年			2007 年	
直辖市及地级市	所属区域	综合得分	排名	名次变化	综合得分	排名	名次变化	综合得分	排名
资阳	成渝	−0.45	62	−19	−0.23	43	19	−0.45	62
黄冈	长江中游	−0.5	63	−19	−0.24	44	2	−0.31	46
襄阳	长江中游	−0.5	64	−9	−0.48	55	−26	−0.05	29
内江	成渝	−0.5	65	−19	−0.31	46	5	−0.37	51
泰州	长三角	−0.52	66	3	−0.86	69	−50	0.18	19
楚雄	滇黔	−0.53	67	−29	−0.18	38	6	−0.28	44
鹰潭	长江中游	−0.58	68	−38	−0.09	30	13	−0.26	43
咸宁	长江中游	−0.61	69	−2	−0.75	67	−39	−0.02	28
滁州	长三角	−0.62	70	−8	−0.61	62	−13	−0.35	49
南充	成渝	−0.67	71	−37	−0.16	34	11	−0.28	45
鄂州	长江中游	−0.69	72	3	−1.59	75	−4	−0.65	71
吉安	长江中游	−0.71	73	−26	−0.31	47	−15	−0.13	32
广安	成渝	−0.73	74	−35	−0.18	39	33	−0.76	72
安庆	长三角	−0.83	75	−11	−0.66	64	−48	0.24	16
景德镇	长江中游	−1.16	76	−11	−0.68	65	−11	−0.39	54

附表 9.1　　产业对本省市的影响力系数

影响力系数	上海	江苏	浙江	安徽	江西	湖北	湖南	重庆	四川	贵州	云南
农林牧渔产品和服务	0.923	0.714	0.695	0.74	0.658	0.873	0.806	0.677	0.706	0.76	0.72
煤炭采选产品	0.328	0.839	0.843	0.77	1.144	0.943	0.95	0.8	1.032	0.993	0.974
石油和天然气开采产品	0.722	0.478	0.334	0.362	0.345	0.74	0.418	1.046	0.929	0.409	0.391
金属矿采选产品	0.328	1.61	1.172	0.962	1.214	0.974	1.068	0.959	1.002	0.752	1.067
非金属矿和其他矿采选产品	0.328	1.071	1.024	1.113	1.25	0.845	1.096	1.184	1.041	0.839	1.09
食品和烟草	0.82	0.896	1.004	0.977	0.975	1.268	1.027	0.939	0.931	0.772	0.782
纺织品	1.236	1.177	1.222	1.111	1.066	1.445	1.122	0.988	1.107	1.055	1.043
纺织服装鞋帽皮革羽绒及其制品	1.103	1.155	1.201	1.096	1.144	1.512	1.169	1.038	1.145	1.077	1.107
木材加工品和家具	1.181	1.182	1.173	1.126	1.045	1.204	1.167	1.115	1.154	0.839	1.081
造纸印刷和文教体育用品	1.218	1.116	1.247	1.162	1.11	1.134	1.167	1.112	1.079	0.931	1.145

续表

影响力系数	上海	江苏	浙江	安徽	江西	湖北	湖南	重庆	四川	贵州	云南
石油、炼焦产品和核燃料加工品	1.021	0.785	0.695	0.866	0.835	0.971	1.616	1.097	1.117	1.276	1.085
化学产品	1.208	1.143	1.233	1.189	1.13	1.329	1.199	1.096	1.106	1.276	1.127
非金属矿物制品	0.973	1.17	1.135	1.132	1.191	1.296	1.145	1.094	1.118	1.274	1.149
金属冶炼和压延加工品	1.132	1.415	1.46	1.24	1.469	1.181	1.23	1.307	1.199	1.339	1.205
金属制品	1.162	1.284	1.317	1.305	1.351	1.223	1.153	1.265	1.207	1.216	1.221
通用设备	1.266	1.303	1.337	1.243	1.375	1.055	1.184	1.211	1.231	1.125	1.24
专用设备	1.213	1.276	1.23	1.22	1.349	1.013	1.217	1.241	1.236	1.29	1.254
交通运输设备	1.284	1.414	1.32	1.258	1.385	1.127	1.138	1.276	1.252	1.312	1.229
电气机械和器材	1.313	1.359	1.374	1.236	1.364	1.081	1.273	1.376	1.245	1.346	1.273
通信设备、计算机和其他电子设备	1.669	1.346	1.302	1.2	1.361	0.845	1.008	1.632	1.265	1.214	1.296
仪器仪表	1.143	1.279	1.252	1.158	1.395	0.931	1.166	1.151	1.206	0.858	1.195
其他制造产品	1.085	1.283	1.134	1.184	1.304	1.272	1.073	1.213	1.124	1.052	1.22
废品废料	1.322	0.513	1.35	1.365	1.011	0.791	0.82	1.311	0.496	1.534	0.433
金属制品、机械和设备修理服务	1.1	1.317	1.081	1.147	1.359	0.936	1.099	1.109	1.273	0.872	1.191
电力、热力的生产和供应	0.78	1.045	1.033	0.95	1.003	1.32	1.108	0.983	1.053	1.165	1.134
燃气生产和供应	1.033	1.207	0.728	1.132	0.841	1.053	1.05	1.138	1.054	1.28	1.283
水的生产和供应	0.938	0.806	0.91	0.783	0.722	0.828	0.96	0.589	0.942	1.059	0.955
建筑	1.237	1.23	1.239	1.134	1.181	1.242	1.252	1.293	1.155	1.266	1.256
批发和零售	0.836	0.511	0.645	0.632	0.829	0.679	0.687	0.606	0.696	0.637	0.655
交通运输、仓储和邮政	1.262	0.845	0.817	0.958	0.82	1.065	0.957	0.899	0.892	0.971	0.907
住宿和餐饮	0.951	0.837	0.826	0.941	0.84	1.006	0.958	0.848	0.864	0.762	0.859
信息传输、软件和信息技术服务	1.007	0.788	0.821	0.865	0.719	0.855	0.722	0.886	0.856	0.921	1.014
金融	0.689	0.733	0.614	0.877	0.717	0.698	0.855	0.681	0.629	0.797	0.753
房地产	0.631	0.551	0.437	0.675	0.466	0.592	0.612	0.51	0.629	0.686	0.712
租赁和商务服务	1.157	0.776	0.972	0.929	0.899	0.957	0.908	0.865	1.043	0.995	1.158
科学研究和技术服务	1.061	0.96	1.085	0.891	0.77	1.024	0.912	1.067	0.837	0.938	0.873
水利、环境和公共设施管理	1.011	0.797	0.82	0.875	0.766	0.765	0.696	0.669	0.92	0.978	0.81

续表

影响力系数	上海	江苏	浙江	安徽	江西	湖北	湖南	重庆	四川	贵州	云南
居民服务、修理和其他服务	0.971	0.847	0.723	0.777	0.675	0.665	0.806	0.775	0.902	0.86	0.81
教育	0.669	0.514	0.708	0.691	0.621	0.728	0.682	0.591	0.747	0.634	0.607
卫生和社会工作	1.017	0.933	1.03	1.226	0.902	1.045	0.9	0.854	0.914	1.007	0.976
文化、体育和娱乐	0.849	0.866	0.885	0.651	0.694	0.707	0.888	0.809	0.922	0.878	0.926
公共管理、社会保障和社会组织	0.822	0.63	0.572	0.852	0.704	0.783	0.734	0.704	0.743	0.756	0.791

附表 9.2　　产业对本省市的感应度系数

感应度系数	上海	江苏	浙江	安徽	江西	湖北	湖南	重庆	四川	贵州	云南
农林牧渔产品和服务	0.544	1.245	0.892	1.328	1.466	1.89	1.691	1.448	1.681	1.422	1.293
煤炭采选产品	1.212	1.741	1.672	1.586	1.28	1.459	2.496	1.463	1.572	1.724	2.932
石油和天然气开采产品	2.119	1.067	1.392	1.038	0.967	1.358	0.506	1.195	1.372	0.443	0.439
金属矿采选产品	0.756	2.541	0.858	1.096	1.373	1.502	1.172	0.977	1.038	1.083	0.816
非金属矿和其他矿采选产品	0.427	0.818	0.531	0.683	0.536	0.628	0.665	0.697	1.008	0.712	0.586
食品和烟草	0.722	0.993	0.655	0.753	1.192	1.545	0.976	0.86	1.312	0.84	0.74
纺织品	0.883	1.015	1.019	0.936	0.984	1.489	0.736	0.691	0.942	0.826	0.637
纺织服装鞋帽皮革羽绒及其制品	0.535	0.468	0.56	0.534	0.848	0.668	0.583	0.664	0.647	0.658	0.514
木材加工品和家具	0.522	0.607	0.639	0.588	0.609	0.525	0.838	0.606	0.756	0.758	0.585
造纸印刷和文教体育用品	0.744	1.122	1.284	1.328	1.167	1.439	1.193	1.236	1.164	1.218	1.073
石油、炼焦产品和核燃料加工品	1.865	0.95	0.97	1.223	0.909	1.057	3.059	1.264	1.236	1.353	1.661
化学产品	2.458	3.673	3.422	2.608	2.72	2.753	2.486	2.538	3.352	2.419	2.384
非金属矿物制品	0.7	0.893	0.791	0.714	0.845	0.97	0.901	0.803	0.861	0.885	0.728
金属冶炼和压延加工品	2.712	4.35	4.565	4.092	4.779	2.208	2.26	3.487	3.181	2.599	2.171
金属制品	0.619	1.183	0.884	0.728	0.58	0.551	0.713	0.889	0.872	1.007	0.793
通用设备	0.83	0.85	0.985	0.918	0.74	0.882	0.802	1.182	1.151	1.504	0.702
专用设备	0.466	0.581	0.708	0.658	0.574	0.694	0.709	0.658	0.761	0.743	0.613
交通运输设备	0.824	0.517	0.732	0.647	0.814	0.672	0.663	0.788	1.013	0.805	0.783

续表

感应度系数	上海	江苏	浙江	安徽	江西	湖北	湖南	重庆	四川	贵州	云南
电气机械和器材	0.81	0.9	1.174	0.761	1.242	0.991	0.886	0.708	1.008	1.288	0.672
通信设备、计算机和其他电子设备	1.934	1.059	1.017	0.889	2.067	0.856	0.864	1.929	1.614	1.947	0.899
仪器仪表	0.45	0.443	0.571	0.47	0.482	0.525	0.525	0.651	0.503	0.712	0.541
其他制造产品	0.506	0.475	0.428	0.48	0.363	0.552	0.564	0.477	0.439	0.532	0.502
废品废料	1.908	0.742	1.724	1.789	0.509	0.595	0.802	0.876	0.533	0.432	0.977
金属制品、机械和设备修理服务	1.508	0.433	0.487	1.154	0.365	0.474	0.483	0.978	0.551	0.547	0.819
电力、热力的生产和供应	1.889	1.599	2.199	1.567	3.08	2.735	1.504	2.908	2.158	2.462	3.143
燃气生产和供应	0.491	1.063	0.453	0.873	0.542	0.543	0.661	0.514	0.438	0.823	0.654
水的生产和供应	0.512	0.387	0.4	0.455	0.403	0.553	0.476	0.517	0.472	0.453	0.458
建筑	0.455	0.414	0.373	0.458	0.441	0.901	0.471	0.481	0.466	0.555	0.649
批发和零售	1.366	1.215	1.287	1.943	1.484	1.249	2.402	1.133	1.226	1.824	1.594
交通运输、仓储和邮政	2.189	1.52	1.544	1.785	2.174	1.336	1.9	1.585	0.998	1.557	2.719
住宿和餐饮	0.615	0.679	0.605	0.775	0.993	0.873	0.87	0.743	0.99	0.832	0.967
信息传输、软件和信息技术服务	0.973	0.527	0.831	0.54	0.492	0.644	0.654	0.64	0.74	0.665	0.674
金融	1.6	1.321	1.946	1.723	0.947	1.374	0.932	1.465	1.522	1.398	1.992
房地产	0.895	0.529	0.498	0.648	0.438	0.633	0.617	0.629	0.556	0.609	0.559
租赁和商务服务	2.259	1.314	0.963	1.277	0.602	1.051	1.001	0.998	0.691	0.905	1.152
科学研究和技术服务	0.386	0.399	0.474	0.39	0.392	0.523	0.483	0.525	0.499	0.654	0.474
水利、环境和公共设施管理	0.331	0.354	0.37	0.372	0.362	0.458	0.436	0.427	0.424	0.449	0.481
居民服务、修理和其他服务	0.559	0.529	0.501	0.59	0.522	0.605	0.975	0.568	0.642	0.575	0.712
教育	0.38	0.386	0.4	0.433	0.464	0.547	0.486	0.479	0.402	0.452	0.497
卫生和社会工作	0.331	0.361	0.387	0.368	0.348	0.432	0.446	0.42	0.381	0.443	0.462
文化、体育和娱乐	0.352	0.38	0.417	0.425	0.401	0.533	0.625	0.472	0.44	0.482	0.516
公共管理、社会保障和社会组织	0.361	0.355	0.393	0.377	0.502	0.73	0.488	0.43	0.384	0.403	0.436

附表 9.3 产业对长江经济带的影响力系数

影响力系数	上海	江苏	浙江	安徽	江西	湖北	湖南	重庆	四川	贵州	云南
农林牧渔产品和服务	0.110	0.579	0.424	1.259	0.954	1.241	1.501	0.484	1.208	1.376	1.717
煤炭采选产品	0.000	0.054	0.002	0.453	0.525	0.090	0.686	0.238	1.152	3.235	1.068
石油和天然气开采产品	0.001	0.001	0.000	0.000	0.000	0.012	0.000	0.002	0.255	0.000	0.000
金属矿采选产品	0.000	0.102	0.018	0.445	1.477	0.774	0.788	0.082	0.684	0.011	0.862
非金属矿和其他矿采选产品	0.000	0.074	0.064	0.217	0.328	0.249	0.233	0.185	0.629	0.036	0.372
食品和烟草	0.705	0.770	1.081	2.034	1.685	2.680	2.070	0.950	2.051	1.277	1.608
纺织品	0.296	1.001	1.809	0.580	0.680	0.844	0.215	0.139	0.340	0.000	0.029
纺织服装鞋帽皮革羽绒及其制品	0.785	0.824	1.266	0.714	1.298	0.599	0.242	0.332	0.457	0.036	0.027
木材加工品和家具	0.319	0.343	0.621	0.477	0.396	0.155	0.339	0.176	0.564	0.084	0.154
造纸印刷和文教体育用品	1.033	0.515	1.318	0.737	0.822	0.761	0.892	0.547	0.961	0.105	0.573
石油、炼焦产品和核燃料加工品	1.010	0.656	0.581	0.330	1.002	0.999	0.887	0.035	0.318	0.221	0.368
化学产品	2.253	5.147	3.666	3.213	3.437	3.940	3.165	1.999	2.605	3.948	2.509
非金属矿物制品	0.797	1.679	1.446	2.368	2.621	2.207	2.494	1.930	1.885	1.569	1.244
金属冶炼和压延加工品	2.242	6.621	4.584	4.553	7.549	4.729	6.279	5.737	4.385	7.086	5.480
金属制品	0.805	1.525	1.996	1.317	0.640	0.950	0.705	0.997	0.975	0.175	0.193
通用设备	1.719	1.623	2.918	1.594	0.658	0.612	1.509	1.351	2.240	0.084	0.170
专用设备	0.801	1.101	1.090	1.173	0.596	0.366	3.499	0.668	1.586	0.124	0.253
交通运输设备	2.975	2.225	2.044	2.205	1.671	3.735	1.580	7.300	2.327	0.942	0.522
电气机械和器材	1.265	3.885	2.933	3.770	1.571	0.948	1.043	2.176	1.440	0.170	0.214
通信设备、计算机和其他电子设备	1.819	2.809	0.854	0.737	1.129	0.429	0.807	2.005	2.188	0.135	0.035
仪器仪表	0.130	0.581	0.269	0.083	0.118	0.016	0.132	0.143	0.088	0.013	0.034
其他制造产品	0.031	0.108	0.224	0.184	0.008	0.070	0.054	0.196	0.046	0.008	0.011
废品废料	0.114	0.091	0.153	0.705	0.064	0.025	0.206	0.077	0.079	0.069	0.000
金属制品、机械和设备修理服务	0.062	0.005	0.078	0.019	0.001	0.004	0.069	0.002	0.126	0.000	0.000
电力、热力的生产和供应	1.254	1.218	2.086	1.477	2.719	3.025	1.752	1.254	1.529	3.361	2.345

续表

影响力系数	上海	江苏	浙江	安徽	江西	湖北	湖南	重庆	四川	贵州	云南
燃气生产和供应	0.148	0.164	0.111	0.135	0.172	0.245	0.041	0.104	0.138	0.173	0.229
水的生产和供应	0.010	0.005	0.037	0.002	0.010	0.008	0.012	0.006	0.084	0.053	0.045
建筑	4.492	4.075	5.182	4.904	4.259	5.786	5.355	9.782	5.863	8.136	12.088
批发和零售	2.469	0.259	0.759	0.513	2.010	0.507	0.812	0.249	0.651	0.511	0.969
交通运输、仓储和邮政	3.670	0.890	0.994	1.320	1.194	2.618	1.354	0.706	0.660	3.612	1.140
住宿和餐饮	0.577	0.432	0.580	0.377	0.437	0.367	0.404	0.217	0.631	0.421	0.693
信息传输、软件和信息技术服务	0.877	0.211	0.302	0.168	0.142	0.214	0.172	0.301	0.828	0.669	1.099
金融	0.876	0.558	0.589	0.872	0.421	0.403	0.478	0.593	0.396	1.165	0.823
房地产	0.378	0.158	0.089	0.355	0.052	0.133	0.096	0.057	0.210	0.189	0.259
租赁和商务服务	5.629	0.371	0.607	0.527	0.178	0.687	0.352	0.215	0.451	0.646	1.890
科学研究和技术服务	1.003	0.431	0.308	0.131	0.051	0.299	0.110	0.228	0.346	0.086	0.447
水利、环境和公共设施管理	0.194	0.094	0.068	0.076	0.018	0.018	0.009	0.001	0.046	0.023	0.020
居民服务、修理和其他服务	0.334	0.227	0.134	0.085	0.138	0.037	0.486	0.056	0.404	0.501	0.187
教育	0.145	0.081	0.166	0.216	0.177	0.359	0.166	0.047	0.303	0.162	0.255
卫生和社会工作	0.242	0.190	0.287	1.020	0.246	0.274	0.233	0.185	0.236	0.351	0.865
文化、体育和娱乐	0.075	0.123	0.095	0.032	0.045	0.117	0.272	0.051	0.151	0.107	0.127
公共管理、社会保障和社会组织	0.359	0.193	0.169	0.627	0.505	0.469	0.503	0.202	0.488	1.132	1.077

附表9.4 产业对长江经济带的感应度系数

感应度系数	上海	江苏	浙江	安徽	江西	湖北	湖南	重庆	四川	贵州	云南
农林牧渔产品和服务	0.496	0.492	0.397	1.160	0.844	0.532	1.194	0.444	0.488	0.527	0.480
煤炭采选产品	0.000	7.259	8.308	3.158	2.350	2.403	2.581	4.355	4.224	3.662	3.125
石油和天然气开采产品	3.604	0.991	0.000	0.000	0.000	3.220	0.000	4.115	4.635	0.000	0.000
金属矿采选产品	0.000	4.095	5.441	4.861	3.723	3.354	3.976	6.413	4.708	3.820	3.850
非金属矿和其他矿采选产品	0.000	2.383	2.729	3.755	3.968	5.724	3.417	0.640	4.478	1.874	2.521
食品和烟草	2.474	0.576	0.511	1.438	0.859	0.419	1.231	0.702	0.813	0.653	0.628
纺织品	0.791	0.616	0.490	0.609	0.634	0.982	0.820	0.402	0.752	0.067	0.555

续表

感应度系数	上海	江苏	浙江	安徽	江西	湖北	湖南	重庆	四川	贵州	云南
纺织服装鞋帽皮革羽绒及其制品	0.199	0.321	0.211	0.303	0.509	0.340	0.248	0.209	0.219	0.222	0.346
木材加工品和家具	0.567	0.292	0.534	0.569	0.371	0.677	0.518	0.452	0.669	0.512	0.353
造纸印刷和文教体育用品	1.542	0.891	1.919	1.308	0.788	0.670	1.392	0.941	0.716	1.078	0.563
石油、炼焦产品和核燃料加工品	2.093	1.172	1.418	1.633	1.538	1.649	2.540	2.132	1.616	2.206	2.544
化学产品	1.564	0.957	0.694	0.727	1.393	0.563	0.994	0.627	0.934	0.570	0.709
非金属矿物制品	1.014	0.523	0.407	1.474	1.042	0.191	0.792	0.376	0.917	0.836	0.298
金属冶炼和压延加工品	1.985	0.994	0.767	1.173	3.031	1.444	2.741	2.835	0.835	3.015	3.482
金属制品	0.801	0.564	0.736	0.993	0.641	1.227	0.798	0.574	0.619	1.543	0.771
通用设备	1.487	0.649	0.751	0.794	0.587	0.293	0.909	0.630	0.488	0.631	1.043
专用设备	0.550	0.451	0.222	0.356	0.282	0.164	0.781	0.331	0.573	0.522	0.692
交通运输设备	0.519	0.127	0.187	0.332	0.137	0.064	0.289	0.381	0.234	0.678	0.095
电气机械和器材	0.507	0.617	0.396	0.634	0.456	0.173	0.732	0.421	0.505	1.290	0.568
通信设备、计算机和其他电子设备	0.493	0.630	0.601	1.026	0.664	0.195	0.696	0.238	0.247	1.383	0.950
仪器仪表	1.575	1.417	0.733	0.632	0.690	0.303	0.487	0.758	0.606	0.378	1.167
其他制造产品	1.793	0.842	1.963	1.481	4.210	2.289	2.661	2.925	0.849	1.829	2.094
废品废料	3.481	4.398	3.622	1.371	3.285	3.518	1.780	2.848	1.539	2.624	3.055
金属制品、机械和设备修理服务	1.878	3.179	1.043	1.693	1.250	2.791	1.493	1.264	1.705	1.982	2.056
电力、热力的生产和供应	1.316	1.042	1.061	1.877	1.459	0.844	1.367	0.989	1.488	1.991	1.851
燃气生产和供应	0.970	0.402	0.911	0.498	0.123	0.895	0.413	0.547	1.366	0.945	0.509
水的生产和供应	0.249	0.272	0.359	0.254	0.515	0.243	0.261	0.297	0.572	0.517	0.520
建筑	0.019	0.048	0.000	0.008	0.008	0.050	0.002	0.004	0.003	0.037	0.001
批发和零售	1.207	0.747	0.660	0.962	0.719	0.629	1.150	0.440	0.717	0.643	0.604
交通运输、仓储和邮政	1.938	1.218	1.325	1.775	1.631	2.479	1.625	0.886	0.559	1.496	1.221
住宿和餐饮	1.436	0.605	0.843	0.684	0.777	0.486	0.526	0.281	0.907	0.532	0.507
信息传输、软件和信息技术服务	0.804	0.639	0.384	0.540	0.354	0.241	0.263	0.412	0.331	0.402	0.539
金融	0.967	0.787	0.663	1.061	0.880	0.638	0.896	0.804	0.705	1.038	1.076
房地产	0.449	0.348	0.335	0.286	0.156	0.137	0.232	0.192	0.095	0.094	0.192

续表

感应度系数	上海	江苏	浙江	安徽	江西	湖北	湖南	重庆	四川	贵州	云南
租赁和商务服务	0.979	0.683	0.567	0.986	0.793	0.707	0.917	1.214	0.641	0.910	1.273
科学研究和技术服务	0.352	0.116	0.173	0.333	0.247	0.226	0.257	0.136	0.291	0.129	0.490
水利、环境和公共设施管理	0.018	0.053	0.130	0.115	0.351	0.300	0.178	0.131	0.262	0.378	0.271
居民服务、修理和其他服务	0.746	0.321	0.278	0.752	0.333	0.493	0.436	0.378	0.370	0.507	0.660
教育	0.254	0.020	0.017	0.108	0.125	0.090	0.046	0.033	0.020	0.077	0.024
卫生和社会工作	0.042	0.031	0.011	0.013	0.000	0.009	0.025	0.016	0.041	0.111	0.049
文化、体育和娱乐	0.753	0.232	0.176	0.259	0.183	0.149	0.309	0.215	0.262	0.278	0.271
公共管理、社会保障和社会组织	0.087	0.003	0.027	0.013	0.097	0.199	0.027	0.013	0.005	0.014	0.000

参考文献

阿尔弗雷德·马歇尔：《经济学原理》，华夏出版社2005年版。

阿尔弗雷德·韦伯：《工业区位论》，商务印书馆1997年版。

埃莉诺·奥斯特罗姆：《公共事务的治理之道：集体行动制度的演进》，上海三联书店2000年版。

安玉琢：《国外技术市场运行机制研究》，《科学管理研究》2000年第3期。

敖荣军、李家成、唐嘉韵：《基于新经济地理学的中国省际劳动力迁移机制研究》，《地理与地理信息科学》2015年第1期。

奥古斯特·勒施：《经济空间秩序》，商务印书馆2010年版。

柏程豫、沈玉芳：《"大武汉"与长三角城市圈经济发展现状的对比分析研究》，《湖北社会科学》2005年第11期。

包亚钧：《我国产权交易市场一体化构建与发展对策》，《经济纵横》2005年第3期。

鲍彩慧：《刍议国有产权交易的困境与制度完善》，《产权导刊》2017年第9期。

毕誉馨：《资源依赖理论视角下农民专业合作社发展研究——基于山东省文登市的实证分析》，硕士学位论文，浙江大学，2009年。

波特尔·俄林：《区际贸易和国际贸易》，华夏出版社2017年版。

布朗温·霍尔、内森·罗森伯格：《创新经济学手册(第一卷)》，上海交通大学出版社2017年版。

蔡恩泽：《推进长三角产权交易 借势城市群规划新发展》，《产权导刊》2016年第8期。

蔡昉、都阳、王美艳：《劳动力流动的政治经济学》，上海人民出版社2003年版。

蔡昉：《中国劳动力市场发育与就业变化》，《经济研究》2007年第7期。

蔡国龙：《服务型政府视角下的厦门港船舶港口服务业管理》，硕士学位论文，厦门大学，2014年。

蔡敏勇：《产权市场中国创造》，同济大学出版社2014年版。

蔡希贤、史焕伟：《技术创新扩散及其模式研究》，《科技进步与对策》1995年第2期。

蔡瑛：《引领新常态驱动产权交易新未来》，《产权导刊》2015年第8期。

曹和平：《中国产权市场发展报告(2009—2010)》，社会科学文献出版社2010年版。

曹和平：《中国产权市场发展报告(2010—2011)》，社会科学文献出版社2012年版。

曹和平：《中国产权市场发展报告(2012—2013)》，社会科学文献出版社2013年版。

曹和平：《中国产权市场发展报告(2014)》，社会科学文献出版社2015年版。

曹兴、柴张琦：《技术的扩散过程与模型：一个文献综述》，《中南大学学报》(社会科学版)2013年第4期。

曾繁华、鲁贵宝：《基于市场产权国家竞争优势研究——一个新的经济全球化"游戏规则"及其博弈框架》，经济科学出版社2008年版。

曾方：《技术创新中的政府行为—理论框架和实证分析》，博士学位论文，复旦大学，2003年。

曾坤生：《佩鲁增长极理论及其发展研究》，《广西社会科学》1994年第2期。

柴茂：《洞庭湖区生态的政府治理机制建设研究》，博士学位论文，湘潭大学，2016年。

陈纯槿、李实：《城镇劳动力市场结构变迁与收入不平等：1989—2009》，《管理世界》2013年第1期。

陈红霞、席强敏：《京津冀城市劳动力市场一体化的水平测度与影响因素分析》，《中国软科学》2016年第2期。

陈嘉羽：《山东文化产权交易市场建设与发展研究》，硕士学位论文，山东财经大学，2013年。

陈柳钦：《克鲁格曼等新经济地理学派对产业集群的有关论述》，《西部商学评论》2009 年第 1 期。

陈淼:《港口群内港口竞争与合作研究——以环渤海港口群内主要港口为例》,硕士学位论文,上海海事大学,2007 年。

陈敏、桂琦寒、陆铭、陈钊:《中国经济增长如何持续发挥规模效应?——经济开放与国内商品市场分割的实证研究》,《经济学(季刊)》2008 年第 1 期。

陈锡康、杨翠红:《投入产出技术》,科学出版社 2011 年版。

陈小洪:《企业产权交易情况及观点综述》,《管理世界》1995 年第 5 期。

陈晓华、沈成燕:《出口持续时间对出口产品质量的影响研究》,《国际贸易问题》2015 年第 1 期。

陈晓云:《长三角创建区域性行业协会的必要性和可行性》,《杭州通讯(下半月)》2007 年第 8 期。

陈阳:《我国跨区域水污染协同治理机制研究——以淮河流域为例》,硕士学位论文,江苏师范大学,2017 年。

陈一君、汪芳、潘春跃:《高新区与区域创新系统联动机制构建》,《四川理工学院学报》(社会科学版)2013 年第 6 期。

陈瑛:《中国劳动力市场分割向一体化演进的验证分析:从工资收敛角度》,《云南财经大学学报》2013 年第 1 期。

陈雨露:《经济市场化进程中的金融控制与国家工具》,《现代商业银行》2005 年第 7 期。

程家忠:《共享融合,实现产权市场制度创新》,《产权导刊》2017 年第 9 期。

程茂吉:《技术创新和扩散过程的一般理论分析》,《经济地理》1995 年第 2 期。

程庆新、原梅生:《劳动力市场:运行机制与市场发育》,《山西财经大学学报》2003 年第 1 期。

程艳:《长江经济带物流产业联动发展研究》,博士学位论文,华东师范大学,2013 年。

程中华、于斌斌:《产业集聚与地区工资差距——基于中国城市数据的空间计量分析》,《当代经济科学》2014 年第 6 期。

大卫·李嘉图:《政治经济学及赋税原理》,上海三联书店 2014 年版。

戴淑芬、李晓玲:《加强区域文化建设 促进区域经济发展》,《区域经济》2005 年第 10 期。

丹尼尔·F. 史普博:《管制与市场》,上海人民出版社 2008 年版。

邓丹萱:《交通基础设施的网络效应及溢出效应的实证研究》,博士学位论文,对外经济贸易大学,2014 年。

邓峰、丁小浩:《人力资本、劳动力市场分割与性别收入差距》,《社会学研究》2012 年第 5 期。

邓路、孙龙建:《中国产权交易市场的创新与发展——从国资流转平台到构建多层次资本市场的跨越》,《云南社会科学》2009 年第 3 期。

邓向荣、杨彩丽:《极化理论视角下我国金融发展的区域比较》,《金融研究》2011 年第 3 期。

邓志雄、胡彩娟:《把产权市场打造成为推进资本混合的主要平台》,《产权导刊》2018 年第 3 期。

底志欣:《京津冀协同发展中流域生态共治研究——基于洵河流域的案例分析》,博士学位论文,中国社会科学院研究生院,2017 年。

丁国蕾、刘云啸、王晓光:《长江三角洲主要港口间的协同发展机制》,《城市发展研究》2016 年第 3 期。

丁焕峰:《区域创新系统的理论来源分析》,《世界科技研究与发展》2001 年第 5 期。

丁洁、王姝、张琪:《省级产权交易市场一体化运行机制构建》,《商业时代》2012 年第 22 期。

丁洁、周建群:《省级产权交易市场一体化运行机制浅析》,《产权导刊》2011 年第 8 期。

丁琪琳、荣朝和:《交通区位思想评介及交通区位论的新进展》,《综合运输》2006 年第 5 期。

丁仁船、周庆九:《人口迁移流动对城镇区域劳动力市场的影响》,《人口与发展》2009 年第 5 期。

董传军:《浅议公共资源交易平台建设中国有产权交易规则统一》,《产权导刊》2016 年第 5 期。

董岗:《基于豪泰林模型的港口竞合博弈分析》,《交通科技与经济》2010 年第 2 期。

董正英、司春林:《中国技术市场规模扩张原因的实证检验》,《复旦学报》(自然科学版)2003 年第 5 期。

都阳、蔡昉:《中国制造业工资的地区趋同性与劳动力市场一体化》,《世界经济》2004年第8期。

窦尔翔:《西部开发中的金融协调战略研究》,博士学位论文,西北大学,2004年。

杜能:《孤立国同农业和国民经济的关系》,商务印书馆1986年版。

段璐璐:《基于博弈论的港口群内竞争研究——以长三角港口群为例》,硕士学位论文,浙江大学,2014年。

樊纲:《既要扩大"分子" 也要缩小"分母"——关于在要素流动中缩小"人均收入"差距的思考》,《中国投资与建设》1995年第6期。

范红霞:《中国流域水资源管理体制研究》,硕士学位论文,武汉大学,2005年。

范剑勇、张雁:《经济地理与地区间工资差异》,《经济研究》2009年第8期。

范俊玉:《加强我国环境治理公众参与的必要性及路径选择》,《安徽农业大学学报》(社会科学版)2011年第5期。

范晓屏:《企业技术转移潜在需求的理论分析》,《科研管理》1995年第6期。

范洋、高田义、乔晗:《基于博弈模型的港口群内竞争合作研究——以黄海地区为例》,《系统工程理论与实践》2015年第4期。

方创琳、周成虎、王振波:《长江经济带城市群可持续发展战略问题与分级梯度发展重点》,《地理科学进展》2015年第11期。

方创琳:《中国城市群形成发育的新格局及新趋向》,《地理科学》2011年第9期。

方林佑、张玉喜:《区域金融一体化研究》,《海南金融》1998年第6期。

方先明、孙爱军、曹源芳:《基于空间模型的金融支持与经济增长研究——来自中国省域1998—2008年的证据》,《金融研究》2010年第10期。

封学军、严以新:《优化港口属地化进程的策略研究》,《河海大学学报》(自然科学版)2005年第6期。

封学军:《我国港口物流业发展的协同策略》,《中国港口》2002年第11期。

傅辉煌、白暴力:《古典产权制度向现代产权制度的演进——现代产权理论的核心与产权制度的发展趋势》,科学出版社2014年版。

傅家骥：《技术创新学》，清华大学出版社 1998 年版。

盖庆恩、陈海磊、梁建：《资源、制度与研发强度：来自中国民营企业的证据》，《经济与管理研究》2013 年第 4 期。

高吉喜：《可持续发展理论探讨：生态承载力理论、方法与应用》，中国环境科学出版社 2001 年版。

高吉喜：《区域可持续发展的生态承载力研究》，博士学位论文，中国科学院地理科学与资源研究所，1999 年。

高少辉：《中国产权交易市场若干问题研究》，硕士学位论文，北京交通大学，2010 年。

高伟、缪协兴、吕涛、张磊：《基于区际产业联动的协同创新过程研究》，《科学学研究》2012 年第 2 期。

高新才、李阳：《中国农村金融成熟度测量与研究》，《南京师大学报》(社会科学版)2009 年第 1 期。

高星、彭频：《基于灰色关联模型的家具产业集群与区域物流联动发展研究——以江西省为例》，《数学的实践与认识》2017 年第 2 期。

葛月凤：《长三角行业协会合作发展问题分析》，《上海经济研究》2008 年第 1 期。

弓志刚：《临近性与跨区域技术合作》，中国财政经济出版社 2015 年版。

龚勤林：《论产业链延伸与统筹区域发展》，《理论探讨》2004 年第 3 期。

谷彬：《劳动力市场分割、搜寻匹配与结构性失业的综述》，《统计研究》2014 年第 3 期。

桂琦寒、陈敏、陆铭、陈钊：《中国国内商品市场趋于分割还是整合：基于相对价格法的分析》，《世界经济》2006 年第 2 期。

郭灿：《金融市场一体化程度的衡量方法及评价》，《国际金融研究》2004 年第 6 期。

郭国庆、陈凯：《论我国产权交易市场的本质属性与运行机制》，《中国科技论坛》2004 年第 4 期。

郭永园：《软法治理：跨区域生态治理现代化的路径选择》，《广西社会科学》2017 年第 6 期。

郭永园：《美国州际生态治理对我国跨区域生态治理的启示》，《中国环境管理》2018 年第 1 期。

哈罗德·科兹纳:《项目管理的战略规划:项目管理成熟度模型的应用》,电子工业出版社2002年版。

韩斌:《基于区域间投入产出分析的成渝经济区产业关联研究》,博士学位论文,西南交通大学,2009年。

韩佳希:《德国莱茵河流域生态经济发展的经验对我国长江生态经济发展的启示》,硕士学位论文,东北财经大学,2007年。

何雄浪、杨霞:《空间异质、空间依赖与我国地区工资变动》,《南方经济》2013年第4期。

赫尔曼·哈肯:《高等协同学》,科学出版社1989年版。

赫尔曼·哈肯:《协同学——大自然构成的奥秘》,上海译文出版社2005年版。

侯冬青、尹君:《技术市场发展的困境和对策研究——以河南省为例》,《创新科技》2017年第4期。

侯海萍:《对"32号令"规范产权市场的作用和一些问题的思考》,《产权导刊》2017年第4期。

胡宝民:《理论与系统演化模型》,科学出版社2002年版。

胡乃武、韦伟:《区域经济发展差异与中国宏观经济管理》,《中国社会科学》1995年第2期。

胡艳、丁玉敏、孟天琦:《长江经济带城市群联动发展机制研究》,《区域经济评论》2016年第3期。

黄敖齐、金红:《区域经济发展中的技术市场研究》,《科技与经济》2005年第4期。

黄德春、徐慎晖:《新常态下长江经济带的金融集聚对经济增长的影响研究——基于市级面板数据的空间计量分析》,《经济问题探索》2016年第10期。

黄德林、陈宏波、李晓琼:《协同治理:创新节能减排参与机制的新思路》,《中国行政管理》2012年第1期。

黄迪:《渤海湾港口群:合作谋共赢》,《水路运输文摘》2006年第7期。

黄洁婷:《三峡库区港口群联动模式研究》,硕士学位论文,武汉理工大学,2010年。

黄茜:《劳动力市场运行的监测预警机制研究——以湖北省为例》,《湖北社会科学》2012年第9期。

黄微、刘郡：《国内外技术市场运行机制比较研究》，《图书情报工作》2009年第22期。

黄昕：《广东产业升级的助推器——深圳联交所案例研究》，《广东科技》2011年第15期。

黄永明、何伟：《技术创新的税收激励：理论与实践》，《财政研究》2006年第10期。

黄昭：《京津冀场外市场协同发展的条件分析与建议》，《产权导刊》2017年第6期。

纪学朋、白永平、杜海波、王军邦、周亮：《甘肃省生态承载力空间定量评价及耦合协调性》，《生态学报》2017年第17期。

贾燕军、李晓春：《大珠三角地区劳动力市场一体化研究》，《南京邮电大学学报》(社会科学版)2011年第2期。

江鹏：《我国港口经营管理模式研究》，硕士学位论文，武汉理工大学，2005年。

江志明、周鹤敏、郭耀光：《武汉城市圈"两型社会"建设联动机制初探》，《经济研究导刊》2009年第4期。

姜策：《沈阳经济区交通一体化与经济协调发展研究》，博士学位论文，辽宁大学，2016年。

蒋国俊、蒋明新：《产业链理论及稳定机制研究》，《重庆大学学报》(社会科学版)2004年第1期。

杰弗里·菲佛、杰勒尔德·R.萨兰基克：《组织的外部控制：对组织资源依赖的分析》，东方出版社2006年版。

金慧琴：《可持续发展与绿色税收制度的建立与完善》，《苏盐科技》2008年第2期。

金宇超、靳庆鲁、宣扬：《"不作为"或"急于表现"：企业投资中的政治动机》，《经济研究》2016年第10期。

晋入勤：《论产权交易市场的组织制度》，《广东金融学院学报》2009年第6期。

经济技术贸易手册编辑部：《经济技术贸易手册》，中国学术出版社1986年版。

景平：《建设产权市场统一信息化平台的思考》，《产权导刊》2017年第1期。

卡尔·马克思、弗里得里希·恩格斯:《共产党宣言》,人民出版社1997年版。

克里斯·泰勒:《德国南部中心地原理》,商务印书馆2010年版。

孔宪雷、许长新:《港口群系统的竞争合作与演变发展》,《水运工程》2004年第10期。

赖力、黄贤金、刘伟良:《生态补偿理论、方法研究进展》,《生态学报》2008年第6期。

雷承孙:《从"32号令"的出台看产权市场区域性特质》,《产权导刊》2017年第4期。

雷光继、林耕:《我国技术市场发展面临的机遇、问题和对策研究》,《科学管理研究》2013年第5期。

雷磊、宋伟:《我国金融市场一体化与世界经济周期跨国传导研究》,《经济问题》2014年第8期。

李金海、万杰等:《技术市场环境的比较研究》,《河北工业大学学报》1999年第4期。

李敬、陈澍、万广华、付陈梅:《中国区域经济增长的空间关联及其解释——基于网络分析方法》,《经济研究》2014年第11期。

李敬、冉光和、孙晓铎:《中国区域金融发展差异的度量与变动趋势分析》,《当代财经》2008年第3期。

李敬:《中国区域金融发展差异研究——基于劳动分工理论的视角》,博士学位论文,重庆大学,2007年。

李礼、汤跃军:《"公地悲剧"与生态环境的协同治理——以洞庭湖环境保护与治理为样本》,《湖南行政学院学报》2015年第6期。

李莉:《产权交易市场功能定位及其作用机理的探讨》,《中国商人》(经济理论研究)2005年第4期。

李琳:《珠海市产权交易市场发展研究》,硕士学位论文,吉林大学,2013年。

李路路、朱斌、王煜:《市场转型、劳动力市场分割与工作组织流动》,《中国社会科学》2016年第9期。

李珉婷:《新常态视阈下生态文明建设的问题与对策研究》,硕士学位论文,渤海大学,2017年。

李仁贵:《区域经济发展中的增长极理论与政策研究》,《经济研究》

1988 年第 9 期。

李松辉：《区域创新系统成熟度的测定与实证研究》，博士学位论文，华中科技大学，2004 年。

李霞：《南水北调中线水源区水污染防治协同治理研究》，硕士学位论文，郑州大学，2014 年。

李晓帆：《生产力流动论》，人民出版社 1993 年版。

李嫒、宁越敏、魏也华、陈斐然：《长江经济带沿江城市群空间分布格局与联动机理研究》，《长江流域资源与环境》2016 年第 12 期。

李雪梅：《基于多中心理论的环境治理模式研究》，博士学位论文，大连理工大学，2010 年。

李燕、张玉庆：《环渤海港口合作机制研究——以合作博弈理论为视角》，《北京行政学院学报》2012 年第 3 期。

李扬、张晓晶：《"新常态"：经济发展的逻辑与前景》，《经济研究》2015 年第 5 期。

李叶妍：《人口转移就业、产业发展与城市包容度关系研究》，《现代管理科学》2016 年第 8 期。

李永友、沈坤荣：《辖区间竞争、策略性财政政策与 FDI 增长绩效的区域特征》，《经济研究》2008 年第 5 期。

李圆：《经济新常态背景下生态文明建设路径研究》，硕士学位论文，吉林大学，2017 年。

李振华：《基于复杂性的企业协同竞争机制研究》，博士学位论文，天津大学，2005 年。

李正希：《浅议产权交易市场的统一》，《产权导刊》2009 年第 7 期。

廉晓梅：《试析人口流动对地区间经济协调发展的影响》，《人口学刊》2002 年第 4 期。

廖富洲：《构建和完善城市群跨区域联动发展机制——以中原城市群为例》，《学习论坛》2014 年第 11 期。

廖泉文、何燕珍：《谈我国人力资源开发模式的优化》，《经济管理》2000 年第 2 期。

廖什：《经济空间秩序》，商务印书馆 2010 年版。

林国海、钟大迁：《"互联网+"区域技术市场模式探索》，《科技经济导刊》2016 年第 21 期。

林兰、叶森、曾刚:《长江三角洲区域产业联动发展研究》,《经济地理》2010年第1期。

林子华、张华荣:《产权一体化新探》,《福建师范大学学报》(哲学社会科学版)2009年第1期。

刘凤朝、林原、马荣康:《技术交易对区域间技术相似性的影响研究》,《管理学报》2018年第8期。

刘凤朝、马荣康:《区域间技术转移的网络结构及空间分布特征研究——基于我国2006—2010省际技术市场成交合同的分析》,《科学学研究》2013年第4期。

刘广生:《基于价值链的区域产业结构升级研究——以山东省为例》,博士学位论文,北京交通大学,2011年。

刘桂云、真虹、赵丹:《港口功能的演变机制研究》,《浙江学刊》2008年第1期。

刘浩:《基于生产要素流动的京津冀区域协作研究》,硕士学位论文,河北工业大学,2012年。

刘和东:《技术市场中的逆向选择及其有效防范》,《科技进步与对策》2008年第7期。

刘华军、鲍振:《中国金融发展的空间非均衡与极化研究》,《当代财经》2012年第9期。

刘辉、申玉铭、柳坤:《中国城市群金融服务业发展水平及空间格局》,《地理学报》2013年第2期。

刘惠敏:《长江三角洲城市群综合承载力的时空分异研究》,《中国软科学》2011年第10期。

刘力:《产业转移与产业升级的区域联动机制研究——兼论广东区域经济协调发展模式》,《国际经济探索》2009年第12期。

刘强:《中国经济增长的收敛性分析》,《经济研究》2001年第6期。

刘石慧、刘石泳:《长江流域产权交易共同市场的作用机制分析——兼论中国产权交易市场的发展问题》,《经济体制改革》2004年第6期。

刘世锦:《产业集聚会带来什么?》,《新经济导刊》2003年第Z3期。

刘雅静:《社会治理创新:理论蕴涵、实践困境与路径探寻》,《理论导刊》2014年第10期。

刘洋:《宁波—舟山港一体化管理运行体制研究》,硕士学位论文,浙江海洋大学，2016年。

刘玥、聂锐：《基于产业链的石油产业区域集中度分析》，《国土资源情报》2007年第6期。

刘玥：《产业联动网络演化模型与联动路径研究——基于我国西部能源的开发与利用》，博士学位论文，中国矿业大学，2008年。

刘长林：《加快辽宁中部城市群产权交易市场一体化进程建设》，《辽宁经济》2007年第9期。

刘钊：《现代产业体系的内涵与特征》，《山东社会科学》2011年第5期。

刘正周：《管理激励》，上海财经大学出版社1999年版。

卢珂：《江苏沿海港口物流协同机制研究》，硕士学位论文，中国矿业大学，2015年。

卢文峰：《建立生态补偿机制促进长江经济带可持续发展》，《人民长江报》2016年4月16日第5版。

卢颖、白钦先：《中国金融资源地区分布差异演变分析》，《山西财经大学学报》2009年第8期。

卢长利、汪传旭：《我国港口间的比较优势分析及竞争合作策略研究》，《企业经济》2007年第12期。

卢智增、梁桥丽：《北部湾沿海地区生态协同治理研究》，《天水行政学院学报》2016年第4期。

鲁晏辰：《京津冀生态治理路线及补偿机制》，《经济研究导刊》2016年第24期。

陆大道：《建设经济带是经济发展布局的最佳选择——长江经济带经济发展的巨大潜力》，《地理科学》2014年第7期。

陆红军：《国际金融中心竞争力评估研究》，《财经研究》2007年第3期。

陆英：《长江数字航道建设成果及展望》，《水运工程》2016年第1期。

罗芳：《长三角港口群协调发展研究》，博士学位论文，吉林大学，2012年。

罗敏：《广东产权交易市场整合战略研究》，硕士学位论文，华南理工大学，2011年。

罗纳德·麦金农：《经济市场化的次序：向市场经济过渡时期的金融控制》，上海人民出版社1997年版。

罗远志：《区域性产权交易市场发展探讨——以珠三角区域产权交易

市场一体化为例》，硕士学位论文，中山大学，2009年。

吕光明、何强：《可持续发展观下的城市综合承载能力研究》，《城市发展研究》2009年第4期。

吕世斌、张世伟：《中国劳动力"极化"现象及原因的经验研究》，《经济学(季刊)》2015年第2期。

吕涛、聂锐：《产业联动的内涵理论依据及表现形式》，《工业技术经济》2007年第5期。

马静、邓宏兵：《国外典型流域开发模式与经验对长江经济带的启示》，《区域经济评论》2016年第2期。

马汶青：《区域城市群应急联动机制建设探析——基于珠三角城市群的思考》，硕士学位论文，广州大学，2012年。

马晓河：《在区域分化中寻找和培育增长动力》，《区域经济评论》2017年第3期。

马迎贤：《组织间关系资源依赖视角的研究综述》，《管理评论》2005年第2期。

迈克尔·P.托达罗：《经济发展与第三世界》，中国经济出版社1992年版。

迈克尔·伯兰尼：《自由的逻辑》，吉林人民出版社2002年版。

迈克尔·豪利特、M.拉米什：《公共政策研究：政策循环与政策子系统》，三联书店2006年版。

茅伯科：《长三角港口的竞争与合作》，《水运管理》2005年第2期。

牛少华：《我国产权交易市场发展问题研究》，硕士学位论文，汕头大学，2011年。

潘淑娟、肖刚、张玉水：《我国区域性产权市场存在的问题及对策》，《学术界》2011年第1期。

潘文卿、刘庆：《中国制造业产业集聚与地区经济增长——基于中国工业企业数据的研究》，《清华大学学报》(哲学社会科学版)2012年第1期。

潘文卿：《中国的区域关联与经济增长的空间溢出效应》，《经济研究》2012年第1期。

潘雄锋、刘凤朝：《中国技术市场发展与经济增长的协整分析》，《科学学研究》2005年第5期。

潘义勇：《产权经济学》，暨南大学出版社2008年版。

潘永刚：《长三角港口群联动发展的一些思考和建议》，《交通与港航》2014年第5期。

彭宝玉、李小建：《金融与区域发展国际研究进展及启示》，《经济地理》2010年第1期。

彭彦强：《基于行政权力分析的中国地方政府合作研究》，博士学位论文，南开大学，2010年。

齐建国、王红、彭绪庶、刘强、赵京兴：《中国循环经济发展的进程与政策建议》，《经济纵横》2010年第10期。

秦宛顺、刘学：《中国技术市场形成、发展与运行分析》，《数量经济技术经济研究》1998年第5期。

秦尊文：《用城市群舞动长江经济带》，《中国房地产业》2014年第10期。

邱珊鸿、林子华：《产权一体化需要产权市场》，《产权导刊》2008年第6期。

屈小博、程杰：《中国就业结构变化："升级"还是"两极化"？》，《劳动经济研究》2015年第1期。

曲富国：《辽河流域生态补偿管理机制与保障政策研究》，博士学位论文，吉林大学，2014年。

任亚军：《区域金融资源配置差异性研究》，《上海金融》2007年第3期。

任兆璋、刘云生：《广东金融成熟度综合指数研究》，《金融研究》2010年第3期。

茹乐峰、苗长虹、王海江：《我国中心城市金融集聚水平与空间格局研究》，《经济地理》2014年第2期。

尚勇敏、曾刚、海骏娇：《"长江经济带"建设的空间结构与发展战略研究》，《经济纵横》2014年第11期。

邵欢：《港口信息化建设中的信息共享障碍分析及其对策研究——以温州港为例》，硕士学位论文，华东政法大学，2016年。

申立：《基于港口功能转型背景下的港—城界面空间组织优化研究——以"长江第一门户"吴淞为例》，《经济地理》2013年第11期。

申晓光：《积极探索产权交易市场一体化发展之路》，《产权导刊》2012年第2期。

沈坤荣、付文林：《税收竞争、地区博弈及其增长绩效》，《经济研究》

2006年第6期。

沈立群:《产权市场步履的回音》,上海人民出版社2012年版。

沈忠明:《物流竞争力与区域经济发展的联动机制研究——基于五省数据VAR分析》,硕士学位论文,华侨大学,2013年。

盛亚:《技术创新扩散与新产品营销》,中国发展出版社2002年版。

施廷博:《产权交易市场监管法律制度的若干思考——以政府对市场的适度介入为中心》,《理论月刊》2011年第11期。

石忆邵、尹昌应、王贺封、谭文垦:《城市综合承载力的研究进展及展望》,《地理研究》2013年第1期。

史耀波、李国平:《劳动力移民对农村地区反贫困作用的评估》,《中国农村经济》2007年第S1期。

世界知识产权组织:《技术贸易手册》,中国财政经济出版社1978年版。

寿建敏:《多式联运:解决港口拥堵的捷径》,《中国储运》2005年第6期。

司林波、聂晓云、孟卫东:《跨域生态环境协同治理困境成因及路径选择》,《生态经济》2018年第1期。

宋才发、吴雅杰:《中国产权交易市场体系建设研究》,《湖北经济学院学报》2007年第2期。

宋旭超、崔建中、韩彩欣:《试论产权交易市场功能与业务创新》,《企业经济》2012年第4期。

隋博文:《港口物流要素空间集聚动力机制与经济效应分析》,《对外经贸实务》2012年第10期。

孙国贵、徐元明、刘俊逸:《江苏农村产权交易市场发展现状、问题及对策》,《江苏农村经济》2015年第1期。

孙红玲:《完善主体功能区布局与区域协调互动的发展机制》,《求索》2008年第11期。

孙琳:《水源地生态补偿的标准设计与机制构建研究》,博士学位论文,东北财经大学,2016年。

孙文全:《我国区域技术市场交易与高新技术产业开发区发展的关系》,《科技进步与对策》2003年第6期。

孙文远、裴育:《长三角劳动力市场一体化进程:基于工资视角的分析》,《江苏社会科学》2010年第2期。

孙雪娟、安春晓、何光辉:《基于动态合作博弈的区域港口合作研究》,《价值工程》2016年第10期。

谭江涛、王群:《另一只"看不见的手"——埃莉诺·奥斯特罗姆与"多中心"理论》,《开放时代》2010年第6期。

谭开明:《促进技术创新的中国技术市场发展研究》,博士学位论文,大连理工大学,2008年。

唐颂、黄亮雄:《新经济地理学视角下的劳动力转移机制及其实证分析》,《产业经济研究》2013年第2期。

陶儒林:《广西北部湾近海生态环境保护的协同治理研究》,硕士学位论文,广西大学,2016年。

涂晓芳、黄莉培:《基于整体政府理论的环境治理研究》,《北京航空航天大学学报》(社会科学版)2011年第4期。

汪传旭、蒋良奎:《区域多港口合作竞争策略及其利润分配机制》,《上海海事大学学报》2009年第2期。

汪小勇、万玉秋、姜文、缪旭波、朱晓东:《美国跨界大气环境监管经验对中国的借鉴》,《中国人口·资源与环境》2012年第3期。

汪旭东、杜麒栋:《关于集装箱港口群发展的思考》,《水运管理》1999年第4期。

王帮俊:《技术创新扩散的动力机制研究》,中国经济出版社2011年版。

王成金:《集装箱港口网络形成演化与发展机制》,科学出版社2012年版。

王丹、张浩:《区域港口间协调机制的演化博弈分析》,《大连海事大学学报》2014年第4期。

王尔德:《长江经济带生态优先:建立负面清单和生态补偿机制》,《21世纪经济报道》2016年9月13日第2版。

王刚、牛似虎:《辽宁沿海经济带港口联动发展策略研究》,《物流技术》2013年第7期。

王海飞、林柳琳:《区域联动及其相关基本问题研究》,《改革与战略》2014年第6期。

王海飞:《基于"椭圆模式"的"大粤琼"区域联动发展研究》,《现代城市研究》2015年第8期。

王海杰、吴颖:《基于区域价值链的欠发达地区产业升级路径研究》,《经济体制改革》2014年第4期。

王核成、宁熙:《硅谷的核心竞争力在于区域创新网络》,《经济学家》2001年第5期。

王慧军:《企业间合作创新运行机制研究》,博士学位论文,吉林大学,2010年。

王缉宪:《中国港口城市的互动与发展》,东南大学出版社2010年版。

王纪全、张晓燕、刘全胜:《中国金融资源的地区分布及其对区域经济增长的影响》,《金融研究》2007年第6期。

王家庭、曹清峰:《京津冀区域生态协同治理:由政府行为与市场机制引申》,《改革》2014年第5期。

王嘉骊:《中国产权交易市场研究》,硕士学位论文,清华大学,2004年。

王建红:《日本东京湾港口群的主要港口职能分工及启示》,《中国港湾建设》2008年第1期。

王建民、王如松:《中国生态资产概论》,江苏科学技术出版社2001年版。

王金成、成春林、郭美伶:《区域经济协调发展的金融支持研究——来自长江经济带9省2市的数据》,《贵州省党校学报》2017年第3期。

王景敏:《港口供应链协同控制机制及其建构》,《重庆交通大学学报》(社会科学版)2017年第5期。

王开科、曾五一、王开泳:《中国省域城镇工资水平的区域分异机制与空间效应》,《地理研究》2013年第11期。

王坤岩、臧学英:《京津冀地区生态承载力可持续发展研究》,《理论学刊》2014年第1期。

王亮:《长江经济带产业结构转型升级对经济增长的贡献与影响分析》,硕士学位论文,南昌大学,2017年。

王列辉、茅伯科:《港口群制度合作模式的比选及对长三角的启示》,《社会科学》2010年第6期。

王奇、吴华峰、李明全:《基于博弈分析的区域环境合作及收益分配研究》,《中国人口·资源与环境》2014年第10期。

王石河:《提高区域性产权交易所流动性的思考》,《区域金融研究》2015年第12期。

王树华:《长江经济带跨省域生态补偿机制的构建》,《改革》2014年第6期。

王双林:《试谈中国特色社会主义产权交易之"源"(三)》,《产权导刊》2018年第3期。

王思凯、张婷婷、高宇、赵峰、庄平:《莱茵河流域综合管理和生态修复模式及其启示》,《长江流域资源与环境》2018年第1期。

王腾飞、马仁锋:《博弈论视域长三角港口群双港口合作策略稳定性研究》,《广东海洋大学学报》2017年第5期。

王伟、杨娇辉、孙大超:《东亚区域金融一体化动因与阻力分析》,《世界经济》2013年第8期。

王伟:《中国政策性金融与商业性金融协调发展研究》,中国金融出版社2006年版。

王小鲁、樊纲:《中国地区差距的变动趋势和影响因素》,《经济研究》2004年第1期。

王晓娟:《上海参与和服务长江经济带建设研究》,《上海经济》2016年第1期。

王晓轩、张璞、李文龙:《佩鲁的增长极理论与产业区位聚集探析》,《科技管理研究》2012年第19期。

王学斯:《区域性、开放型产权市场理论研究与实践》,《产权导刊》2012年第4期。

王雪辉、谷国锋、王建康:《产业集聚、空间溢出效应与地区工资差距——基于285个地级市的面板数据》,《云南财经大学学报》2016年第4期。

王珣之:《企业国有产权交易制度优化研究——以上海产权交易市场为例》,硕士学位论文,上海交通大学,2013年。

王彦彭:《我国生态承载力的综合评价与比较》,《统计与决策》2012年第7期。

王扬宗:《中国科学技术事业的历史性转变——回望1978年全国科学大会》,《中国科学院院刊》2018年第4期。

王勇:《流域政府间横向协调机制研究——以流域水资源配置使用之

负外部性治理为例》，博士学位论文，南京大学，2008年。

王喆、周凌一：《京津冀生态环境协同治理研究——基于体制机制视角探讨》，《经济与管理研究》2015年第7期。

王喆：《海峡西岸城市群生态环保一体化的体制机制研究》，《福建论坛》（人文社会科学版）2016年第1期。

魏后凯：《区域经济发展的新格局》，云南人民出版社1995年版。

魏江：《技术转移动因研究》，《自然辩证法通讯》1997年第3期。

魏清：《长三角金融一体化的现状——基于银行贷款价格的分析》，《经济论坛》2009年第21期。

魏玉：《论进一步完善产权交易市场的路径》，《工业技术经济》2005年第3期。

魏振兴：《省管县改革进程中的市县竞合模式比较研究——基于资源依赖理论的视角》，硕士学位论文，浙江大学，2015年。

文锋：《新常态下长江经济带的发展之路》，《农村经济与科技》2017年第16期。

邬琼华：《我国产权交易市场发展问题研究》，硕士学位论文，华东师范大学，2006年。

邬晓霞、任静、高见：《京津冀区域劳动力市场一体化程度的实证研究》，《经济研究参考》2015年第28期。

吴爱存：《中国港口的产业集群研究》，博士学位论文，吉林大学，2015年。

吴汉顶：《对建立全国统一产权大市场的初步设想》，《产权导刊》2016年第5期。

吴进立：《欧洲海港组织对我国长江干线港口群发展的启示和借鉴》，《现代经济信息》2012年第3期。

吴明华：《长三角港口：比肩争锋还是竞合共赢？》，《中国远洋航务公告》2005年第12期。

吴腾宇：《中国科技市场成熟度研究》，硕士学位论文，中国政法大学，2013年。

吴小舜：《近域港口城市整合研究——以锦州、葫芦岛为例》，博士学位论文，东北师范大学，2013年。

吴易风、关雪凌：《产权理论与实践》，中国人民大学出版社2010

年版。

伍凤兰、陶一桃、申勇：《湾区经济演进的动力机制研究——国际案例与启示》，《科技进步与对策》2015年第23期。

武春友、戴大双、苏敬勤：《技术创新扩散》，化学工业出版社1997年版。

西奥多·舒尔茨：《人力资本投资》，商务印书馆1990年版。

冼国明、徐清：《劳动力市场扭曲是促进还是抑制了FDI的流入》，《世界经济》2013年第9期。

肖建华、邓集文：《多中心合作治理：环境公共管理的发展方向》，《林业经济问题》2007年第1期。

肖金成：《京津冀：环境共治 生态共保》，《环境保护》2014年第17期。

肖金成：《区域经济发展的三条建议》，《区域经济评论》2017年第3期。

小岛清：《对外贸易论》，南开大学出版社1987年版。

谢思全、张灿、贺京同：《我国的技术市场及其发育进程》，《科研管理》1998年第5期。

谢晓闻：《中国金融市场联动关系研究——兼论中国金融体制改革问题》，博士学位论文，南开大学，2014年。

熊建新、彭保发、陈端吕、王亚力、张猛：《洞庭湖区生态承载力时空演化特征》，《地理研究》2013年第11期。

熊焰：《认清大势 团结合作 着力推进产权市场"四统一"建设》，《产权导刊》2013年第10期。

徐恒敏、庞业涛、谢富纪：《长三角都市圈统一技术市场及其运行机制》，《技术经济》2008年第11期。

徐莉：《关于天津产权交易中心功能完善的研究》，硕士学位论文，天津大学，2013年。

徐明华：《经济市场化进程：方法讨论与若干地区比较分析》，《中共浙江省委党校学报》1999年第5期。

徐现祥、李郇：《市场一体化与区域协调发展》，《经济研究》2005年第12期。

徐长乐、徐廷廷、孟越男：《长江经济带产业分工合作现状、问题及发展对策》，《长江流域资源与环境》2015年第10期。

许庆瑞、盛亚:《技术扩散国内外研究概述》,《科学管理研究》1993年第4期。

许颖:《尽快建立长江经济带上下游生态补偿机制的建议》,《中国发展》2016年第4期。

许召元、李善同:《区域间劳动力迁移对经济增长和地区差距的影响》,《数量经济技术经济研究》2008年第2期。

薛惠锋、朱金凤、刘春江:《建立和完善我国环境保护税收制度的构想》,《环境保护》2007年第18期。

薛世姝:《多中心治理:环境治理的模式选择》,硕士学位论文,福建师范大学,2010年。

亚当·斯密:《国富论》,上海三联书店2009年版。

严冰:《产权不完备性研究——兼论国有企业改革思路》,知识产权出版社2011年版。

严善平:《城市劳动力市场中的人员流动及其决定机制——兼析大城市的新二元结构》,《管理世界》2006年第8期。

杨保军、陈鹏:《新常态下城市规划的传承与变革》,《城市规划》2015年第11期。

杨凤华、王国华:《长江三角洲区域市场一体化水平测度与进程分析》,《管理评论》2012年第1期。

杨瑾、张涛、赵虎:《加大有效供给力度 全力服务长江航运》,《中国水运报》2017年5月3日第1版。

杨京钟:《国内外港口功能整合经验及对福建港口发展的启示》,《通化师范学院学报》2016年第3期。

杨静蕾、杨微情、张秋晗:《我国上市港口公司股权结构变迁研究》,《港口经济》2017年第2期。

杨涛、盛柳刚:《中国城市劳动力市场的一体化进程》,《经济学(季刊)》2007年第3期。

杨新春、姚东:《跨界水污染的地方政府合作治理研究——基于区域公共管理视角的考量》,《江南社会学院学报》2008年第1期。

杨妍、孙涛:《跨区域环境治理与地方政府合作机制研究》,《中国行政管理》2009年第1期。

杨耀武、张仁开:《长三角区域科技创新政策评估及路线图研究》,

《科研管理》2010 年第 S1 期。

杨振：《区域金融一体化的微观困境与政策出路》，《统计与决策》2017 年第 7 期。

杨志民、化祥雨、叶娅芬、邵元海：《金融空间联系及 K-means 聚类中心等级识别研究——以长三角为例》，《地理科学》2015 年第 2 期。

姚影：《城市交通基础设施对城市集聚与扩展的影响机理研究》，博士学位论文，北京交通大学，2009 年。

叶红玲：《加快江海直达运输，提升长江航运经济效益》，《中国水运》2017 年第 5 期。

叶厚元、晏敬东：《技术市场综合评价方法研究》，《武汉汽车工业大学学报》2000 年第 4 期。

叶森、曾刚：《区域产业联动的理论与实践》，经济科学出版社 2012 年版。

叶森：《区域产业联动研究——以浦东新区与长三角地区 IC 产业联动为例》，博士学位论文，华东师范大学，2009 年。

义旭东：《论区域要素流动》，博士学位论文，四川大学，2005 年。

尤鑫：《田纳西流域开发与保护对鄱阳湖生态经济区建设启示——基于美国田纳西流域与鄱阳湖生态经济区的开发与保护的比较研究》，《江西科学》2011 年第 5 期。

于尚艳：《区域金融风险的成因分析》，《吉林省经济管理干部学院学报》2008 年第 4 期。

于薇：《京津冀一体化视角下河北省产权交易市场发展研究》，硕士学位论文，河北大学，2015 年。

余飞：《产权交易市场的区域经济增长效应研究》，硕士学位论文，北京交通大学，2014 年。

余伶莲：《区域旅游联动战略的理论与实践研究——以安徽省"两山一湖"旅游区为例》，硕士学位论文，安徽师范大学，2005 年。

余敏江：《论生态治理中的中央与地方政府间利益协调》，《社会科学》2011 年第 9 期。

俞海、张永亮、夏光、冯燕：《最严格环境保护制度：内涵、框架与改革思路》，《中国人口·资源与环境》2014 年第 10 期。

郁鸿胜：《统筹城乡一体化发展的城市群辐射与带动作用——以长江

经济带三大城市群的共管自治为例》，《上海城市管理》2015 年第 4 期。

郁鸿胜：《长江经济带城市群怎样联动发展》，《新西部》2018 年第 Z1 期。

喻昕：《技术市场信息不对称问题研究》，《情报科学》2011 年第 4 期。

袁兵：《港口群资源整合研究》，硕士学位论文，大连海事大学，2005 年。

袁庆明：《新制度经济学教程》，中国发展出版社 2014 年版。

斋藤优、郝跃英：《技术的生命周期》，《外国经济参考资料》1983 年第 4 期。

张蓓蓓：《我国产权交易市场研究综述》，《合作经济与科技》2009 年第 5 期。

张滨、黄波、樊娉：《"一带一路"背景下我国海陆联运建设与发展》，《中国流通经济》2015 年第 6 期。

张传龙：《"上海自贸区"和"再造长江经济带"影响下的宁波港》，《中国港口》2014 年第 3 期。

张凤超：《金融地域系统研究：关于金融一体化的一种解释》，人民出版社 2006 年版。

张建红、J. Paul Elhorst、Arjen van Witteloostuijn：《中国地区工资水平差异的影响因素分析》，《经济研究》2006 年第 10 期。

张建军、陈晨：《东中西部不同区域金融成熟度测量与对比研究——基于我国 9 省市金融市场发展视角》，《开发研究》2012 年第 3 期。

张江雪：《我国技术市场发展程度的测度》，《科研管理》2010 年第 5 期。

张江雪：《中国技术市场发展研究》，北京师范大学出版社 2011 年版。

张陆洋、陈培雄：《技术要素市场未来的发展模式》，《中国新技术新产品精选》2005 年第 1 期。

张伟：《河北省产权交易市场发展研究》，硕士学位论文，河北大学，2015 年。

张晓曼：《构建我国区域性产权交易市场研究》，硕士学位论文，新疆财经大学，2013 年。

张孝锋、蒋寒迪：《产业转移对区域协调发展的影响及其对策》，《财经理论与实践》2006 年第 4 期。

张亚雄、赵坤：《区域间投入产出分析》，社会科学文献出版社 2004

年版。

张彦波、佟林杰、孟卫东：《政府协同视角下京津冀区域生态治理问题研究》，《经济与管理》2015年第3期。

张亦春、郑振龙、林海：《金融市场学》，高等教育出版社2013年版。

章莉、李实：《中国劳动力市场就业机会的户籍歧视及其变化趋势》，《财经研究》2016年第1期。

章强、王学锋：《治理理论视域下中国港口行政管理体制研究》，《西安电子科技大学学报》(社会科学版)2016年第1期。

赵博：《国内外股票市场联动性研究》，硕士学位论文，西南财经大学，2012年。

赵博：《浅谈生态文明多元主体建设的协同治理问题》，《学理论》2017年第5期。

赵菲：《人民币利率与汇率联动机制研究》，硕士学位论文，东北财经大学，2013年。

赵奇伟、熊性美：《中国三大市场分割程度的比较分析：时间走势与区域差异》，《世界经济》2009年第6期。

赵绮秋、李宝山：《技术市场导论》，中国人民大学出版社1997年版。

赵三武、钱雪亚：《基于价格指数法的我国劳动力市场区域一体化研究》，《统计与决策》2014年第21期。

赵穗生：《南斯拉夫塞泽尔基谈南南经济合作理论》，《经济学动态》1984年第2期。

赵文丹、李林：《基于市场份额模型的区域技术交易格局研究》，《西部论坛》2012年第2期。

赵旭、王晓伟、周巧琳：《海上丝绸之路战略背景下的港口合作机制研究》，《中国软科学》2016年第12期。

赵彦云、李静萍：《中国市场化水平测度、分析与预测》，《中国人民大学学报》2000年第4期。

赵祎：《上海知识产权交易市场建设研究》，硕士学位论文，上海交通大学，2007年。

赵远飞：《非正式制度对经济发展的影响——基于新制度经济学的研究综述》，《知识经济》2012年第13期。

赵志娟、李建琴：《技术市场对区域创新能力的影响研究》，《科技管理研究》2015年第8期。

真虹:《在上海国际航运中心建设中努力建立长三角港口群协调发展机制》,《科学发展》2010年第3期。

郑继承:《区域经济一体化背景下我国城市群发展的战略选择——基于我国"十二五"规划区域协调发展的理论探讨》,《经济问题探索》2013年第3期。

郑江绥:《我国跨区域技术转移体系构建问题初探——以长三角地区为例》,《学术界》2008年第5期。

郑锦鸿:《福建:海峡西岸经济区域产权交易市场的构建(上)》,《产权导刊》2012年第6期。

郑明友:《产权理论与产权交易市场研究——基于我国产权交易市场的分析》,硕士学位论文,四川省社会科学院,2008年。

郑胜利、周丽群:《论产业集群的知识协作机制》,《世界地理研究》2004年第1期。

支大林:《中国居民资产的财富效应问题研究——基于扩大消费需求的目的》,《吉林工商学院学报》2008年第1期。

中国人民大学:《亚洲金融一体化研究》,中国人民大学出版社2006年版。

中国人民大学金融与证券研究所课题组:《亚洲金融一体化研究》,中国人民大学出版社2006年版。

周超、沈正平、刘宁宁:《论长三角产业联动模式对江苏联动开发的启示》,《江南论坛》2007年第3期。

周超、孙华伟:《基于消费性服务业的价值链分析》,《江苏商论》2007年第9期。

周刚炎:《莱茵河流域管理的经验和启示》,《水利水电快报》2007年第5期。

周寄中、张贵林、侯亮:《产业链两端的"R&D与服务"联动:价值创新的核心》,《中国软科学》2007年第2期。

周伦环:《新形势下长江引航模式探索研究》,《中国水运》2017年第2期。

周茂清:《产权市场创新研究》,中国金融出版社2009年版。

周茂清:《依托"32号令"合作共赢产权市场任重而道远》,《产权导刊》

2016年第10期。

周鹏：《区域生态环境协同治理研究》，硕士学位论文，苏州大学，2015年。

周申、易苗：《中国劳动力市场一体化与经济开放》，《中南财经政法大学学报》2010年第6期。

朱戈：《发展产权交易市场与我国多层次资本市场的构建》，硕士学位论文，对外经济贸易大学，2003年。

朱乃新、丁淼：《世界港口城市综览》，江苏人民出版社1986年版。

朱威、周小平、蔡杰：《太湖流域水环境综合治理及其启示》，《水资源保护》2016年第3期。

朱喜群：《生态治理的多元协同：太湖流域个案》，《改革》2017年第2期。

邹毅：《重庆港与上海港物流联动模式研究》，硕士学位论文，武汉理工大学，2010年。

Adam Smith ed., *An Inquiry into the Nature and Causes of the Wealth of Nations: Volume One*, London: printed for W. Strahan; and T. Cadell, 1776.

Alan M. Taylor and Jeffrey G. Williamson, "Convergence in the Age of Mass Migration", *European Review of Economic History*, Vol. 1, No. 1,1997.

Albert O. Hirschman ed., *The Strategy of Economic Development*, Yale University Press, 1958.

Alfred Marshall ed., *Principles of Economics*, London: Mac-Millan, 1890.

Alfred Weber ed., *Über Den Standort Der Industrien*, Tübingen, 1909.

Anthony J. Venables, "Equilibrium Locations of Vertically Linked Industries", *International Economic Review*, Vol. 37, No.2,1996.

Arthur W. Viner, "Taxing Municipal Bond Income", *Journal of Political Economy*, Vol. 58, No.5,1950.

August Lösch ed., *Die räumliche Ordnung der Wirtschaft: eine Untersuchung über Standort*, Jena: Gustav Fisher, 1940.

Bertil G. Ohlin ed., *Interregional and International Trade*, Harvard University Press, 1933.

Bjorn Asheim and Lars Coenen, "Knowledge Bases and Regional Innovation Systems: Comparing Nordic Clusters", *Research Policy*, Vol. 34,

No.8,2005.

Braczyk Hans-Joachim, Philip N. Cooke and Martin Heidenreich eds., *Regional Innovation Systems: The Role of Governances in a Globalized World*, London: Psychology Press, 1998.

Bronwyn H. Hall and Nathan Rosenberg eds., *Handbook of the Economics of Innovation*, Elsevier, 2010.

Bruce C. Greenwald and Joseph E. Stiglitz, "Asymmetric Information and the New Theory of the Firm: Financial Constraints and Risk Behavior", *American Economic Review*, Vol. 80, No.2,1990.

C. Cindy Fan, "The Elite, the Natives, and the Outsiders: Migration and Labor Market Segmentation in Urban China", *Annals of the Association of American Geographers*, Vol. 92, No.1,2002.

Canfei He and Patricia Gober, "Gendering Interprovincial Migration in China", *International Migration Review*, Vol. 37, No.4,2003.

Chris Pash, "Use of the Label 'New Normal' on the Rise", *The Australian*, May 16, 2011.

Christopher M. Weible, "An Advocacy Coalition Framework approach to Stakeholder Analysis: Understanding the Political Context of California Marine Protected Area Policy", *Journal of Public Administration Research and Theory*, Vol. 17, No. 1,2007.

Daniel F. Spulber ed., *Regulation and Markets*, MIT Press, 1989.

Daniel O. Price, "Distance and Direction as Vectors of Internal Migration, 1935 to 1940", *Social Forces*, Vol. 27, No. 1,1948.

David C. Parsley and Shangjin Wei, "Convergence to the Law of One Price without Trade Barriers or Currency Fluctuations", *Quarterly Journal of Economics*, Vol. 111, No. 4,1996.

David J. Teece ed., *Multinational Corporation and the Resource Cost of International Technology Transfer*, Cambridge: Ballinger Publishing Company, 1976.

David Marsh and Roderick Arthur William Rhodes eds., *Policy networks in British Government*, Clarendon Press, 1992.

David Ricardo, "On the Principles of Political Economy, and Taxation:

Taxes on Wages", *History of Economic Thought Books*, Vol. 1, No. 3494,1996.

Dong-Wook Song, "Regional Container Port Competition and Co-operation: The Case of Hong Kong and South China", *Journal of Transport Geography*, Vol. 10, No. 2,2002.

Doreen Massey, "In What Sense a Regional Problem?", *Regional Studies*, Vol. 13, No. 2,1979.

Ed. B. Prantilla ed., *National Development and Regional Policy*, Singapore: Maruzen Asia for United Nations Centre for Regional Development, 1981.

Edwin Mansfield, "Industrial Innovation in Japan and the United States", *Science*, Vol. 241, No.4874,1988.

Edwin Mansfield, "Technical Change and the Rate of Imitation", *Econometrica*, Vol. 29, No. 4,1961.

Edwin Mansfield, "The Economics of Growth and Technical Change: Technologies, Nations, Agents", *Journal of Economic Literature*, Vol. 34, No.1,1996.

Eli F. Heckscher, Bertil G. Ohlin, Henry Flam and M. June Flanders eds., *Heckscher-Ohlin Trade Theory*, Massachusetts: MIT Press, 1991.

Elinor Ostrom, *Public Entrepreneurship: A Case Study in Ground Water Basin Management*, Ph.D. Dissertation, University of California, Los Angeles, 1965.

Ephraim A. Clark and Gerard Mondello, "Water Management in France: Delegation and Market Based Auto-Regulation", *International Journal of Public Administration*, Vol. 26, No.3,2003.

Eric Brousseau and Jean-Michel Glachant eds., *The Economics of Contracts: Theory and Applications*, UK: Cambridge University Press, 2001.

Ernest Gellner and Michael Polanyi, "The Logic of Liberty", *British Journal of Sociology*, Vol. 2, No.4,1951.

Ernst Georg Ravenstein, "The Laws of Migration", *Journal of the Statistical Society of London*, Vol. 48, No. 2,1885.

Ernst Georg Ravenstein, "The Laws of Migration", *Journal of the Royal Statistical Society*, Vol. 52, No. 2,1889.

Everett M. Rogers ed., *Diffusion of Innovations*, New York: Free Press, 1962.

Frank W. Geels, "Technological Transitions as Evolutionary Reconfiguration Processes: A Multi-level Perspective and a Case-study", *Research Policy,* Vol. 31, No.8,2002.

Fumio Komoda, "Japanese Studies on Technology Transfer to Developing Countries: A Survey", *Developing Economies*, Vol. 24, No.2,1986.

Gary Gereffi, "International Trade and Industrial Upgrading in the Apparel Commodity Chain", *Journal of International Economics*, Vol. 48, No.1,1999.

Gary H. Jefferson and Thomas G. Rawski, "China's Emerging Market for Property Right Theoretical and Empirical Perspectives", *Economics of Transition*, Vol. 10, No.3,2002.

Gunnar Myrdal ed., *Economic Theory and Under-developed Regions*, London: Duckworth, 1957.

Hamid Beladi and Shigemi Yabuuchi, "Tariff-induced Capital Inflow and Welfare in the Presence of Unemployment and Informal Sector", *Japan and the World Economy*, Vol. 13, No.1,2001.

Harold Kerzner ed., *Strategic Planning for Project Management using a Project Management Maturity Model*, John Wiley & Sons, 2002.

Herman Haken, "Synergetics", *Physics Bulletin*, Vol. 28, No.9,1977.

Hubert Schmitz, "Global Competition and Local Cooperation: Success and Failure in the Sinos Valley, Brazil", *World Development*, Vol. 27, No. 9,1999.

Jeffrey Pfeffer and Gerald R. Salancik eds., *The External Control of Organizations*, New York: Harper & Row, 1978.

Jeffrey Pfeffer and Gerald R. Salancik eds., *The External Control of Organizations: A Resource Dependence Perspective*, Stanford University Press, 2003.

J. Vernon Henderson, "Urbanization in a Developing Country: City size and Population Composition", *Journal of Development Economics*, Vol. 22, No.2,1986.

Jacob Viner, "Full Employment at Whatever Cost", *The Quarterly Journal of Economics*, Vol. 64, No.3,1950.

Jacques Raoul Boudeville ed., *Problems of Regional Economic Planning*, Edinburgh: Edinburgh University Press, 1966.

James Sefton, Jayasri Dutta and Martin Weale, "Pension Finance in a Calibrated Model of Saving and Income Distribution for the UK", *National Institute Economic Review*, Vol. 166, No. 1,1998.

Jan Tinbergen ed., *Centralization and Decentralization in Economic Policy*, North Holland Publishing Company, 1954.

Jean-François Deniau and Robert G. Heath eds., *The Common Market*, London: Barrie & Rockliff Press, 1967.

John Friedmann ed., *Regional Development Policy : A Case Study of Venezuela*, M. I. T. Press, 1966.

John H. Boyd and Bruce D. Smith, "Intermediation and the Equilibrium Allocation of Investment Capital: Implications for Economic Development", *Journal of Monetary Economics*, Vol. 30, No.3,1992.

John Humphrey and Hubert Schmitz, "How does Insertion in Global Value Chains Affect Upgrading in Industrial Clusters? ", *Regional Studies*, Vol. 36, No.9,2002.

John Rogers Commons ed., *Institutional Economics Its Place in Political Economy*, New York: Macmillan, 1934.

John Stanley Metcalfe, "Technological Innovation and the Competitive Process", *Technology, Innovation and Economic Policy*, 1986.

Joseph A. Schumpeter ed., *Busieness Cycles: A Theoretical Historical and Statistic Analysis of the Capital Process*, New York: Ma Graw Hill, 1939.

Joseph A. Schumpeter ed., *The Theory of Economic Development: An Inquiry into Profits, Capital, Credit, Interest, and the Business Cycle*, Harvard University Press, 1934.

Joseph S. Nye and Robert O. Keohane eds., *Power and Interdependence: World Politics in Transition*, Little Brown and Company, 1977.

Julian R. Franks and Colin Mayer, "Bank Control, Takeovers and Corporate Governance in Germany", *Journal of Banking and Finance*, Vol. 22, Nos.10-11,1998.

Juval Portugali, Han Meyer, Egbert Stolk and Ekim Tan eds., *Complexity*

Theories of Cities have Come of Age: An Overview with Implications to Urban Planning and Design, Springer Science & Business Media, 2012.

Kaname Akamatsu, "Trend of Japanese Trade in Woollen Goods", *Journal of Nagoya Higher Commercial School,* Vol. 13, 1935.

Kam Wing Chan and Li Zhang, "The Hukou System and Rural-urban Migration in China: Processes and changes", *China Quarterly*, No.160,1999.

Kiyoshi Kojima ed., *Kaigai Chokusetsu Toshi Ron*, Tokyo: Diamond, 1977.

Kiyoshi Kojima, "The 'Flying Geese' Model of Asian Economic Development: Origin, Theoretical Extensions, and Regional Policy Implications", *Journal of Asian Economics*, Vol. 11, No.4,2000.

Laura Alfaro, Areendam Chanda, Sebnem Kalemliozcan. and Selin Sayek, "FDI and Economic Growth: The Role of Local Financial Markets", *Journal of International Economics*, Vol. 64, No.1, 2002.

Lieven Baele, Annalisa Ferrando, Peter Hordahl, Elizaveta Krylova and Cyril Monnet, *Measuring Financial Integration in the Euro Area*, European Central Bank Occasional Paper Series, 2004.

Mariassunta Giannetti, Luigi Guiso, Tullio Jappelli, Mario Padula and Marco Pagano, "Financial Market Integration, Corporate Financing and Economic Growth", *European Economy*, 2002.

Martin Feldstein, Charles Yuji Horioka, "Domestic Saving and International Capital Flows", *Economic Journal*, Vol. 90, No.358,1980.

Martin John Smith ed., *Pressure, Power and Policy: State Autonomy and Policy Networks in Britain and the United States*, UK: Cambridge Univ Press, 1993.

Michael E. Porter, "Competitive Strategy: Techniques for Analyzing Industries and Competitors", *Social Science Electronic Publishing*, No. 2,1980.

Michael Howlett and Michael Ramesh eds., *Studying Public Policy: Policy Cycles and Policy Subsystems*, Oxford: Oxford University Press, 1995.

Michael P. Todaro, "A Model of Labor Migration and Urban Unemployment in Less Developed Countries", *The American Economic Review*, Vol. 59, No. 1,1969.

Michael P. Todaro ed., *Economic Development in the Third World*,

Longman, 1985.

Oliver E. Williamson ed., *The Economic Institutions of Capitalism: Firms, Markets, Relational Contracting*, New York: Free Press, 1985.

Paul Krugman, "On the Number and Location of Cities", *European Economic Review*, Vol. 37, No.2-3,1993.

Paul Krugman, "Scale Economics, Product Differentiation, and the Pattern of Trade", *The American Economic Review*, Vol. 70, No.5,1980.

Paul Stoneman ed., *The Economic Analysis of Technological Change*, Oxford University Press, 1983.

Peter B. Kenen, "The New Fiscal Policy: Comment", *Journal of Money, Credit and Banking*, Vol. 1, No.3,1969.

Peter W. De Langen and Evert-Jan Visser, "Collective Action Regimes in Seaport Cluster: The Case of the Lower Mississippi Port Cluster", *Journal of Transport Geography*, Vol. 13, No.2,2005.

Philip Cooke, "Regional Innovation Systems: Competitive Regulation in the New Europe", *Geoforum*, Vol. 23, No.3,1992.

Project Management Institute, *Organizational Project Management Maturity Model (opm3): Knowledge Foundation*, Project Management Institute, 2003.

R. Blaine Roberts and Henry Fishkind, "The Role of Monetary Forces in Regional Economic Activity: An Econometric Simulation Analysis", *Journal of Regional Science,* Vol. 19, No. 1,1979.

R. Murray Havens and Bela Balassa, "The Theory of Economic Integration Havens", *Journal of Political Economy*, Vol. 29, No.1,1961.

Ragnar Nurkse ed., *Problems of Capital Formation in Underdeveloped Countries,* New York: Oxford University Press, 1953.

Raj Aggarwal , "Exchange Rates and Stock Prices: A Study of the US Capital Markets under Floating Exchange Rates" , *Akron Business & Economic Review*, Vol. 12, No.3, 1981.

Raúl Prebisch, *The Economic Development of Latin America and Its Principal Problems*, Naciones Unidas Comisión Económica para América Latina y el Caribe (CEPAL), 1950.

Raymond Robertson, "Wage Shocks and North American Labor-Market Integration", *American Economic Review*, Vol. 90, No. 4,2000.

Raymond Vernon, "International Trade and International Investment in the Product Cycle", *Quarterly Journal of Economics*, Vol. 80, No. 2,1966.

Ricardo Hausmann, Jason Hwang and Dani Rodrik, "What You Export Matters", *Journal of Economic Growth*, Vol. 12, No.1,2007.

Richard N. Cooper ed., *The Economics of Interdependence: Economic Policy in the Atlantic Community*, New York: McGraw-Hill, 1968.

Robert A. Mundell, "A Theory of Optimum Currency Areas", *American Economic Review*, Vol. 51, No. 4,1961.

Robert H. Topel, "Local Labor Markets", *Journal of Political Economy*, Vol. 94, No. 3,1986.

Robert J. Barro and Xavier Sala-i-Martin, "Convergence", *Journal of Political Economy*, Vol. 100, No.2,1992.

Robert M. Solow, "A Contribution to the Theory of Economic Growth", *The Quarterly Journal of Economics*, Vol. 70, No. 1,1956.

Ronald Harry Coase, "The Nature of the Firm", *Economica*, Vol. 4, No.16,1937.

Ronald Harry Coase, "The Problem of Social Cost", *Journal of Law and Economics*, Vol. 3, 1960.

Ronald I. Mckinnon ed., *The Order of Economic Liberalization: Financial Control in the Transition to a Market Economy*, Johns Hopkins University Press, 1991.

Rudiger Dornbusch and Stanley Fischer, "Exchange Rates and the Current Account", *American Economic Review*, Vol. 70, No.5,1980.

S. J. Prais and Edwin Mansfield, "Industrial Research and Technological Innovation: An Econometric Analysis", *Economica*, Vol. 38, No. 149,1968.

Theodore W. Schultz ed., *Investing in People: The Economics of Population Quality*, University of California Press, 1982.

Theodore W. Schultz, "The Value of the Ability to Deal with Disequilibria", *Journal of Economic Literature*, Vol. 13, No. 3,1975.

Tibor Scitovsky ed., *Economic Theory and Western European Integration*,

Britain: Unwin University Books, 1958.

Trevor Heaver, Hilde Meersman and Eddy Van de Voorde, "Coperation and Competition in International Container Transport: Strategies for Ports", *Maritime Policy and Management*, Vol. 28, No.3, 2001.

Trevor W. Swan, "Economic Growth and Capital Accumulation", *Economic Record*, Vol. 32, No. 2, 1956.

Vernon Viscusi ed., *Economic Regulation and Antitrust*, MIT Press, 1995.

Walter Christaller ed., *Die Zentralen Orte in Süddeutschland*, Jena: Gustav Fischer, 1933.

Wassily W. Leontief, "Quantitative Input and Output Relations in the Economic Systems of the United States", *The Review of Economic Statistics*, Vol. 18, No.3, 1936.

Watts S. Humphrey, William L. Sweet, R. K. Edwards, G. R. LaCroix, M. F. Owens and H. P. Schulz, *A Method for Assessing the Software Engineering Capability of Contractors*, Software Engineering Institute, 1987.

William Alonso ed., *Location and Land Use: Toward a General Theory of Land Rent*, Cambridge Ma: Harvard University Press, 1954.

William Arthur Lewis, "Economic Development with Unlimited Supplies of Labour", *The Manchester School*, Vol. 22, No.2, 1954.

William Leroy Thomas ed., *Man's Role in Changing the Face of the Earth*, Chicago: The University of Chicago Press, 1956.

World Intellectual Property Organization, *Licensing Guide for Developing Countries*, WIPO PUBLICATION No 620(E), 1977.

Yasushi Iwamoto and Eric Van Wincoop, "Do Borders Matter? Evidence from Japanese Regional Net Capital Flows", *International Economic Review*, Vol. 41, No.1, 2000.